JN121139

教育科学を考える

編著者　小川 容子
松多 信尚
清田 哲男

岡山大学出版会

目　次

まえがき

まえがき

多様な課題を分析してその最適解を導くためには，細分化された専門性と専門性を超えた知の統合が求められます。本書の主題である教育科学について考える契機は，2018 年に改組した岡山大学大学院教育学研究科のもとに，修士課程教育科学専攻がおかれたことにあります。教育科学専攻の設立の経緯やその目的については，詳細を序章に述べています。それ以前の教育学研究科については，2008 年に教職実践専攻（教職大学院）を新設することに併せ，教科教育 10 専攻を含む 15 専攻を，学校教育学専攻，発達支援学専攻（幼児教育コース，特別支援教育コース，養護教育コース），教科教育学専攻（教科教育 10 コース），教育臨床心理学専攻の 5 専攻にまとめる改組をしています。2008 年改組では，修士課程を think globally，教職大学院を act locally と性格づけて差異化を図り，修士課程では知の統合を進めました。

2018 年の教育学研究科改組では，専門職学位課程の教職実践専攻を除く修士課程を 1 専攻としてさらに知の統合を進め，その名称を教育科学専攻としました。教育学研究科規定では教育科学専攻について，「教育に関する様々な事象を教育科学として開拓的に広く捉え，そこに見出される課題を実証的・体系的に教授研究し，教育科学の発展に資するとともに，豊かな学識と高度な課題解決能力を備えた人材を養成することを目的とする。」としています。また，現行の大学院案内には教育科学専攻の養成する資質能力として，「人々の生き方や生活に関わる様々な事象が，国家間の垣根を越えて地球規模に拡大していくグローバル社会において，教育科学の知識や行動に基づく高度で専門的な教育を展開することにより，個人や社会を取り巻く諸環境を理論的・実践的に分析し，そこに存在する本質的な課題を明確にした上で，その課題を適切に解決していく資質能力の育成を目指します。この資質能力は，様々な事象について主体的に考え，多様な社会的・経済的・文化的な背景を有する他者との互換性を保持しながら，新しい価値を生み出していくことを可能とするものであり，『教育の力』を通じて，誰ひとり排除せず，人間としての尊厳が重んじられる共生社会の実現に貢献していく人材（世界で活躍できる「実践人」）に備えられることが必要であると考えています」として，think globally の性格が引き継がれています。

本書では，編集の労をお取りいただいた小川容子教授（教育学研究科副研究科長）以下，様々な専門を持つ研究者がそれぞれの視点と課題意識で，さらにそれぞれの研究者の専門性を超えて教育科学についての考えを述べています。「教育科学」の名称については，20 世紀に入った時期に普及されはじめ，教育を対象として実証的あるいは経験科学的な研究手法を取る事実学として創出されたことが述べられています。また，岡山大学大学院教育学研究科教育科学専攻の教育課程の特色ともなっている PBL（Project-Based Learning）については，その理念に基づくチームづくりや具体的な課題設定の例を紹介しています。課題解決に向けたプロジェクトチームは，現実の実践現場での課題を対象として学問分野の幅広さと専門性の深さを両立させる独創的な体制のもとで学びを深めています。専門領域を異にする多国籍の学生が少人数のグループを作り，グループ内で設定した共通プロジェクトの下で学修活動を展開することで自分の専門性を超えて，自らの知の枠組みを更新し，世界や日本社会の課題を教育的観点から再検討し新たな解決法を見出そうとする様子が描かれています。PBL で取り扱う課題について学校教育の枠組みからは，他者との関わりにおける「ことば」や日本語研究に関連した課題，共同体の中に入り込み直接的な体験を通して実態を深く理解したうえでの社会課題，内的世界と外的世界を往還するアートと教育活動の課題，気候を軸とする学際的・探求的学びから発見する「異質な他者」の世界などを例とした課題について，それぞれの思考の道筋を示しています。

さらに昨今では，国家間の紛争，自然災害，感染症の拡大などの人々を取り巻く社会情勢や地球規模の環境変化が懸念されています。これまでに経験したことのない課題に直面したときにどのように創造力を働かせて判断し対応するかがこれからの学びにおいて重要なスキルとなると考えられます。本書では，岡山大学が創造性教育の基盤として称する「感創（Creation by Sensing）」についての考え方を紹介しています。さらに，創造的な学びの可能性について，木育，子供博物館，衣生活，家族，文学国語など多様なテーマから，これまでの枠組みを超えた創造性教育の課題について述べています。例えば木育では，生命・物質・歴史・生活文化・モノづくりといった軸が絡み合った課題があり，家族については，様々な家族のかたちを理解したうえで自らの選択とそれを認め合う社会の関係から生じる課題があるなど，一つの視点から解決策を導くことが困難であることの理解を促しています。

また，教育科学の方法論的側面として，データを用いて有益で新たな知見を見出そうとする「データサイエンス」によるアプローチが以前にも増して重要視されています。教育科学において有為なエビデンスを目的に応じて活用することが重要であることを述べ，特別支援教育を例としたシングルケースデザインによる研究などを示すことで，多様なエビデンスについての理解や「エビデンスに基づく・・」ことの危うさについても解説しています。

教育は，学校教育だけでなく，あらゆる場所，あらゆる時，あらゆる人に存在し，人の変容や人と人に相互作用を及ぼすものととらえることができます。本書により，すべての人々のウェルビーイング（幸福）を追究する教育，新しい学校教育，生涯教育，創造性教育，コミュニティにおける教育，グローバル教育，データサイエンスなど，学問分野の専門的知見の追究と専門を超えた実証的統合的科学として教育を捉える営みを読み解いていただければ幸いです。また本書が，グローバル化や少子高齢化などによって生じる社会の課題や，経験知で語ることのできない創造性が求められる課題について高度な課題解決能力を有し，教育に関する専門知識が求められる場で活躍することができる高度実践人養成の一助となることを願っています。

序　章　教育の可能性

「教育の力」とは何だろう。
私たち教育科学専攻は，その解を，常に問い続けています。
学校教育だけでなく，あらゆる場所，あらゆる時，あらゆる人に教育は存在し，人の変容をもたらします。人と人との相互作用には，必ず何らかの「教育」が存在すると言えるかもしれません。教育科学専攻は，教育を開拓的に広く捉え，教育の可能性を拡げることを追求する新しい修士課程です。
社会的包摂と教育，コミュニティと教育，学校での新しい教育の模索，生涯教育，グローバルな教育格差と教育支援，全ての人のための創造性教育，各種学問分野の専門的知見の追究と教育との融合，人の幸福と教育… 私たちは，教育が関わる事象を広く，柔らかく捉えて「教育の力」を探っています。そのために，専門性や属性の異なる多様な学生や大学教員が，ダイナミックに意見を交わし，協働し，プロジェクトを通じて教育科学を追求しています。
他の研究科ではありえない程多様な専門家がすぐ側にいるという教育学研究科の特長を活かして，あなたの可能性を拡げてみませんか？
新しく開発した充実した学修プログラムと研究環境を準備して，あなたをお待ちしています。
あらゆる場所，あらゆる時，あらゆる人に「質の高い教育を」実現することは，世界で大きなうねりになっている，持続可能な開発目標（Sustainable Development Goals: SDGs），特に Goal 4 を実現することでもあり，教育科学専攻修了生は貴重な人材として多方面で期待されています。
次の時代の教育科学を，あなたと一緒に創りたい。それが私たちの願いです。

これは，2018 年度に岡山大学大学院教育学研究科を改組して教育科学専攻を立ち上げた時に，専攻のウェブサイトのトップページに載せたメッセージである。この新専攻への進学を目指す方々へ，次の時代の教育を，我々が教育科学としてどのように捉えているのかを伝えることを念頭に作文している。本書のタイトル「教育科学を考える」に対する思いの一つでもある。本書の序章として，このメッセージを元に，教育科学専攻を構想して運営するに至った我々の思いや経緯について紹介しよう。教育科学の理念や意義，また，専攻の特長である課題解決型学修（Project-Based Learning: PBL）や創造性，価値創造に関しては，序章の後，第１章から詳しく論を展開する。

第１節　教育の力，教育の可能性

メッセージに示しているように，我々教育科学専攻では，教育は学校教育だけでなく，あらゆる場所，あらゆる時，あらゆる人に存在し，人の変容をもたらすと考えている。人と人との相互作用には，必ず何らかの「教育」が存在する，すなわち，親子や友人のような小さな単位から国際社会のように大きく複雑な単位まで，「教育」が有形無形で関係していると捉えている。人の集団を統計的に分析して各人の個性を消して扱うだけでなく，個性や個々の相互作用にまで思いを巡らすのが教育の役割と言えるのかもしれない。

教育をそのように捉えれば，表面的な理解では解決することが難しい困りごとも，「教育」の側面から見直すことで何か解決策が見出せるかもしれない。そのようなぼんやりとした期待が出てくるだろう。しかし，それは真なのか，具体的にはどのように実現できるのか。そこを追求する価値は大きいと思われる。教育科学専攻は，教育を開拓的に広く捉え，教育の可能性を拡げることを追求する新しい修士課程である。そのためには，教育を批判的に検討して，教育の負の側面も理解して扱わなければならない。また，できるだけ多種多様な分野を，教育を横串にしてつなぎ，考察することも必要になる。教員養成学部からつながる教育科学専攻には，教員免許の認定要件のために，他の研究科ではありえない程多様な分野の研究者や大学院生が集まっている。この多様性を，教育を背骨にして相互作用させて，教育を開拓的に広く捉え，教育の可能性を追求することを教育科学専攻では目指している。我々が目指す教育科学はまだ発展途上であり，理論的にも実践的にも追究していく価値があると考えている。「教育の力」や「教育の可能性」を美しい言葉だけで終わらせるのではなく，その中身を示していくことが教育科学の役割と考えている。

第2節　教育科学専攻立ち上げの経緯

岡山大学大学院教育学研究科の教育科学専攻が生まれた背景には，我が国の教員養成学部・大学院を取り巻く状況も強く関わっている。Society 5.0の到来，グローバル化の進展，それらによる多様化社会のため，過去の事例を参考にするだけでは対応できない予測困難な時代が到来すると言われている。学校教育も，それに対応できるように変化が必要だが，これまでの教員養成や研修（教員の再教育を含む）が十分に対応できていないのではないかという批判があった。予測困難な時代では，多様性を原動力として新たな価値を生む力や，問題を見出したり，目的を自分で再構築する力が必要になると言われている(1)。解が定まっている課題を与えて解を導けるようにする学習だけでは限界が見えてくると予想される中，教員養成系大学院がその役割を十分に果たしているのか，また，教育の先を見据えた独自の研究分野を創造してきたのか等の指摘もあった。

そのような中，国の方針として，教員養成系の大学院は学校教育に特化した教職大学院に一本化して教員養成や再教育の高度化を目指すことが掲げられ，その方向で進んでいる。岡山大学では，2008 年度に教職大学院を設置し，さらに，2018 年度の改組では教職大学院を拡充し，修士課程が担っていた教員養成の特長を教職大学院に移行し，それに伴い，全教科に教員を配置できるように修士課程担当教員を異動し，教職大学院担当教員を増員している。教職大学院の学生定員も倍以上に増やし，ミドルリーダーや，教科にも強い，学校教育の課題を分析・改善することのできる高度な実践的指導力を有する教員の養成を目指している。教職大学院は，教員養成と研修を通じて学校現場を支える研究科の柱として位置付けられている。

一方，新修士課程（教育科学専攻）は，第1節で述べた考えを土台に，社会に存在する課題に教育を通して関わることのできる高度な問題解決能力を有する人材の養成を目指している。学校教育に限らず，教育を開拓的に広く捉えることで，教育の力を社会に活かすことを目指しており，『教育で「世界」を拓く』をキャッチフレーズに掲げた。一方,教職大学院（教職実践専攻）は『教育の「未来」を拓く』を掲げている。

学校は教育を担う重要な場だが，学校教育以外でも，教育は広く人と社会を支えていると考えるのは，先に述べた通りである。多様化，複雑化するこれからの予測困難な時代では，教育の果たす役割はとても大きい。そのために，教育を開拓的に広く捉え，教育の可能性を拡げることを追究する大学院が必要であろう。その様な教育を社会で担い実践できる人材は重要であり，その養成を岡山大学大学院教育学研究科の修士課程が担うべきではないか，というのが基本的な考え方になる。

一方，岡山大学は，教育改革と地域＆グローバル展開や研究大学としての強化を進めており，SDGs に貢献することを岡山大学の理念として掲げている。教育学研究科として，留学生の受入や，大学教育改革での実績，SDGs や教育科学の開拓への取り組みが期待されており，そのために，新修士課程への改組が必要とされていた。

この様な中，教員養成を担う大学院として学校教育に焦点化した教職大学院を研究科の柱に位置付けることを前提に，教育を開拓的に広く捉えた新たなミッションを修士課程に設定し，改組を進めることになったというのが，背景にある。

第3節　教育科学専攻の理念

教育を開拓的に広く捉え，教育の可能性を拡げることを追究するには，個々の既存の専門分野を深く探究すると同時に，教育を背骨に学際的に取り組むことで新しい教育の価値を創造することが鍵になる。岡山大学教育学研究科は多様な専門分野の教員が集まっており，新しい教育の価値を産む土壌があるにも関わらず，これまでは，多様な専門性が個別に存在するだけで，既存の枠を越えて連携して開拓する機会も限られ，十分に利点を活かしきれていなかった。大学院生も，教科等の枠内で個別の研究を中心に過ごすことが多く，多様な専門性をもつ学生同士の連携や異分野の教員を活用する機会は少ない状態であった。他の研究科ではあり得ない程の多様性に恵まれた環境を，教員も大学院生も活かしきれていないのが現状であった。新修士課程の理念を実現するためには，教育を背骨に，多様な学生や教員がダイナミックに相互作用する仕掛けが重要になる。そこで，改組では，相互作用を促す仕掛けとして，

①修士課程を教育科学専攻の 1 専攻にする

②教育科学のチームプロジェクト研究を重視する

を設定している。

そのため，新修士課程（教育科学専攻）の 2 年間の学修は，図 0-1 に示す様に，Project-Based Learning（PBL）と修士論文研究の二本柱で構成している。PBL については第 2 章で詳しく述べるが，専門性の異なる大学院生がチームを組み，教育科学に関するプロジェクトを 1 年弱かけて主体的に企画立案・実施し，教育の可能性を拡げる試みを通じて学修する。PBL では，社会に存在する問題を，教育の力を活かして解決することを目指すが，チーム内の多様な見方・考え方や属性や専門性を調整し組み合わ

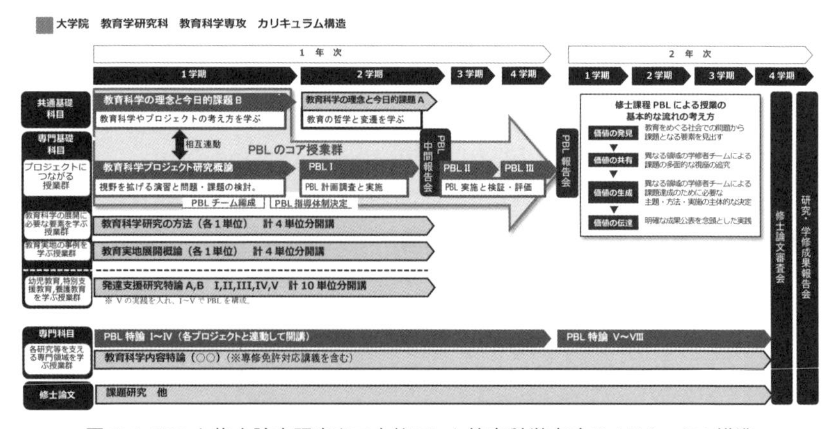

図 0-1 PBL と修士論文研究を二本柱にした教育科学専攻のカリキュラム構造

せながら，できるだけ新しい視点・切り口を深く考察して問題を見出す創造性を意識させる。修士論文の専門性と PBL で実感する多様性を，大学院生が「専門性×多様性」として統合し，教育科学としての創造性につなげることを期待している（図 0-2)。

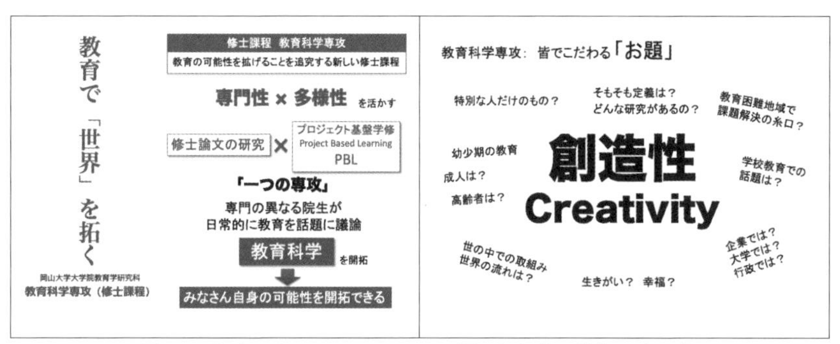

図 0-2 専攻のオリエンテーションで示した専攻の学修の考え方

第 2 章と第 3 章で詳しく述べるが，本専攻の PBL のために開発した学修プログラムは，チームで主体的に議論し，自律的に協働することが促されるように組まれている。留学生も含め，自分と専門性や考え方が異なるメンバーでチームを組む意義と困難さを実感しながらプロジェクトを進めていく経験は，これからの時代の社会人や研究者に必要であり，さらに，それを他者へ教育できる人材の養成は極めて重要だと考えている。PBL では，プロジェクトの成果物だけが成果ではなく，主体的・自律的に試行錯誤する力をメタ認知しながら自ら獲得するプロセスも大切な成果となる。

教育科学専攻では，PBL 関連授業以外にも，専攻の理念に関わる特長ある授業として，新しい共通基礎科目と専門基礎科目を設けている。共通基礎科目として，教育哲学や教育の変遷等を学び，大学院生が教育科学を議論できる下地を養う授業（教育科学の理念と今日的課題 A）を設け，教育科学の展開に必要な要素を学ぶ授業群として「教育科学研究の方法」群 4 講義を設け，教育実地の事例を学ぶ授業群として「教育実地展開概論」群 4 講義を設けている。カリキュラムの詳細は，教育科学専攻の立ち上げ初年度に作成した，2018 年度教育科学専攻報告書「教育で世界を拓く Project-Based Learning（PBL）による大学院教育改革への挑戦」で解説しである。

報告書[2]でも言及したが，PBL は一見「無駄」に見える試行錯誤が多く，Team-Based Learning では，「無駄」に見える人間関係のトラブルも必ず伴う。そこを自分たちで対話を通して適切に克服することでチームの成長につながるのだが，負担感が増すタイミングでもある。また，大学院レベルの PBL として「専門性×多様性」を実現するハードルは低くはない。教育科学の PBL を通じて，様々な学術的知見からの切り込み方の価値にも気が付き，修士論文の研究の深みと拡がりにつながる仕掛けも継続して開発することが欠かせない。

創造性がより重要性を増すこれからの時代に生きる人々のためにも，困難が伴っても，岡山大学として，教育の可能性を拡げることに貢献する修士課程を作り上げることが大切であると考え取り組んでいる。最終的には，教職大学院と連携することで，学校現場から真に頼りにされる大学院を構成できればと考えている。

新専攻立ち上げから 4 年間，大学院生の様子から，お互いの多様な属性の価値を認め，成長を実感していることがわかる。その一端は，アクティブラーニング型授業の効果検証調査の分析結果にも現れている[2]。また，PBL をきっかけに，お互いの研究内容にも関心をもつ雰囲気が醸成されている。彼らなりに「教育の新しい物差し」を主体的に探ろうとしているようにも思える。さらに，社会人となった修了生が，各方面で，教育科学専攻で学んだことを活かし活躍を始めている。教育産業に就職し，PBL の開発を担当することになった人，就職した会社が教育関係に事業拡大をすることになり，その企画を本専攻と連携して開発する人，赴任先の学校で総合的な探究の時間の責任者として活躍している人，他にも多くの修了生が国内外で活躍を始めている。これからの展開がとても期待される。

客観的な評価については，専攻発足時からの課題の一つである。専攻の教育効果を適切に評価できる手法を開発して，ポジティブな面，ネガティブな面も含めて分析し，我々が目指す教育科学を確立して行きたいと考えている。大学院レベルの PBL として大切にしていることは，プロジェクトを遂行する経験から学ぶだけではなく，新しい視点・切り口を深く考察して問題を見出し課題を設定して達成するという，創造的な営みを大学院生が意識することである。まだ手探りな部分が大きいが，我々がこだわる教育科学としての創造性の涵養が，どのように実現できるのか，どのように効果を測定できるのかを引き続き探っていきたい。

第４節　本書の構成

この序章で述べた，我々の教育科学専攻の状況や教育科学の捉え方をさらに深掘りするために，本書では，以下の構成で論を展開する。

第１章では，「教育科学とは何か」について，従来の教育学の捉え方と比較しながら論じる。学術的な知見が蓄積されている教育学を俯瞰し，また，これまでの教育科学の変遷も紹介し，それを元に，我々が目指す教育科学はどうあるべきなのか，課題も含めて論じる。

第２章と第３章では，本専攻の学修の中心を構成するPBLについて考える。PBLは，Project-Based LearningとProblem-Based Learningがあるが，どちらも，デューイやヴィゴツキーやピアジェらの構成主義・経験主義教育論を起源にしている。学習者が自ら学びを創る能力や意欲を育て，生涯に渡り学び続ける力を育成することが狙いになる。教育科学専攻では，Project-Based LearningとTeam-Based Learningの要素を組み込んだプログラムで学修している。PBLは，高校や大学などの教育現場でも多くの実践例があり，それぞれの発達段階や目的に合わせて適した手法を工夫されている。我々の教育科学専攻の目的は，教育科学としての創造性の涵養であり，そのために，特長的な手法を組み合わせてPBLを構成している。第２章では，教育におけるPBLの変遷について概観し，それとも対比しながら教育科学専攻のPBLの特長について紹介する。教育科学専攻では，チームで創造性を発揮してPBLに取り組むために，PBL基礎力準備プログラムを開発して実施しており，その基本的な考え方や活用する演習も紹介する。PBL基礎力準備プログラムでは，各種演習等を通じて「粘り強いチーム自律力」，「多様性を活かすチーム力」，「教育科学としての創造力」の大切さを大学院生が実感し，プロジェクトを通じて発揮できることを狙っている。

第４章では，創造性の涵養に踏み込んで，「感創：Creation by Sensing」と教育科学の関係を論じる。「感創」は，岡山大学大学院教育学研究科附属国際創造性・STEAM 教育開発センター（通称：クリラボ）が掲げる創造性に必要な要素である。「感創」とは何かについて，具体例も示しながら論じる。岡山大学では，学校での学びを通じて，児童生徒の創造性を涵養し，学びに困難を感じている児童生徒も幸福感を感じることのできる学びを構成できる教師の養成を目指している。その土台になる考え方が「感創」であり，我々が目指す教育科学の役割にもつながると考えている。

第５章では，データサイエンスから考える教育科学を論じる。序章第１節で示したように，「教育の力」や「教育の可能性」を美しい言葉で終わらせるのではなく，その中身を示していくことが教育科学の役割になる。エビデンスを活用した教育の捉え方やその可能性も含めて議論する。

第６章では，教科の枠組みから PBL を考える。学校教育は教育の重要な役割を担っていることは間違いないが，そこでは，教科の枠組みをベースに学習が構成されているのが現状である。各教科には，大学での研究も含めて多くの知見の蓄積があり，それを有効に活用しながら PBL を理解して実施することが大切だと考える。そのことで，PBL を学校へ普及させ，深い学びにもつながる可能性があるからである。第６章では，教科横断の捉え方も含め，いくつかの具体例も示しながら，PBL と教科の繋がりを論じる。

第７章では，教科の枠組みを超えて教育科学を捉えると，どのような面白い可能性が見えてくるのかについて論じる。既存の教科との関係性も示しながら学びの発展性を示すことで，新しい教育の捉え方や素材を提供する。

第８章では，『国吉康雄記念・美術教育研究と地域創成講座』の取り組みから教育科学の可能性について論じる。『国吉康雄記念・美術教育研究と地域創成講座』は岡山大学大学院教育学研究科に設けられた福武教育文化振興財団からの寄付講座で，多くの教育実践プロジェクトを実施している。地域文化資源と教育の連携の可能性について，実践事例も含めて論じる。

終章では，教育科学専攻のこれまでの取り組みをまとめ，さらにこれから，教育科学として取り組むべきことは何なのかについて論じる。

繰り返しになるが，教育を開拓的に広く捉え，教育の可能性を追求することを教育科学専攻では目指している。我々が目指す教育科学はまだ発展途上であり，理論的にも実践的にも追究していく価値があると考えている。「教育の力」や「教育の可能性」を美しい言葉で終わらせるのではなく，その中身を示していくことが教育科学の役割になる。専攻を発足させてから 4 年間の試行錯誤も含めた知見の蓄積を元に，教育を捉え直す端緒を本書で紹介できればと思う。

【注】

⑴　例えば，中学校学習指導要領（平成 29 年告示）解説総則編　文部科学省
⑵　2018 年度教育科学専攻報告書「教育で世界を拓く Project-Based Learning（PBL）による大学院教育改革への挑戦」

第1章　教育科学とは何か

第1節　西洋における教育科学の成立

本章では,「教育科学」とは何かというもっとも根本的な問題について,まずは「教育科学」という用語・概念がどのように歴史のなかで登場してきたか,西洋と日本の歴史のなかから探り,思弁的・哲学的で規範的な思索から客観的・実証的な科学への道筋を跡づける。これを踏まえて現代の「教育科学」をめぐるさまざまな問題群,とりわけ教育研究における「科学」にかかわる諸問題を整理して提示することで,教育科学の基本・本質に迫りたい。

1. 教育科学とは

教育科学とは何か,教育学とはどのように異なるのか,その明確な定義・概念規定は簡単ではない。試みに現代の教育学事典をみれば,教育科学とは,「教育の目的および方法を思弁的に決定して,教育の全過程にわたる体系的理論を展開した従来の思弁的（哲学的）教育学に対して,教育を一つの社会的な事実としてとらえ,これを客観的・実証的に研究しようとする立場」[1]と定義され,また別の事典では,「人間の成長・発達と社会の持続と変化にかかわる教育事象を経験科学の手法で対象化し研究する学問」[2]とされている。これら二つの定義に共通して認められる点は,社会的な事実・現象としての教育を研究の対象とすること,そして「客観的」「実証的」あるいは「経験科学」的な研究方法をとる学問分野であること,といえる。本節では,こうした「教育科学」という用語・概念が歴史のなかで,とくに日本が長くモデルとしてきた西洋の歴史において,どのように登場してきたか,そのプロセスの一端を明らかにすることをとおして,「教育科学」の基本的な特徴・本質に迫ることとしたい。

2. 教育と教育学 — 教育論の始まり

教育を,人間（大人）が生物としてのヒトを人間の社会に生きる人間へと形成する作用ととらえるなら，それについての工夫や反省などの試みは，人類の誕生とともに始まっていたであろう。明確な歴史資料の残る古代ギリシアの時代以来，まとまった思索の体系を残した著名な哲学者たちの多くは，みな教育を考察の1つの対象としてきたのである。例えば古代アテネで活躍した哲学者プラトン（Plato, B.C.427-B.C.347）は，その主著の1つ『国家』において知恵の徳を有する哲人が統治する理想的な国家を語る中で，国家が運営する組織的な教育のあり方を論じていた。これら哲学者たちの思索は，人間とは何か，人間の幸福とは何か，そして理想的な人間像とは何かを追究する営みの一環としてなされた人間の形成についての考察であり，教育思想とか，あるいは教育論と呼んでもよいだろう。フランス革命に代表される市民革命を思想的に準備した社会思想で有名なルソー（Rousseau,J.-J.,1712-1778）の教育小説『エミール』（1762年）などもまた，その代表的で典型的な作品といえよう。これらは，いわば教育のあるべき姿，理想的な教育について自らの考察・省察を述べるものということができる。また，古くは古代ローマ時代のクインティリアヌス（Quintilianus,M.F.,35?-96?）が当時の理想的な人間像とその教育について著した『弁論家の教育』（95年前後）や，ずっと後の17世紀にコメニウス（Comenius,J.A.,1592-1670）が著した『大教授学』（1657年）などは，学校教師としての自らの教育実践に基づいた（学校）教育に関する省察および具体的な改善策の提案，ととらえることができるだろう。前者は帝政ローマ時代に姿を現し始めた「学校（schola)」，とりわけ高級な古典文学と修辞学を教授する学校の教師としての経験をふまえて，子どもの教育の場としての学校と家庭について学校優越論を展開したのであった。同じくコメニウスも，当時の高級な初等・中等一貫学校での実践経験から学校運営・教授法の工夫や改善策を提唱したのであった。このように，教育についての考察・省察は，古くから人間や社会の理想や理念，その新たな（理想的な）形成の根本原理をさぐってきた哲学者たちの知的営み，さらに実際に学校など教育の場において教育実践を積み重ねた人々の実践的な振り返りと改善にむけての思索から始まったと言えよう。

このような教育についての，いわば理想論や体験的な振り返り・提案の叙述，いわば教育論とも呼ぶべきものから，教育そのものを固有の対象として，さきの教育学事典の指摘する「思弁的（哲学的）」な方法を用いて体系的に考察する，1つの学問としての教育学へ，さらに「客観的」「実証的」ないし「経験科学」的な方法的手法をとるとされる教育科学へと，西洋社会にあってどのように発展してきたのだろうか。ここでは，教育を主題とする知的営みが大学という高等教育・研究組織において正式な授業（講義）として導入され，実施された時代に注目し，その展開をとりあげてみよう。

3. 西洋近代の大学と学問（科学）

今日の高等教育機関の代表といえる「大学」の起源は，中世の西洋に求められる。北イタリア・ボロニアで法学（ローマ法）の研究と学びの場として，またフランス・パリのノートルダム大聖堂を拠点に神学の研究と学びの場として誕生したuniversitas（ウニヴェルシタス）などである。前者が法学の学びを望む人々が主体的に集団を形成し，法学者であり教師でもある人々を巻き込んで教育と学びのための特権を求めたことに起源をもつこと，またパリでは学者であり教師である人々が教えるという職業に携わる者の集団として，学ぶ者（学生）たちを巻き込んで一種のギルド，すなわち「教える」という職の職人たちの閉鎖的ではあるが教育的機能をもった団体を形成したことに起源をもつことなどは，よく知られている。こうした中世ウニヴェルシタスに起源をもつ西洋の大学も，中世から近代社会への移行とともに大きく変容する。その要因の1つに，近代的な国家の登場という政治・社会的な要因があげられよう。さらにこれに加え，自然科学に代表される近代的な学問の登場も重要な要因としてあげることができるのである。

ルネサンス以降の16,17世紀からその萌芽が見られ始めるのであるが，とくに19世紀に入ると今でいう自然科学の分野が著しく発展してくる。なかでも物理学・化学など，客観性と実証性を重んじる実験や観察という手法を駆使した新しいタイプの学問の隆盛は，実証主義の方法論を確立し，これが新たな学問の1つの有力なモデルとされるようになったのである。この自然科学分野の隆盛という影響のもと，人文・社会的な領域にあっても自然科学をモデルにしつつ，新しい学問が登場し大学に導入されるようになる。すなわち地理学，歴史学，経済学，社会学などが大学の講座（授業）として認知されはじめたのである[3]。こうした潮流のなかで，新しく大学に導入された学問の1つに，教育学があったのである。

4. 大学における教育学講義

教育学という名称の授業（講義）が大学においてはじめて登場したのは，ドイツ（プロイセン）のケーニヒスベルク大学においてカント（Kant,I.,1724-1804）が担当した「教育学（Pädagogik)」であり，1776年のことであった。その講義内容は弟子が講義メモなどを整理・編集し『教育学講義』（1803年）として刊行された。「人間は教育されなければならない唯一の被造物である。」との有名な言葉で始まるこの著作において，カントは教育の定義・意義から人間の発達段階に応じた教育のあり方・あるべき姿について，主に乳幼児期・児童期を中心に述べている。大学においてこうした教育一般についての講義が導入された背景としては，当時のドイツ（プロイセン）が初等教育を中心に学校教育の拡充と改善に積極的に乗り出し，その基礎ともいえる教員の養成，教育や教授法の研究に関心が向けられたことが指摘されている[4]。

カントのこの講義の後継者でもあったヘルバルト（Herbart,J.F.,1776-1841）は，さらに一歩踏み込んで，当時の既存の学問であった倫理学（実践哲学）と心理学（哲学的・内省的な表象心理学）を支えとして教育に関する体系的な学問としての教育学を確立しようと努め，みずから講義以外にゼミナールを設置し，教育の理論と実践の融合に努めたのである。ここでいうゼミナールとは，大学を研究と教育の統一の場とする，いわゆるフンボルト理念に基づき1809年に創設されたベルリン大学をはじめとしてドイツ諸大学に設けられた研究・教育制度のことである。ベルリン大学では早くも1812年に「言語学」のゼミナールが設置されたが，その目的は古典学研究の準備をしている者に対して，学問の基礎に至るための多面的訓練を与えることとされ，厳密な選考試験を経て厳選された8名の学生を対象に「演習」と「報告検討会」という2種類の活動がなされるものであった[5]。

ヘルバルトのゼミナールもまた，このような研究と教育の統一のための教育組織の一環として自ら設置したものであった。したがってその設置目的は，①学生たちに教育訓練（教育実習）の機会を与えること，②改良・工夫された「教授法」を実際に検証すること，そして③科学（学問：Wissenschaft）としての「教育学」の発展に寄与することとされ，総責任者のヘルバルト，厳選された学生たち若干名，およそ9歳から12歳の子どもたち6～7人，その教師1～2人で構成され，教師と学生は毎週土曜にヘルバルトのもとで研究会をもち，実際の授業について，また教育一般について，各人から報告が行われ研究討議がなされたという[6]。このゼミナール自体はヘルバルトのゲッチンゲン大学への転出などにより消滅するのだが，その後ドイツ各地において大学の教育学ゼミナール，練習学校などとして広まり，主に初等教員養成の改善に貢献したのであった。

大学における「教育学」講義は，このようにまずはドイツの哲学者によって始められたのであり，したがって科学（学問）としての教育学をめざしたとしても，それが「哲学的」もしくは「思弁的」な方法に依拠したことは当然といえよう。

5. 教育学から教育科学へ

こうしたドイツの動向から少し遅れて，フランスでは心理学者のアンリ・マリオン（Marion,H.,1846-1896）が1883年パリ大学で同様の講座を開設したが，ここで初めて「教育科学（la Science de l'Education）」の名称が使用されたのである。この講座名に「科学（la science）」の名称が付された直接的な事情は詳らかにできないが，その背景の一つとして隣国ドイツで隆盛しつつあった実験心理学の影響をあげることができるだろう。

ドイツの「実験心理学（experimentelle Psychologie）」は，周知のようにヴント（Wundt, W., 1832-1920）によって提唱された。それまでの心理学が哲学（形而上学）的であったことに対し，ヴントは「社会的な現象を統計によって研究すること」，「実験という新しい方法」によって研究することを提案し，1879年にライプチヒ大学で（実験）心理学研究室を創立したのであった[7]。そして20世紀になると，ヴントに学んだライ（Lay,W.A.,1862-1926），モイマン（Meumann,E.,1862-1915）らが同じく実験的な方法による教育学の確立を企図して，いわゆる「実験教育学（experimentelle Pädagogik）」を提唱する[8]。とりわけモイマンの実験教育学は，実験室の研究から生まれた児童研究が主であり，発達の問題と個人差の問題を重視するものであった[9]。このモイマンの実験教育学について，次節に登場する日本の教育学者篠原助市は，およそ次のように，その特色をまとめている。すなわち，第一に教育学は他の科学の宿り木ではなく，教育という事実を対象とする科学であるとしたこと，第二に実験教育学の範囲を狭く児童を中心とする教育の事実関係の実験的研究に限定したこと，の二点である，と。そしてモイマンの主張は，教師の活動，教育の方法，学校の組織等一切が児童を中心として決定されるべきであり，教育的規範の価値もまた児童に及ぼす影響を実験的に吟味することによって決定されるべきとしたことにある，と[10]。こうしてヴントの影響を受け実験を駆使する心理学から強い影響を受けた教育学の潮流がドイツで生まれつつあったのであり，同じくヴントに学んだパリ大学心理学教授のマリオンの教育科学講座もまた，こうした潮流の先駆けとして位置づけられるものであったといえよう。

ところで，これら大学で開始された「教育学」また「教育科学」の講義・講座に共通してみられる特徴に，ドイツのギムナジウム，フランスのリセやコレージュなどの中等教育機関の教員を志す学生に対して，教育また教職に関する教養教育を提供しようという意図で導入されたという点があげられる。このことは，先にも触れたがドイツ（プロイセン）をはじめ19世紀には西洋諸国で初等・中等教育の制度が整備され，それに対応して教員養成の整備・改善もまた緊急の課題として浮上してきたことを背景としていた。マリオンの「教育科学」講座が，実際には，「講義」「実習」「公開講座」で編成され，受講学生は，講義を12回受講した後，中等学校（リセ又はコレージュ）で実習を行ない，そのうえで各自の専門（学問）の「授業法」の講義を受けることになっていたこと，さらにマリオン自身は，大学生対象の教育科学の「講義」のみならず小学校教員を対象とした「公開講座」をも担当していたことなどからも，こうした事情をうかがうことができるだろう[11]。いわば，大学における教育学の導入，学問（科学）としての教育学の登場には，中等教員養成の改善という実際的な課題が背景として後押ししていたと言えるのである。

こうしたなか，「教育科学（la science de l'éducation)」の名称を普及させたのは，フランス，パリ大学のマリオンの後継者でもあったデュルケーム（Durkheim,E.,1858-1917）であり，20 世紀の 1910 ～ 20 年代のことであった。現代的な社会学の始祖として有名なデュルケームは，リセの教員として 1885-6 年にドイツに留学し，ヴントに師事するとともに先に触れた教育研究の新しい潮流を学び取っていた。帰国後 1887 年にはボルドー大学の「社会科学及び教育学（Science Sociale et Pédagogie)」講座の講師となり，フランスで初めて社会学の講義を担当するとともに，教育学（ここではPédagogieの名称）も担当していたのであった[12]。このデュルケームが 1902 年，パリ大学の教育科学講座に招聘され，それによりこの講座名も「教育科学及び社会学（la Science de l'Education et la Sociologie)」と変更されたのであった。ここにおいてデュルケームは，彼自身が開拓した社会学，さらに同じく当時の新学問であった歴史学の方法論を援用して教育を考察することで，従来の伝統的な教育学（pédagogie）と「教育科学（la science de l'éducation)」を峻別し，あらためて「教育科学」の樹立をめざしたのである。それでは，彼の提唱する「教育科学」とはどのようなものであったのか，「教育学」とはどのように異なると考えられたのか，その主著の１つ『教育と社会学』（1922 年）からその概略をみてみよう[13]。

まず，「科学（science)」ということについてである。デュルケームはある研究の総体を「科学」と呼ぶためには，次の３つの特質つまり条件が必要であるという。すなわち，①研究の対象が明確に標示されていること，いわば研究対象が明確であること，②その対象（事実）がすべて同一のカテゴリに属していること，そして③まったく公平無私にただ知るためにのみ研究がなされること，の３点である。ここでは，③の条件に注目しておきたい。これが教育学（pédagogie）との差別化に関連するからである。ついで，その研究の対象となる教育について，デュルケームの有名な定義が紹介される。それは，「１つの世代が次の世代に対して，かれらが生活すべく定められている社会環境に適応さすべく加える作用」（デュルケーム（佐々木訳）1976,pp.89-90）というのである。そしてこの対象を研究・分析する方法であるが，過去の教育を対象にして比較，類型化することにより法則を獲得（抽出）する比較・歴史的な方法，また現在の学校など教育制度について統計等を活用し教育の現状と機能・働きを明らかにする社会学的な方法などが例示されている。こうした教育（現象）を対象に歴史学・社会学的な手法を用いてなされる研究が「教育科学」であり，それは「ただ知るためにのみ」行なわれる，というのである。これに対し「教育学（pédagogie）」は，教育という現象を「科学的に」研究するのではなく，教育者の活動を「嚮導」する観念を提供するという観点からなされる考察であるとして，「教育科学」と峻別したのである(14)。このようにデュルケームは，振興の社会学や歴史学を研究・分析の方法・手法として援用することで，社会的・集団的な現象としての教育，すなわち集団的な営みとしての教育を客観的・実証的に分析しようと志向する「教育科学」を提唱したのであった。

6. おわりに

以上，西洋における「教育科学」の登場について，その歴史の一端をとりあげ述べてきた。それは人類の登場とともに営まれてきた教育についての省察，振り返り，理想など意見の叙述という教育論に始まり，やがて哲学的な思索のなかで体系化され１つの学問として近代大学に導入された。そこには教員養成 ― 直接的には中等教員志望者への教職教養として ― の改善をめざす現実的・実践的な課題への対応という背景があり，担当したのは主として哲学を専門とする人々であった。やがて自然科学とりわけ物理学・科学などの影響もあり，実験・観察などの新しい客観的・実証的な手法を特色とした実験心理学，その応用的な実験教育学が出現する。パリ大学の「教育科学」講座が，その先駆けであった。そして 20 世紀になり，デュルケームは従来の哲学的で規範的 ― 理念やあるべき姿を示そうとする ― 伝統的な教育学と差別化された，社会学・歴史学の手法による客観的で実証的な研究を要とする「教育科学」を提唱したのであった。

このようにまとめてみると，教育を対象とする学問もまた，その始まりとしての素朴な教育論は別にして，学問としての装いを整えるにつれ，そのあり方が絶えず問われ疑問視され，新しい方法・手法を取り入れつつ発展してきたといえる。これは学問・科学として必然的な歩みといえるが，教育学・教育科学とは何かを考えるとき，これまでみてきたような学問（科学）としての発展・変容のみならず，その研究の固有の対象である教育そのもの，その目的・内容・方法・場所などもまた歴史のなかで発展・変容，多様化してきたことにも注目しておく必要がある。学問それ自体が多様性に富んできたこと，その一方で研究の対象もまた絶えず変容し多様化してきたこと，換言すれば対象とそれを扱う学問の両者がともに一種の変数であること，このあたりに「教育科学」の特質があり，また幅広く多様に広がる可能性があると考えるのである。

【注】

⑴　細谷俊夫，他（編）:『新教育学大事典』第２巻，第一法規，p.182（1990年）

⑵　安彦忠彦，他（編）:『新版現代学校教育大事典』第２巻，ぎょうせい，p.164（2002年）

⑶　田原音和：『歴史のなかの社会学』，木鐸社，p.20（1980年）。なおここでいう「講座（chair）」とは西洋の大学に特有の制度で，専門分化した学問の分野ごとに名称を付した講座を置き，教授１人だけの「椅子（チェア）」を用意し，各専門分野の教育研究の責任を負わせる制度であった。天野郁夫：『帝国大学 ― 近代日本のエリート育成装置』，中央公論新社，p.162，これが明治半ばになって日本に導入され，大正年間に教授 ― 助教授 ― 助手という複数教員からなる組織に変容したとされる。寺崎昌男：『プロムナード東京大学史』，東京大学出版会，pp.68-74（1992年）

⑷　カント（伊勢田耀子（訳））:『教育学講義他』，明治図書，pp.171-2（1971）

⑸　潮木守一：『京都帝国大学の挑戦』，講談社，pp.69-70（1997年）

⑹　松本賢治：「ヘルバルトの教育学とその指導せる教育学ゼミナールについて（一）（二）」，『教育学研究』23（6），1956年，『教育学研究』24（3），

1957年によった。

⑺　ヴントの実験心理学については，今田恵：『心理学史』，岩波書店，pp.203-219（1968年）

⑻　ライとモイマンの実験教育学については，皇至道：『教育思想史』（皇至道著作集第２巻），第一法規，pp.258-259（1977年）

⑼　同上書，p.258

⑽　篠原助市：『教育生活五十年』，大空社，pp.102-104（1987年）

⑾　尾上雅信：「19世紀fscultéへの教育学講座導入に関する考察 ― H.マリオンとソルボンヌの事例を中心に」，『岡山大学教育学部研究集録』第93号，pp.17-171（1993年）

⑿　新堀通也：『デュルケーム研究』，文化評論出版，pp.60-86（1966年）

⒀　以下の「教育科学」については，デュルケーム（佐々木交賢（訳））：『教育と社会学』，誠信書房，pp.86-94（1976年）によっている。

⒁　同上書，p.98

第２節　日本における教育科学の成立

1.「教育」の近代性

2018年は明治維新150年，2022年は学制150年であった。日本の近代化は，ほぼ西洋化を意味するといわれることがある。もちろん，近代化は単純な西洋化ではなく，日本における選択や判断があり，西洋の制度や文化を摂取してきた過程がある。しかし，日本への西洋の影響が大きいことは，疑いないであろう。西洋の影響は，政治や経済の面だけでなく，教育の面でも大きかった。

たとえば，現在，私たちが一般に使う「教育」は，educationの訳語である。イギリスのチェンバース社の『百科事典（*Chambers's Information for the People*）』のeducationの項目を箕作麟祥（1846-1897）が「教育」と訳したのが定着した。この項目では，体育，徳育，知育や，幼児学校，初等学校，中等学校などが説明されている。もっとも，箕作ははじめeducationを「教導」と訳し，「教育」と改めた(1)。また，福沢諭吉（1835-1901）は「教」の文字を使うのを嫌い，「発育」がよいと考えた(2)。別に「教化」「化育」などを使う者もいた。

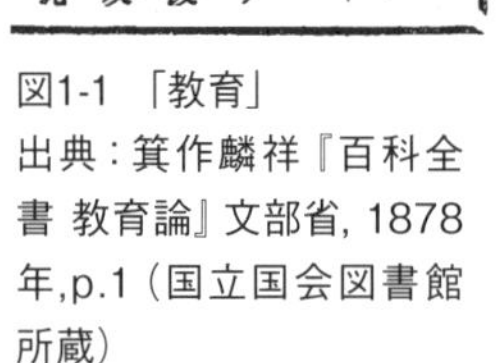

教育論

箕作麟祥　譯

今ヲ去ル猶僅カ數十年前ニ至ル迄初學教育ニ用フル學科ハ讀書算ノ三科ヲ以テ足レリトセシヿ是レ通常英國人民ノ唱ヘタル説ニシテ其後所謂博通教育法ヲ設ケシニ因リ較ク增ス所アリト雖ドモ亦唯ダ古語、新語及ビ數學ノ三科ヲ加ヘタルノミニ過ギズ然レドモ當時ニ在テハ纔カニ此

図1-1 「教育」
出典：箕作麟祥『百科全書 教育論』文部省，1878年，p.1（国立国会図書館所蔵）

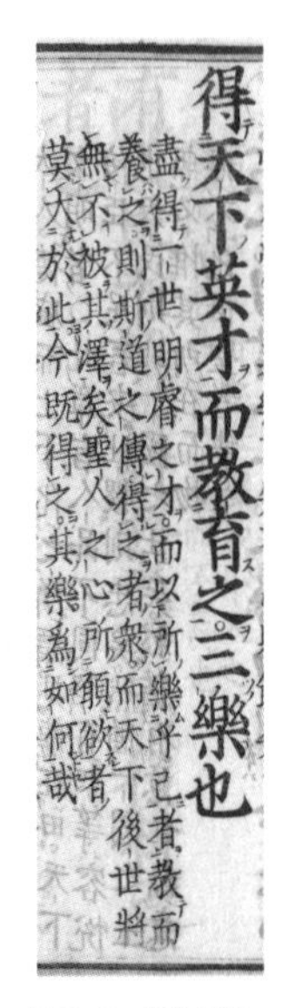

得天下英才而教育之三樂也

盡得一世明睿之才而以所樂乎己者教而養之則斯道之傳得之者衆而天下後世將無不被其澤矣聖人之心所願欲者莫大於此今既得之其樂爲如何哉

図1-2 「教育」
出典：『孟子集註』巻13，寿文堂，1768年，11丁ウ（岡山大学所蔵）

定訳としての「教育」の成立には，このように若干の経過を要したが，箕作も福沢も学校教育や国民教育をイメージしてeducationに向きあって

いる点で共通しているといえる。二人が捉える「教育」は，日本で近世を通じて長く読まれてきた中国儒学書『孟子』（尽心章句）で「君子」の「三楽」のひとつとして「得天下英才而教育之」（天下の英才を得て之を教育す）と使われる「教育」や，常盤潭北（1677-1744）が『民家童蒙解』（1737年）で父母の役割として述べる「教育」とは明らかに異なった。箕作や福沢が見据えている「教育」は，近世まで主に使われてきた政治や家存続の文脈でのものではない。私たちになじみの「教育」，すなわちeducationの訳語としての「教育」が有する近代語としての性格をみることができるであろう。

2. 日本における教育学の開始

教育学は「教育」を対象とする学問である。「教育」とりわけ学校教育は，経済や工業などとならび，近代社会で確立する領域であった。ドイツのカント（1724-1804）やヘルバルト（1776-1841）に遡る教育学（Pädagogik, pedagogy）の成立も，近代的領域としての「教育」の役割と課題に向きあう必要を背景としていた。学校がある。子どもが学校に来る。学校で行う教育は何を目的とするのか。教員は何を，どう教えるのか。学校で教える教員のための教授学，換言すれば，教職の学の性格を，まず教育学は有した。教育学は「教育」と同様，近代の産物であり，近代学問のひとつだった。対して，中世大学に遡る法学，医学，哲学（神学）などは，伝統学問の位置にあった。

ヘルバルトは日本でいうと江戸時代の化政期から天保期ころに活躍した人物であるが，ヨーロッパで発達した教育学は，アメリカを経由し，明治初期に日本に伝播した。教育学受容の中心地は，師範学校であった。師範学校は教員養成の専門機関であり，1872（明治5）年，まず東京に設置された。その後，各府県に置かれ，女子師範学校も設けられた(3)。さらに高等師範学校と女子高等師範学校が設置され，師範学校が初等教員養成機関であるのに対し，高等師範学校は中等教員や師範学校教員を養成した。

日本で教育学は基本的に，各地の学校で教育を行う教員を養成するために必要な学問として展開した。たとえば，教育史は教育の諸問題を歴史学の方法で研究する学問であり，教育学の一分野に位置づく。教育史は明治期，師範学校用教科書の叙述としてはじまった。教員が歴史のなかで学校を認識し，先人の優れた思想や実践に学ぶための教育史である。教育史のあり方がそうであるように，近代日本でも教育学はいわば教職の学として現れてきた[4]。

教育学は帝国大学で研究されるものであり，西洋の学問，とりわけドイツの哲学とその一分野として発達した教育学の影響を強く受けた。高等師範学校も高等教育の一角を占め，教育学研究の主要機関であった。教育学は学問の府たる帝国大学や高等師範学校で行われる学問であり，その成果が著作物として教科書に使われるのであるが，師範学校で教員養成に使う教科書として要請された学問であるという基本的性格上，教育学は国民教育の理論的基盤を築くための学問という位置づけから自由でなかった。国家や制度から自由に，批判と実証を基軸とする学問として発達するには，教育学は国家の求める規範や価値を帯びざるをえない側面があった。

3. 教育学の哲学からの自立

伝統的に学問を代表するのは哲学である。現在の人文科学や社会科学の諸学問は，遡れば，多くは哲学を親学問としてもち，それぞれ発達した[5]。教育学や心理学もそうであり，日本で初期の心理学は「心理上ノ哲学」を約めた語として発足した[6]。

教育学の哲学からの自立を積極的に意識した代表的なひとりは，篠原助市（1876-1957）であった。主にドイツ哲学・教育学を摂取し，「理論的教育学」と「実際的教育学」を体系化した篠原は，近代日本における教育学の到達点を示す人物として評価される[7]。篠原（1930, pp.417-418）は「独自の対象と，見地と，方法を有する所に，自立的教育学の真面目は存する」と述べた[8]。この篠原の業績として，教育学辞典の編纂があり，注目される。

1922（大正 11）年刊行の『岩波哲学辞典』は，当時を代表する哲学辞典であった。67 人が執筆に参加し，篠原は教育学関連項目を担当し，都合 71 項目を執筆した[9]。教育学が哲学の一分野の扱いであることがわかる。その後，篠原は 1924 年，自身の単著として『教育辞典』を編纂し，発表するにいたった[10]。単独の教育学辞典の成立は，教育学の学問的自立の端緒を意味するといえる。さらに篠原は1935（昭和10）年，その増補版も刊行し，専門学としての教育学の基礎文献の確立に尽力した。1,000ページを超える篠原の教育学辞典は，哲学辞典と並ぶ浩瀚な文献であった。篠原の辞典のように，教育学辞典が単独の専門辞典として成立してくるのは，教育学の哲学からの自立の現れの一事象だと捉えることができる。

このように1920-30年代，教育学が専門学として確立してくる。その動向が，日本の学問が西洋の学問の単なる翻訳や紹介を超え，日本なりの独自性をもって研究を推進する姿勢が明確化する過程とも重なるものであったことも留意される[11]。日本は西洋に学びつつも，西洋の単純移植ではなく，自身の国家や社会の特色を基盤とする学問の構築を進めた[12]。約1世紀前，日本の教育学は，哲学と西洋からの自立という二重の学問的展開を経験したといえる。

4. 教育学と教育科学

教育学と教育科学はほぼ同義で使われることもあるが，分けて用いるのは，たとえば，つぎのような意図がある。教育学が観念的解釈的な性格をもち，理念や要求として「あるべき教育」を問題とするのに対し，教育科学が説明的分析的な性格をもち，事実や現象として「ある教育」を問題とするあり方を強調していう[13]。

教育科学（science of education, Erziehungswissenschaft, science de l'éducation）も西洋の影響を受け，日本は摂取した。日本の教育科学は，教育学と同様，ドイツの影響があった。ドイツのクリーク（1882-1947）やロッホナー（1895-1978）らとともに，影響の大きかったのは，フランスのデュルケーム（1858-1917）であったと捉えられる。デュルケームの教育科学は，とくに教育社会学を通して有力な教育学論となった。

戦前日本で教育科学の問題意識は，篠原助市や長田新（1887-1961）らの教育学者においてすでにみられるが，もっとも自覚的な活動を展開したのは，教育科学研究会だった。心理学者でもあった城戸幡太郎（1893-1985）が同会を主導した。同会は1937（昭和12）年に発足し，従来の観念的解釈的な教育学を批判し，教育の事実から出発する実証的で客観的な新しい教育学の構築をめざした。教育科学が図るのは「規範学から事実学へ」の教育学の飛躍であった[14]。

城戸（1932，p.397）は「社会生活を変革し発展せしむる原動力としての人間を科学的に認識し，教育してゆくのが教育科学としての人間学の問題である」と発想した[15]。城戸らは教育科学の立場として「生活主義」と「科学主義」を掲げていく。生活や実践との結びつき，そして調査をふまえた実証を重視する城戸らの活動は，現場の教員たちにも迎えられる運動となった。

城戸は阿部重孝（1890-1939）らと岩波講座『教育科学』（20 冊，1931-1933）を編集し，その成果は教育科学運動を導く母体となった。より実践的な性格をもつ雑誌『教育』（岩波書店）も刊行し，多くの読者を得た。

しかし，深刻化する時局のなか，教育科学運動は十分な発展を遂げることはできなかった。同会は 1941 年に解散し，『教育』は 1944 年に廃刊となった[16]。

教育科学の問題意識は，途絶えたわけではない。同会に顕著であった調査や実験をふまえた教育の実証的客観的な研究を推進する科学的態度は，伝統的な教育学とともに，戦後の教育研究に引き継がれた。

「ある教育」を問題とする教育科学と，「あるべき教育」を問題とする教育学は，対立するものか。両者は単純対立の関係にあるものでないはずである。城戸も教育研究は，事実にもとづきながらも，ただ「ある教育」として行われるのではなく，「あるべき教育」としての価値論や目的論を欠いて行われるものではないことに論及している。価値や目的の問題を内在化した事実学として教育科学を創出するところに，城戸の独自の到達があった[17]。教育科学は教育学に対する批判的な問題意識から発しており，その意味で教育科学は，教育学の反省的自己意識という視点を含むといえる[18]。とすれば，教育科学と教育学は，対立や離反の関係ではなく，互いに教育を研究対象とする学問として錬磨しあい，影響しあいながら，現在まで自己の学問性を高める関係的過程を伸長してきているとみることができるのかもしれない。

5. 教育学と諸学問の関係としての「教育の科学」の可能性

以上に述べてきた教育学と教育科学の関係は，前者に対する批判意識から後者が立ち上がってきている文脈において，それは狭くみれば，教育学という学問分野内の活動の問題を扱うものであったともいえる。しかし，もう少し問題の設定を広げ，教育学と諸学問の関係から「教育の科学」を考えてみると，どうか。篠原（1956，p.327）も「自立的教育学は閉ぢた体系ではなくいわゆる開いた体系なるべきこと」を指摘するように[19]，教育の問題を「教育（科）学」に閉じず，諸学問に開くことで，教育研究の可能性が広がるのではないか。城戸も心理学を持ち込んで教育学を再考したように，である。

というのも，教育学は基本的に自前の研究方法をもたない。研究対象としての教育（学校・家庭・社会・制度・行政・技術・幼児・子ども・青年・成人など）はあるが，それを分析するため，たとえば，哲学，歴史学，社会学，心理学，統計学などの方法を用いる。いわば「教育学の方法」の確立はない。それゆえ，教育学と諸学問の関連が浮き上がってくる。

もちろん，諸学問といっても，分野も分類も多様である。たとえば，学問を規範科学と説明科学で分ければ，倫理学，論理学，美学などは前者，生理学，心理学，地質学などは後者となる。純粋科学と応用科学でみれば，数学，化学，天文学などは前者，医学，教育学，工学などは後者となる。自然科学と精神科学でいえば，物理学，生物学，地学などは前者，言語学，法学，文学などは後者となる。また，教育学は応用科学であり，精神科学でもあり，心理学は説明科学であり，精神科学でもあるように，分類は一面的でない。science がもともと「知」や「知識」を意味したように，科学は多様な学問で構成され，学問の交差が科学の更新を推し進めている。

教育への科学的接近は，極論すれば，どの学問からも可能なのかもしれない。それは如上の学問に限らない。このことは，教育に関する営為が，他の領域から独立して成る単一のものではなく，政治，経済，産業，自然，文化，芸術，宗教など，多様な領域と関連しあって成り立っていることを表す。「教育」はいわば越境的な領域なのである。

ここでは，教育学と諸学問の関係を考えるにあたり，日本教育学術協会編『現代教育辞典』(不朽社, 1934) における記述を参考にしてみたい。「教育学」の項目につづき，「教育学と衛生学・医学」「教育学と経済学」「教育学と宗教学」「教育学と社会学」「教育学と心理学」「教育学と政治学」「教育学と生物学」「教育学と生理学」「教育学と哲学」「教育学と美学」「教育学と倫理学」「教育学と論理学」の項目があげられている[20]。

たとえば，「教育学と生理学（Pedagogics and Physiology）」の記述は，つぎのようである（日本教育学術協会 1934，p.183)。

> 身体の健康或は均斉なる発育といふが如き相対的価値の発揮は，体育乃至養護の真の目的にあらずして，身体を通しての第一義的価値の発揚が，それの究竟目的であるとしても，教育はそれらの第二義的価値の発揚にも努めなければならぬ。なぜならば，身体の健康並に発達といふことは，一切の教育事象に内含されてある事実であつて，身体を離れては人間一切の生活を考ふることは出来ず，且つ精神生活といひ，文化生活といふも，畢竟肉体を脱し，地上を離れては空虚なものだからである。此の意味に於て教育は，身体の健康増進並に発達助長をも促さねばならぬ。而してこれが方法的原理の基礎を与ふる所のものは多く言ふまでもなく生理学的知識である。これ教育学研究上生理学の必要なる所以である。

この教育学辞典は，前世紀の文献である。概念や用語の歴史的被規定性は考慮される。そうであるが，「教育学と○○学」という諸項目が立つのは，教育学と諸学問が関係し，教育研究に両者が必要であることの認識の現れである。ここに事項としてあがっていない分野も含め，教育学と諸学問が，それぞれ自立した専門分野を構築しつつ，かつ関連しあって，教育の本質と事実を探究していく。学問の教育研究への開かれた向きあい方が示唆されよう。

「教育を科学する」。そういうと，やや妙な日本語表現かもしれないが，教育の科学的研究という活動は，学問の閉じた体系ではなく，開いた体系において発展が期待されるものである。もっといえば，開いた体系でなければ，その活動は成り立たないと考えるべきか。

教育学と諸学問の関係は，いわば切り結びの関係のあり方である。両者は密接な関係もあるだろうし，距離を置くからこそ，互いに意味のある関係もあるだろう。教育学と自身の専門学問の関係を問い，「教育の科学」について考察してみる。その考察が，「教育」という窓口を通して，自身の専門学問を捉え直す契機をもたらす効用の波及も期待するところである。

【注】

⑴　長沼美香子：訳された近代，法政大学出版局，pp.114-120（2017）。

⑵　福沢諭吉：文明教育論，時事新報（1889），山住正己編：福沢諭吉教育論集，岩波書店，pp.134-135（1991）。

⑶　岡山県は岡山師範学校を1876（明治9）年に置き，同年に附属女子師範学校を設けた。岡山大学教育学部の前身である。

⑷　辻本雅史：思想と教育のメディア史，ぺりかん社，pp.238-239（2011）。

⑸　自然科学でも物理学，化学，生物学，地学などが自然哲学から発達した経緯がある。

⑹　平田諭治：「心」の語りの史的文脈，教職研修，34-8，p.130（2006）。西周（1829-1897）が「心理学」と名付けたとされる。西は「メンタル・フィロソフィー」（精神哲学）を「心理学」，「サイコロジー」を「性理学」と訳し分けた。

⑺　木内陽一：篠原助市教育学の形成と構造，篠原助市著作集7，学術出版会，pp.1-2（2010）。

⑻　篠原助市：教育の本質と教育学，教育研究会（1930），篠原助市著作集3，学術出版会，pp.417-418（2010）。

⑼　宮本和吉他編：岩波哲学辞典，岩波書店（1922），増訂版（1924）。

⑽　篠原助市：教育辞典，宝文館（1924），増訂版（1935）。篠原は「教育学は倫理学と心理学に乗っかった（中略）応用科学，もっと拡めて，一種の技術学に過ぎな」いものであってはならないと考え，「自立的科学としての教育学の面目をはっきりさせようとする」問題関心を有した。篠原助市：教育生活五十年，相模書房（1956），大空社，pp.325-326（1987）。

⑾　子安宣邦：日本倫理学の方法論的序章，和辻哲郎：人間の学としての倫

理学，岩波書店，p.260（2007）。

(12) しかし，国民性を強調する教育は，時局にあっては，他国に対する日本の優位性や特異性を肯定する文脈に沿う視点に化しやすい側面も検討される必要があるだろう。

(13) もっとも，「教育（科）学」と表現されることもあり，教育学と教育科学は簡単に区別しがたいところがある。たとえば，教育史は史料にもとづいて教育に関する歴史事実を解明するための実証に徹する立場から，教育科学を標榜できるが，歴史事実の確認にとどまらず，それが有する教育的意義として，実践への示唆や現在への教訓を取り出そうとする態度を強調すれば，教育学の性格が表に出る。

(14) 民間教育史料研究会編：教育科学の誕生，大月書店，pp.17-18（1997）。

(15) 城戸幡太郎：現代心理学の主要問題，同文書院，p.397（1932）。

(16) 城戸幡太郎：教育科学七十年，北海道大学図書刊行会，pp.42-43（1978）。なお，戦後，『教育』（国土社）は 1951 年再刊，教育科学研究会は 1952 年再建となった。

(17) それは篠原が「教育学が非合理的なものを必須の条件とする」と述べる問題意識と通じるところがあるとみることもできる。前掲，篠原助市：教育生活五十年，p.327。

(18) 城戸幡太郎先生 80 歳祝賀記念論文集刊行委員会編：日本の教育科学，日本文化科学社，p.4（1976）。

(19) 前掲，篠原助市：教育生活五十年，p.327。宮本勇一・佐藤宗大・深見奨平：篠原助市における「開いた体系」としての教育学，教育学研究，88-2，pp.223-234（2021），参照。

(20) 日本教育学術協会編：現代教育辞典，不朽社，pp.178-185（1934）。同辞典は，もとは啓文社から 1931 年に出版された。なお，「教育学と社会学」について，この事項だけ原文は「教育と社会学」だが，事項に付されている英文は ‘Pedagogics and Sociology’ であり，「教育」は「教育学」と表記した。

第３節　教育科学の意義と課題

本節では，教育学における教育科学の位置を整理することによって，その課題と展望を明らかにする。まず，広田照幸『ヒューマニティーズ　教育学』（岩波書店，2009）の議論を参照し，教育学における実践的教育学（praxiology of education）と教育科学（science of education）の相互補完的な関係構築が求められていることを確認する。次に，広田が依拠していたドイツの教育学者ヴォルフガング・ブレツィンカ（Wolfgang Brezinka）の理論枠組みおよび問題意識まで遡ることによって，相互補完的な関係が惹起する問題を指摘する。最後に，実践的教育学と教育科学の相容れない性質を踏まえたうえで，相互補完的でありながらも同時に相互批判的な関係が必要であることを主張する。

1. はじめに

1990 年代後半から現在にかけて教育学ではエビデンスに基づく教育（Evidence-Based Education）をめぐって論争が繰り広げられており，教育学における科学の位置が問われてきた。日本では 2015 年の『教育学研究』（第 82 巻第 2 号）において「教育研究にとってのエビデンス」特集が組まれたり，関連する研究成果が公表されたりしている（国立教育政策研究所 2012; 杉田・熊井 2019)。今井（2015）は『教育学研究』の特集においてエビデンスに基づく教育を志向する教育研究と，生活世界を志向する教育実践という２つの極が，相互に補い合うような関係を構想する。藤川（2019）は今井の構想をさらに推し進め，両者のより調和的な関係があり得るとし，両者をつなぐものとして「アナロジー能力」を挙げ，アナロジー能力の醸成に教育哲学が資するとする。ここで「エビデンスに基づく教育を志向する教育研究」と「生活世界を志向する教育実践」と呼ばれているものは，それぞれ教育科学と実践的教育学に包含されるものであるが，実践的教育学と教育科学についてはのちに説明するため，それらの意味についてはひとまず割愛する。

さて，今井と藤川の議論は双方の相補的な関係を目指している点において軌を一にしているのだが，いち早く同様の指摘を行った研究として広田照幸『ヒューマニティーズ　教育学』がある。それは人文学としての教育学と科学との関連性を論じるのみならず，「業界向け」ではない入門書として「教育学の存在証明」を試みたものとして評価されている（宮寺 2010, p.396）。広田は，ドイツの教育学者であるヴォルフガング・ブレツィンカの教育学区分を参照しつつ，実践的教育学と教育科学とが相互補完的な関係を構築すべきと主張する。

広田の指摘は穏当であり首肯できるものであるが，両者の関係性を考えるうえで欠かせない論点が後景に退いている。それはブレツィンカにおいて再三強調されていた相互批判的な関係性なのだが，それについての言及がない。

よって，本節では広田の議論を概観することから始め，彼が指摘した実践的教育学と教育科学との相補的関係を明らかにしたのち，ブレツィンカの議論まで遡ることによって，その課題を指摘したい。

2. 実践的教育学と教育科学：価値・規範と事実という二分法

広田は，教育学における様々な知の形態を，ブレツィンカの『教育科学の基礎概念』に基づきながら2種類に分類する。すなわち「実践的教育学」と「教育科学」とに分け，双方の意義および課題について述べている（広田 2009, pp.31-62）。

2.1 実践的教育学

実践的教育学とは，整合的で妥当な教育論を提示することによって，教育者を支援したり，教育行為の規範を示したりする理論を指す。様々な過去の事例を照合しながら蓄積されてきた理論を扱っており，一定程度の検証・吟味を経ているものである。実践的教育学の最大の特徴を科学との対比において述べるとすれば，それが価値・規範を扱っていることにある。科学においては，データによって検証される真偽が問題となるが，実践的教育学においては真偽の問題にとどまることなく当為（○○をなすべし）や禁止（△△をなすべきではない）まで問われる。

たとえば，自習時間と学業成績との相関関係が認められたとしても，そこから子どもは自習すべきであるという結論を科学的に下すことはできない。科学はあくまでも事実に即して探究する営為であり，価値・規範を扱わないからである。対照的に，実践的教育学は価値・規範を積極的に扱う。自習時間を増やすことで学業成績を伸ばすべきなのか。自習時間を確保させるために子どもの遊戯を禁止すべきなのか。あるいは，そもそも自習時間を増やすことで学業成績を伸ばすべきなのか。これらが実践的教育学の論じる領域となり，価値・規範によって教育者を鼓舞する役割が期待されている。

このような実践的教育学の特徴から，その役割には以下の３つが含まれている。まず挙げられるのが，①教育目標にかんする問題設定である。教育が人間を変容させ，それによって（理想とされる）社会を実現する営為であるとすれば，どのような人間・社会を目標にするのかが扱われなければならず，それを提示する理論が必要不可欠である。次に挙げられるのが，②教育の方法と組織形態に関する理論である。教育目標が設定されたとすれば，今度はそれを実現する方法・組織のあり方が問題となってくる。この目標と手段との相関関係は科学的アプローチによって解明されることが望まれるだろうが，現段階では簡便なマニュアルの如き融通自在な教育の方法や組織のあり方については解明されていないため，推測の域を出ない部分もある。幾分かの飛躍は避けられないが，それでも蓄積された過去の事例に基づいて，憶測を埋める仕事が期待されている。そして最後に挙げられるのが，③被教育者（子ども）の理論である。教育が人間同士の相互作用を扱っている以上，教える側の人間のみならず教えられる側，つまり子どもの特性が踏まえられなければならない。だが，被教育者をとりまく環境的要因は多種多様であり，科学的アプローチで解明し尽くすことは困難である。自習時間と学業成績との相関関係が示されたとしても，そこにはたとえば子どもの生得的能力，地域における大人やきょうだいや友人との人間関係，親の社会階層，教師の能力や教育観など，様々な環境要因が介在してくる。したがって，そこにも上記のように憶測を埋める仕事が期待されるが，当然ながら臆測や私的な事実認識の介在を完全に避けることはできない。

前述の実践的教育学の特徴は，これまでも指摘されてきたことだが，学問としての脆弱性と表裏一体である。①教育目標を扱っているということは，裏を返せば，万人が承認する客観的方法論が不在であることを意味しており，何らかの飛躍がなされなければならないことと同義である。②教育の方法および形態についても，現段階では確固とした法則性のある理論が見出されておらず，推測程度のものが含まれざるを得ない。③子どもをとりまく環境的要因を科学的研究の成果によって判断することはあっても，臆測や私見による判断を排除することはできない。

実践的教育学にはこういった脆弱性があるにもかかわらず，先行研究の知見を踏まえられた学問であるため，それは「誰でもしゃべれる／誰でもやれる教育」談義（広田 2009, p.1）とは一線を画するものである。そこに実践的教育学の存在意義があると思われる。だが，これらの特徴から実践的教育学が学問としての厳密性を欠いているという印象を抱く向きもあろう。この印象は，現代においてエビデンスに基づく教育を求める声と軌を一にしていると考えられるが，そこで厳密性を志向するのが教育科学である。

2.2 教育科学

教育科学とは，教育に関連する現象を正確に認識し，そこに見出される一定の規則性を見出し，そこから具体的な構造や因果関係を解明し，そして今後発生する現象を予測することにその役割がある。19 世紀末以降の自然科学の発展を背景としており，実験・観察・膨大なデータの統計的処理に基づいて，確実な知見に至ろうとするものである。もちろん，ここで述べられている科学的アプローチは自然科学のそれに限定されるものではない。文献を解釈する手法や統計調査といったものも含まれており，それぞれの教育学の領域や分野によってアプローチの仕方は異なっている。

教育科学の特徴は，「飲み屋談義の教育論」（広田 2009, p.41）と異なるだけではなく，上述の脆弱性を避けられない実践的教育学とも異なり，価値・規範と事実とを峻別するところにある。そして，確実な知識を追究しようとすることで，教育学の客観性を高めることを目指すものである。

とはいえ，実践的教育学をすべて教育科学へ変更するべきだという結論とはならない。教育科学にもまた固有の脆弱性があるためである。それは3つあるとされている。

まず挙げられるのが，①事実から価値・規範への飛躍である。教育科学の特徴は価値・規範と事実とを峻別することにある。だが，事実の分析をどれほど精緻に進めたとしても，そこから教育目標を導くことはできない。両者は別物だからである。教育は未来を志向するものであり，事実には収まらない価値・規範の次元が必然的に含まれる。にもかかわらず，科学的アプローチによって脆弱な実践的教育学を払拭しようとすると，事実から価値・規範を導出するという誤謬を犯すことになりかねない。その結果，現状で行われている教育をそのまま肯定する「無自覚な保守主義」に陥ったり，あるいは反対に，価値・規範から距離をとろうとするあまり，時々の政治的影響力の強い声に流されて「無批判な下請け御用学者」になったり，また科学的アプローチをとる教育者・教育研究者が抱いている実体験がそのまま価値・規範に反映され，「乱暴で，飲み屋談義のレベル」の素朴な教育論を展開してしまう危険性を含んでいる（広田 2009, pp.43-44）。

危険性はそれだけではない。他にも②科学的認識の限定性がネックとなる。人間および社会には一義的に意味の決まらない様々な側面がある。そして，それらをすべて自然科学における実験のように研究することは不可能に近い。それゆえ，教育科学は人間および社会現象の一部分に焦点を当てることになる。そのため，そこで得られた知見もまた一部分に限定されることになる。その意味において，科学的に認識には限界が伴っている。

そして最後に挙げられるのが，③現実への応用という飛躍である。部分的な科学的知見は，あくまでも複雑な現実を捨象したうえで得られたものである。それを具体的な現実に当てはめようとすれば，実証されていない部分に様々な推測を補助線として引かなければならない。その結果，想定外の「意図せざる結果」を招き寄せてしまう危険性もある。

2.3 実践的教育学と教育科学の相補的関係

このようにして広田は，実践教育学および教育科学の役割および脆弱性を自覚したうえで両者を使いこなしていくことが必要だと主張する。そして，両者が互いに対立し合うことが不毛であるとし，両者が補い合うことが重要だと述べる。

> 実践的教育学を志向する人と教育科学を志向する人とは，長い間，対立したり，相互に不干渉であったりしてきた。教育科学を打ちたてようとしてきた人は，実践的教育学の知の危うさを批判した。実践的教育学を擁護する人たちは，科学的方法で明らかにできることは限られている，と教育科学を批判してきた。／しかし，そんな狭い業界内のなわばり争いのようなことではなく，お互いが相互に補完しあっている関係であることが，もっと重視されてしかるべきだろう。相互に不可欠で，相互に補完的なのである。／実践的教育学が，より妥当な言明をしていくために，教育科学が不可欠である。（中略）教育科学は，もしも現実に対して有効な意味をもとうとするならば，実践的教育学に援助してもらわなければならない。（広田 2009, pp.55-56。強調は引用者）

補足説明は不要であろう。ここで提案されている両者の相補的関係に同意する読者も多いのではないだろうか。だが，広田が議論枠組みとして参照していたブレツィンカは両者の相補的関係を強調してはいなかった。たしかに，両者がともに教育学において重要な役割を果たすことをブレツィンカは積極的に認めていたが，両者が相補的関係を結ぶことによる，いわば癒着の問題を鋭く指摘していたのであり，両者が相互に相容れないゆえに生じる距離の重要性を自覚していたのである。

3. 教育のメタ理論：教育科学・教育の哲学・実践的教育学

ブレツィンカは『教育学から教育科学へ』において，「教育学(Pädagogik)」が非科学的であったり，教育実践に寄与してこなかったりしたことへの批判から議論を開始している。ドイツ文化圏やソビエトの影響下にある地域において，英米言語圏から見れば「科学」の名に値しないとされる事柄が「科学」と称されていたという。当時のドイツ文化圏における教育学が，実践的理論と科学的理論とを区別せず，「仮説的，ドグマ的，記述的，規範的要素の混合物でしかないものに，漠然とした科学性を要求」してしまっていた（ブレツィンカ 1990, p.39）。

ブレツィンカによれば，教育学はその混合状態を分類・整理することによって役割分担を明確化する必要があるという。まず，ブレツィンカは科学とそうではないものとを大別する。科学は価値・規範から区別された事実のみを対象とし，反証に開かれており，それゆえに暫定的であり続ける，といった特徴を有している。この教育にかんする科学的言明の体系を「教育科学」と呼ぶ。次に，ブレツィンカは科学ではないものをさらに2つに区別する。すなわち「教育の哲学（philosophy of education）」と「実践的教育学」である。教育の哲学と実践的教育学は価値・規範と事実が入り混じっているという点において同じだが，前者のほうがより基礎的であり，後者のほうがより応用的であるという点に違いがある。前者は教育の価値・規範についての基礎づけを行うが，具体的な実践場面を想定することはない。逆に，後者は基礎づけについては直接扱わず，哲学による基礎づけを前提として，規範を実践場面において具体化する手段を考察する。こうして教育学を三部門へと分割したうえで，各々の分業体制を論じる教育のメタ理論をブレツィンカは提示するのである（ブレツィンカ 1990, p.49）。

3.1 教育科学による教条的・政治的な教育学への批判

ここでは実践的教育学と教育科学の役割および脆弱性について，ブレツィンカの議論に遡って広田解釈の妥当性を検討することはしない。また，広田が挙げなかった三部門のうちの一つである教育の哲学についての解説も行わないし[(1)]，メタ理論の内実を精査することもしない。ここで確認したいのは，実践的教育学と教育科学を分離したブレツィンカの問題意識である。

ブレツィンカは「科学」の名に値しないものが科学と称されることへの，いわば苛立ちを表明していた。ここで苛立ちの対象となっているのは，宗教団体の信仰に基づいて成立している「教条的な教育学」であり，政治的な信条に基礎づけられている「政治的な教育学」である（ブレツィンカ 1990, p.89。強調は原文）。

> 擁護者たちにとってとりわけ重要なのは，宗教的，世界観的，道徳的ないし政治的な信念，教義ないし原理を自明的な規範的基礎として，教育科学の中に組み込むことである。彼らは自分たちの信念の宣伝をより有効にしたいがために，その信念を科学という名のもとに，同時にまた科学の名声を盾にして取り扱うのである。（ブレツィンカ 1990, p.92）

宗教的・政治的な世界観を擁護する者にとって科学は強力な武器となる。ブレツィンカが具体例として挙げているものの１つは，ドイツの教育学をかつて席捲した解放的教育学である。それは「解放」（Emanzipation）を理念とする教育学の立場を総称するものであり，「現在の社会から距離を保ち，しかもユートピア的社会主義社会の建設に政治的参加をする能力」の育成を教育目標としているが（ブレツィンカ 1992, p.47。強調は原文），その教育目標は「経験科学の命題から演繹されたり，科学的な方法によってつくり出されたりし得るものではない」（ブレツィンカ 1992, p.40）。にもかかわらず，それを科学と自称していた点において「正直でないという意味で正に悪質である」（ブレツィンカ 1992, p.41）。

もちろん，科学が価値・規範からの中立を標榜するとしても，広田が挙げた３つの教育科学の脆弱性を避けられるわけではない。それでも自らの世界観を主張する言明をあたかも科学的言明であるかのように偽る疑似科学を批判するために，ブレツィンカにとっては教育科学という区分が維持されなければならないのである。

3.2 実践的教育学による価値・規範の定位

だが，教育科学の立場から「教条的」「政治的」教育学を批判するのみでは教育学は成立しない。教育科学の立場を強調することには教育目標を切り崩してしまう危険性が伴っているからである。ブレツィンカは科学的な考え方に傾斜することの問題を以下のように指摘している。

> 今日では，現行の道徳にたいする信念やそれらの根拠づけは，もはやこれほど単純ではない。現代の開かれた（ないし多元的）社会においては，規範的な指針は貧弱になってきている。特にその理由として挙げられる

> のは，規模の小さい閉じられた集団が衰退したこと，科学的世界像が普及したこと，人々の間に存する世界観，信仰内容，道徳論，生活様式といったものの多様性が明らかにされたこと，そして数ある意味づけの体系のうちで，唯一義務のあるものとされる**唯一つ**の体系に固執することがなくなったことである。これらの現象は，合理主義的で個人主義的な根本態度を助長し，意味や価値評価や規範の問題に際して人々を懐疑的にし，不安定で寄る辺のないものにした。（ブレツィンカ 1990, p.250。強調は原文）

現代は開かれた（多元的）社会とされている。人々の価値・規範意識は希薄化しており，かつてのように統一的な価値・規範あるいは世界観を抱くことは難しくなった。様々な諸価値・規範が共存し，そのいずれもがある程度正しく，またある程度間違っている状態にある。いずれか1つの世界観にこだわる必要もない。こうした状況において人々は合理的・個人的な考え方を抱くようになり，価値・規範については疑いの目で見るようになる。その結果，自らの生を豊かにしてきたはずの世界観すら非合理的であると批判し，自身の人生を貧しいものにしてしまっているという。

科学に代表される合理的・個人的な考え方は，たしかに価値・規範の恣意性を批判し，その教条的・政治的性格を正すことにつながっている。だが，それだけでは「世界観的な方向づけ知識，人生の意味，慰め，個人的及び集団的な価値原則や価値序列や規範や理想を提供できない」。それどころか「個々人及び共同体のためにこのように役立っているすべての信念的確信を解体」してしまうのである（ブレツィンカ 1995, p.102）。科学は目指すべき教育目標を提示できないが，教育学は目標を必要とする学問である。よって，「科学的知識という割合に安全な土地を離れ」，「批判にさらされる危険」にその身をさらす「勇気，決断」を行う実践的教育学が必要となるのである（ブレツィンカ 1990, p.251）。

3.3 実践的教育学と教育科学の相互批判的関係

ここまでの議論によって，ブレツィンカの議論が実践的教育学と教育科学の相互批判的な関係をニュアンスに含めていることを示してきた。ブレツィンカは，価値・規範と事実という二分法を前提としたうえで，実践的教育学と教育科学の言明体系が混同され，価値・規範を誤って事実として主張することがあってはならないと論じる。教育科学が価値・規範を提示することはできないし，実践的教育学が科学によってその価値・規範を完全に基礎づけることもできない。両者は，その境界領域においては複雑に絡み合っているものの，本来的には水と油という相容れない関係にある。その相容れなさを踏まえ，教育科学が実践的教育学の教条的・政治的な側面を批判し，実践教育学が教育科学ではできない価値・規範の構築を目指そうとすることが重要とされているのである。

ここで広田の議論が十分に示していなかったブレツィンカの意義が明白となる。広田は，実践的教育学と教育科学とが水と油の関係にあるからといって，「狭い業界内のなわばり争い」を繰り広げるのではなく，「相互に補完しあってい」く関係を強調していた。対照的にブレツィンカは，両者が水と油の関係にあるからこそ，軽々に混ぜ合わせてはならず，部門による別を維持する必要があることを強調していた。高橋が，ブレツィンカの意義を指摘する論脈においてすでに指摘したように，ある教育思想に裏打ちされた教育目標が正しいとされ，それにしたがった教育実践を行うように指示することと，それが実際に，教育実践に対して誤りのない正しい指示を提供できているかを吟味することとは別次元の問題である（高橋 1977, p.47)。実践的教育学が価値・規範を判断するという役割を担っている以上，それは恣意性を完全に免れることはできない。「勇気，決断」だからである。しかしながら，それはその勇気・決断を鵜呑みせよということではない。教育科学の立場から批判的に吟味することが必要不可欠なのである。つまり，実践的教育学と教育科学がともに教育学の三部門の一部として相互補完的であるという認識においては一致しているが，その距離感については好対照をなしているのである。

4. おわりに：実践的教育学と教育科学の緊張関係

本節では，広田およびブレツィンカの議論を経ることによって，実践的教育学と教育科学の関係が，相互補完的であるのみならず相互批判的でもなければならないことを示した。これは1990年代後半から現在にかけてエビデンスに基づく教育をめぐる論争について新しい視点を投げかけるものである。この論争においてもまた価値・規範と事実という二分法が採用され，両者の相互補完的な関係が提言されてきた。だが，両者の関係が相互批判のための距離感を失ってしまえば，非生産的な癒着関係へと堕してしまうかもしれない。

ブレツィンカの時代診断が示すように，現代は科学主義と呼ばれる合理性への信仰が広まっている。適切な相互批判を実現するためには，実践的教育学の側から教育科学に向けた批判の声が小さくて少ないように思われる。松下（2015）が指摘したようにエビデンスに基づく教育の政治的機能を看過し，それを推し進めてしまえば，かえって教育の形骸化・空洞化が生じるかもしれない。広田とブレツィンカが示したように実践的教育学のみならず「教育の哲学」に期待されている役割は少なくないと考えられるが，それは今後の課題となる。

【注】

(1)　広田が参照している文献が『教育科学の基礎概念』であるため，この不一致は当然といえば当然である。だが，実践教育学の規範創出力が低下している現状を踏まえ，「学校教育がめざすべき方向について，教育哲学者にもっと語ってほしい」（p.110）とも述べている。

【引用・参考文献】

今井康雄（2015）「教育にとってエビデンスとは何か：エビデンス批判をこえて」『教育学研究』第82巻第2号，pp.188-201

木内陽一（1986）「技術学的教育理論における目的－手段－図式の考察：現代ドイツにおける経験的教育学の問題点」『教育哲学研究』第53号，pp.61-75

国立教育政策研究所編（2012）『教育研究とエビデンス：国際的動向と日本の現状と課題』明石書店

杉田浩崇・熊井将太編（2019）『「エビデンスに基づく教育」の閾を探る：教

育学における規範と事実をめぐって』春風社
高橋勝（1977）「W・ブレツィンカの「教育科学論」のもつ意義：教育研究における科学とイデオロギーの問題をめぐって」『教育哲学研究』第35号，pp.32-52
広田照幸（2009）『ヒューマニティーズ　教育学』岩波書店
藤川信夫（2019）「エビデンスに基づく教育における教育哲学研究の位置について：再びEBMを参照することで見えてくるもの」『教育哲学研究』第120号，pp.77-95
ヴォルフガング・ブレツィンカ（1980）小笠原道雄・林忠幸・高橋洸治・田代尚弘訳『教育科学の基礎概念：分析・批判・提案』黎明書房
ヴォルフガング・ブレツィンカ（1990）小笠原道雄監訳『教育学から教育科学へ：教育のメタ理論』玉川大学出版部
ヴォルフガング・ブレツィンカ（1992）岡田渥美・山﨑高哉監訳『価値多様化時代の教育』玉川大学出版部
ヴォルフガング・ブレツィンカ（1995）小笠原道雄・坂越正樹監訳『信念・道徳・教育』玉川大学出版部
ヴォルフガング・ブレツィンカ（2009）小笠原道雄・坂越正樹監訳『教育目標・教育手段・教育成果：教育科学のシステム化』玉川大学出版部
松下良平（2015）「エビデンスに基づく教育の逆説：教育の失調から教育学の廃棄へ」『教育学研究』第82巻第2号，pp.202-215
宮寺晃夫（2010）「図書紹介：広田照幸著『ヒューマニティーズ　教育学』」『教育学研究』第77巻第4号，pp.396-397

第2章　PBLから見る教育科学

第1節　PBLのニーズと重要性

1. 日本の初等，中等教育機関における能動的学習の重要性

グローバル化の急速化，エネルギー変動，国際社会における紛争や戦争の勃発等により，予測が難しい時代を迎えている。このような中，本国においては少子高齢化が加速しており，今後，社会を維持していくためには，世代を超えて個人や社会の成長につながる新たな価値を創出し続けることが期待されている。そのため，学校教育においては，持続可能な社会の担い手として，新たな価値を創出し，複雑な状況変化の中でも目的を再構築できるような人材の育成が急務の課題となっている。このような課題に対応する力は，学校教育が長年，育成を目指してきた「生きる力」である。この「生きる力」を教育課程全体から育成するため，学習指導要領（平成２９年告示）[(1)]においては，育成すべき資質・能力を，ア．生きて働く「知識・技能」の習得，イ．未知の状況にも対応できる「思考力・判断力・表現力等」の育成，ウ．学びを人生や社会に生かそうとする「学びに向かう力・人間性等」の涵養というように三つの柱として具体化することで，各教科を学ぶ意義や授業改善の目標や目的の明確化も行っている。

このような資質・能力の獲得には，児童，生徒が「主体的・対話的で深い学び」を実現することが重要である。教育現場では，グループなどでの対話や児童，生徒が思考する場面が設けられ，各教科の「見方・考え方」を働かせるような指導により，教科間ならびに社会との関連を学ばせ，深い学びにつながるような授業改善がなされている。すなわち，教育現場では能動的に学ぶ姿勢を支援するための試行錯誤が積極的に行われている。能動的な学習のなかでも，教科横断的な学習，探究的な学習，STEAM教育への発展が一層期待されているのが「総合的な学習の時間」や「総合的な探究の時間」である。これらの教科のなかで，児童，生徒は教科等の枠組みを超えて，長時間じっくりと探究的に身の回りの課題等に取り組み，小中学生においてはよりよく課題を解決し，自己の生き方を考えていくた

めの資質・能力[2]を，高校生においては自己の在り方・生き方を考えながら，よりよく課題を発見し解決していくための資質・能力[3]の育成が図られている。さらに，ICT 等も活用することによって，探究や創作活動，表現活動，課題解決活動等の幅も広がるため，科目を横断しながら学際的な学びの往還により課題解決を目指す STEAM 教育への展開が図りやすくなると考えられる。

以上のことから，初等，中等教育機関においては，能動的に教科間も横断しつつ，探究しながら学びを深めていくことが求められており，すでに数多くの授業実践例が報告されている[4-6]。

2. 二十一世紀の学習者に求められるスキル

一方，高等教育機関においては，労働市場におけるスキル要件に応えるため，タイピング，ライティング，計算，言語スキル等，比較的評価しやすい技術的，専門的な知識，すなわちハードスキル[7]と，性格特性，社会情緒的スキル，非認知能力として認識され[8]，主として他人との関係づくりに関するソフトスキルを学生に身に付けさせようとしている。特定種類のタスク実行能力に関するハードスキルは，ある程度の定量評価が可能であるため，学生は客観的に自分の位置を知ることができる。一方，ソフトスキルは，個人的な発達，社会参加に関する内的および対人的な能力であるため，定性評価にならざるを得ない。労働市場においてはどちらも必要とされ，中にはハードスキルが重視される部門や業界[9]も存在するが，多くの企業は採用した学生の専門的な知識や技術を重視するというよりは，企業の目的達成のために，学生の想像力，創造性，適応性，柔軟性，学習意欲，自律性，チームワーク，管理能力，プレッシャーの下で働く能力，コミュニケーションスキルなどに対する「一般的なスキル」[10]の潜在と成長に期待している。

また，教員養成課程で学ぶ学生の大半は教員となり，教育現場で多数の児童や生徒，同僚，保護者，地域の方々との関わりを持つなかで，多様な問題に直面する。問題への対応や対策のために，多角的な視点で，創造的解決を目指す事案が出てくることは安易に予想できる。

さらに，世界経済フォーラム（2020年）[11]は，2025年までに教育の文脈で最も求められている10の新興スキルに1.創造性，独創性，イニシアチブ，2.アクティブラーニングと学習戦略，3.テクノロジーの設計とプログラミング，4.心の知能指数，5.批判的思考と分析，6.複雑な問題解決，7.分析的思考とイノベーション，8.推論，問題解決および発想，9.サービスオリエンテーション，10.レジリエンス，ストレス耐性，柔軟性を挙げていることからも，ソフトスキルの注目度の高さが伺える。とくに，教育の分野において最も要求度の高い創造性や独創性は自動車，ヘルス，食品，農業，金融，サービス，ITなどの幅広い分野からも支持されており[11]，Qianらが指摘するようにUberやAirbnbに見られるようなITに支えられるP2Pビジネスモデルは，Pro-cを代表する例として世界中で機能していることがわかる[12]。このようなシェアリングエコノミーの急速な台頭の根底には創造性が存在しており，創造性は二十一世紀の学習者にとって最も意識すべきスキルの1つと考えられる。

以上のことから，高等教育機関において，意識的にソフトスキルを身に付けようとすることはとても重要である。

ソフトスキルは具体的な行動や実践的な経験により学ぶ部分が多いと思われる。とりわけ教員養成課程における身近な例では，教育実習を通して，学習指導案の作成，授業における時間管理，対象に応じた教授法の選択，授業中のコミュニケーション，学習の動機付けを行う技術など，学部での学びを実践に展開し，省察や改善を繰り返すことで，ソフトスキルが向上すると考えられる。また，学生がブレインストーミング，合意形成，問題解決の指導等に一貫して参加している間に，徐々にソフトスキルが構築できると報告されている[13]。さらに，チームで実施するような課外活動は，学生が現実の社会的状況に積極的に関与することを奨励するため，生産的な学習となる可能性がある。具体的には，宣言的知識や手続的知識あるいは条件的知識などを含むハードスキルやメタ認知スキルを向上させるだけでなく，精神運動スキル，社会的情動スキル，対人スキル，実践的なソフトスキルを身に付けるための効果的な方法と考えられている[14]。

3.PBL と創造性の関係

これまでの記述に「創造性」というキーワードが見られ，一見，どのように定義されて，評価されるスキルなのかと疑問さえ生じるが，創造性は様々な側面を通して概念化されている。著名な教育心理学者らは，創造性は個人的および環境的要因に影響され，個人またはグループが特定の社会的文脈で独創的かつ適切な結果をもたらすようなプロセスを含むと認識している[15-17]。

さらに，近年の研究で Kaufman & Beghetto[18]は，創造性の概念モデルにおいて，創造性の表現を a）～ d）の 4 つのタイプに分類している。

a）偉大な芸術家や科学者によって示された創造性，前例のないような著名な創造性：Big-C

b）専門家レベルの創造性，プロフェッショナルレベルのクリエイターの創造性：Pro-c

c）毎日の活動や経験に関与する創造性，日常の創造性：little-c

d）学習プロセス中に見出される創造性，主観的な創造性で，学習と経験の間で遭遇する斬新で個人的にとって意味のある洞察：mini-c

このように，4C モデルはすべての人が創造的になる可能性を認め，教室でも学習者が mini-c を積み重ね，それらを little-c や Pro-c に発展させるための道筋を示している。したがって，教育者や研究者は，教室内外での創造的な教育体験を提供する戦略を模索し続けている。とくに，高等教育機関には，伝統的な教師主導型の教育から脱却し，創造性をもたらす可能性が高い新しい教育に移行することが国際的にも求められている[19]。例えば，米国東南部の大規模な公立大学の学部プログラムで開発された創造性コース（1 学期）において，G. Davis の著書 *Creativity is Forever*[21]に基づいた 3 つの教育要素:（1）理論と研究，（2）創造的プロセスの探究，（3）応用と準備に沿って，（1）では，心理学に基づく創造性研究の理論に基づいた 4 Ps[20]：「Person（人間）」，「Process（手順）」，「Product（産物）」，「Press（環境）」を学び，それらの特徴や側面について探究を行う。（2）では創造的問題解決（Creative problem solving），類推思考，ブレインストーミング，水平思考など，さまざまな思考ツールを使って創造的なアイデアを出すことが行われている。また，創造性における失敗の役割や，個人，チーム，組織の創造性で障壁を乗り越えるためのブレークスルー戦略について学ぶ。(3) では個人またはチームで創造性に関する演習やプロジェクトに取り組むことで，創造的なプロセスにおける共通の姿勢や特異な側面を認識するよう促される。さらに，このコースには分野を超えた体験型プロジェクトや実践的なアクティビティが盛り込まれており，学生は創造的な習慣を 30 日間試すという個人プロジェクトを遂行するため，地元のイノベーター（地元の起業家や作家など）が行ういくつかの授業外セミナーに出席し，創造的思考スキルについて考え，適用するよう促される。このような活動を通して，学生は，現代の革新的な創造物や成功したビジネス，歴史的に創造的な人物や地域の起業家など，多様な分野にわたる創造的プロセスや解決策を例として，複数のケーススタディから，創造的な人，プロセス，および製品に対する領域一般的なアプローチを学ぶ[22]。

上述の例のように，学際的で分野を横断した調査や幅広い探究的な活動は，Problem Based Learning（問題解決型学習：PBL）や Project Based Learning（プロジェクト型学習：PjBL）と多くの共通点を有する。また創造性は，問題解決者が問題空間を推論し，目標状態に到達するための解決策を特定しようとするプロセスの中に現れる[23]が，PBL や PjBL も問題を解決する必要性から開始される[24]ことや，構造化されていない問題において，多数のあるいは不定の選択肢の中から実行可能かつピアソーシャル検証プロセスを経た課題を設定し，解決策を見出すプロセスはまさにソフトスキルを鍛えながら mini-c や little-c を育む学習環境を提供していると言える。

4.PBL と多様性の関係

PBL や PjBL において，異なる知識や視点を持つメンバーでチームを構成することは，チームの創造性を高めたいと考えているファシリテーターにとって一般的な方法である。この慣例では，メンバー間の視点や文化的背景のちがいなどが，チームに豊富なリソースを提供し，メンバーが互いに刺激し合うことで，それらが有機的に結合し，チームにとって新しい洞察が生み出され，その過程で，または結果として，創造的な体験に結実すると考えられる。また，創造性を発揮する個人やチームは，必ず何かにヒントを得る行為や，情報の再構築を行う[25]。そのため，情報源が程よく多様で，事前の知識とともに再構築しやすい情報であれば，個人やチームにとって新しく意味のある知識へと構築されやすいのかもしれない。

ところが，チームで情報を再構築していく中で，他者の意見に積極的に異議を唱える批判的なメンバーが居る場合，創造的なアイデアの形成には有効かもしれないが，チームのメンバーの満足度を損なう可能性があることが示唆されている[26]。チームのパーソナリティー構成に関する研究は，チームにおける心地よさとチームのパフォーマンス，チームメンバーの満足度には正の相関があることを報告している[27]。なお心地よさとは，心理学におけるビックファイブ理論の調和性から転用されており，信頼性，従順性，思いやり，柔和性といった気質的な特性を意味する。

創造性とチームの満足度という点にはトレードオフのような側面も見られるが，チームとしての創造性を高めるためには，心地よさだけでなく多様性も受容する姿勢も必要と考える。なぜなら，チームのタスクに関する異なる意見や異なる視点によるタスクの競合はチームの視点の範囲を広げ，チームの創造性にとって有益な可能性をもたらすためである[28]。ただし，タスクの対立が生じたときには，チームは何らかの方策でタスクに関連する反対意見の管理と適切な対処により，タスクの対立を友好的に解決する，あるいは緩和策を示す必要がある[29]。さらにメンバー間の不和は，互いに協力することに否定的になり，チームにとっても有害であるため[30]，リーダーや相談役を設置するなどの対応により，PBL や PjBL の機能は保持できるようリスク管理を考えておいた方が良いと思われる。

多様性は創造性と同様にぼんやりした概念である。Loden & Rosener は多様性を「主次元ダイバーシティ」と「副次元ダイバーシティ」の二元論により説明している[31]。主次元ダイバーシティは生得的な違いで，自分の力では変えることができない特徴と位置付けている。人間の自己イメージと他者や社会に対する見方を形成する主要な役割を果たしており，その種類として，年齢，人種，エスニシティ，性別，身体的能力（障害の有無），性的指向を挙げている。副次元ダイバーシティとは，生涯を通して変えていくことが可能な後天的な違いであり，その種類としては，教育背景，地理的位置，収入，軍隊経験，結婚の有無，子どもの有無，宗教的信条，職業経験を挙げている。主次元よりも副次元ダイバーシティの方が，個人のアイデンティティに強く結びついている場合もあると説明している。

また，Jehn らは多様性を性別，年齢，民族性といった社会的カテゴリーと，知識や視点のちがいに基づく情報に分類しており[32]，多様性は概ね二元論によって分類されていることがわかる。

チームの多様性と創造性に関する研究は数多く見られるが，結果は必ずしも一貫性を示すわけではない。しかしながら，PBL や PjBL のチーム構成に関して，チームにおける多様性の重視項目を検討し，チーム構成に関する振り返りや評価も含めることで，多様性と PBL ならびに PjBL における創造性の関係について言及できるかもしれない。

5.PBL の種類と手法および高等教育機関（教育系）における実施例

これまで Problem Based Learning（問題解決型学習）と Project Based Learning（プロジェクト型学習）を区別するため，それぞれ PBL と PjBL と表記していたが，両者はしばしば，PBL と呼ばれ，区別なく表記されることがある。

まず，問題解決型学習であるが，1968 年にカナダの McMaster 大学の医学部によって始まり，その後，医学，数学，看護，教育，工学，起業と経営などの幅広い分野で探究されている。理論と知識を学生の日常生活に関連付けることによって有意義な学習を促進する指導法であることが広く知られており，通常は複雑な現実の問題をグループで解決することを目指す。学生は学習を構造化するため，問題の特定，問題フレームの分解，問題のリフレーミング，問題の分析，課題の設定，調査結果の統合等を含む反復プロセスに従事する[33]。問題解決型学習はシナリオ問題解決型学習[34]とケース問題解決学習[35]に分けられる。前者では，実生活における問題解決が，現実の状況に即して行われ，最終的に解決されるべきという厳しい要件がある。後者では，実生活から生じた問題をスクリプトに構成し，学

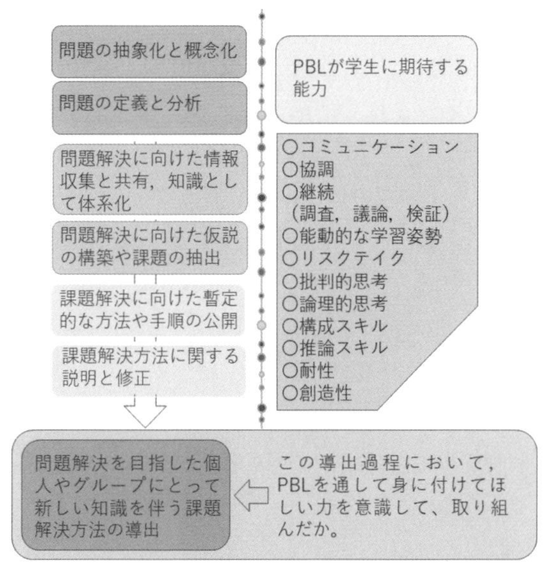

図2-1　問題解決型学習の進め方の例と問題解決型学習を通して身に付けてほしい力

生がクラスで議論を行い，解決を目指すものである。通常多くの実践例では後者が採用され，問題解決型学習として広く認識されている。問題解決型学習の進め方の例と問題解決型学習を通して身に付けてほしい力を図2-1に示す。まず問題とその状況を理解し，数ある具体的な問題から抽象化や概念化を行い，問題を特定する。次に，問題解決に向け，問題やその背景あるいは周辺の情報を収集し，互いに共有する。収集した情報を分析して整理することで，知識として体系化する。その知識に基づき仮説を構築する，または問題解決に寄与すると思われる課題を提案する。ファシリテーターや他のグループにも課題を説明し，批判的な意見やコメントを得て，修正を加え，個人やグループにとって新しい知識を伴う課題を導出し，まとめと振り返りを行う。問題解決型学習は，実現可能な創造的な解決策を提示し，実行して結果を出すというよりは，問題に対する深い理解や，一連のプロセスから身に付けてほしい能力や態度を意識し，個人あるいはグループでの活動に反映できたかということに重点が置かれる。

一方，1921年アメリカの教育哲学者Kilpatrickにより提案されたプロジェクトメソッドから発展したプロジェクト型学習は，目標を達成するために学習活動を組織化する点で問題解決型学習と同じであるが，ケース固有の問題への理解を深め，実現可能な解決策を提案することに注力する点に特徴がある[36]。また，学習者には通常，目指すべきゴール，姿，仕様が与えられ，学習プロセスの中では正しい手順に従うことに重点が置かれ[37]，学んだプロセスを意識化，概念化し，応用可能な知識へと結びつけていくことが期待されている[38]。

Pecore はプロジェクト型学習を以下に示す５つのタイプに分類しており[39]，多くの教育機関はプロジェクト型学習を実施する際に，カリキュラムや目的に合わせて，１～５からの選択，または複数の組み合わせを行っている。

１．Challenge Based Learning
長期間にわたる教育と学習への学際的なアプローチに参加することにより，現実世界の問題を解決する。

２．Problem Based Learning
学生はケーススタディなどを通して，オープンエンドの問題解決を目指す。

３．Place Based Learning
学習対象の基礎となる地域の遺産，文化，景観などに関連したサービスラーニングの要素を強調し，学生が地域社会で本当の仕事をする。

４．Activity Based Learning
実験や活動を通して，テーマを探究する。

５．Design Based Learning
創造性を高める目的で，カリキュラムに関連した製品またはシステムの設計または再設計，あるいは物理的な製作物の作製という課題に取り組む。

なお，プロジェクト型学習の具体的な進め方や評価のポイント等については参考文献[38, 40]に詳しい。

実際に高等教育機関で実施されてきた PBL と PjBL で，教育系の科目や教育学部での取り組みに関連する例を示す。

１．PBL 教授法の下で，大学の社会的責任に対する学生の洞察と応用をどのように改善できるかを探ることを目的として，台湾高雄市永安区の地域活性化プロジェクトが行われた[41]。このケーススタディは，高雄の大学が提供する一般教育コース「海洋環境教育」の一部から作られている。このコースは，2017年9月11日から2018年1月12日まで開催され，様々な学部から合計16人の学生が参加した。

PBLのテーマ：高雄市永安区の沿岸地域活性化

内容：高雄市の永安区は，台湾南部の典型的な漁村である。住民は主に海産物の養殖で生計を立ている。永安は台湾で最も多くのハタ養殖場を持ち，台湾最大の輸出量を誇る。このため，しばしばハタの家と呼ばれている。永安区の長い海岸線には，砂浜と滑らかな水があるヨンシン湾があり，レクリエーションウォーターアクティビティの開発に適している。近年，永安区は台湾の他の漁村と同様に，漁獲量の減少，漁船の休止，労働力の高齢化，人口減少に直面している。

実践：地方活性化事業の実施には，地域の文化や住民のニーズが何より重要である。まず，関連する主な問題を特定するため，地元のステークホルダーを対象に，調査，インタビュー，コンセンサス・ミーティングを行った。その結果，村の変革，オープンウォーター安全教育，コミュニティケア，魚食教育，水産物開発，食品安全検査の6つの主要な課題が浮上した。このうち，参加する学生は魚食教育とオープンウォーター安全教育を最も身近な2つの課題として認識した。

2．イスラエルの教員養成大学の学生が，教師としての職業的アイデンティティを形成する上で重要な経験を特定することを目的とし，教育実習生によるチームティーチングでPjBLが2015年から2016年にかけて行われた[42]。このPjBLには特定の教員養成大学の理科教員養成プログラムの3年生（24～28歳の女子学生），17名が参加した。

PjBLのテーマ：潜在的な疑問の形成から，生徒の探究心と学習意欲を高めることで導出する作品とその制作

内容：イスラエルでは，2015年から，「有意義な学習のための教育改革」により，PjBLアプローチがコア学習パラダイムとして推進されてきた。この改革は，小学校1年生から高校3年生までのすべてのレベルで実施され，教師は教室内で児童や生徒を実践的な学習プロ

ジェクトに参加させている。一方，教員養成プログラムの教育実習の中で，学生が学習者として，または指導者として PjBL に参加し，児童，生徒または教師としての PjBL の経験の中から職業的アイデンティティの形成に関する要素を調べた研究は見当たらない。また，教育現場ではすでに PjBL が始まっているため，実践を通して，将来どのような形で PjBL が実施できるのかを想定しておく必要がある。

実践：実習生は PjBL に精通していなため，実習の初めの 3 週間に PjBL について知見を深め，グループ学習形式で，これから実習先で実施するのと同じ内容の PjBL を簡単に体験した。実習生は PjBL に適したサブトピックを特定し，プロジェクトが取り組むべき中心的な問いをまとめる。次に，イスラエル文部省の小学校レベルの教育に要求される学年相応の教育基準を満足していること確かめながら，プロジェクトの時系列的な展開を準備する。実習生が選択する PjBL のテーマは異なり，例えば，4 年生のクラスの児童にはペットの世話というトピックが与えられ，「飼い主のためのガイド」を作成するプロジェクトが行われた。5 年生では栄養学がテーマとして選ばれ，スポーツ選手が 1 週間に摂取すべき食事についてパネルディスカッションを行う「テレビ番組」のような収録制作プロジェクトが実施された。

【引用・参考文献】

⑴　中学校学習指導要領（平成 29 年告示）解説　技術・家庭編，文部科学省
⑵　今，求められる力を高める総合的な学習の期間の展開（小学校編）, 令和 3 年 3 月，文部科学省
⑶　高等学校学習指導要領（平成 30 年告示）解説　総則編，文部科学省
⑷　坂元美緒 , 探究的な学習における初等教育理科の役割とは何か , 東京私立初等学校協会 理科研究部「研究部紀要」，第 1 号，（2019）, pp.12-23.
⑸　山田丈美 , 思考力と表現力の向上を目指した教科横断的な指導の試み―教

科書の挿絵を活用して―, 読 書 科 学，第59巻，第4号 ,（2017）, pp.185-197.

(6) 石川真理代 , 問題解決型の学習を取入れた数値解析における高大接続カリキュラムの在り方 , 物理教育，第66巻，第4号，（2018）, pp.237-242.

(7) Balcar J., Is it better to invest in hard or soft skills ?, The Economic and Labour Relations Review, Vol.27, No.4,（2016）, pp. 453-470.

(8) Kautz T. D., Heckman J.J., Diris R., Weel B.T. and Borghans L., Fostering and measuring skills: Improving cognitive and non-cognitive skills to promote lifetime success, National Bureau of Economic Research, Cambridge, MA（2014）, p.2

(9) Lyu W. and Liu J., Soft skills, hard skills: What matters most? Evidence from job postings, Applied Energy, Vol.300,（2021）, 117307.

(10) Pool L. D. and Sewell P., The key to employability: Developing a practical model of graduate employability, Education + Training, Vo.49, No.4,（2007）, pp. 277-289.

(11) *World Economic Forum. The future of jobs report 2020*,（2020）, pp.1-162.

(12) Qian M., Plucker J.A. and Yang X., Is creativity domain specific or domain general ? Evidence from multilevel explanatory item response theory models, Thinking Skills and Creativity, Vol.33,（2019）, 100571.

(13) Arbaugh J. B., Bangert A. and Cleveland-Innes M., Subject matter effects and the Community of Inquire（CoI）framework: An exploratory study, Internet and Higher Education, Vol.13,（2010）, pp.37-44.

(14) Kida P., Competences and qualifications in outdoor education, Journal of Education, Culture and Society, Vol.10, No.1,（2019）, pp.79-92.

(15) Amabile T. M., *Creativity in context: Update to the social psychology of creativity*, Westview, Boulder, CO（1996）, pp.1-336.

(16) Csikszentmihalyi M., Flow and the psychology of discovery and invention, Harper Collins,（1996）, pp.1-456.

(17) Plucker J. A., Beghetto R. A. and Dow G. T., Why isn't creativity more

important to educational psychologists? Potentials, pitfalls, and future directions in creativity research, Educational Psychologist, Vol.39, No.2, (2004), pp.83-96.

(18) Kaufman J. C. and Beghetto R. A., Beyond big and little: The four c model of creativity, Review of General Psychology, Vol.13, No.1, (2009), pp.1-12.

(19) *Innovating to learn, learning to innovate*, OECD, Paris, France, (2008), pp.1-257.

(20) Rhodes M., An analysis of creativity, Phi Delta Kappan, Vol.42, (1961), pp.305–310.

(21) Davis G. A., *Creativity is forever 5th ed.*, Kendall/Hunt Publishing Company (2004), pp.1-384.

(22) HwaLee J. and Portillo M., Transferability of creative self-belief across domains: The differential effects of a creativity course for university students, Thinking Skills and Creativity, Vol.43, (2022), 100996.

(23) Millar G. W. and Torrance E. P., Are low career expectations, shortchanging girls? Understanding Our Gifted, Vol.14, No.3, (2002), pp.22–26.

(24) Barrows H. S., Problem-based learning in medicine and beyond: A brief overview, Wilkerson L. & Gijselaers W. H. (Eds.), New Direction for Teaching and Learning, no.68, (1996), pp.3–12.

(25) Kintsch W., Learning and constructivism. In S. Tobias & T. M. Duffy (Eds.), Constructivist instruction: Success or failure ?, (2009), pp.223–241.

(26) Beersma B. and Dreu C. K. D., Conflict's consequences: Effects of social motives on postnegotiation creative and convergent group functioning and performance, Journal of Personality and Social Psychology, Vol.89, No.3, (2005), pp.358-374.

(27) Bell S. T., Deep-level composition variables as predictors of team performance: A meta-analysis, The Journal of Applied Psychology, Vol.92, No.3, (2007), pp.595-615.

(28) Dreu C. K. W. D. and West M. A., Minority dissent and team innovation: The importance of participation in decision making, Journal of Applied

Psychology, Vol.86, No.6,（2001）, pp.1191-1201.
(29) Behfar K. J., Peterson R. S., Mannix E. A. and Trochim W.　M.　K., The critical role of conflict resolution in teams: A close look at the links between conflict type, conflict management strategies, and team outcomes, Journal of Applied Psychology, Vol.93, No.1,（2008）, pp.170-188.
(30) Simons T. L. and Peterson R. S., Task conflict and relationship conflict in top management teams: The pivotal role of intragroup trust, Journal of Applied Psychology, Vol.85, No.1,（2000）, pp.102-111.
(31) Loden M. and Rosener J. B., *Workforce America!: Managing employee diversity as a vital resource, Homewood*, IL: Business One Irwin,（1991）, pp.1-260.
(32) Jehn K. A., Northcraft G. B. and Neale M. A., "Why differences make a difference: a field study of diversity, conflict and performance in workgroups", Administrative Science Quarterly, Vol. 44, No. 4,（1999）, pp.741-763.
(33) Moust J. H., Berkel H. J. V. and Schmidt H. G., "Signs of erosion: reflections on three decades of problem-based learning at Maastricht University", Higher Education, Vol.50 No.4,（2005）, pp.665-683.
(34) Lave J. and Wenger E., *Learning in doing: Social, cognitive, and computational perspectives, Situated learning: Legitimate peripheral participation, 10th edition*,（1991）, pp.1-138.
(35) Bruner R. F., Socrates' Muse: Reflections on effective case discussion leadership, Social Sciences Education eJournal,（2002）, pp.1-5.
(36) Wiek A., Xiong A., Brundiers K. and Leeuw S. V. D., Integrating problem- and project-based learning into sustainability programs, A case study on the School of Sustainability at Arizona State University, Int. J. of Sustainability in Higher Education, Vol.15, No.4,（2014）, pp. 431-449.
(37) Savery J. R., "Overview of problem-based learning: definitions and distinctions", The Interdisciplinary Journal of Problem-Based Learning, Vol. 1, No.1,（2006）, pp.9-20.

(38) 美馬のゆり編著，未来を創る「プロジェクト学習」のデザイン，公立はこだて未来大学出版会，（2018），pp.1-186.

(39) Pecore J. L., From Kilpatrick's project method to project-based learning, International handbook of progressive education,（2015）, pp.155-171.

(40) 鈴木敏恵，課題解決力と論理的思考力が身につくプロジェクト学習の基本と手法，教育出版，（2012），pp.1-189.

(41) Ting K. H., Cheng C. T. and Ting H. Y., Introducing the problem/project based learning as a learning strategy in University Social Responsibility Program - A study of local revitalization of Coastal Area, Yong-An District of Kaohsiung City, Marine Policy, Vol.131,（2021）, 104546.

(42) Tsybulsky D. and Rozanov Y. M., The development of student-teachers' professional identity while team-teaching science classes using a project-based learning approach: A multi-level analysis, Teaching and Teacher Education, Vol.79,（2019）, pp.48-59.

第2節　岡山大学大学院教育学研究科教育科学専攻におけるPBLの理念

本節では，岡山大学大学院教育学研究科教育科学専攻においてPBLにどのような成果を期待してカリキュラムに取り入れたのか，そのためにどのような枠組みを作り上げてきたのか，その理念について述べる。まず1項にて，岡山大学大学院教育学研究科教育科学専攻の特徴とPBLに期待する成果について述べ，2項にて，2018年度に改組されて現在の教育科学専攻となる前の岡山大学大学院教育学研究科修士課程での取り組みを通して得られた課題について整理する。そして3項にて，岡山大学大学院教育学研究科教育科学専攻におけるPBLの理念について述べる。

1. 岡山大学大学院教育学研究科教育科学専攻の特徴とPBLに期待する成果

岡山大学に限らず一般的な教育学部，その大学院組織である教育学研究科の大きな特徴の1つに，所属する教員が専門とする学問分野が多岐にわたっているということがある。岡山大学大学院教育学研究科にもいわゆる理系，文系と呼ばれる学問分野だけではなく，「教育」を共通のキーワードとした芸術・実技系，心理学，特別支援教育，幼児教育，養護教育など様々な学問分野を専門とする教員が所属している。そして，その教員の指導を求め多種多様な学問分野を専門的に学びたい学生たちが集まってくるのが教育学研究科の特徴である。

岡山大学大学院教育学研究科は，2018年度の改組によって教職実践専攻（専門職学位課程）と教育科学専攻（修士課程）の体制となり，新しく生まれ変わった教育科学専攻は図2-2のような教育理念を掲げている。教育で「世界」を拓くという理念の下，上述した教育学研究科の特徴である多種多様な学問分野の存在と大学院としての高い専門性を活かしたPBLを，修士論文の研究と並ぶ大きな柱として位置付けている。一般的なPBLでは，本章第1節で述べたように学生の主体性を重視していることもあり，課題を解決するために活用される学問分野の幅の広さや専門性の深さは期

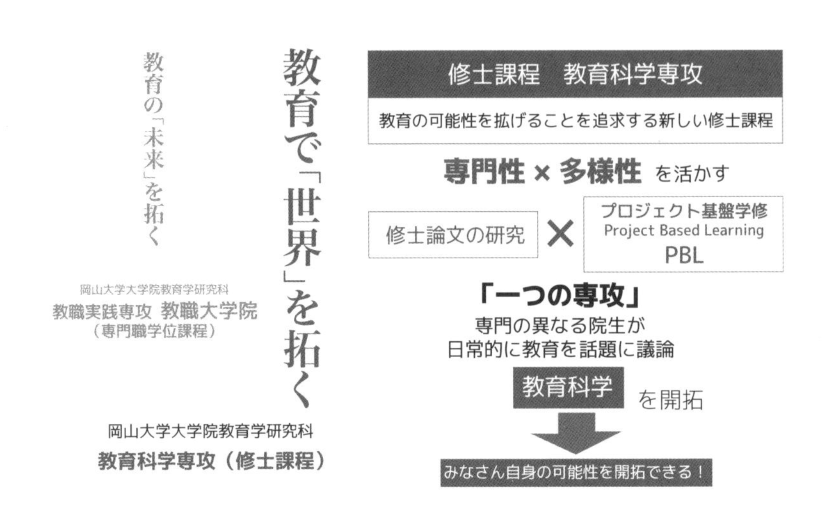

図2-2　岡山大学大学院教育学研究科教育科学専攻の教育理念

待される成果には含まれない。岡山大学大学院教育学研究科教育科学専攻におけるPBLの特徴は，この学問分野の幅の広さや専門性の深さを期待する成果として明確に示している点であり，これらを達成するための枠組みを作り上げていくことが最大の課題と言える。

2. 前岡山大学大学院教育学研究科修士課程での取り組みと課題

2017年度までの岡山大学大学院教育学研究科修士課程にも，PBLの考え方の一部を取り入れた講義が存在していた。「学校教育の理念と今日的課題」という1年次前期に開講されていた必修（2単位）の講義である。この講義の中で行われていたPBL（当時は「グループ別課題探究活動」と呼んでいた）のそれぞれのグループには「情報教育」のように大まかなテーマが設定されており，そのテーマに関連する学問分野を専門とする教員が一名ずつ指導を担当していた。この講義におけるPBLで期待していた成果は，一般的なPBLで期待できる成果とは別にすべてのグループに複数の講座に所属する学生を配置することによる多種多様な学問分野の活用を期待しており，現在の教育科学専攻におけるPBLと一部共通の理念を有していた。当時の講義の中で，PBLの各グループの指導を担当してい

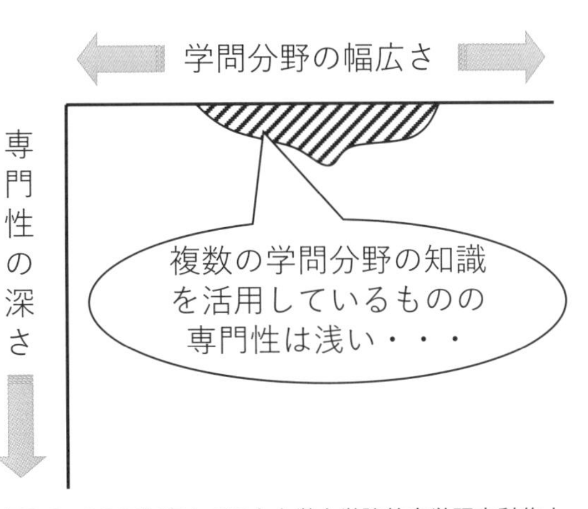

図2-3　2017年度まで岡山大学大学院教育学研究科修士課程で行われていたPBLの学問分野の幅広さと専門性の深さのイメージ

た複数の教員（本節の著者を含む）による振り返りを，学問分野の幅広さと専門性の深さの観点でまとめると図2-3に示すようなイメージであった。このイメージ図は，横軸を学問分野の幅広さ，縦軸を専門性の深さとし，設定された課題を解決するために学生が活用したと考えられる知識の範囲の全体的な傾向を表したものである。

当時のPBLの活動期間が2カ月弱だったこと，一般的なPBLの理念通り学生の主体性を重視していたこともあり，専門性の深さは期待できない，というのが当時の担当教員の共通の認識であった。専門性が深まらなかった要因の1つは，具体的な課題の設定段階も含めて，それぞれの学生が自身の専門性を深くしようとすることで，他の学問分野を専門とする学生の参加を難しくすることをお互いに懸念し合ったことにあると考えられる。PBLにおいて学生の主体性は重要であるが，十分な期間を確保することも含めてそれぞれの学生が自身の専門性を深めていくことを促すような枠組みの構築が必要となる。

3. 岡山大学大学院教育学研究科教育科学専攻におけるPBLの理念

2018年度の岡山大学大学院教育学研究科の改組に伴い，それまでのPBL（グループ別課題探究活動）の反省と，教育科学専攻において目指すべきPBLの理念について議論が行われた。PBLを修士論文の研究に並ぶ柱の1つとするために全体の枠組みとしてまず改善させたのは，PBLの活動期間を1年次の1年間にしたことと，原則としてすべてのグループで一般的なPBLでも重視されている現実の実践現場での課題を対象とすることとした2点であった。これらも重要な改善点であったが，より多くの時間を費やして議論したのは，岡山大学大学院教育学研究科教育科学専攻におけるPBLの特徴である，学問分野の幅の広さと専門性の深さの両立を実現する方法についてであった。活動する実践現場の状況，グループを構成する学生らの性質や学ぶ学問分野，グループの指導を担当する教員が専門とする学問分野や実践現場とのそれまでの関わり等，様々な要因が影響するため，必ずうまくいく枠組みや方法は存在しないが，学問分野の幅広さと専門性の深さを両立させる展開例を構想し，その展開に基づいた枠組みの構築を目指した。図2-4に，構想した学問分野の幅広さと専門性の深さを両立させる展開例のイメージ図を示す。

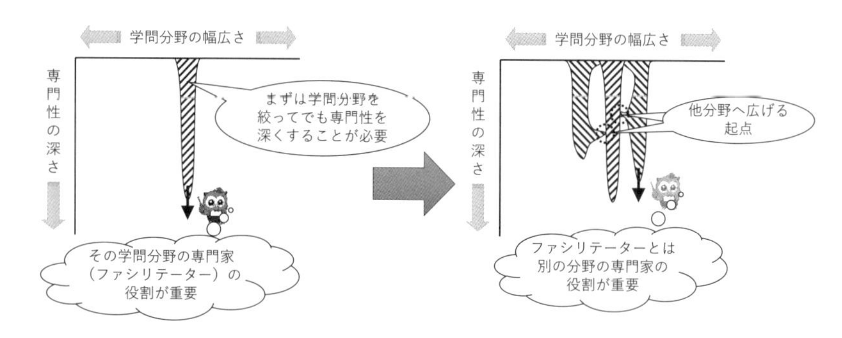

図2-4　岡山大学大学院教育学研究科教育科学専攻でのPBLにおいて，学問分野の幅広さと専門性の深さを両立させる展開例のイメージ

活動する実践現場の状況を踏まえ，学ぶ学問分野の異なる複数の学生がそれぞれ専門性を深めようとすると，設定する課題や課題の解決方法の方向性がまとまらない，といった状況に陥りやすい。その結果，2017年度までのPBL（グループ別課題探究活動）と同様に，学生同士が互いに牽制し合う形で専門性が深まらない可能性が高まる。そこで，図2-4の左側の図に示すように，まずは活動する実践現場の状況を踏まえて学問分野を絞り込んだ上で軸となるような学問分野の専門性を深くしていくことが必要ではないかと考えた。このような学問分野の絞り込みと専門性を深くしていくことを学生だけの力で主体的に行うことが望ましいが，大学院に入学直後という時期でもあり，グループの指導を担当する教員（以下，ファシリテーター）の役割が重要になると考えている。すべてのグループでファシリテーターにこのような役割が期待できるかは不透明であるが，活動する実践現場の多くはPBLの取り組み以前から教育科学専攻に所属する教員が関わりを持っていた現場であり，その関わりが研究活動の一環であった場合，その教員がファシリテーターとして軸となるような学問分野を絞り込みその専門性を深くしていくことを促す役割を果たすことは十分に期待できると考えられる。このようにして軸となる学問分野の専門性を深くすることができれば，そこから他の学問分野に広げていくきっかけになり得る，さらに，広げた他の学問分野の専門性を深くしていくことも期待できる，という可能性を表現したのが図2-4の右側のイメージ図である。

一般論として，ある実践現場の状況を表面的にしか捉えることができていない時に見つけられる課題は表面的なことに限られるが，その実践現場の状況を深く捉えていくことや見つけた課題の解決方法を深く高度に考えていくことで，それまで見えなかった課題を発見することができる可能性が高まると考えられる。図2-4の右側のイメージ図は，このことと同様の期待を表現したものである。例えば，ある農家がここ数年の気候の変化によって作物の収穫量が激減して困っている，という問題を対象に考える。この問題を深く捉えずに簡単に考えるならば，理科の分野の知識を活用して今の気候に合わせた育成方法へ改善させるという解決方法は容易に思いつくが，その他の学問分野を活用する課題や解決方法は容易には思いつかないだろう。しかし，活用する理科の知識の専門性を深くしていったと仮定すると，例えば，化学分野の先進的な研究成果を活用して多少の気候変動の影響を受けない安全性の高い化学肥料を開発することを目指すとすると，それまで見えなかった課題が見えてくる。化学肥料を活用することについての消費者心理の観点からの課題や，作物の収穫量が気候変動の影響を受けにくくなることが食材流通システムに与える影響といった社会科学の観点からの課題などである。ここでポイントとなるのは，これらの課題はどれか1つを選んで設定しなければいけないものではなく，すべての課題を含む1つの課題として設定できることである。これは，軸となる学問分野の専門性を深めていったところを起点にしているからであり，この展開でPBLを進めていくことのメリットの1つである。このように，1つの学問分野の専門性を深くすることは他の学問分野に広げていく起点を増やすことにつながるが，これらの課題が対象とする学問分野の専門性を深めていくことができるかどうかは分からない。軸となる学問分野と同様に学生だけの力で主体的に深めていくことは難しく，上述したファシリテーターとは別に，広げていった他の学問分野を専門とする教員の存在と役割も重要になると考えられる。

ここまで述べてきたような議論を踏まえ，岡山大学大学院教育学研究科教育科学専攻のPBLでは，各グループを主となる教員が1人でファシリテーターとして担当するだけでなく，他の学問分野を専門とする教員もファシリテーターとして参加し，複数人で各グループを担当する枠組みを原則としている。主となるファシリテーターは，グループで活動する実践現場と関わりのある教員が存在する場合はその教員が担当し，その他のファシリテーターはグループを構成する学生の指導教員から数名が担当することとした。図2-4で示したような展開でなくても，学問分野の幅広さと専門性の深さを両立させることは可能であるが，複数人のファシリテーターが担当する枠組みの基本的な役割とその重要性は同じであると考えている。すでに述べたように，様々な要因が影響するため，この枠組みによってPBLのすべてのグループで学問分野の幅広さと専門性の深さが両立できるわけでない。しかし，毎年PBLの成果が知見として蓄積されていくこと，ファシリテーターの指導経験とファシリテーター間の連携の経験が蓄積されていくことから，学問分野の幅広さと専門性の深さが両立した優れたPBLの実践が増えていくことが期待できると考えている。

ここで，岡山大学大学院教育学研究科教育科学専攻のPBLにおけるファシリテーターの役割とその特徴についてまとめておきたい。ここまで述べてきたように，ファシリテーターには専門とする学問分野を深くすることを促すなど重要な役割があるが，通常の研究指導とは異なり，PBLにおいて重要な要素である学生の主体性を損なわないようにする必要があり，PBLにおける学生らとの関わり方は容易ではない。しかし，ファシリテーターに求められるこの役割については，教育学部で学校教育の教員養成の指導を行ってきた経験が役に立つと考えている。平成29年（2017年）に告示された現在の学習指導要領では，初等中等教育における学校教員に「主体的・対話的で深い学び」の視点に立った授業設計をする能力を求めている。これからの学校教員を養成する教育学部では，このような能力の育成も重視しており，その指導を行っている教育学部の大学教員は学習者の主体性を高める指導法の探究を行っている。PBLのファシリテーターになる教育科学専攻のほぼすべての教員は，教育学部での講義・指導を担当しており，その経験を大いに活かすことができると考えている。また，教育科学専攻のPBLの各グループを担当する複数のファシリテーターは互いに密接に連携することが求められるが，専門とする学問分野の異なる教員同士が同じ学生グループの指導を目的に連携することは一般的には容易ではない。しかし，教育科学専攻のPBLの場合，ファシリテーターは教育学研究科の教員同士であるため，この問題への対応は難しくないと考えている。教育学研究科の教員らは，専門とする学問分野は多種多様ではあるが，教育という共通のキーワードを持ち，教育学部，教育学研究科にて同じ学生らを教員養成という同じ目的の下，教員同士の連携を継続して行ってきている。この経験も教育科学専攻のPBLにおけるファシリテーターの役割を果たすのに大いに役立つと考えている。このように，岡山大学大学院教育学研究科教育科学専攻におけるPBLの理念とそれを実現するための枠組みは，教育学研究科の特徴を活かした他の組織では真似のできない独創的なものであり，今後積み上げられていくPBLの成果と学生らの得られる経験も他では得られない貴重なものであると考えている。

第3章　岡大PBL実践の現在

第1節　岡山大学大学院教育学研究科教育科学専攻の PBLで育成する力

本節では，実際のPBLの活動と，その活動によってどのような力が育成されることを想定していたかについて述べる。授業のプロットは，①教育科学プロジェクト研究の理解，②創造性のシステムズ・モデルによる研究と創造との関係の理解，③問題と課題の捉え方，④プロジェクトの組み立ての流れの理解の4つである。

1. 本研究科における教育科学プロジェクト研究の理解

教育科学専攻科においては，教員，大学院生を含め，教育科学に係るプロジェクトの位置づけを明確にするために，以下の3つの要件を設定している（清田 2020, p.1）。

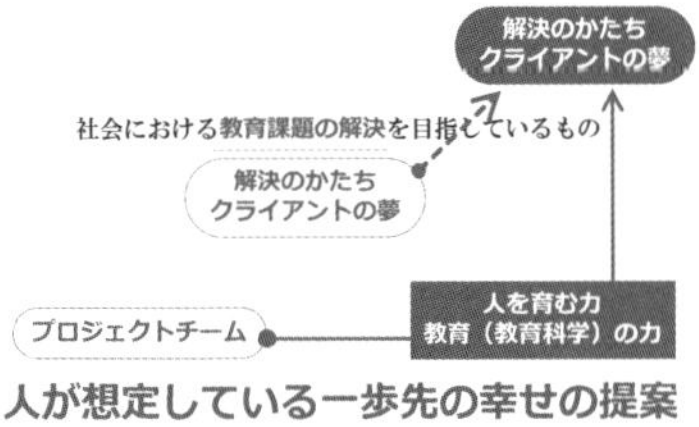

①　社会における教育課題の解決を目指しているもの

図 3-1 社会における教育課題の解決を目指すことを示すスライド

教育科学による，社会への提案と解決は，クライアントが想定しているよりよい状況や理想より，「一歩先の幸せ」の提案と実現として学習者に示している。つまり，クライアントの無意識に潜む本当に求めている状況や理想，夢を提案し，その実現に向かうための課題を設定の上，チームで達成することを一義としている（図 3-1）。この考え方は，2000年代にtripod社が，ユニバーサルデザインの概念をマーケティングに応用するために開発したPPP（Product Performance Program）の特性をPBL用にカスタマイズしたものである（清田・藤原 2015,pp.111-118）。

②　社会における教育の現場とのつながりをもち，そこで成果を生み出すもの

広告デザインの世界ではRESULT 1stと呼ばれる考え方がある（岸

2013,p.181)。教育の現場（この場合，人を対象とした全ての関係が生じる場）でのプロジェクトでは，結果に拘ることを一義に置くことが求められる。クライアントに対して，未来の選択肢を主体的に増やすことや，これからの進むべき道筋を主体的に変化させたくなるような提案である。

③　学際的なチームで取り組み，新しい価値を生み出すことを志向しているもの

ア　学際的なチームの考え方

第２節で示したように，広い研究領域の知見の獲得は，多様な研究領域を有するチームメイトとの協働学習・研究による。また，逆にチームメイトが知見を広げるために自分の専門研究の技能を求めてきた場合，応えるために自身の知見や技能を深めることにもつながる。

イ　価値の捉え方

佐伯胖（1995,p.195）は，価値の発見，価値の共有，価値の生産，価値の伝達という人間の活動を「文化的実践」と定義している(4)。本専攻での PBL の「Project」も，価値の流れの構成によって成立することを学習者に示している（図 3-2）。

価値の発見	教育をめぐる社会での問題から課題となる要素を見出す
▼	
価値の共有	異なる研究領域の学習者チームによる課題の多面的な視座の追究
▼	
価値の生成	異なる研究領域の学習者チームによる課題達成のために必要な研究主題・方法・実施の主体的な決定
▼	
価値の伝達	明確な成果公表を念頭とした研究

図 3-2 佐伯による「文化的実践」と PBL との関わり

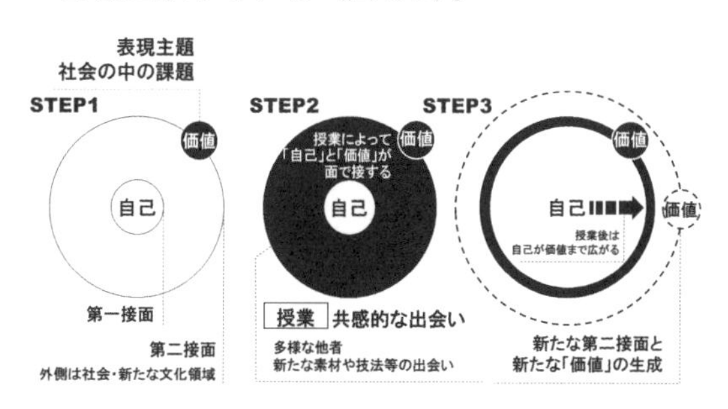

図 3-3「学びのドーナッツ」を基にした PBL の学びの過程

PBL の「Learning」の考え方も，佐伯の「学びのドーナッツ」の考え方を雛形としている。「学びのドーナッツ」は H. ワロンの「第二の自我 L' Alter Ego」（ワロン 1983，p.27）として複数の自我を内包させ，「自己自身の感受性の内部に他者性を認識する」ことで自我を拡大させる「自我の二重性」（ワロン 1983，p.39）の考え方を図式化したものである。図 3-3 は，「学びのドーナッツ」を PBL での３つの学びの段階（STEP）

に置き換えたものである。

STEP1 では，自己のエリアを示す第一接面と社会や新たな文化領域を示す第二接面に距離がある。PBL の授業では，この第二接面に社会の課題や表現主題等の，「価値」を見出せるような問いかけを行う。

STEP2 では，授業中でのチームでのディスカッションや，協働活動を通して，自身の経験から新たな「価値」にアプローチできる知識や技能を引き出したり，チームの他のメンバーの知識や技能を使ったりしながら，今回の課題や主題の「価値」に到達する。そのことによって，第一接面が第二接面まで広がる。

STEP3 では，新たな「価値」をさらに外側にある新たな第二接面上に見出し，さらなるアプローチを開始する。

PBL の学習プログラムは以上の３つの段階を繰り返して，チームの知識や技能を広げる。具体的な例として，PBL の授業では，「欲しい服が買えない」という漠然とした命題を提示する。STEP1 では，命題を克服する方法を自身の経験から考えることとなる。学習者は，「お金を稼ぐ」「お小遣いをもらう」「安く手に入るお店を探す」等，主として経済学的な方法で達成課題を設定している。ここでは，プロジェクトでは命題に対して，達成の可否に関わらず課題を見出すことの重要性に気づく。

STEP2 では，チームになって，経済学的な方法以外のアプローチを考えさせる。学習者は，教育学研究科の多様な背景を持っているため，経済的な接し方以外での方法を考えるようになる。例として，医学・医療的なアプローチでは「痩せる」「肌にやさしい素材の開発」，「片腕がなくても脱着できるサポート」等，教育的なアプローチでは「自分の好きな色を増やす」，「自分で欲しい服を作る」等，社会学的なアプローチでは，「目の前にある服を，SNS を使って流行に変える」等のアイデアを提案する。この段階で気付くことは，多様な背景や専門性を持ったチームメイトによって，自分だけでは見出せなった新たな「価値」を自分の達成課題として設定し，そして具体的に達成の方法を導き出せることの気づきである。

そして，PBL 初期の段階では難しいが，STEP3 では「欲しい服が買えない」に代わる，より広い社会の中にある命題と，新たな価値を見出そうとする意欲を醸成させたいと考える。

2. 創造性のシステムズ・モデルによる研究と創造との関係の理解

本専攻では，創造性の追究を標榜しているが，創造性や創造の定義は，研究領域によって異なり，多様な捉え方をされている。そこで，研究者としての創造性とは何かを考慮し，チクセントミハイによる「創造性のシステムズ・モデル（The systems model of creativity）」（Csikszentmihalyi 1999,pp.313-335）（図 3-4）を，創造性を捉える基盤として，学習者に提示した。

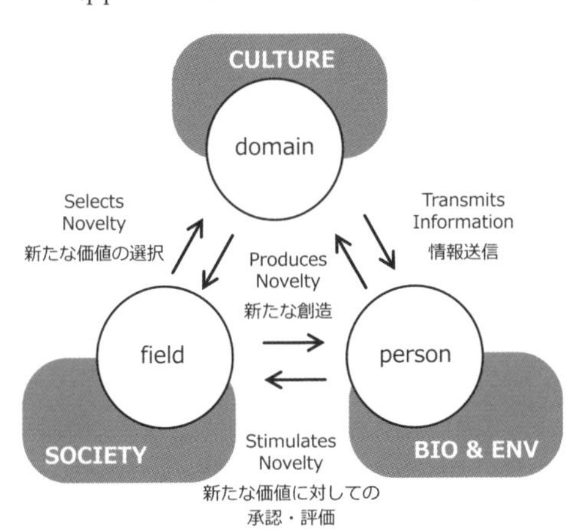

図 3-4 チクセントミハイによる「創造性のシステムズ・モデル」

このモデルでは，研究や表現活動の際，先行研究として研究対象である CULTURE の中の領域 domain から情報を得て，自身の背景や概念を元に person の中で表現や研究などの活動を行い，新たな価値を生成する。その価値を，SOCIETY の中にある同じ表現や研究の field で発表し承認あるいは評価を受ける。それだけではなく，承認された価値が，domain の中に取り込まれ，先行表現，先行研究になる。ここまでの流れで，表現の独自性が担保され，創造性としての構造を持つことになる。ただし，「創造性のシステムズ・モデル」では，構造が示されているだけであり，研究の動機，意欲は person にあることを示しているものはない。PBL では創造性の起点は，あくまで person，つまり学習者であり，起点として考える際には，図 3-3 の第二接面として SOCIETY や CULTURE を捉える必要がある。

PBL の授業での起点を見出すアプローチの例として，登校中に拾ってきた石について，なぜ，たくさん落ちているものの中からこの石を選んだのか，その魅力（学習者にとって些細な魅力であるが）を，チームメイトに説明する。あるいは，チームメイトのカバンの中に入っていた一番価値のあるものを，持ち主に代わってその魅力を説明したりする活動によって，自己の価値のあり方と，他者や社会の価値のあり方の相違を感じ，魅力を伝えたり，価値づけて説明することの難しさを実感する。

この些細な価値を起点に，「創造性のシステムズ・モデル」に示された，創造性 Creativity の構造を理解させる。その方法として，拾ってきた石や他者の持ち物に，新たな価値を見出し，誰かに販売するためのプロセスを考え，その流れを「創造性のシステムズ・モデル」を使って説明する。
そのことで，身近な社会から創造性の仕組みを捉える学習となった（図3-5)。

図 3-5「創造性のシステムズ・モデル」を用いた演習

3. 問題と課題の捉え方

①　本専攻 PBL における「問題」と「課題」

問題解決型学習や課題発見型学習等,「問題」と「課題」が使用されるが，研究領域や，使用される状況によって意図が異なる場合が多い。多くの専門の研究領域の学習者が集まる本専攻の PBL では，「問題」と「課題」を，図 3-6 のように明確に分けている。

まず,「問題」については，自分が，理想としていることと現実とのギャップに，違和感や疑問を持つことを示している。問題は，

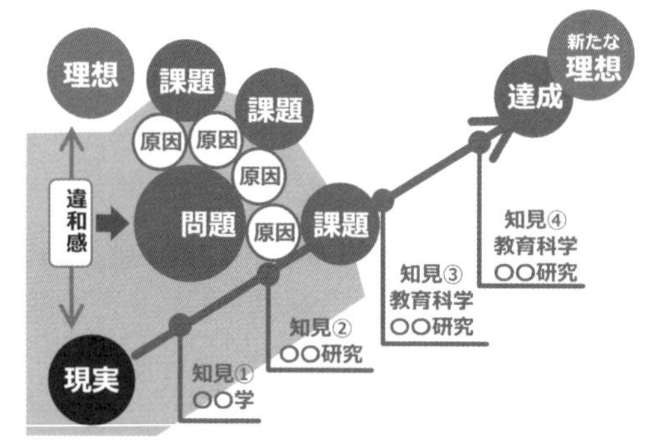

図 3-6 PBL における問題と課題の認識と課題の達成

社会の中で研究者自身が感じる違和感や疑問などの感じ取りや認識と換言する。そして，問題である違和感や疑問を解決し，よりよい理想に近づけるために「すべきこと」を「課題」としている。課題の達成のためには，さまざまな知識や技能が必要だが，一人の個人ではすべての知識や技能を持ち合わせていない。そのため，他者の知見を先行研究によって得たり，他者と協働したりして達成に近づく。

このことから，本授業では，解決すべき対象を「問題」とし，達成すべき対象を「課題」と定義している。

②　具体例で示す「問題」と「課題」

図 3-6 の具体的な例として，久しぶりに体重計に乗ったら 5kg増えていた場合,「理想」と「現実」のギャップが「5kg」であり, この場合の「問題」は，太ってしまったことによる違和感や意にそぐわない気持ちである。この場合の「問題」の解決とは，その人の違和感を取り除き，意に沿う「現実」を作ることにある。

その解決のためには, 人によって様々な「課題」が設定されることになる。また，「課題」の設定は必ず「原因」が関係している。「課題」例としては「5kg 体重を減らすこと」や，「5kg 増えたことを気にしないこと」，「体重が増えても健康であり続けること」，「体重が増えても異性にモテる方法を考えること」,「似合う服を選びなおす」の達成によって,「問題」が解決し，「意に沿う『現実』」となる。まず，どの課題を設定するかが最初の議論の対象となる。

次の議論の対象としては，「課題」を解決するために誰のどのような知見が必要かの検討である。「5kg 体重を減らすこと」を「課題」とした場合，原因を考慮しながらも，体育学から「日常生活における適切な運動方法」，栄養学から「ダイエットに効果的な栄養要素」，医学から「減量と健康維持阻害」，認知心理学から「錯視と視覚効果」等の知見を得ることで効果的な達成を考える。

多くの知見による先行研究から，達成すべき課題を変更することや，想定された課題より，より問題解決に近づく課題に変更すること等が考えられる。何より，PBL での達成においては，多くの専門の知見によるため，当初の達成目標より「良い」，新たな理想が想定される。この過程が，前述の「一歩先の幸福」の根拠でもある。

PBL の授業では，軍手を二重に履いて，ビンの蓋を開ける行為によって，高齢者や神経系に障がいのある方の擬似体験の状況から問題を感じ取り，課題を生成し，その達成に向かって必要な先行研究の検討を行わせた（図 3-7）。

図 3-7 PBL における問題と課題の認識とその可視化

③ ウェビングマップでの「問題」「原因」「課題」

次に，「ビンの蓋」のような命題を提示されずに，社会の中に「問題」を感じ，その「原因」を探り，「課題」を生成する学習が必要である。授業では，拡散的思考を促すウェビングマップ Webbing map を用いた。図 3-8 のように図の中心に「問題」を置き，その周りに，問題であると感じる「原因」を並べ，それぞれに設定する「課題」のイメージを広げさせた。

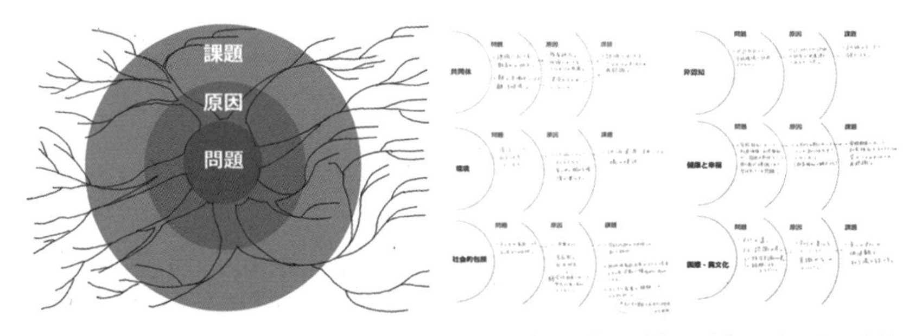

図 3-8 Webbing map（左）と問題となるキーワードごとの「問題」「原因」「課題」の検討（右）

4. プロジェクトの組み立ての流れ

チームでプロジェクトを作り上げるために具体的な全体像の理解が必要になる。ここでは，全体のプロジェクトの流れについては，アクション・

リサーチ・プロセスを，より具体的な流れについては，クリティカル・パス法を用いて学ばせた。

①　アクション・リサーチ・プロセス

プロジェクトの大きな流れは，R. ハートらが作り上げてきたアクション・リサーチ・プロセス（Action Research Process 以下，ARP と表記）によって，図 3-9 の通り示した（Hart 1997,p.92）。

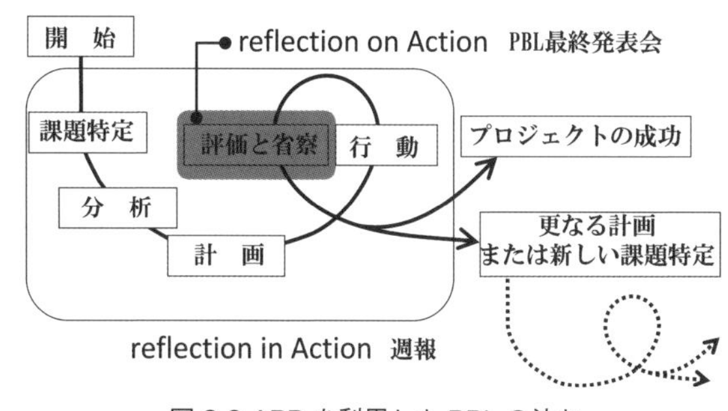

図 3-9 ARP を利用した PBL の流れ

ARP では，社会での問題を感じ取ることを「開始」と置いて，その問題から課題を見出し，その中でも本プロジェクトの達成課題とするものを「課題特定」と置いている。先行研究を含めた状況の「分析」を経て，「計画」に向かう。この「計画」の段階を図 3-9 で示しているように，2 学期の終わり（7 月下旬）に実施する「PBL 中間報告会」で発表を行った。この計画はクリティカル・パス法 critical path method によって具体的なプロジェクトの流れを「タスク」の順番と時間調整によって説明がなされた。

中間報告会後，計画を立てたプロジェクトを実施して，2 月には「PBL 最終報告会」で発表する。ただし，D.A. ショーンは ARP において，2 つの省察を想定している。1 つは，「評価と省察」の段階，つまりプロジェクトの最後におこなう「reflection on Action」，もう 1 つは，ARP を遂行しつつその都度おこなう「reflection in Action」である（Schön 1983,p.69）。「reflection in Action」については，後述するプロジェクトの進捗を毎週記録し，省察する PBL 報告書（週報）を毎週作成することで実施する。

そして，「評価と省察」の後，「プロジェクトの成功」として終わるのか，新たな特定課題を設定してよりよいゴールを設定しなおすのかを選択する。

② クリティカル・パス法

クリティカル・パス法 critical path method は，課題を効果的かつ最短に達成するために，必要な複数のタスク task（仕事・作業）を効率的に配置した作業経路である。並行して複数のタスクを実行する場合，最速開始時刻（日）と最遅完了時刻（日）を考えながらタスクの流れを確認する。例として図 3-10 で示したものは，朝起きて 8 時に家をでるまでのクリティカル・パスである。起床から，8 時に家を出るまでにしなければならないタスクをすべて挙げ，最短で達成できるよう配置する。そのことで，起床する最も遅い時間，つまり，これ以上遅く起きると 8 時に出発ができない時間が設定される。

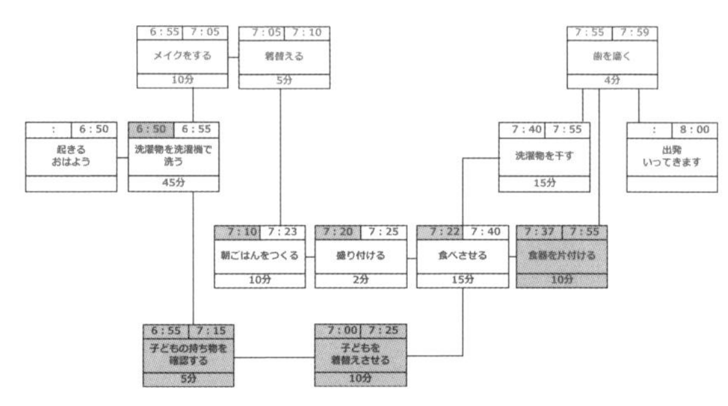

図 3-10 朝起きて 8 時に家をでるまでのクリティカル・パス

8 時出発タスクは，小さい子どもが一人いる夫婦の 3 人家庭で，主に母親のタスクで構成されている。緑の文字で示した自分自身の身支度，青の文字で示した朝食の流れ，紫で示した子どもの世話の流れ，そして赤で示した洗濯の流れにタスクを分けることができる。こつのタスクの流れは並行して進むが，それぞれのタスクの最遅完了時刻が守れなければ，その後のすべてのタスクが後にずれる。基本的に，母親一人の動きとしてこのクリティカル・パスは進んでいるが，水色でしめしたタスクについては，父親が担わなければ達成できない。

5.「チーム学習による資質・能力の向上」としての授業群

PBL に関わる 2 つのアプローチのうち，「チーム学習による資質・能力の向上」では，1 学期に実施する『教育科学の理念と今日的課題 B』となる。この授業では，PBL の中でも主に，チームの同僚性の涵養を高めることを目的に TBL（Team － Based Learning）として活動ができるよう，授業プログラムを立てた。

これからの研究や，教育現場，企業や地域での事業推進は個々の力量を有機的に構成するチームによって進められる。そのためには，個々の能力や特徴，経験の背景等を，自分を含めたチーム全員について理解しようとし続けることが重要である。

本授業では，自分の持つ価値と他者の持つ価値の違いに気づくことで，違う価値意識に対して共感性を持って受け入れることや，課題達成のためにチーム内にある別々の価値の捉え方を組み合わせるための演習を行った。

授業のプロットは①専門性の相互関係，②チームの質的構築，③チームの第二接面の拡充である。

①　専門性の相互関係

学習者は，自分自身がチームの中にとどまらず，社会の中で，自己の属性や特性，専門性においては唯一の存在であることを自覚し，必ず社会の中の他の誰かの専門性とのつながりがあることを実感する。

（1）見えない属性

学習者が自分自身の属性について，視覚的，あるいは客観的に確認できる，男女の別や，肌の色，体形，話し方等の「見える属性」ではなく，自分の出身地，食べ物等の趣向，趣味，特技等，外見では分からないような「見えない属性」を考える。自身が考えた「見えない属性」だけでなく，コミュニケーションから他者視点からの「見えない属性」も考える。

ワークショップとして，チームのメンバー全員が共通して属している「見えない属性」を用いてチーム名をつける活動を行う。この活動から，みんなが持っていると考えている自分の特徴や，趣味は多くの人と共有されていないことに気づく。

趣味や特徴などの自身の「見えない属性」にはコミュニケーション相手によって変化するものもあることに気づく。例えば，相手によって，自分が視力の良い方，悪い方と属性が変化する。この理解は，障がい者が環境によって，重度であったり，軽度になったりすることへの気づきにもつながる。

（2）身体的な特徴を活用した協働活動

「群れに答えはない」と言われるように，チームメンバーが個々の特性を機能させ，集団が「群れ」ではなくチームになることによって課題が生まれ，達成の過程で多くの成長がある。

そのトレーニングとして，4名のチームメンバーにそれぞれ条件または制限（マスクをして検討・活動中も一切話せない／利き手を後ろに回して使えない／イスに座ったままで動けない／両手の親指とヒトサシ指は使えない）をかけ，与えられた新聞1冊を使って他のチームより高い塔をつくるという学習活動を行わせた。

誰がどの制限を受けるかは各チームで検討する。重要なポイントは，誰がどのような「身体的な特徴」であるかを「知っていること」である。

時間は，チームそれぞれの特性と，その特性によってどのような役割が望ましいかを検討する余地を合わせて，40分である。終了の合図のあと，塔が30秒以上自立していることが条件である。互いに知らない，あるいは「見えない属性」として，個人の特徴がある場合は，どのような特徴かを考え続けることが大切である。

（3）誰かのできることを自分のできることに

修士課程に入学し，PBL学習者の多くは自身の研究テーマがある。PBLの授業群では，PBL2，3とチームでプロジェクトを進めるが，1学期，2学期の授業では，メンバーを入れ替え，学習者全員が，互いに専門領域を理解できる仕組みになっている。図3-11は，2つのホ

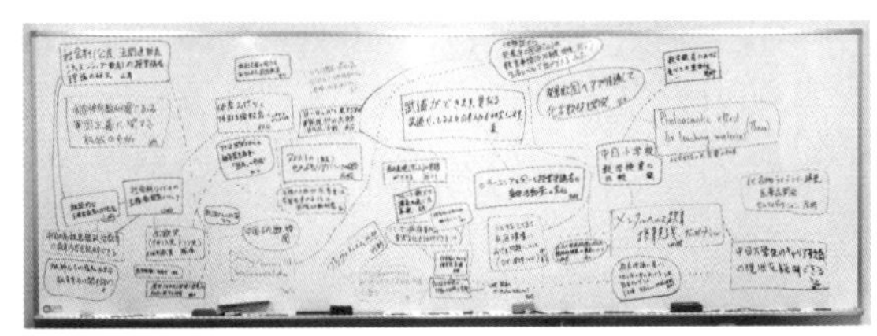

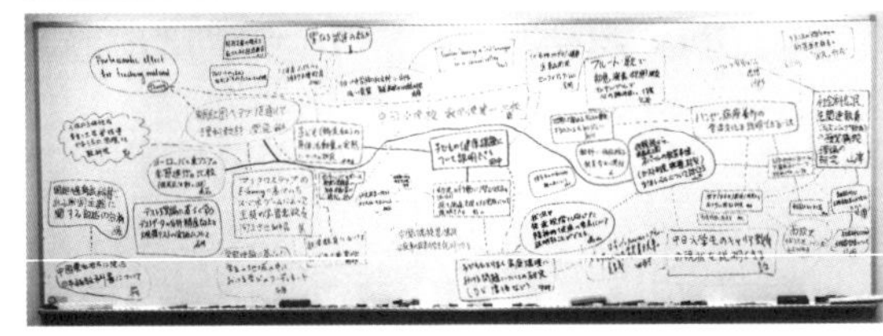

図3-11 2つのホワイトボードに示された全員の研究専門領域の関連

ワイトボードに，自分の研究分野が誰とどのように関わることができるかを示したものである。ホワイトボードへの書き始めや，順番を変えることで，違うつながり方が生まれることに気づく。学習者がチームのメンバーを常に新しい視点で捉えることで，これまで，自分と関わり合いのなかった研究領域が自分の研究領域と隣接する場合があることを理解する。

②　チームの質的構築

PBL ではプロジェクトを進めながらチームとして個人が成長することを一義としている。その成長を M. ホーゲルらが 2001 年に提唱した「チームの質的構築 The Teamwork Quality Construct」（Hoegl et al. 2001）が示す，以下の６項目について，具体的なチームの姿をイメージし，活動ごとに評価する。

○コミュニケーション　Communication

授業時間，活動時間に関わらず，十分な頻度で，直接的かつオープンなコミュニケーションができているか。

○調整　Coordination

個人の努力がチーム内でうまく構成され，相互によい影響を与え合っているか。

○メンバーの専門性の貢献バランス　Balance at Member Contributions

すべてのチームメンバーが専門知識・技能を最大限に引き出すことができているか。

○相互支援　Mutual Support

メンバーが課題達成するための役割を明確にし，相互にサポートできたか。

○努力　Efforts

メンバーはそれぞれのチームの役割を果たす努力ができたか。

○凝集　Cohesion　team spirit

メンバーはチームの良い状況を維持するために，知識と技能を集結することができたか。

チームスピリットがあるか。

これらの，6項目の質的構築を活動の中でメンバー相互に評価し合うための演習を行う。特に，6項目をチームメンバーの実情に沿った評価項目を立てることは，チームとしてのルールを設定することになる。そのために，合議の上でのルールを作ることを踏まえた演習である。

（1）ルールのルールをつくる

子どもの絵画作品を発達段階に整理した50枚組のポストカードのセットを各チームに配布し，このカードを用いた新しいゲームのルールをチームで考えて開発する演習を行った。さらに，ルール作りのためのチームのルールを設定し，そのルールを反故にした場合，どうなるか等にも討議し，図3-12のワークシートにまとめ，相互評価を5点満点で行う。

	ルールのルール	自己評価	メンバー①	メンバー②	メンバー③	メンバー④	反省
Communication コミュニケーション	遠慮しないで自分の考えた意見を考えた時に言う。	2	5	3	2	2	意見を言うのにタイミングを困っていた。
Coordination 調整	最初に役割を決めておく。（凝集しすぎないようにタイムキーパー）司会	4	3	4	3	4	
Balance at Member Contributions 専門性の貢献	自分の専門的視点を必らず意見に入れる。	4	4	3	3	4	
Mutual Support 相互支援	このメンバーには特にルールは必要ない	4	4	4	4	4	
Effort 努力	〃	4	4	4	4	4	
Cohesion 凝集	凝集しすぎないようにタイムキーパーは一定の時間で合間をもらいシンキングタイムを少しとる。	3	3	3	3	3	全員が同じ方向に向き俯瞰的視点が必要だった。

図3-12「ルールのルール」のためのワークシートと活動例

（2）リフレクションのルールをつくる

これまでの，PBLに関する学習を主体的に省察するために，自分に何かを試すことで，どのような力がついているかを確認するためにチームでテストをつくり，相互に解答しあう活動を行った。問題作成では，省察のポイントを絞り込み，解答後の検討では，なぜ到達できなかったかを考察する。

③　チームの第二接面の拡充

ここまでで，1，2学期が終わり，夏季休業から3，4学期の『PBL2, 3』にかけて，それぞれのPBLの活動が始まる。

各チームが，調査，研究を進め，より広い社会へと新たな価値を求めやすくするために，毎週，PBL報告書（週報）を学習運営支援システム（Learning Management System：LMS）であるC-learning内で，チーム共有，提出を行った。

PBL 報告書（週報）の内容は，①研究テーマ，②クリティカル・パスによる PBL の現在地，③今週の活動インパクト，④今週の主な活動フィールド，⑤チームの質的構築の 6 項目とその相互評価，⑥チームとしての成長，⑦活動の記録で，A4 用紙のフォーマットを 4 枚～ 6 枚程度にまとめる。図 3-13 は，あるチームのある週の週報を示したものである。

10 月から 2 月まで，5 か月にわたって提出された。その間，特に，「チームの質的構築の 6 項目とその相互評価」について，各チームメイトの各項目に相互評価が点数化されて示されているが，各項目のチーム内の平均値の推移を追ったものが，図 3-14 の左半分である。この点数化は，各チームによって，それぞれ独自の評価方法をとっているため，比較はできないが，PBL の学びの指標として，各チームの学びのおおまかな状況を把握するために活用している。

全体的に数値の上下を繰り返しながら，どのチームもすべての項目で成長している様子がうかがえる。7 月の段階で一度，全体で数値が下がるのは，評価し始めは互いに傷つけ合わないように高評価をつけ合うが，PBL の趣旨の理解と慣れによって，実質的な評価がつけられたものと思われる。その後は，次第に伸びている。

さらに，図 3-14 の右半分は，赤のラインが日本語を母国語とする院生，青のラインが日本語を母国語としない院生（留学生）の平均の推移を示している。PBL 最終報告会時での PBL 参加院生における留学生の割合は，例年 25％程度である。

基本的に，青の留学生が常に下回っているが，後半徐々にその差がなくなっていく様子が分かる。中でも相互支援については，逆転する評価となっている。留学生が，言葉の壁等で参加しにくかった状況が，PBL の活動によってチームに貢献できる環境となってきたことが分かる。これは PBL にとって，大きな成果であると言える。

PBL 活動報告書 | 1

チーム名		提出指定日	2019/01/15

研究テーマ	

研究の概要

現代の日本における教員は、学習面だけでなく生徒指導や保護者対応、部活動の指導などを一任し、非常に多忙である。そこには日本の慣習なども絡んでおり、簡単に解決できる問題ではない。しかし、他国の教員制度（教員養成、任用制、免許制、給与等）や慣習（社会的地位、働くことに対する考え方）を参考に、歴史的に分析することを通して、各国の教師観を明らかにすることで、これから日本の教員が業務内容の中で何を重視し、そのための時間をどのように確保していくのかについての具体的な1つの指標を示し、提案していきたい。

クリティカルパスによる PBL の現在地

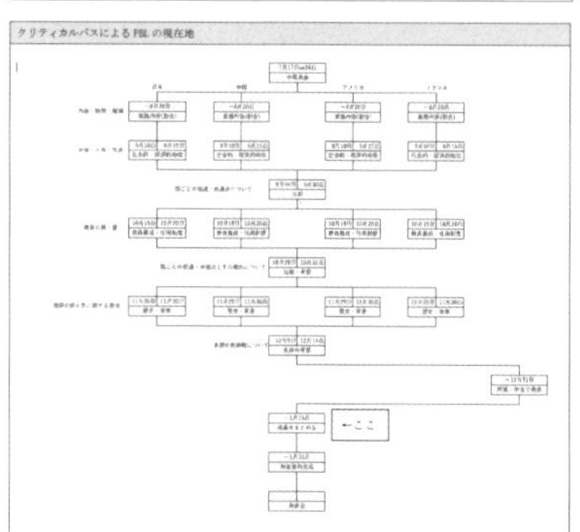

1

PBL 活動報告書 | 2

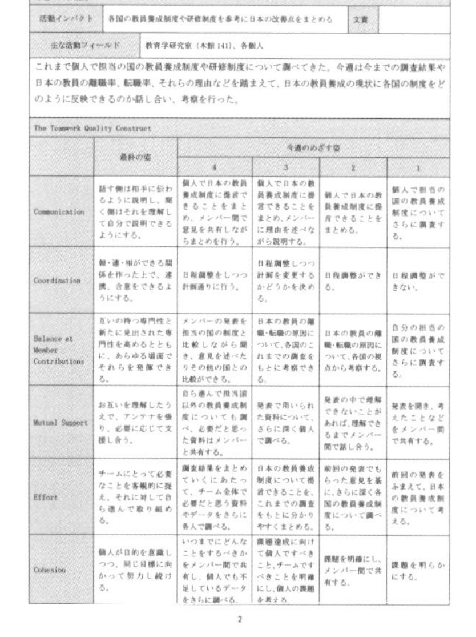

今週の PBL 概要

活動インパクト	各国の教員養成制度や研修制度を参考に日本の改善点をまとめる	文書	

主な活動フィールド	教育学研究室（本館 141）、各個人

これまで個人で担当の国の教員養成制度や研修制度について調べてきた。今週は今までの調査結果や日本の教員の離職率、転職率、それらの理由などを踏まえて、日本の教員養成の現状に各国の制度をどのように反映できるのか話し合い、考察を行った。

The Teamwork Quality Construct

	最終の姿	今週のめざす姿			
		4	3	2	1
Communication	話す側は相手に伝わるように説明し、聞く側はそれを理解して自分で説明できるようにする。	個人で日本の教員養成制度に提言できることをまとめ、メンバー間で意見を共有しながらまとめを行う。	個人で日本の教員養成制度に提言できることをまとめ、メンバーに理由を述べながら説明する。	個人で日本の教員養成制度に提言できることをまとめる。	個人で担当の国の教員養成制度についてさらに調査する。
Coordination	報・連・相ができる関係を作った上で、連携、合意をできるようにする。	日程調整をしつつ計画通りに行う。	日程調整しつつ計画を変更するかどうかを決める。	日程調整ができる。	日程調整ができない。
Balance at Member Contributions	互いの持つ専門性と新たに見出された専門性を高めるとともに、あらゆる場面でそれらを発揮できる。	メンバーの発表を担当の国の制度と比較しながら聞き、意見を述べたりその他の国との比較ができる。	日本の教員の離職・転職の原因について、各国のこれまでの調査をもとに考察できる。	日本の教員の離職・転職の原因について、各国の視点から考察する。	自分の担当の国の教員養成制度についてさらに調査する。
Mutual Support	お互いを理解したうえで、アンテナを張り、必要に応じて支援し合う。	自ら進んで担当国以外の教員養成制度についても調べ、必要だと思った資料はメンバーと共有する。	発表で用いられた資料について、さらに深く個人で調べる。	発表の中で理解できないことがあれば、理解できるまでメンバー間で話し合う。	発表を聞き、考えたことなどをメンバー間で共有する。
Effort	チームにとって必要なことを客観的に捉え、それに対して自ら進んで取り組める。	調査結果をまとめていくにあたって、チーム全体で必要だと思う資料やデータをさらに各人で調べる。	日本の教員養成制度について提言できることを、これまでの調査をもとに分かりやすくまとめる。	前回の発表でもらった意見を基に、さらに深く各国の教員養成制度について調べる。	前回の発表をふまえて、日本の教員養成制度について考える。
Cohesion	個人が目的を意識しつつ、同じ目標に向かって努力し続ける。	いつまでにどんなことをするべきかをメンバー間で共有し、個人でも不足しているデータをさらに調べる。	課題達成に向けて個人ですべきこと、チームですべきことを明確にし、個人の課題を考える。	課題を明確にし、メンバー間で共有する。	課題を明らかにする。

2

PBL 活動報告書 | 3

メンバー	役割	コミュニケーション	調整	専門性の貢献	相互支援	努力	凝集	メンバー個人の反省
		4	4	3	2	4	4	2月5日までの計画を立て、見通しがもてた。しかし、ここまですべて計画通りに進んでいるわけではなく、修正しつつ再計画するのは大変だった。
		4	4	3	2	3	4	日本の教員養成制度への理解が浅かった。現行の制度の良い点についてもっと考えたいと思う。
		4	4	4	3	3	4	これからは、研究報告書の内容をまとめることに集中したい。
		4	4	2	3	4	4	相談・調整をしっかりしつつ、個人またチームでまとめていきたい。

チームとしての成長

メンバーひとりひとりが責任をもって調査を行うことで新たな知見やデータなどをメンバー内で共有できるようになり、考察が深まっていくことを実感できるようになってきた。

活動の記録

前回、指導教員の先生方と「現状として修士レベルでの教員を養成するといった教師の専門性の国際的な高度化が挙げられ、日本でどう修士レベルでの養成を実現するか、これから考察していく」という共通の課題を確認した。この課題に対して今週は、各メンバーは個人で担当する国の教員養成について再び深く考察をし、日本の現行の教員養成制度や教員の研修制度について提言できることをまとめた上で発表を行い、PBL 発表会に向けた最終的な課題を共有した。

具体的には、まず、現在の日本における教員の離職や転職の割合とその理由について担当の瀬良さんがまとめた資料をメンバーで確認した。この資料からは、離職や転職の理由として病気（特に精神疾患）の割合が大きいことや、大学院等へ学びに行く人が少なからずいるということを共通の理解とした。特に新任教員の離職の理由として精神疾患が約 3 割を占めること、そして精神的に追い込まれていく背景として教員の業務の多忙さ、保護者との関係、多様化する子どもたちへの対応などがあることを確認した。

次に、以上のことと「日本の教員養成をよりよくするために諸外国の教員養成のよいとされる制度をそのまま日本に輸入し運用することは、それぞれの国の文化や歴史、現状から難しい」という認識を踏まえ、どんな制度であれば日本も受け入れやすいか、現行の教員養成制度や研修制度はどうすべきか、またそれらの何が課題であるのかをメンバー間で話し合った。そのなかで、①実習期間を増やす、②理論と実

3

PBL 活動報告書 | 4

践を結び付ける期間を増やす、③免許の上進制度や研修休職制度の充実化、という 3 つのキーワードが挙がった。

今後は発表会に向けてさらに考察を深めるとともに、日本への提言だけでなくそれに伴う課題についてもチーム 4 人でしっかりまとめていきたい。

指導者から

4

図 3-13 PBL 報告書（週報）の例

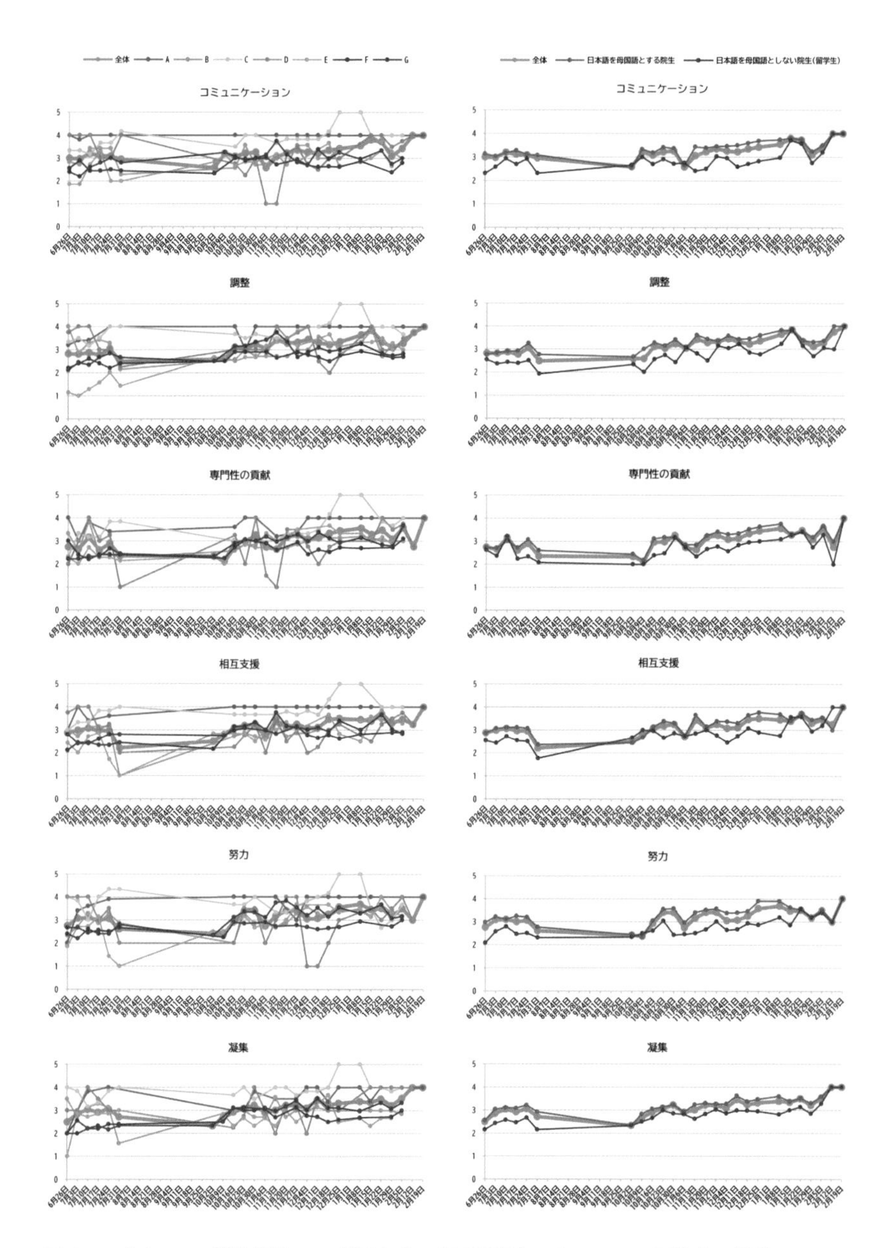

図 3-14「チームの質的構築の６項目とその相互評価」の各チームの平均値の推移と
日本語を母国語とする学習者と母国語としない学習者の平均値の推移

【引用・参考文献】

(1) 清田哲男「教育科学構想発表会－教育科学としての研究成果をめざして－」『2019年度教育科学専攻報告書　教育で世界を拓く　Project-Based Learning（PBL）×修士論文　大学院教育改革への挑戦』岡山大学大学院教育学研究科 p.1, 2020年

(2) 清田哲男・藤原智也「学校教育におけるユニバーサルデザインの鑑賞ツールの開発についての基礎研究－因子分析によるPPP評価表の検討とプロトタイプ版の開発－」,『美術教育学研究』第47号，pp.111-118，2015年

(3) 岸勇希『コミュニケーションをデザインするための本』，電通，p.181, 2013年

(4) 佐伯胖『子どもと教育「わかる」ということの意味』，岩波書店，p.195, 1995年

(5) ワロン，浜田寿美男（訳),「自我の水準とその変動」,『身体・自我・社会－子どものうけとる世界と子どもの働きかける世界』，ミネルヴァ書房，p.27，1983年

（原著）Wallon .H , 1956, Niveaux et fluctuations du　moi., Enfance.

(6) ワロン，前掲，p.39

(7) Mihaly Csikszentmihalyi,1999. “Implications of a Systems Perspective for the Study of Creativity.” *Handbook of Creativity*, edited by R. Stenberg, Cambridge UK: Cambridge University Press, pp.313-335.

(8) Roger A. Hart，1997，*Children's Participation: The Theory and Practice of Involving Young Citizens in Community Development and Environmental Care*, Routledge，p.92

(9) Donald A. Schön, 1983, *The Reflective Practitioner: How Professionals Think In Action*. New York: basic Books, p.69

(10) Martin Hoegl , Hans Georg Gemuenden, Teamwork Quality and the Success of Innovative Projects: A Theoretical Concept and Empirical Evidence, *Organization Science*, Vol. 12, No. 4, 2001

第2節　PBL（キャリア教育）の実践例：教員の指導方針と学生活動の実際

1. 教員としての指導方針

この節ではPBLにファシリテーターとして関わった教員と当時の院生により，キャリア教育について取り組んだPBLの実際について紹介する。

日本でキャリア教育が重視されるようになって久しい。そして教員である筆者は，キャリア教育先進国米国の，キャリア発達の目標を教科ごとに示し（青木,2007），各教科で学びと仕事との関連を明示しようとしているのを知って（青木,2012），日本のキャリア教育をこのように展開して行くことはできないだろうかとの思いを抱いていた。他方で筆者の担当は教育心理学であり，教科教育の学生・院生達を指導する機会はなかった。よって,教科教育とキャリアに関して筆者の思いを活かす機会はなかった。このような中，大学院の「進路指導特論」の講義を受講していた院生が，筆者の上記の意見に賛同してPBLチームを結成してくれた。こうして筆者はファシリテーター教員となった。

岡山大学のPBLは1年を通して取り組む4単位の必修科目として設定されている。特徴は，①大学院での取り組みであるため，留学生が多く含まれる多国籍のPBLになること，②教育学研究科の取り組みなので文系，理系，芸術系，実技系の多分野の学生が在学していること，③必修科目であるため意欲が必ずしも高くない学生が含まれていること，④1年間を通した取り組みであるため，かなりの時間をこの活動に費やすこと，である。この中で，ファシリテーターが関わるのはテーマとメンバーが決まった2学期からである。

筆者はファシリテーターとして参加するに際して，岡山大学のPBLには三つの課題があると考えていた。ひとつ目は，この活動は「最終発表会を開く」ということ以外,明確なゴールが想定されていないことであった。次にリーダーシップやチームワークの理論や知見を紹介しないまま，多領域の学生達が1つのグループに編成されることである。これは初めて出会った仲間とテーマの探求だけでなく，チームワークまで試行錯誤しながら構築することを意味する。最後に領域が多様であるためか，社会と関わるマナーについて具体的に教えていないことも気になった。

最初の問題を解説するため，他の事例と比較したい。まずPBLとは1960年代にカナダの医療系大学で開発された学習方略であるが，福田・小林（2020）は，日本語教育において「防災」をテーマに応用した実践を紹介している。日本は地震や台風等，自然災害が多く，ニュース等で頻繁に情報が流れる。他方で関連する専門用語も多く，日本語を学ぶ学習者には難しいことに注目した。そこで防災に関するテーマを設定し，学生達はチームに分かれてそれに関連する日本語を調べて発表した。この活動に費やした講義は6回であった。この実践では，学生はテーマとなる災害に関連する日本語を調べる，という明確なゴールが設定されている。また6回の講義で終わるという見通しも持てる。

他方で岡山大学のPBLは，最終発表会を開くというゴールはあるものの，まず「何をテーマに取り上げるのか」から選ばなくてはならない。加えてテーマを掘り下げる方法も検討する必要がある。最後に，最終発表会では，そのテーマについてどこまで明らかにすれば良いのか，その終着点がわかりにくい。社会問題のようなものを取り上げた場合，テーマを絞り込むだけでおそらく1年間の大半が費やされてしまいかねない。

そこで筆者は，ゴールとして「A中学校の職場体験の授業に参加して新しいキャリア教育を提案する」という，メンバー全員がイメージしやすいゴールを設定した。中学校の職場体験はどの学校でも実践されている活動であり，どの学校も春の段階ですでに日程まで決まっている。このため，学生達は，この日程に併せて自分たちの活動を練る必要が生じる。こうして学生達の話し合いの内容は，「どんな活動をするか」から「どのように実施するか」に変化し，集中的に内容について議論することが可能になったと考えている。

チームワーク力の育成については，役割分担と責任を明確にすること，報告・連絡・相談（ホウレンソウ）を密に行うことを機会あるごとに提案し続けた。多国籍なので高度な日本語が必要な討論について行けない学生もいるかもしれない。また，日本語がわかったとしても，留学生とは背景知識が異なるため，チームを組むのは簡単ではない。このような状況の中で一人のリーダーを指名するとそのリーダーの加重負担になりかねない。このようなときこそチームワークが重要だと考えた。

ところで心理学にはチームワークに関する知見が蓄積されている。例えば山口(2008)はチームになる要件として①達成すべき明確な目標の共有，②メンバー間の協力と相互関係，③各メンバーが果たすべき役割の割り振り，④チーム構成員とそれ以外の境界が明瞭，をあげている。Johnson,et al.（2002）では，一般的なグループと互いに学び合う協同的なチームの違いについて，積極的な相互協力関係，個人の責任・集団の責任の明確化等をあげている。筆者はこれらに共通するものは，個人の責任を明確にする役割分担だと考えた。そこで学生達には「どんな小さな役割でもいいから，全員がそれぞれ，責任を持って参加できるような役割分担をすること」を提案し続けた。具体的には，ファシリテーター教員との連絡は，情報が錯綜しないように一人に固定した。A中学校との連絡役も別の一人に固定した。A中学校での公開授業の際も，一人1科目の教材を作るように提案した。このように責任を明確にし，報告，連絡，相談を綿密に行う風土を作った結果，A中学校での授業や大学の講義内での最終発表会では，相互に無理なく助け合う姿が見られた。

教育現場に関わるマナーについては，教育現場経験者の力を借りた。博士課程の院生の中に，地域の中学校の校長を退職したのち学生になった方がいたので，学生達にこの方を紹介した。この元中学校校長の院生が，A中学校との橋渡しをして下さり，教育現場と関わる際のマナーや，中学校が学生に何を期待しているのか等，多方面にわたり学生達に助言してくださった。A中学校の職場体験に参加できるきっかけとなったのも，この方のお力添えが大きかった。教育現場経験者がパイプ役を果たしてくださったおかげで，筆者のチームはA中学校の信頼をすぐに得ることができ，A中学校の他の活動，たとえば定期考査に向けての学習支援，学年便りでの保護者への紹介等，参加させて頂く機会を複数得た（青木ら，2021a)。

最後に筆者は，専門の教育心理学を活かして，実践を統計的に明示できるようなグランドデザインや質問紙の工夫，大学から中学校長に向けた公式な依頼状の作成等を担当した。

前述のようにキャリア教育とは，すべての教科に関わる活動である。筆者のチームのメンバーは教育学部を卒業した院生であるためほとんどが教員免許を持っていた。こうしてそれぞれが自分の専門領域から授業を提案した結果，多様な科目の授業を展開することができた。

留学生達も日本人学生と同じ役割を果たして参加した。英語教育コースに所属する留学生は，英語の時間に，日本語でキャリア教育の授業を行った。教員免許を持たないもう一人の留学生は，大学時代の専攻がデジタル技術に関する専攻だった。そこで他のメンバーが行う活動や授業等の写真やビデオの編集を担当してくれた。他の学生が持っていない彼女のデジタル技術は，PBL の最終発表会等で，魅力あるプレゼンテーション作りで発揮された。こうして全員がそれぞれ，なくてはならない役割を果たした結果，充実した活動になったと考えている。

2.PBL の実際

2.1 メンバーの具体的な活動について

ここからは，2019 年度に教育科学専攻の 2 期生として入学した者として述べる。2019 年度は，教育学，教育心理学，特別支援教育，養護教育，社会科教育，英語教育，理科教育，美術教育，技術教育，保健体育教育の 10 分野から，それぞれの専門性を持つ 45 名（日本人 27 名，留学生 18 名）の大学院生が在籍し，1 年次の 1 年間を通して PBL に取り組んだ。1 学期は多様なテーマで話し合い，興味関心が近いメンバーが集まり，最終的に同じテーマで取り組む 7 つのチームが結成された。チーム編成は 2 つの原則のもとで行った。1 つは，1 つのチームにつき 2 領域以上で構成することであり，もう 1 つは，チームの中に留学生が 1 名以上所属することである。この 2 つの原則によって，多分野・多国籍の 5 ～ 8 名のメンバーによるチームが編成された。2019 年度に各チームで遂行したプロジェクトは，表 3-1 のとおりである。テーマに合わせて各チームに，研究に関する助言を主とする教育担当のファシリテーターのほか，レポートの提出を受け付け，予算の管理をする育成担当のファシリテーターが配属された。

表 3-1 2019 年度に遂行したプロジェクト

1	「今」と「未来」を往還するキャリア教育の展開―職場体験を基盤として―
2	岡山からひらく「エビデンスに基づく教育（EBE)」プロジェクト
3	アクティブラーニング型授業の実践と評価―二つの授業をもとに―
4	SDGs の推進
5	グローカルな教科横断的授業の開発―地域歴史資料を用いて―
6	協働性に焦点を当てた造形活動とルーブリック評価指標の開発
7	公共空間における集団活動とソーシャルキャピタル形成について ―日本の「ラジオ体操」と中国の「広場舞」の比較から―

私たちのチームは，日本人６名と留学生２名から成り，特別支援教育，社会科教育，英語教育，美術教育，保健体育教育の５つの分野からメンバーが集まった。私たちのチームのテーマは，職場体験を含むキャリア教育を通して，生徒自身が未来への願いや目標を見つけ，現在の学習や生活に自分なりの意義を見出すことである。その方法として，多くの中学校で実施されている職場体験を生かしたプログラムを作成し，キャリア教育の展開を試みた。

チームでプロジェクトを作り上げるにあたり，講義ではプロジェクトの大きな流れとして，K .Lewin や R. Hart らのアクション・リサーチ・プロセス（Action Research Process：以下 ARP と表記；図 3-9）が提示された（3-1 節 4 項参照）。ARP では,「社会での問題を感じ取ることを『開始』と置いて，その問題から課題を見出し，その中でも本プロジェクトの達成課題とするものを『課題特定』と置いている。先行研究を含めた状況の『分析』を経て,『計画』に向かう」流れが示された。この流れを理解した上で，プロジェクトに取り組んだ。以下，この流れに沿って私たちのチームにおける PBL の具体的な活動を簡単に述べる。

課題特定

講義は社会での問題を感じ取ることから「開始」し，その問題から課題を見出し，課題の達成を目指していく（3-1 節３項①参照）。そして PBL では,「問題」と「課題」について明確に分けられている。

まず,「問題」は,「自分が理想としていることと現実とのギャップに違和感や疑問を持つこと」で生まれるとされ,「問題である違和感や疑問を解決し，よりよい理想に近づけるためにするべきこと」を「課題」として位置付ける。私たちのチームでは，「高校を卒業して，大学に入ったり就職したりするが，自分が何者で，何になりたいかわからない」「小学生頃までは憧れから夢を持っていたが，大人に近づくにつれて，憧れだけでなく，現実から夢を描くようになる」といった現実を話し合う中で，「『自分って何だろう』という自己分析をしたうえで『どのように生きていきたいか』を持っていたい」という理想が出てきた（図 3-15）。そして，現実と理想とのギャップに違和感を持ち，キャリア教育をキーワードとして文献や先行研究にあたった。すると，現在，中学校で盛んに実施されている職場体験を含めたキャリア教育は，日々の学習やキャリアプランニング能力の育成への結びつきが弱いことが明らかとなった。そこでこれを「問題」とした。次に「課題」は，現在中学校で実施されている職場体験を活用させてもらい，自らの将来に対する夢やあこがれを描き，実現に向けた行動目標を立てる授業をおこなうこととした。

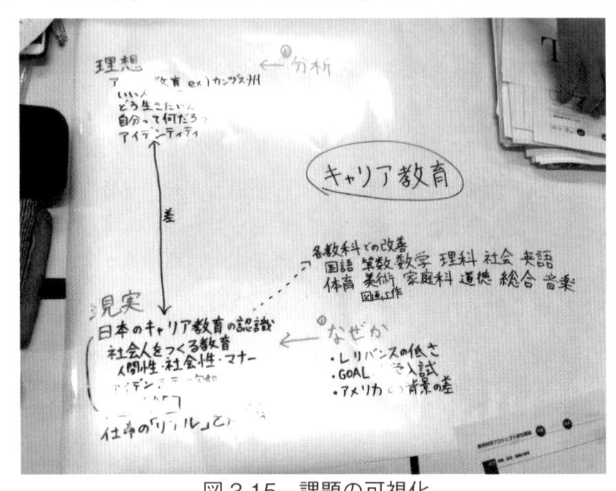

図 3-15　課題の可視化

分析

次に，課題を達成すれば，新たな価値を創造することができるか分析を行った。創造性を捉える基盤として講義で提示されたのが Csikszentmihalyi による「創造性のシステムズ・モデル（The systems model of creativity；図 3-4,3-1 節 2 項参照）」である[i]。私たちは，domain として，日本とアメリカのキャリア教育を中心に文献や先行研究にあたり，プロジェクトによる課題の達成を目指して私たちのチームメンバーである person の中で研究を行う。そして，field として中学校で実践し，得られた結果をもとに分析および考察を行い，論文としてまとめて学会に投稿することを視野に入れた。

計画

さて，より具体的な計画を立てるのに用いるものとしてPBLの全体講義で提示されたのがクリティカル・パス法 critical path method である。これは「課題の効果的かつ最短に達成するために，必要な複数のタスク task（仕事・作業）を効率的に配置した作業経路」であり，並行して複数のタスクを実行する場合，最早開始時刻（日）と最遅完了時刻（日）を考えながらタスクの流れを確認する（図3-16）。

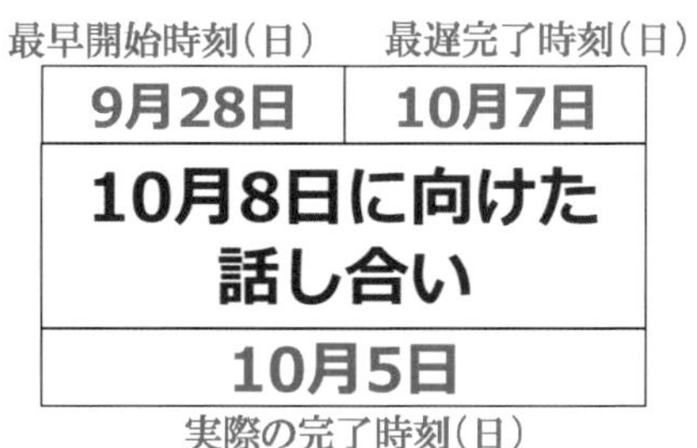

図 3-16　設定したタスク

私たちは大きく4つの視点でクリティカル・パスの作成を行った（図3-17)。1つ目はPBLの授業や発表日，2つ目は中学校でのプロジェクトの打合せや実施日，3つ目はファシリテーターの先生方との話し合い，4つ目はチームでの話し合いや取り組みである。また，プロジェクトが進むに連れてメンバーの役割が明確になり，3つの下位グルー

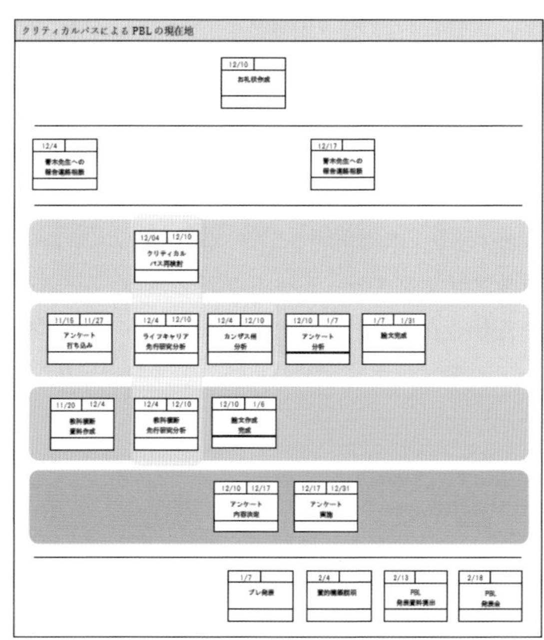

図 3-17　作成したクリティカル・パスタスク

プに分かれ,それぞれの視点から分析や考察などに取り掛かった。各グループの日程は,メンバー全体で話し合う日程を基準にグループ毎に設定した。この計画作成は，プロジェクトを進める際，起こり得るリスクや準備しておくことを見出だしたり，誰がどのように動くのか，どれだけの人のどのような動きが必要なのか等を把握するのに有効だった。これが一人一人の責任感につながるだけでなく，チームメンバーへの協力や声掛けにつながり，チームとしての動きにつながった。

行動

チームは課題を特定し，その達成に向けて具体的な行動に移る。私たちは，多くの中学校で実施されている職場体験を生かしたプログラムを作成し，キャリア教育の展開を試みた。具体的には，①教科学習で身につく力が，日常生活や働くことに生かされていると実感すること，②今の自己の姿を分析し，未来のライフキャリアのイメージや行動目標を描くことの２つの視点を中学校での職場体験の事後指導に組み込んだプログラムを作成し，実践を行った（表3-2)。A中学校の第２学年の生徒を対象に，職場体験の事後指導Ⅰとして，教科の専門性と働くことと生活とのつながりを生徒が感じ取ることを目的としたポスター（図3-18）を作成し，ポスターセッションを行った。事後指導２時間目には，働くことと生活と教科とのつながりを可視化するマップ（図3-19）を作成して生徒同士による意見交換をした。事後指導Ⅱでは,今の自己を見つめ,未来の自分を構想する「ジブン×イマ×ミライシート（図3-20)」を作成し，職場体験で生徒が学習した仕事，未来と今の自分とのつながりを意識する活動を行った。「ジブン×イマ×ミライシート」は，①今の自分を見つめてみよう，②未来の自分の理想像を思い描こう，③理想の実現に向けた目標を書こう，④５年後の自分の姿をイメージしよう，の４つの項目で構成されている。詳しい内容については青木ら（2021a）をご参照頂きたい。

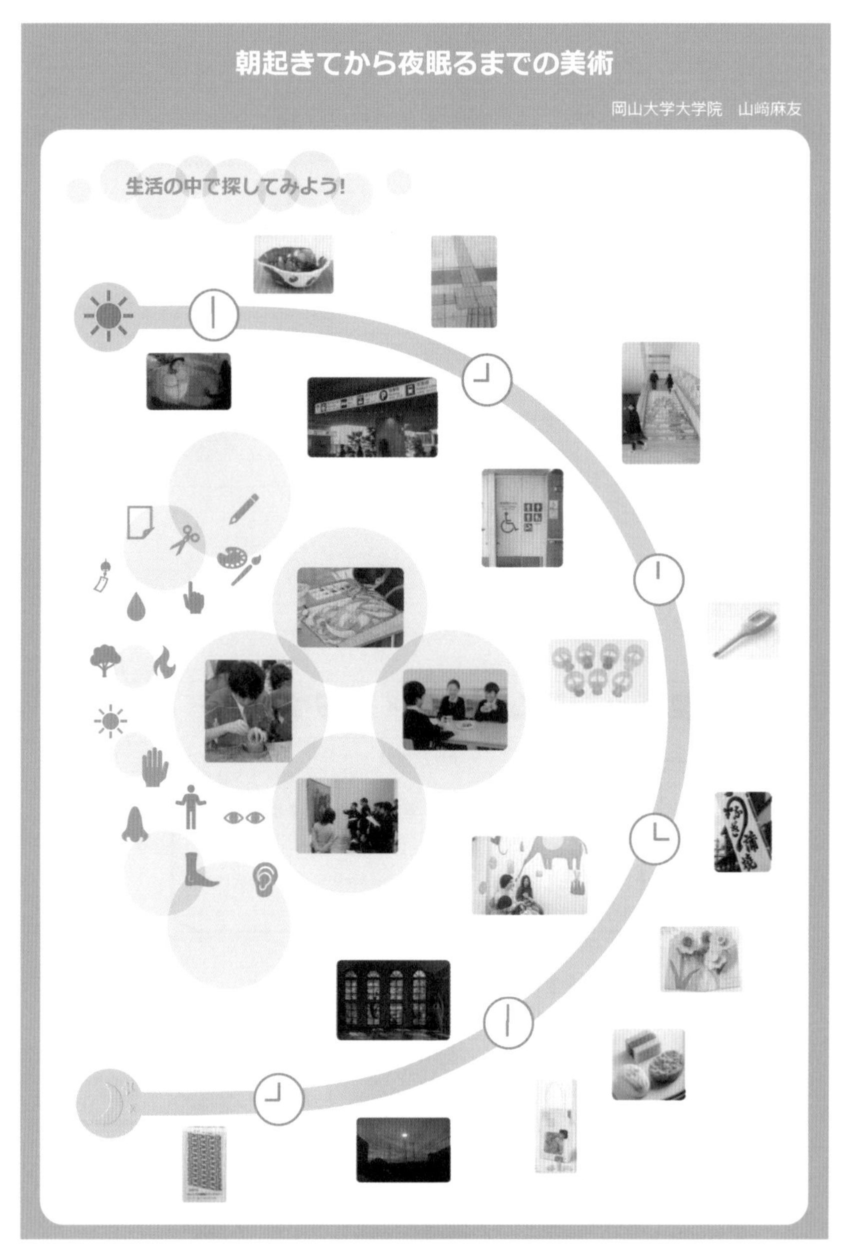

図 3-18　作成したポスター（美術）

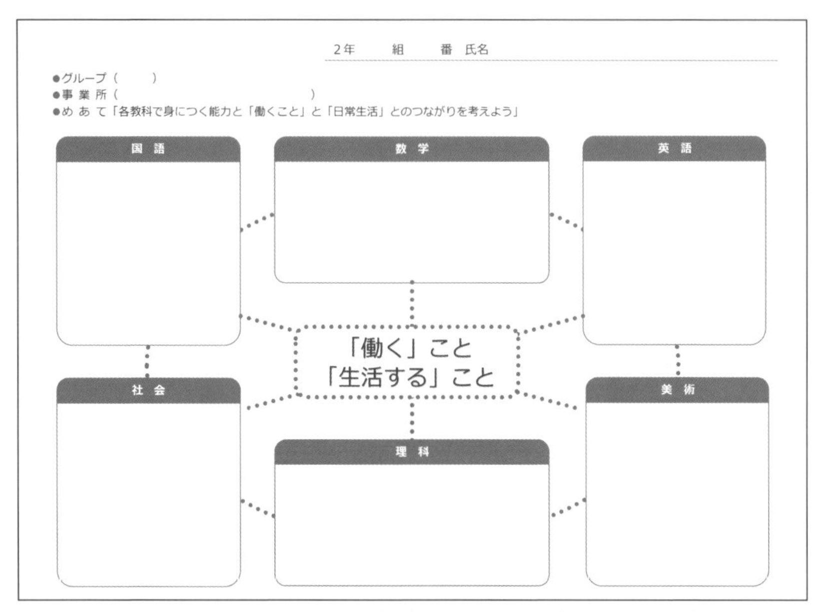

図 3-19　働くことと生活と教科のつながりを可視化するマップ

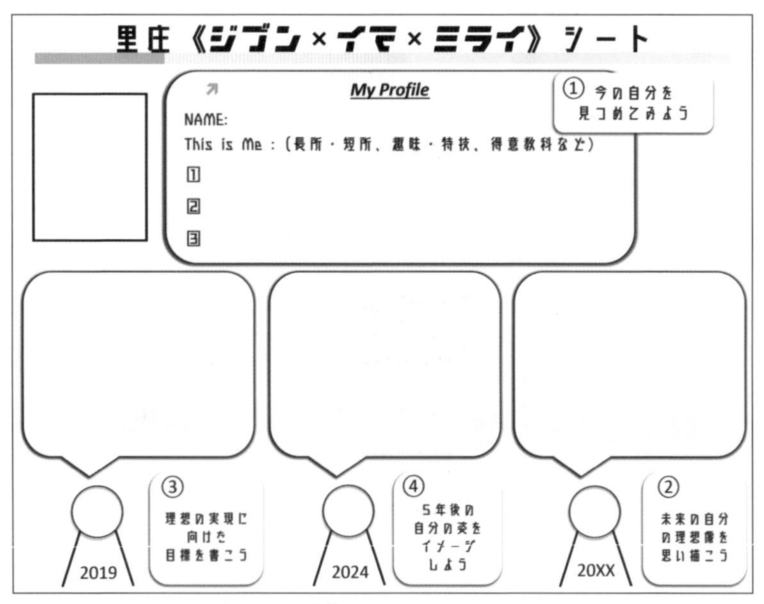

図 3-20　ジブン×イマ×ミライシート

表 3-2　実践授業の内容（青木ら 2021a）

		目標	生徒の動き
1時間目（50分授業）	事前指導	職場体験先でのインタビュー内容を考えることで,生徒たち一人一人が職場体験の目的や意義を見出す。	【指定された教室に移動し,指定された班になり着席する】 1. 職場体験の目的を持つ。 2. 職場体験先で行うインタビュー内容を個人で考える。 3. 考えたインタビュー内容を班で共有する。 4. 各班で考えたインタビュー内容をクラス全体で共有する。 5. 共有した意見を基にインタビュー内容を個人で再考する。 6. 本時のまとめをし，職場体験での目的を設定する。

▼

職場体験（５日間）

▼

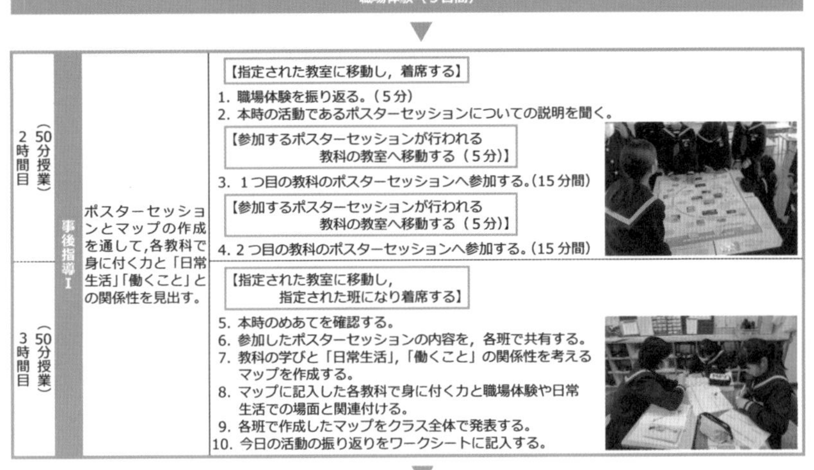

		目標	生徒の動き
2時間目（50分授業）	事後指導Ⅰ	ポスターセッションとマップの作成を通して,各教科で身に付く力と「日常生活」「働くこと」との関係性を見出す。	【指定された教室に移動し，着席する】 1. 職場体験を振り返る。（５分） 2. 本時の活動であるポスターセッションについての説明を聞く。 【参加するポスターセッションが行われる教科の教室へ移動する（５分)】 3. １つ目の教科のポスターセッションへ参加する。(15分間) 【参加するポスターセッションが行われる教科の教室へ移動する（５分)】 4. ２つ目の教科のポスターセッションへ参加する。(15分間)
3時間目（50分授業）			【指定された教室に移動し，指定された班になり着席する】 5. 本時のめあてを確認する。 6. 参加したポスターセッションの内容を，各班で共有する。 7. 教科の学びと「日常生活」,「働くこと」の関係性を考えるマップを作成する。 8. マップに記入した各教科で身に付く力と職場体験や日常生活での場面と関連付ける。 9. 各班で作成したマップをクラス全体で発表する。 10. 今日の活動の振り返りをワークシートに記入する。

▼

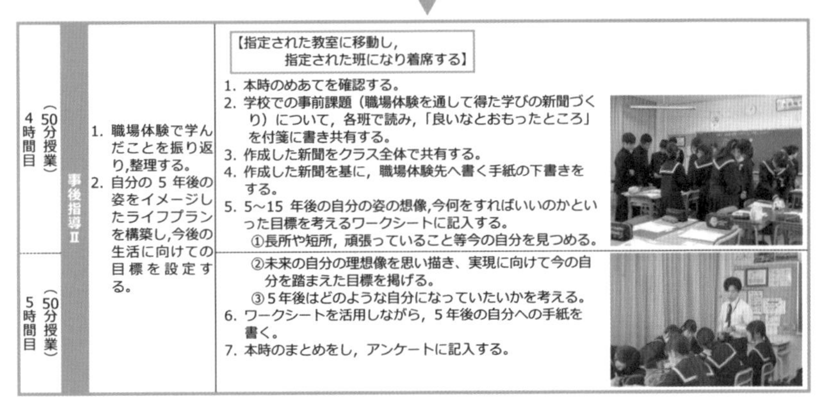

		目標	生徒の動き
4時間目（50分授業）	事後指導Ⅱ	1. 職場体験で学んだことを振り返り,整理する。 2. 自分の５年後の姿をイメージしたライフプランを構築し,今後の生活に向けての目標を設定する。	【指定された教室に移動し，指定された班になり着席する】 1. 本時のめあてを確認する。 2. 学校での事前課題（職場体験を通して得た学びの新聞づくり）について，各班で読み，「良いなとおもったところ」を付箋に書き共有する。 3. 作成した新聞をクラス全体で共有する。 4. 作成した新聞を基に，職場体験先へ書く手紙の下書きをする。 5. 5～15 年後の自分の姿の想像,今何をすればいいのかといった目標を考えるワークシートに記入する。 ①長所や短所，頑張っていること等今の自分を見つめる。
5時間目（50分授業）			②未来の自分の理想像を思い描き、実現に向けて今の自分を踏まえた目標を掲げる。 ③５年後はどのような自分になっていたいかを考える。 6. ワークシートを活用しながら，５年後の自分への手紙を書く。 7. 本時のまとめをし，アンケートに記入する。

評価・省察

A中学校での実践終了後，次の資料を用いて私たちの実践を評価・省察した。具体的にはワークシート（図3-19；働くことと生活と教科のつながりを可視化するマップ，図3-20；ジブン×イマ×ミライシート）の記述内容と，授業後に生徒に対して行ったアンケート（表3-3）である。アンケートは，青木（2012）の研究を参考にして，職場体験を通して生徒達のキャリアイメージの変化を確認するために行った。

表3-3　授業後のアンケート内容および結果

アンケート項目	平均値
(1) 以前より，「仕事は人生にとって重要なものだ」と思うようになった。	3.65
(2) 以前より，「仕事はお金を稼ぐためにすることだ」と感じるようになった。	2.73
(3) 以前より，「人生の将来のプランを立てることは重要なことだ」と思うようになった。	3.53
(4) 以前より，「今，何を頑張ったらよいか」について考えるようになった。	3.53
(5) 以前より，「自分の将来の姿と仕事との関係」について考えるようになった。	3.40
(6) 以前より，「仕事には，生きがいや嬉しいことがある」ことがわかった。	3.63
(7) 以前より，「今の社会と未来の社会では，必要とされる仕事は違っている」と考えるようになった。	2.96
(8) 以前より，「仕事を成功させるには，協力して働くことが大切だ」と考えるようになった。	3.57
(9) 以前より，「今の学習が，仕事にもつながっている」と感じるようになった。	3.56
(10) 以前より，「今の学習が，日常生活にも生きている」と感じるようになった。	3.51
(11) 以前より，「仕事において，あいさつを積極的にすることは大切だ」と思うようになった。	3.80
4：非常にあてはまる，3：かなりあてはまる，2：少しあてはまる，1：あてはまらない	

アンケート調査は，すべての実践終了後に行った。質問内容はすべて「キャリア」に関する項目で構成され，（3）～（5），（9），（10）は今回の実践に関係する質問，他は今回の実践には関係しないがキャリアには関わる項目で構成した。結果を見ると，今回の実践に関わる項目はどの項目においても高い平均値が得られていること，他方で今回の実践に関わらない部分は平均値が低くなっていることから，今回の私たちの実践は全体的に効果があったことがうかがえる。そこで次に，より詳細に生徒達の変化を検討するために，ワークシート（図3-19；働くことと生活と教科

のつながりを可視化するマップ，図 3-20；ジブン×イマ×ミライシート）をもとに質的に分析を行う。

2.1.1 働くことと生活と教科のつながりを可視化するマップによる分析

生徒たちがマップに記入した内容の代表的な例を表 3-4 に教科別に示す。国語では「人の気持ちを想像する力」，数学では「事実を活用して問題を解決する力」，美術では「自分だけでなく，他者についても思いや気持ちを考える力」等，生徒たちは各教科の学びの本質を理解し，生徒たちなりに社会生活や働くこととの共通点を見出している様子がうかがえた。

表 3-4　生徒がマップに記入した内容

教科	内容
国語	・人の気持ちを想像する力 ・相手に分かりやすく伝える力
数学	・事実を活用して問題を解決する力 ・事実に基づいてやり取りする力
社会	・自分なりの見方や考え方を持つ力 ・情報を選択して判断する力
理科	・見通しを持つ力，予想する力
英語	・コミュニケーション能力 ・異文化を理解する力
美術	・自分だけでなく他者についても思いや気持ちを考える力 ・想像する力

マップを作成した２時間目にあたる授業の振り返りで，「大人になった時，教科で身につく能力がどのような場面で必要だと考えますか」の問いに，自由形式による２，３行の記述をさせた。この問いの目的は，生徒が教科学習での学び，職場体験での経験に何らかの意味を見出すことができたのかを確認することである。この問いに対する 86 名分の回答を，KJ 法を用いて分類を行い，表 3-5 の結果を得た。

まず，一番多かった回答は，「学び，能力と場面，活用」という３つの側面について触れた内容であった。次に多かった回答は，これらの３つの側面には触れていないが，２つの側面には触れている内容であった。このことから，今回の授業実践を通して，教科で学んだことと場面（働くこと，日常生活）を関連付けて考察することができていたと考える。また，自由記述について最も顕著に見られた回答としては，今後の勉学や将来のために努力をしようとするといった「これからの意欲や願望」に関する内容であった。その他は，「学びの必要性の認知」，「関係性やつながり」，「義務」，「具体的な将来のイメージ」に関する回答も見られた。これらの結果は，生徒が職場体験での社会経験，日常の生活，教科の学びについて，さらには自分とのつながりについて，何らかの意味を見つけることができたと捉えられよう。

表 3-5　生徒がマップに記入した内容と KJ 法による分類結果

分類項目	該当する内容	人数（人）
学び，能力と場面，活用	・異文化理解力や人の気持ちを想像する力は，話し合いの時などに必要だと思う。 ・英語の『コミュニケーション能力』はサービス業などでお客さんと話したりするときに必要だと思った。	37
場面，活用	・旅行に行くときに地域の地形や気温や文化を知っていることにも役立つ。 ・外国人の人に話しかけられた時。	26
学び，能力	・国語のコミュニケーション能力が役立つ。 ・学んだ知識を活用して様々な問題を解決する能力。	14

2.1.2 ジブン×イマ×ミライシートによる分析

表 3-6　行動目標の頻出語

抽出後	出現回数（回）
考える	32
頑張る	14
見る	10
心がける	5

事後指導Ⅱでは将来のなりたい自分の姿を踏まえた行動目標を設定することで，生徒に対して行動変容を促した。この行動目標の設定がどのようになされていたのかを明らかにするため，図 3-20 の「ジブン×イマ×ミライシート」の，③理想の実現に向けた目標を書こうの項目の記述を対象に分析を行った。この項目は生徒によって記述内容のバラつきが大きく，単語ごとに分けてより精緻な分析を行う必要があった。このことから，分析方法としてテキストマイニングを採用し，頻度解析を行った。シートの全記述の中で，行動目標と直結する動詞のうち，出現頻度が 5 回以上と頻出だった単語を出現回数順に示した（表 3-6）。行動目標につながるような動詞自体は多く記述されているものの，「心がける」のように前後の文脈によっては抽象的と捉えられてしまうものもあった。そこで共起分析を行い，前後の文脈について検証を行った。

頻度解析において全動詞の中で最頻出である「考える」については，「人の気持ちを考える」や「周りを見て行動を考える」などの記述が多かった。これらの記述は保育所や小学校，介護施設などの対人援助系の職場で職場体験を行った生徒に多く見られ，彼らが職場体験で学んだことを実生活に活かそうとしているものと推測される。2番目に頻出である動詞「頑張る」は，「勉強」と深いつながりがあることを確認することができた。これは，職場体験を通して日々の学習意欲が高まった結果と捉えることができよう。さらに，少数の記述ではあるものの，「介護科に入る」や「商業高校に入れるように少しでも成績を上げる」といった直近の進路課題に向けた具体的な目標設定を記述している生徒も存在していた。

一方，「あいさつをきちんとする」のように行動にとどまる目標や，「人生とは何かを学ぶ」，「一生懸命頑張る」などの具体性に乏しい目標も多く挙げられた。今後，中学校段階におけるキャリアプランニング育成の質にも着目して実践を行う必要があると言える。

2.2 チームとしての成長

PBLでのチームの目指す成長の姿

PBLでは，プロジェクトを進めながらチームとして個人が成長することが一義とされている。ここでは，チームとしての個人の成長を見取る指標として，講義ではM.HoeglとH.Gemuendenが提唱した「チームの質的構築 The Teamwork Quality Construct」の6つの側面（表3-7）が示された。この6つの側面の内容に基づき，具体的なチームの姿のイメージを行った（表3-8左）。個人の成長は，活動ごとにルーブリックを用いてチームメンバーで行った相互評価によって見取る。

表3-7　チームの質的構築の6つの側面

6つの側面	内容
コミュニケーション	授業時間，活動時間に関わらず，十分な頻度で，直接的かつオープンなコミュニケーションができているか。
調整	個人の努力がチーム内でうまく構成され，相互によい影響を与え合っているか。
専門性の貢献	すべてのチームメンバーが専門知識・技能を最大限に引き出すことができているか。
相互支援	メンバーが課題達成するための役割を明確にし，相互にサポートできたか。
努力	メンバーはそれぞれのチームの役割を果たす努力ができたか。
凝集	メンバーはチームの良い状況を維持するために，知識と技能を集結することができたか。チームスピリットがあるか。

私たちのチームは，チームでの活動が始まって約3ヶ月後の10月頃に，

チームの目指す成長の姿の再構築を行った。再構築のきっかけはチーム内でのメンバー同士による衝突にある。この時の問題として以下の２つが主に挙げられる。１つは，テーマとなる課題の認識の違いである。私たちのチームは，中学校の職場体験学習に着目した取り組みであった。しかしメンバーの留学生は日本の企業についての知識と経験がなかった。そのため，メンバーの日本人と比べて，職場体験の形式や流れ，職場体験の事前指導と事後指導の内容等について具体的にイメージすることが困難であった。職場体験教育に対する実感がないこともあり，プロジェクトの授業開発に対する認識の差も出てきた。もう１つは，時間の制限と文化の違いがある中での意思疎通の手段である。互いの見えにくい状況を理解し，その上でサポートし合う関係を築けずに進んでいくことが引き起こされてきた。私たちのチームはプロジェクトの実行時期が先に決まり，それに間に合わせるため夏季休暇中の８月から９月にかけて活動が多くなった。しかしメンバー全員にすでに個々の予定があったり，母国や地元へ帰省したりする中で，話し合いの機会を設けても全員が集まることは難しくなった。解決策としてSNSを介したやり取りが増えていった。この点においてメンバー内の留学生と日本人の考え方に大きく違いがあった。留学生２名は夏季休暇中に母国に帰国した。日本との時差の問題に加え，大切な内容の連絡，決定事項についてSNSを媒介として行うことへの抵抗もあった。こうして文字だけのやり取りでは共有される内容の理解が追いつかない局面が増えていった。顔も見えないこともあり気持ちの把握も困難であった。他方でプロジェクトの決行の日も日に日に近づき，メンバーの気持ちが急いでいる状況もあった。留学生にとってはわかりにくいことがあっても聞きにくい雰囲気が流れ，プロジェクトの内容だけでなく，コミュニケーションや言語の面においてさらに不安を大きくさせることにつながってしまった。こうして，メンバーの言葉からも焦りや不安な気持ちが現れてくるようになり，全員が頑張っているのに個人の取り組みの評価はマイナスになることが多くなっていった。

このような状況の中，それを気にかけるメンバーが現れ，チームが円滑に活動できるように互いの思いを伝えながらチームの質的構築をメンバー全員で改善していくことの提案がなされた。提案に対してメンバー全員が賛成し，6つの側面ごとにチームの目指す姿を話し合い，側面ごとに担当者を決めて評価規準を再考した。変更するに至った背景や理由も共有し，共通理解を図った（表 3-8 右）。

表 3-8　チームの目指す成長の姿（左）と再構築したチームの目指す成長の姿（右）

6つの側面	話し合いで決めたチームの目指す成長の姿		チーム活動を踏まえた検討によって再構築したチームの目指す成長の姿
コミュニケーション	**『スピーキングとリアクション』** 自分の意見をメンバーに伝えることだけでなく，伝えたことが相手に伝わることも大切にしていく。そこで発言だけでなく，頷くといった受容の姿勢を言動で示していき，そして，相手の様子や反応を踏まえた上で，自分の意見を伝えていく。	▶	引き続きこの姿を目指していく。これまでの活動を振り返ると，定時出席やメンバー全員が集まることが難しいことが多々あった。一方で，メンバーが集まって活動する時間以外でも，個人や複数人が関わって活動していることが多く見られた。そこで出席や欠席よりも，活動の中における他者との関わりに焦点をあてる。伝えたことが受け取られていることや，考えを受け入れてもらえていることを感じ取りにくい状況があることから，チームの活動をよりよく進めていくためにも，他者を受容している姿勢を示していく。
調整	**『カレンダーで日程を共有する』** 予定を共有してメンバーが全員集まれるようにしていく。それだけでなく，メンバーの予定を把握することで仕事の量を考慮したり，フォローしたりできるようにしていく。	▶	引き続きこの姿を目指していく。加えて，スケジュールを調整する係りを決めるとともに，定時出席やメンバー全員が集まることが難しい状況があることから，メンバー同士でフォローし合うために，個々の予定や状況を伝えていく。
専門性の貢献	**『他の専門性と自分の専門性を比較するとともに恐れず発言する』** 自分の専門とする領域での知識や経験だけで物事を捉えるのではなく，他の領域へも関心を持ち，新たな知見を取り込んでいく。	▶	チームでの活動を通して，個々の得意，不得意がわかり，自分の専門とはしない領域のことよりも，チームの中における自分の役割を見いだし，自分の役割を果していくことに焦点をあてる。チーム内での各メンバーの役割を決め，共有したことから，チーム内における自己の役割に責任を持って取り組んでいくことに加えて，自分が専門とする領域の知識や経験だけでなく，得意とすることを活かしていく。

相互支援	『1つの活動に複数人が関わる』 自分の見方や考え方だけで物事を進めていくことよりも，複数人で関わり，より多面的，多角的に物事を捉え，協力して取り組んでいく。	▶	この側面の目指す姿は達成されているとメンバーで認識が一致したことから，新たな姿を目指すこととした。チームの中での自己の役割が決まったことからも，自身の取り組みの姿勢や言動がチームを支えることができているのかを客観的に振り返ることが必要と考えた。そこで，自分の物の見方や考え方，価値観に偏らないようにするために，チームの活動におけるメンバーとの関わりを含めた出来事を振り返った後，自己の言動や状況を振り返り，よりよい方向へ改善していく。
努力	『1議論1主張』 メンバーのそれぞれの考えをチームの研究に取り込み，研究進展に積極的に参画していくために，1つの議題において，1回は意見を伝えたり，質問をしたりしていく。	▶	引き続きこの姿を目指していく。加えて，理解の齟齬が生じていたことから，分からないことをそのままにしておくのではなく，分からないことがあった場合，その意思を伝えていくという相互理解への視点を取り入れた。メンバーがどのような見方や考え方を持っているのか，疑問や違和感を抱いているのか，どのように理解しているのか等を知っていく。
凝集	『授業外での交流』 授業で設定された時間だけでなく，授業外の時間も含め，その人のよさや特性を知っていく。また，楽しい時間もともに過ごす中で，小さな悩みや不安も相談しやすい関係を築いていく。	▶	この側面の目指す姿は達成できているとメンバーで認識が一致し，今後も大切にしていく。授業外でのチームでの話し合いの際に，メンバー全員が集まることはできずにいることが多々あったが，遅刻しながらも参加する姿が多く見られることから，チームでの活動の参加への過程に焦点をあてる。遅刻や欠席をしないという意識よりも，メンバー全員がチームの一員として主体的に活動に関わっていくという意識を持って参加していく。

チームの目指す成長の姿の再吟味を通して，一つのチームとしてもっと頑張っていきたいという気持ちを持つことにつながり，後の活動の良い転折点となった。その要因の一つとして，メンバーとして各々の気持ちを伝え合い，個の特性を互いに受け容れ，理解し合う姿勢をお互いに持つことができていたことが考えられる。

PBLを通してのチームの成長と今後の課題

PBLの活動を終えた年度終わりに，「チームの質的構築」の6つの側面をチーム内で振り返った。以下は，メンバーで共感し合えた成長の内容と今後の課題である。

（1）コミュニケーション

思ったことを気にせずに発言しやすくなった。一方で，プロジェクトでお世話になる方とのメールやファシリテーター教員とのメール内容の確認，日程調整の際，直接会っていないインターネット上での返答の遅さや，リアクションが弱いという課題が残った。

（2）調整

メンバー全員が集まれるように前もって日程を調整することで，個々の予定を考慮したり，予定を合わせたりできるようになった。

（3）専門性の貢献

役割を明確化することによって，責任感が生まれ，自分ができることを自主的にするようになった。また,各個人が抱える仕事を把握でき，フォローしやすくなった。

（4）相互支援

一人で進めるのではなく，複数人が関わって取り組むことができた。また,「振り返り」という視点があるからこそ，自分の考えが必ずしも正しいというわけではないこと等，自分自身の言動の心がけとなった。

（5）努力

ただ話を聞くといった受け身の姿勢ではなく，聞いたことを踏まえた発問が増えた。これには，発言を受け入れるという関係がチームの中でできていることが大きく関係しているように考える。

（6）凝集

約束した時間に集まるのは難しかった。しかしご飯を一緒に食べるなど楽しい時間を共に過ごしたことで，動機の維持だけでなく，集まる時間以外での個々の状況を互いに共有でき，チームとしての団結力が高まった。

これらを踏まえ，チーム活動において大切なことの１つとしてあがったのは，私たちのチームでは，メンバー全員がチームの一員として研究を進めているという雰囲気がチームの中で感じられる関係づくりであった。そのためには，互いに受容すること，役割を見出して活かし合うこと，自己の専門性を高め貢献しようとすること等が大切である。そこでは，目に見えることから判断するのではなく，目には見えない相手の気持ちに思いを馳せるといったメンバーのことを知ろうとする姿勢，相手から見える自己を想像し，思いを伝えたり，行動を改めようとする等，チームに貢献しようと努力する姿勢などを感じることができた。「チームとしての成長」と「活動における個人の成長」の両方があったからこそ，活動における困難を乗り越え，一人ではできないことも専門性を活かし合いながらプロジェクトを進めていくことができたようにも感じる。しかし，このことは，私たちのチームだけがもった実感かもしれない。そこで，次に，他のチームはどのように感じたのか，アンケート調査を行うことにした。

3. 全受講生へのアンケートに見る個人の成長とチームとしての成長

2019 年度に PBL を受講した大学院生にアンケートを行い，PBL を通して感じたことや意識の変化を日本人と留学生のそれぞれの視点から捉えることにした。PBL の目的が「活動における個人の成長」と，「チームとしての成長」であることを踏まえてアンケート内容を作成した（表 3-9)。質問項目の中でも,「チーム活動の中で感じた困難（Q 4 - Q 5）」と「チーム活動で大切なこと（Q 6 - Q 7）」は，チームの成長を問う項目として設置している。Q 6 - Q 7 は，脇田（2000）の「共同作業による多文化理解教育の実践と課題」を基盤にした。

調査は冬季休業を明けてすぐの 2020 年 1 月 7 日，PBL の授業中に 30 名（日本人 16 名，留学生 14 名）が回答してくれた。チームが決まったのは 5 月末，2020 年 2 月 18 日に最終報告会が計画されていた。よって，アンケート実施日は，チームでの活動がはじまって約 7 ヶ月が経とうとしており，プロジェクトのまとめに取り掛かる時期であった。

チーム活動で大切なこと

チーム活動における大切な要素について，Q 6（チーム活動で，個人として大切にしていきたいこと）とQ 7（チーム活動が円滑に機能するために大切なこと）の結果から考察を行う。

Q 6 の結果（図 3-21）から, 日本人で一番点数の高い項目は 32 点の「⑥役割分担・責任感」であり，点数の低い項目（10 点未満）は「②異文化

表 3-9　アンケートの内容

質問項目		内　容	回答方法
チーム研究テーマの決定の経緯	Q 1 - a	修士論文の研究内容との関連	4件法 (4：とてもある，3：ある，2：少しある，1: ない)
	Q 1 - b	テーマへの興味・関心	
	Q 1 - c	教員からの薦め	
活動を通した自己の成長	Q 2 - a	チーム研究のテーマに関する知識の獲得	
	Q 2 - b	チーム研究が自己の修士論文を促進	
	Q 2 - c	活動の経験	
	Q 2 - d	ものの見方や考え方の広がり	
	Q 2 - e	研究方法や知識の獲得	
	Q 2 - f	多様な研究の視点の獲得	
チームに貢献できたと思う自己の特性	Q 3 - a	研究の知見	
	Q 3 - b	経験・特技	
	Q 3 - c	性格	
活動の中で感じた困難	Q 4	①メンバーとの意見の共有 ②メンバーとの文化の違い ③メンバーの特性や考えを受け入れる ④チームの中で果たす自分の役割を見つける ⑤メンバーとの相談 ⑥メンバーと話し合いをする時間の確保 ⑦メンバー同士でのサポート ⑧ PBL の活動と修士論文研究の両立 ⑨その他	上位3つを選ぶ (上位から順に，3点，2点，1点と得点化した。)
活動の中で感じた困難の状況と解決方法	Q 5		記述
活動で大切なこと：活動で，個人として大切にしていきたいこと	Q 6	①話し合い ②異文化理解 ③やさしい日本語で ④協力 ⑤楽しい雰囲気・積極性 ⑥役割分担・責任感 ⑦研究のテーマ ⑧出席 ⑨時間を作る・守る	上位3つを選ぶ (上位から順に，3点，2点，1点と得点化した。)
活動で大切なこと：活動が円滑に機能するために大切なこと	Q 7		

理解」「③やさしい日本語で」「⑦研究のテーマ」「⑧出席」「⑨時間を作る・守る」であった。留学生での一番点数の高い項目は 19 点の「④協力」と「⑥役割分担・責任感」で，点数の低い項目（10 点未満）は，日本人と同

じ結果であった。このことから，チーム活動での役割分担・責任，協力の重要性を学んだことがうかがえる。

Ｑ７の結果（図 3-22）から，日本人で一番点数の高い項目は，31 点の「⑥役割分担・責任感」で，点数の低い項目（10 点未満）は，Ｑ６と同じ結果であった。留学生での一番点数の高い項目は，22 点の「①話し合い」であった。一方, 点数の低い項目(10 点未満)は,「③やさしい日本語で」「⑦研究のテーマ」「⑧出席」「⑨時間を作る・守る」であり，これまでに点数の低い項目の中に含まれていた「②異文化理解」の大切さを感じる人が増えていた。

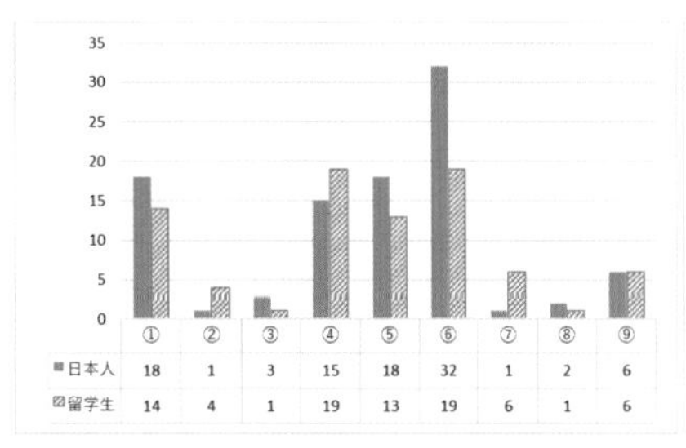

図 3-21 Ｑ６の①～⑨の点数

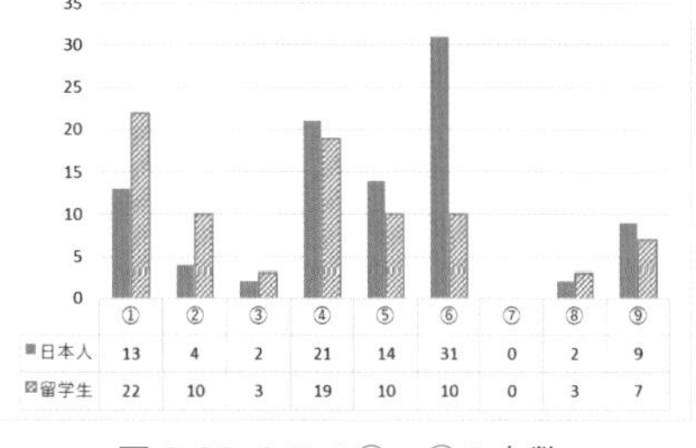

図 3-22 Ｑ７の①～⑨の点数

「チーム活動における個人の成長」について

次に，活動を通した個人の成長について，日本人学生と留学生の視点から考察を行う。図 3-23 は，Ｑ１～Ｑ３の平均値である。これを見ると，日本人学生は個が持っている研究の知見のみならず，経験や特技，性格を踏まえた個の特性を理解した上で生かし合うチーム活動を通して，見方や考え方の広がりを感じ，チームで研究することのよさを経験できたように感

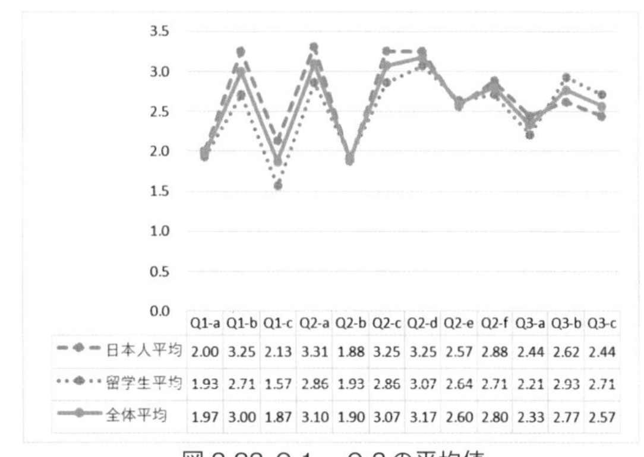

図 3-23 Ｑ１～Ｑ３の平均値

じる。だからこそ，メンバー全員がチームの一員として研究を進めていくという意識を大切にしたいという思いからも，個々の責任感の大切さへとつながったと考えられる。

一方，留学生は特に，「経験・特技」，「性格」において日本人学生の数値を上回っている。このことから，活動を通して，特に今までの自分の経験や個の特性を生かしてチームの一員として努力したことが伺える。しかし，文化や習慣の違いもあることから，考え方や物事の重要性の順は違っている。留学生にとっては，言葉が通じにくいこともあり，伝えたいことも相手に伝わりにくい状況につながったことも考えられる。そのような状況を感じたからこそ，「話し合い」や「協力」に大切さをより見出したのだろう。

PBL で感じた困難から見出した PBL の可能性

Q 4（活動の中で感じた困難）の回答結果は図 3-24 のとおりである。日本人で一番点数の高い項目は 18 点の「⑥メンバーと話し合いをする時間の確保」，留学生では，19 点の「⑧ PBL の活動と修士論文研究の両立」であった。両者とも点数の一番低かったのは「④チームの中で果たす自分の役割を見つける」である。この結果から，役割を見つけられなかった学生は少ないことがわかり，どの学生も個の特性を知り，活かし合えていたことが考えられる。

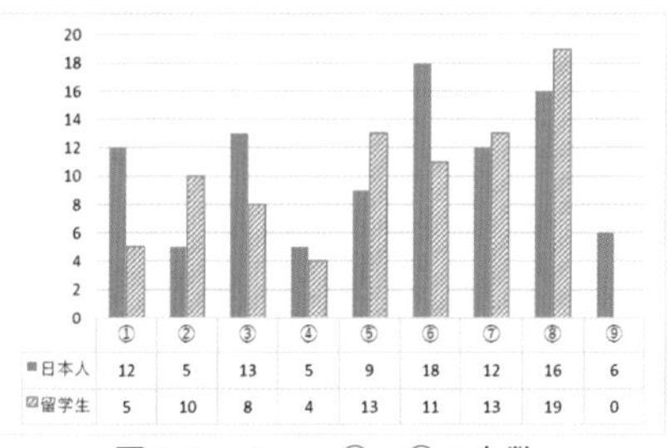

図 3-24 Q 4 の①～⑨の点数

表 3-10 は，Q 5（Q 4 で最も困難さを感じた項目について，状況と解決方法を具体的に記述する）の回答の一部である。

表 3-10 の A さんや B さんのように，Q 5 ではチーム内での意見や考え方の違いから，意思疎通や意見交換において難しさを感じている回答が多くみられた。解決には原因を相手や周りの環境に見出すより，自己を振り返り，自身の課題を見つけて変わろうとする努力が求められるだろう。また，C さんのようにメンバー全員ができるだけ集まれるような時間調整の難しさについての回答も多くみられた。「固定で集まる時間を決める」の

表3-10　アンケートＱ５の回答（一部）

回答者	回　答		
	番号	状況	解決方法
Ａさん（日本人）	③	考え方や言っていることの意味はわかるが，お互いに理解し納得しにくい状況。	どこにつまづいているのか，また自分がどこが理解できていないのか。どのように受け取っているかを言葉にして伝え合ったり，聞く。
Ｂさん（留学生）	⑤	自分の意見をはっきりと伝えることが難しいです。	ほかのメンバーの意見を聞いて，自分が補充する。
Ｃさん（日本人）	⑥	なかなか時間割が揃わず，共有にも時間がかかった。	固定で集まる時間を決めたことで，できるようにはなった。
Ｄさん（留学生）	⑦	チーム内の意見が合わないので，なかなか進めていない。	チームの目標が一致していない。
Ｅさん（留学生）	⑧	自分の修士論文との関連が少ないです。	できたと思ってます。ほかの時間を探して，研究を進めることです。

ように，予め集まる時間を決めておくことで，個人的な予定を入れないようにする工夫ができ，全員が集まることのできる可能性が高まる。Ｄさんの「チームの目標が一致していない」とあることからも，チーム研究において“誰にとってどのようなよいことがあるのか”との研究の目的を持つこと，そしてその魅力を感じていることがチームをまとめる大きな要素となると言えそうである。このことでＣさんが挙げているように「集まる時間」ではなく，「集まりたい時間」へと変化し，生まれてくる時間が確保できやすくなり，チームとしてつながりやすくなると考える。他方で，Ｅさんのように PBL でのチーム研究に時間が取られすぎて修士論文との関わりが見出しにくいといった回答も多くみられた。しかし，PBL の活動で自分の知見を広げ，深めていくことも可能と考えられる。

以上の結果から，チームでの活動を行う上で生じる困難を乗り越える大切な要素として次の３つをあげたい。１つ目は，まず“誰にとってどのようなよいことがあるのか”との共通の目的を持ち，その目的に魅力を感じることである。２つ目は PBL ではメンバーが持っている知見を出し合ってチーム活動を進めていくことから，チーム内における個人の専門性を柔軟に見出し，自分の知見を広げ，深めていく姿勢を持つことである。３つ目は，チーム内で生じた問題の原因を，相手や周囲の環境の中に見出すよりも，自己を振り返り，自己の課題を見つけて変わろうとする努力をすることである。

4. 最後に

最後に，ファシリテーター教員として関わり，気づいた点についてまとめたい。

今回紹介した PBL について，筆者がファシリテーターとして学生達の活動に関わったのは次の点であった。まず，ゴールを明確にして大きな枠組みを提案したこと，グループが互恵関係のあるチームになるよう，役割分担を明確化，情報共有の重要性について声をかけ続けたこと，他方で，その他の具体的な活動はすべて学生達が A 中学校と交渉しながら，主体的に決めて取り組んでいったものであった。

こうしてファシリテーター教員として筆者が，直接，彼らの依頼で会合を持ったのはほんの数回であった。具体的には，職場体験の公開授業の内容と評価方法についての確認，大学内での最終発表会に向けての練習であった。もちろん，その間，進捗状況や A 中学校とのやりとりについては，それぞれの担当者を通して報告を受けていた。報告書を作成する際の小さな相談等は依頼を受ければ個別に応じた。

A 中学校の職場体験の公開授業には筆者も参加させていただいた。その際，学生達が A 中学校の管理職や教員達と気軽に意見交換している姿，中学生達にすっかり馴染んで慕われている姿，学生同士，綿密に打ち合わせをして互いに助け合う姿を見て学生達の成長を実感した。前述のように，筆者は具体的内容には一切口出ししていない。すべては学生達が主体的に取り組んで活動してきた取り組みである。これが A 中学校の生徒達や教職員，そして保護者に受け入れられたのだから，学生達もきっと大きな自信になったに違いない。公開授業の中で筆者の目の前で展開していることは，すべて学生達の力だと考えると，教員として改めて未来ある学生達の底力と潜在力の大きさを痛感した。こうして，大学教員として，今後，PBL を通して，学生達の力を伸ばしてやろうと考えるなら，何かを「教える」ことよりも，学生達がそれぞれの個性を大切にしながら主体性を発揮できる「場」や「環境」を設定してやることではないかと再認識するに至った。

学生達の活動はPBLの最終発表会で終わらなかった。学生達から「今回の取り組みを記録に残したい」と声が上がり始めた。筆者のチームは人数が8人と多く，2,3人ずつの下位グループに分かれて行動していた。こうしてそれぞれが互いを見ながら切磋琢磨する環境が生まれていたようだった。一つのグループが「記録に残したい」と言い始めると，他のグループにもその意見は波及した。結果として，A中学校での取り組みは2つに分け，さらに本稿3で紹介した意識調査を加え3本の紀要にまとめることになった。そのうち，2本を彼らの大学院在学中に書き上げることができた（青木ら，2021a；青木ら，2021b）。

ところで，PBLに対するこれらの研究をまとめる中で，院生たちの話を聞いていて，筆者は院生達がPBLの中で，時に衝突しながらチームとして成長していった姿を知ることができた。前述のように，筆者は院生達から依頼があったときにだけ相談に乗っていただけなので，すべてとてもうまくいっているように感じていた。他方で文献を調べると，院生達にとってPBLは簡単ではないことを知ることになった。たとえば秦ら（2016）はピアリーダーが成長する7つのステップを質的研究で明らかにしている。それによると，第一段階に，難しさ・うまくゆかない経験があげられている。そして個人の成長を促すためには，この段階での障害を，克服課題としていかに認識させ，向きあわせるかが重要となると報告している。

今回，筆者が担当したチームは，筆者から見るとチーム間の仲も良く，相互によく助け合っており，成果も上がってファシリテーターから見ると大成功だったとの印象を持っている。他方で，本稿にもあるように，院生達から見ると多くが困難に直面していた。つまり，最終的な結果が大成功であっても「PBLを通しての成長」の第一ステップには，困難さが必ずついてくるということであろう。そして秦ら（2016）は，学生がこの困難さを乗り切る原動力とは，自分たちを見ていてくれる担当教員や仲間の励ましや承認であること述べている。

ここで岡山大学のPBLのもう一つの課題が見えてくる。それは担当する「教員の側の研修」である。チームがうまくゆかないとき重要なのは，教員がそれを直接解決する提案をすることではなく，担当教員や仲間の励ましが届く環境を作る工夫をすること，まずこの認識を教員の側に持ってもらう研修を行うことが必要ではないかと考える。

【引用・参考文献】

青木多寿子（2012）.「米国の中学校の必修科目『ウェルネスとキャリア』の視察：ガイダンスの目標，社会科の目標との関係を中心に」，学習開発研究５，pp.35-45.

青木多寿子（2007）「ベスト実践州（1997)」に見るカンザス州（米国）のカウンセリングプログラムの開発，1, 73-82.

青木多寿子・杉田進太朗・山崎麻友（2021a）. 中学校の「職場体験」を生かした複数教科横断的なキャリア教育の開発―教科学習と学校生活，社会生活のリレバンス構築を目指して―　岡山大学教師教育開発センター紀要 11，3-22.

青木多寿子・山崎麻友・韓笑・趙徳慧（2021b）. 多分野・多国籍 PBL を通した院生のチーム活動に対する意識変化―岡山大学教育学研究科の必修科目を事例として―　学習開発学研究，13, 37-47.

Csikszentmihalyi, M.（1999）. Implications of a Systems Perspective for the Study of Creativity,in R. J. Sternberg (ed.) Handbook of Creativity, 313-335. New York: Cambridge UniversityPress.

福田倫子・小林明子（2020）.「日本語学習者同士の対話における内容の変化―PBL 授業における問題解決に向けて―」文学部紀要，文教大学文学部，34-1 号，107-126.

Hoegl, M. and Gemuenden, H. G.（2001）. Teamwork quality and the success of innovative projects: A heoretical concept and empirical evidence. Organization Science 12（4）, 435-449. Dickinson

Johnson, D. V., Johnson, R. T. and Holubec, E. J.（2002）. Cooperation in the Classroom（5th edition）, Edina MN.（「学習の輪：学び合いの協同教育入門　石田裕久・梅原巳代子（訳）　二瓶社」

岡山大学大学院教育学研究科（2019）.「教育で世界を拓く　Project-Based

Learning（PBL）による大学院教育改革への挑戦，2018 年度　教育科学専攻報告書，p.8

秦喜美恵・平井達也・堀江未来（2016）/「学生ピアリーダーの成長プロセスとその要因分析に関する質的研究―立命館アジア太平洋大学のティーチング・アシスタントへのインタビューを通して―」立命館高等教育研究，16，65-82.

脇田里子（2000）．共同作業による多文化理解教育の実践と課題，メディア教育研究，第 4 号，2000，27-36.

山口裕幸（2008）．チームワークの心理学―よりよい集団を目指して　サイエンス社

---

i　このモデルでは，「研究や表現活動の際，先行研究として研究対象である CULTURE の中の領域 domain から情報を得て，自身の背景や概念を元に person の中で表現や研究などの活動を行い，新たな価値を生成する。その価値を SOCIETY の中にある同じ表現や研究の field で発表し承認あるいは評価を受ける。それだけではなく，承認された価値が，domain の中に取り込まれ，先行表現，先行研究になる。ここまでの流れで，表現の独自性が担保され，創造性としての構造を持つことになる」とされている。

第3節　PBL のマネジメント

1. チームづくり

PBL では，履修生がチームをつくり，課題の設定から実際の活動に至るあらゆる過程での協働を通じ，メンバー間で互いに学び合うことが重要な要素の 1 つに位置付けられる[1]。岡山大学大学院教育学研究科教育科学専攻には，教育学部からの内部進学者のみならず，他学部や他大学からの進学者や，アジアを中心とした世界各国からの留学生，教職経験者も含む社会人などさまざまな背景を持つ大学院生が所属しており，カリキュラム上，その大部分が 1 年次（M1）で PBL を履修することになっている。当専攻の PBL の履修生は，教育学をはじめさまざまな学問分野の学士号を有しており，自身の専門性を PBL の活動に活かしつつ，その経験や成果を修士論文作成に役立てることが求められる。一方で，現状ではおそらく多くの履修生は授業として PBL に取り組んだ経験がないと思われる。当専攻の創設以来，これらの点を踏まえつつ，試行錯誤を重ねながら PBL におけるチームづくりを実践してきた。以下に，最新（2022 年度）のケースを中心にその過程について述べる。

チームづくりの中心となる授業科目は，「教育科学プロジェクト研究概論」（第 1 学期）である。本授業科目では，数名の教員に加え，前年度に PBL を経験した大学院生（M2）も「PBL 特論Ⅴ」の活動の一環として指導・助言を担う。まず，当専攻で取り組む「教育科学研究プロジェクトの要件」として，①社会における教育課題の解決を目指しているもの，②社会における教育の現場とのつながりをもち，そこで成果を生み出すもの，③学際的なチームで取り組み，新しい価値を生み出すことを志向しているもの，を提示する。その上で，価値および創造とは何かを考えさせるため，創造性の追究（チクセントミハイによる「創造性のシステムズ・モデル」）および問題と課題の認識（「問題・課題構造図」）[2]を中心とした説明を行う（第 1 節参照）。次に，多様な専門性を持つメンバーには，プロジェクトに直接関係のある（見える）属性と直接関係のない（見えない）属性があり，それらをチーム作りに活かしてほしいことを「キャンプファイヤー図」[3]を用いて説明する（図 3-25）。履修生は，教員が用意した題材をもとに数時間の演習も行い，これらについての考え方を身につけていく。主なツールとしてホワイトボードを用いるが，新型コロナウイルス感染症（COVID-19）パンデミック発生（2020 年度）以降は，オンラインコミュニケーションのために Microsoft Teams も併用するようにした。日本語の習得が不十分な留学生のため，教材への英語の併記やティーチング・アシスタントによる通訳補助も導入した。また，履修生は，授業を重ねながらクラスメイトの専門性についての情報も得ていくが，その一助とするために，履修生全員の専門分野などのプロフィールを取りまとめた「PBL 年鑑」を作成，配布している。

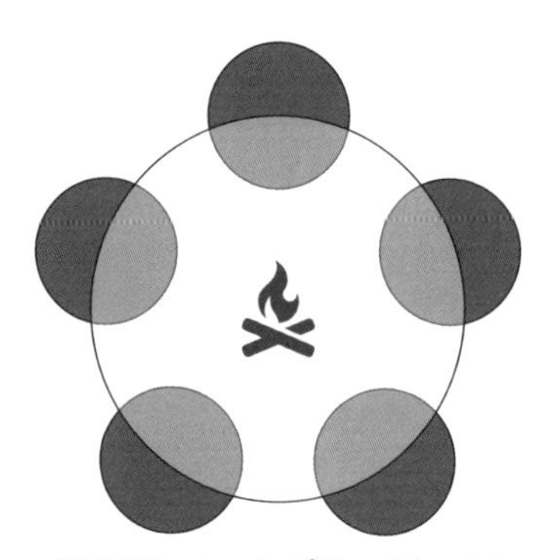

図 3-25　キャンプファイヤー図
中央の炎はプロジェクトを，小円はチームのメンバーを表し，照らされている（淡い）部分はプロジェクトに直接関係のある（見える）属性を，陰の（濃い）部分はプロジェクトに直接関係のない（見えない）属性を意味する。

一方，実際に取り組むべきプロジェクトの例や，ファシリテーターの候補となる教育科学専攻の教員の研究についての情報を得る機会も必要である。「PBL 特論 I」（第 1 学期）では，M2 の代表者による前年度のプロジェクトの紹介や，有志の教員による PBL で取り組ませ得る研究テーマの紹介が行われる。この他，前述の「教育科学プロジェクト研究概論」では，民間企業に勤める当専攻の修了者が来学して業務に関するプレゼンテーションを行い，PBL での協働を検討できる機会も設けている。

多様な専門性を持つ履修生（1 学年約 40 名）が数チームに分かれ，実りある PBL 活動が行えることを目的として，チーム分けの基本的な考え方も提示している。2022 年度は，①メンバー数は 1 チーム 4 ～ 8 名程度，②1 チームに必ず留学生が入ること，③1 チームに必ず複数教科・分野のメンバーが入ること，④教育科学専攻の教員をファシリテーターとすること，とした。

以上を踏まえ，履修生は 1 年間取り組むことになる PBL のチームの決定に向かう。テーマについては，まず教員が提示したいくつかの候補（キャリア教育，創造性，地域と文化，ESD ／環境など）をベースにシミュレーションを行う。その後，取り組みたいプロジェクトについて調査したり，互いにプレゼンテーションし合ったりすることを経て，いくつかのチームの原型ができ上がっていく。履修生は，プロジェクトと同時にチームの構成も考えながらロビー活動を行い，加入や脱退を経ながら各チームのメンバーが固まっていく。最終的に，主ファシリテーターとなる教員を決定し，指導の承諾を得ることでチームが成立する。

入学したばかりの PBL 履修生は，修士論文研究への意欲にあふれている一方，PBL との両立について真剣に考え，さまざまな不安も抱いている。当専攻の創設初年度は，チームづくりにかなりの時間を割いたこともあり，「チーム決定を早期に行ってほしい」との声が上がった。チームづくりのスケジュールについては，このような履修生の要望や教員からの意見を踏まえ，年々早期化を進めてきている（2022 年度は 6 月半ばに決定）。また，「1 年弱という短期間で成果を出せるかどうか不安である」といった声もしばしば聞かれる。チームづくりでは，特定の履修生が自身の修士論文のテーマに関連の深いプロジェクトを提案，リードする場合もあれば，分野や出身の同じ者同士が 1 つのチームに固まってしまう場合もある。しかし，本 PBL が大学院修士課程のカリキュラムの中に位置づけられていることを考慮し，専門研究や一般社会におけるプロジェクトのように「成果＝成功」と捉えて成果に拘るよりも，PBL を通じてメンバーとともに同じ目標に向かって活動を進めることや，チームや自己の変容を確認することに意識を向けさせ，試行錯誤も含めて履修生の主体性に委ねる指導に努めるようにしている。

2. 活動のファシリテーション

チーム決定後は，主に「PBL Ⅰ」（第2学期）の一環としてチームを中心とした活動が進められる。全体のファシリテーションとして，第一に，特定の1人がリーダーとなりチームをまとめるのではなく，「チームの質的構築」のための6項目（①コミュニケーション，②調整，③専門性の貢献，④相互支援，⑤努力，⑥凝集）(2)について，チームごとに目指す姿を設定し，活動ごとに各メンバーの達成度を互いに評価し合うことを求める。第二に，課題の効率的な達成を意識させ，活動の工程を「クリティカル・パス」(2)として示すことを求める。第2学期末には「PBL中間報告会」を開催し，各チームはプロジェクトの概要，前述の「キャンプファイヤー図」，「問題・課題構造図」および「創造性のシステムズ・モデル」に加えて，これらについて発表する（各チーム15分）。発表終了後，視聴した他チームの履修生や教員にGoogle Formsを通じてコメントを寄せもらい，それらを後の活動に役立てることができる。

以降，各チームは主ファシリテーターの指導の下で活動を進めていくことになる（「PBL Ⅱ」（第3学期）および「PBL Ⅲ」（第4学期））。履修生は，チームごとに学校，自治体，企業，教育関係団体などの学外機関とも連携しながらプロジェクトを進め，文献調査，データ収集，インタビュー，学校現場での教育実践，公民館などでの一般市民を対象としたワークショップの開催，作品や成果物の制作などを行っていく。履修生は，毎週，活動の記録を報告書（週報）として主ファシリテーターに提出するが，必要に応じて主ファシリテーター以外の教員にも助言を仰ぐことができる(2)。主ファシリテーターは，プロジェクトにおいて専門的立場から指導，助言を行うとともに，学外機関との連絡・調整，予算執行および購入した備品の管理を受け持つ。第4学期末に「PBL最終報告会」を開催し，各チームは要旨（A4版用紙3～4ページ）を用意した上で，プロジェクトの成果を発表する（各チーム30分）(2, 4-6)。最終報告会には履修生や教員の他，学内外の関係者も大勢参加し，中間発表会と同様にフィードバックを得る重要な機会となる。2018～2021年度のプロジェクトのチームおよびテーマの一覧を表3-11に示す。

表3-11　プロジェクトのチームおよびテーマ

年度	チーム名（メンバー数）	テーマ
2018	Nepal Bosai Team (6)	子どもを通して，地域へ「伝える」防災教育の授業開発 ―ネパール山間部の学校での授業実践―
	MI-Laboratory (6)	MI理論に基づいた運動遊びのプログラム開発とその実践
	持続可能な健康教育開発チーム (7)	日本版Comprehensive Health Programの開発
	人のあり方を考える (5)	「差別」という名の‘line’に焦点を当てた研究
	c4c (community for children) (4)	子どもの主体的な地域参加を目指す取り組み ―まちのお宝探検隊の実践事例報告―
	チームまぐねっと (6)	公民館を中心とした地域社会の「つながり」の再構築に関する研究
	教員に関する制度や仕組みの国際比較 (4)	教員養成制度の国際比較研究
2019	Team Career Education Developers (8)	「今」と「未来」を往還するキャリア教育の展開 ―職場体験を基盤として―
	EBE Challengers (4)	岡山からひらく「エビデンスに基づく教育 (Evidence-based Education: EBE)」プロジェクト
	アクティブラーニング効果検証会 (6)	アクティブラーニング型授業の実践と評価 ―二つの授業をもとに―
	環境・防災ラボ (7)	SDGsの推進
	つやま洋学プロジェクト (6)	グローカルな教科横断的授業の開発―地域歴史資料を用いて―
	ALL FOR ONE (6)	協働性に焦点を当てた造形活動とルーブリック評価指標の開発
	20年後を生きる子どもたちのためのプロジェクト (6)	公共空間における集団活動とソーシャルキャピタル形成について ―日本の「ラジオ体操」と中国の「広場舞」の比較から―
2020	生命環境ラボ2020 (7)	環境と感染症：諸問題の再考
	cre/borderless (5)	五感を通した遊びから創造性を育む，遊び場の提案
	つやま洋学プロジェクト2世 (4)	地域歴史資料を活用したオンライン教材の開発
	EBET (5)	岡山からひらく「エビデンスに基づく教育 (Evidence-based Education：EBE)」プロジェクト
	情報テクノロジー (7)	「学習の森」の開発プロジェクトと未来塾への導入の調査結果
	若者の政治参加推進プロジェクト (5)	まちづくりに主体的に参加する若者育成ワークショップの実践と評価
	MUSEUM INNOVATION (4)	美術館の社会教育施設としての在り方に関する考察
2021	地域と文化チーム (4)	子どもが地域の良さに気づく教育プログラムの開発
	主権者教育×エビデンスチーム (6)	高校2年生を対象にした出前出張授業の実践と評価に関する研究
	Sandpit-if- (5)	誰もが遊べる砂場
	ILE (Information Literacy for Education) (5)	情報リテラシーを考える―情報活用と教育―
	保護者支援 (4)	ワークライフバランスを高める保護者支援のあり方について ―日本と中国の比較から―
	Team Rainbow (4)	アートを通して日常にある差別表現に気付くワークショップの実践
	Proactive, Interactive, and Deep learningチーム (5)	教員養成の学生を対象としたケース・メソッド型教育の実践と評価
	防災チーム (5)	防災教育の推進を目指した教材制作及び普及啓発

3. 研究予算計画と執行

当専攻の PBL に関わるチーム予算は，履修生１人当たり１万円を上限とし，チームの構成人数に合わせて上限が決定される。事務的な予算管理はファシリテーターの教員に委ねられる。「PBL 活動費予算計画」を書いて予算の申請を行うのは中間発表が終わった８月であり，実際の予算分配は専攻委員会の審査と審議を経て９月下旬に行われる。ただし，夏季休暇中の活動に支障を来さないよう，予算配分前の予算執行を認めている。

予算申請は履修生が主体となって行う。チームで話し合い，研究計画を遂行するのに必要な予算を，科研費等の研究費申請書で求められる詳細まで記させる。これは，公的研究費を適正に管理・活用するうえで必要な研究者としてのモラルを育成することと，予算の枠内で研究計画を立てさせることを目的としている。今までのケースでは，PBL 活動に向けた学習のための書籍の購入，PBL 活動に実際にかかる消耗品の購入や印刷物の印刷費，イベントを行う際の施設利用費，調査やイベントに必要な旅費，講師への謝金などが見られる。学習を主体とする PBL や近場でのイベントを行う PBL の場合，上限予算内で計画を立てることが可能である。しかし，海外も含む遠方への旅費が発生する PBL の場合や，大きなイベントを実施する PBL の場合，予算額を超えてしまう。その場合は，①履修生に負担を強いる対応，②ファシリテーターの教員の別予算から補填する対応，③外部資金を取得する対応のいずれかになる。外部資金に頼る場合，当該年度の助成を申請しなければならず，準備期間やファシリテーターの教員の指導時間なども考慮すると，チーム決定をなるべく前倒しするとともに，外部資金に関する情報を教員間で共有する必要がある。予算執行は学内ルールに従って行われる。決算報告として「PBL 活動予算執行報告書」を年度末に提出する。

4. 総括と展望

当専攻での PBL 開始から本稿執筆時（2022 年半ば）までおよそ 4 年半，毎年さまざまな成果と課題が得られてきた[2, 4-6]。マネジメントに関して，チーム・個人ごとに学びの質に差があると見られることや，留学生との言語，文化を越えた一層の協働，修士論文研究とのバランスをいかにとるかといったことは依然課題として残されている。成果についても，プロジェクトによって形ある成果物を生み出すようなケースから，学術的な切り込みが乏しいと評されるケースまでさまざまである。これらは，大学院における PBL であるからこそのことであり，ファシリテーションの工夫によりさらに改善と挑戦の余地が残されていると言える。一方，本来，修士課程で各指導教員が果たすべき研究者としての共通のスキル（課題を見つけるまでの思考，多様な環境を許容することにより境界領域で課題が生まれることの体験，共同研究の計画立案，互いを尊重することによる共同研究の運営と心得，研究遂行の交渉や予算管理）を向上させる役割をPBLが担っていることについての認識も得られつつあり，これはまさに当専攻の修士教育の独自性と言ってよいものであろう。PBL 開始直後は，一般的な大学院における教育とは異なるため，指導教員と PBL 担当教員やファシリテーター教員との間に挟まれた履修生が苦労するケースや，PBL に対するモチベーションの違いによる履修生間のトラブルなどもあった。しかし，前者は教員の PBL の有効性に対する理解も年々進んだことで，スムーズになりつつある。後者は対等な立場で実施される共同研究ではしばしば発生する事案であり，相手を尊重しながら共同作業を続ける経験として位置づけている。このように，多くの履修生からは，とりわけ人間関係への腐心をも経験しながら PBL に専心してその活動の意義を見出そうとする姿が伺え，履修後には「やってよかった」，「高校でも実践してみたい」といった感想も寄せられている。ここには，PBL を単なる方法論として修得したというよりは，むしろ機能システムを倫理的に方向づける存在論的思考の視座(7)を体得したことすら垣間見える。加えて，2020 年に始まり，未だ終息の兆しのない COVID-19 パンデミックによる活動制限により，オンラインツールの利用に関する功罪も知ることができたことは，他の教育研究活動の例に漏れない(5, 6)。いずれにしても，当専攻教員団の間で PBL のマネジメントに関する経験値と大学院生の育ちの共有は着実に蓄積されてきており，2022 年 3 月には新たな試みとして県内の高校生を対象としたコンテスト「E-PBL AWARD ZERO」を開催するに至った。履修生も PBL を大学院のプログラムとしての経験で終わらせるのではなく，将来，徐々に広がりつつある学校現場での PBL(8)や，当研究科も推進している持続可能性の教育でも重視される「協同的プロジェクト学習」(9)などを担える新時代の教育学修士として活躍してくれることを切に願わずにはいられない。

【引用・参考文献】

(1)　Boss, S., Larmer, J.：プロジェクト学習とは—地域や世界につながる教室—，

池田匡史・吉田新一郎訳，新評論，pp.151-197（2021）.
(2) 2018年度教育科学専攻報告書編集委員会：2018年度教育科学専攻報告書―Project-Based Learning（PBL）による大学院教育改革への挑戦―，岡山大学大学院教育学研究科教育科学専攻，pp.1-15，27-60（2019）.
(3) 中野民夫：ワークショップ―新しい学びと創造の場―，岩波書店，pp.1-8（2001）.
(4) 2019年度教育科学専攻報告書編集委員会：2019年度教育科学専攻報告書―Project-Based Learning（PBL）×修士論文　大学院教育改革への挑戦―，岡山大学大学院教育学研究科教育科学専攻，pp.27-57（2020）.
(5) 2020年度教育科学専攻報告書編集委員会：2020年度教育科学専攻報告書―大学院教育改革とオンライン化―，岡山大学大学院教育学研究科教育科学専攻，pp.26-57（2021）.
(6) 2021年度教育科学専攻報告書編集委員会：2021年度教育科学専攻報告書―グローカルな大学院教育へ―，岡山大学大学院教育学研究科教育科学専攻，pp.32-67（2022）.
(7) 田中智志・橋本美保：プロジェクト活動―知と生を結ぶ学び―，東京大学出版会，pp.167-182（2012）.
(8) 岡山県教育庁高校教育課：PBLガイドブック（高校版），岡山県教育庁高校教育課，pp.1-18（2022）.
https://www.pref.okayama.jp/uploaded/life/778524_7237440_misc.pdf
(9) 佐藤学・木曽功・多田孝志・諏訪哲郎：持続可能性の教育―新たなビジョンへ―，教育出版，pp.58-90（2015）.

第4章　感創から考える

第1節　感創という考え方

私たちは，教育科学専攻の研究の一つとして，創造性教育の追究を目指すこととした。そして，岡山大学大学院教育学研究科附属国際創造性・STEAM 教育開発センター（通称 CRE-Lab.：クリ・ラボ）を設置し，現在の社会が求めている創造性や STEAM 教育による学びとは何かを考え，CRE-Lab. 独自の創造性の視点「感創：Creation by Sensing」を提案し，新しい学びの在り方を追究しようとしている。

CRE-Lab. は研究の共通基盤（プラットホーム）としている創造性を,「感創：Creation by Sensing」と称し，自己と外界を相互に変容させる人間の営みを基盤にして考えようとしている。つまり，その営みは，外界を感受し，思考する中で自己の内面が変化し，変容した内面が行為や表現として表出するのである。

本節の 1 項では，このような研究が必要であると感じた社会背景と，問題意識を述べる。次に 2 項では，CRE-Lab. として考えている現時点の感創のイメージを中心に述べる。さらに 3 項では，創造的な変容の往還である感創によって育むために想定しているコンピテンシーを列挙する。

1. 社会的背景と創感への研究動機

現在の学校教育では，系統的な学びによる知識・技能の習得を主たる目的とした学習活動が広く実践されている。教員がそのように思っていなくても，学習者である高校生はそう思っているようで，2016 年に国立青少年教育振興機構が全国の 2015 名（有効回答者数）の高校生を対象にした「教科書に従って，その内容を覚える授業」について調査では，「ほとんどそうだ」,「半分以上そうだ」を合わせて 91.2％である（国立青少年教育振興機構 2017,pp.9-10)。2017 年に告示された学習指導要領では,「主体的・対話的で深い学び」をメインコンセプトに,「『何を学ぶか』だけでなく,『どのように学ぶか』も重視している」が，それでも，大学入試，高校入試，中学入試に必要な知識を身に着け，解答時に活用させるための手法に対して，児童・生徒にいかに能動的に向かわせるかが指導力の中でも重要視されている状況であることに大きく異論はないと考える。ただし，少なくとも，この指導の在り方のどこにも，そして誰の悪意もない。むしろ，児童・生徒の未来のために，精一杯授業研究に打ち込まなければ，このような学習指導はできない。ただ，その教育手法では，結果として教師主導の受動的暗記，再生学習となり，学習者による主体性を伴う活動が展開しにくい状況が続くだろうと思われる。だからこそ，教育研究課題として対応しなければならない。

一方で，社会構造の急激な変化への対応として，1997年の中教審第二次答申以降，「新しい時代」の指導力が求められるようになり，「個性的・創造的な人材の育成」を目指して，「暗記・再生型学習」ではなく，「自分の事」としての学びを再構成し，その学びを社会の課題解決へ結びつける創造的な営みによる教育も実践されるようになってきているのも事実である。

2018年には，経済産業省も創造的な課題発見・解決力を重視し，①「学びのSTEAM化」，②「学びの自立化・個別最適化」，③「新しい学習基盤づくり」を柱に「未来の教室」事業を始めている。STEAMは，Science，Technology，Engineering，Art，Mathematicsの頭文字をとったもので，学習者が，より広い学問領域の視野から，自身の暮らしや文化を見つめ，問題発見，課題解決を目指す学びの在り方の一つである。このような人間性や創造性を重視しようとする教育の考え方を，文部科学省だけでなく，全省庁で検討しようとしている状況は好ましい状況である。

しかし，創造的な営みによる教育（創造性教育）も，上記のSTEAM教育の現状も，教師が学びのゴールを設定する「キャッチアップ型創造性」（石川 2004,p.3）で考えられている状況ではないだろうか。つまり，実験結果や答えがすでに準備されていて，児童・生徒に，その結果や答えに向かわせるための授業展開がなされている状況だということである。これでは，真の創造性を育成する教育活動とは言い難い。勿論，唯一解や，普遍的な真理に向かうことが間違っていると述べているわけではない。仮に，解へ合理的に向かう方法や，向かうべきゴールが決まっている状況に児童・生徒が直面したとする。そのどちらか，または，両方に彼らが気づき，試し，やり直すことを繰り返して，自身の新しい価値として受容できる学習活動へ脱皮することが必要ではないかと，考えているのである。

そのような学びのためには，まず，教育活動に資する創造性とは何かを検討し，教育現場だけでなく，人間として学び続けるためにも，新しい創造性研究の共通基盤（プラットホーム）をつくる必要性があると考えたのである。

2. 創造性と私たちの目指す感創のイメージ

現時点で，CRE-Lab. に所属している研究メンバーは 21 名である。国語，社会，数学，理科，英語，音楽，美術，技術，家庭，保健体育と学校教育でのすべての教科領域の先生が 1 名以上は所属している。このことから，感創は，どの授業からの研究でも創造性教育の研究からアプローチできる共通基盤であることが研究組織上，必要条件となる。

繰り返しになるが，CRE-Lab. は　創造性について，自己と外界を相互に変容させる人間の営みを基盤にして考えたい。つまり，外界を感受し，思考する中で自己の内面が変化し，変容した内面が行為や表現として表出するのである。意識すべきは以下の３つである。

① 感受し，思考し，行為・表現する主体が「身体」であるということ。

② 個々の「身体」は，唯一無二であり，内面と外界を変容させる相互作用は，それ自体新奇性を伴っているということ。

③ 「感創」は，社会，自然や生命の営みの中でなされているということ。

本項では「意識すべき３点」から，CRE-Lab. が研究の共通基盤としている感創のイメージを述べる。ただし，この感創のイメージも現時点（2022 年８月）のものであり，今後，感創を共通基盤とした研究の進展とともに，その概要等も変化することを前提としている。

（1）感受し，思考し，行為・表現する主体が「身体」である

創造性教育の時代に入ったという実感がある。AI 進歩は目覚ましく，情報の移動だけで表現ができてしまうのである。写真を撮れば，聞いてもいないのに，すぐにブラウザが花の名前や，場所まで教えてくれる。さら

には，端末アプリで絵も描けてしまうし，作曲もできてしまう。そんな「未来」がやってきたように感じる。

一方，私たちは，誰かから，または，何かから教わって，表現し，表現したことを価値づけまたは価値づけられて，そして，これら一連の流れを誰かに伝えることで，大河のような大きな文化の流れの中で何らかの役割を果たそうとしてきた。だから，何となくだが，そこに今までの私の役割がもう不要になったのではないかとも思わされる。しかし，その役割をAIにとって代わられてしまうのではないかという不要感は，杞憂である。むしろ，私たち人類は，「本来すべきであったこと」を再確認することができる契機ではないのかと考える。

では，私たちの「本来すべきであったこと」とは何だろうか。例として，先ほどのAIの絵画で考える。すでに，AIは「自分で絵を描いている」。しかも，誰にとって，どんな絵が好みであるかまで考えて，描いている。しかし，AIからしてみたら，描いているのではなく，情報を操作して，単に情報を移動させて提示しているだけにすぎない。その情報を総合させたり，整理したりしただけのものを，私たちは，勝手に「絵を描いた」と思っているのだろう。ただ，その情報たるや，すさまじい量であるという。

この操作と同じことを人間で置き換えれば，記憶にある情報を操作して，誰にとって，どんな絵が好みかを「イメージするまで」の作業である。私たち人間が機械と異なっているのは，頭の中の移動させた情報を外部提示できないことと，「すさまじい量の情報」の質が異なっていることである。少なくとも私が頭の中に持っている「情報」の多くは，外部提示できない。仮に，額のところにモニターのような窓が開いていて，頭の中で整理した情報を視覚的に見ることができたとしても，私の記憶の中の情報は，映画や絵画のように視覚的に外部提示できない。なぜなら，私の記憶に多く残っているのは，綺麗とか，好きとか，不快とか感情に近い情報であって，具体的に名詞に置き換えられるような情報はそうは多く残っていないからである。

つまり，私たちの表現は，身体の中に記憶された情報を操作するだけではAIのように絵として成立はしないのである。換言すれば，AIのしていることは，人間でいえば，額にあるモニターで見せているだけなのである。
「美術や芸術って頭の中で人とは違うことを考えることじゃないの？」と言われることがあるが，実は，それだけでは芸術にならない。そのことは，芸術論を確立したコンラート・フィードラー（1979, pp.161-169）が19世紀にすでに述べている。彼は，目によって得た情報から，手の仕事によって視覚像を作り出すことこそ芸術体験，アートであると述べているのである。もちろんアートは，手による発展，つまり，表現者によって高められることを前提としているが，ここで重要なことは，表現は思考しただけではなく，感覚器を使って感受したことを，身体を使って可視化するということである。思考も，感覚器での感受も，可視化も身体があればこそ可能である。今のところ，残念なことに，場合によっては幸いなことに，AIにはまだ，私たちのような魅力的な身体を持ち合わせていないのである。
これはアートだけの話ではない。別の言葉で整理すれば，このようになる。五感によって知覚されたことが，身体を通して入力され，入力された情報は脳をはじめとした身体の諸器官によってこれまで蓄積された情報等と綜合し，そして運動や行為で身体を通して出力するということである。養老孟司（2003, pp.93-95）は，入力を「文」，筋肉の運動による出力を「武」として，この営みを文武両道と説明している。これらの，入力と出力は身体によって，グルグルと繰り返され続け，現在も私たちは出力と同時に次の入力を行っているのである。入力（知ったこと）に影響されて，書く，話す，走る，吹く等の運動として高め続けながら出力することを繰り返すことが，「人間が学ぶ」ということの根源にあると考える。
岡田猛は，表現行為について，外的世界を知覚し，内的世界でイメージや感情等の生成，省察を繰り返したことを，外的世界へ行為として表出するモデルとして示している。その中で「省察によって自己の内面の発見が行われるということは，そこに学習が生起していることを意味している」（岡田 2013, pp.10-18）と述べている。
したがって，「本来すべきであったこと」とは，学びの資質を，合理的な教科書や，WEBサイトの情報を活用して移動を効率よく行うことにフォーカスするのではなく，「身体を通した感受，思考，運動や行為であることを共通基盤にした創造的な営みを，新たな学びの資質として追究すること」となる。そして，この共通基盤を感創の考え方の基本に置いているのである。

（2）個々の「身体」は，唯一無二であり，内面と外界を変容させる相互作用は，それ自体新奇性を伴っている

感創を共通基盤にした研究は，AIによる情報の移動に価値が置かれること，つまり，前述のようなAIの発展を悲観したり，否定したりするものではない。身体を介さない知能による出力の役割を想定し，うまく活用すれば，身体を介した感創から，より新奇性，独自性の高い運動や行為が期待できると考える。そのためには，自分自身はもちろんのこと，会話している相手，ネットの向こうにいるユーザーや，書籍を描いた人にも，身体があり，身体が存在している空間があることをより強く認識する学びが求められる。

なぜなら，感創での共通基盤の構成要素である一人ひとりの身体は，世界で唯一無二の存在であり，それ自体が独自性を伴っていることの理解が，創造性を考える上で重要だからである。岡山大学大学院教育学研究科修士課程の理念で，創造性を考えるとき，多様性をあわせて考えなければならないのはそのためである。

アメリカの人間中心デザインの実践者であるヴァレリー・フレッチャー（Fletcher 2015 , pp.267-273）は，以下のように考えている。すべての人には，それぞれの「機能的制限（functional limitations）」がある。その制限は場合によっては身体障がい者と呼ばれる存在である。例として，何らかの理由で膝を曲げることができないAさんが，公園のあるベンチ等に座る際に困難な状況となったとする。AさんはAさんの身体を伴った独自性のある思考で，他の誰とも異なる対応をすることが想定される。もし，デザイナーであるBさんが講演のベンチを新しくデザインするとき，Aさんと協働することで，二人のそれぞれの機能的制限が影響し合い，新しい機能的制限としてさらに独自性のあるデザインを創造することができると考えられるのである。そのため，フレッチャーはAさんのような存在をユーザー・エキスパート（user/expert）と称している。

AさんもBさんも，外界からの互いの身体的な関わりや影響によって，内面が変容し，変容したことによって外界へ出力されるものが変容する。川喜田二郎が述べるように，創造的行為は，対象を創造することと「同時に，その創造を行うことによって自らも脱皮変容させせる。つまり「主体」も創造される」（川喜田 2010, p.154）のである。つまり，感創の営みそのものによって，主体である身体も新奇性を伴うのである。

このように創造性には，新しさを伴うが，一般的に大きく分けて二つの考え方があるとされている。一つは，自身や身近な設定課題への創造的解決（石川 2004, p.3）や，個人にとっての新しさ（恩田 1994, p.4）をめざす，自己実現の創造性（マスロー 1972, p.161）である。そして，もう一つが自身や身近な設定課題への創造的解決（石川 2004, p.3）や，社会にとっての新しさ（恩田 1994, p.4）をめざす，特別才能の創造性（マスロー 1972, p.161）である。

前者の自己実現の創造性は，学校教育のカリキュラムで育むことができる創造性であり，後者の特別才能の創造性は，学校卒業後，または，個人のコンピテンシーに委ねられる創造性である。ただし，恩田彰は自己実現の連続によって，社会にとって新しい創造性を生み出すことができるとしており，CRE-Lab. では前者と後者の創造性を合わせて，本研究では「フロントランナー型創造性」（石川 2004, p.3）と称している。ところが，1項で述べたように，現在の学校教育のカリキュラムでは，「キャッチアップ型創造性」に終始し，特別才能の創造性に至る，自己実現の創造性の育成，つまり「フロントランナー型創造性」を目指した教育実践に至っていないと思われる。

（3）社会，自然や生命の営みの中でなされる

CRE-Lab. と共同研究を進めているアメリカのレスリー大学は，STEAM 教育の先進研究機関であるが，同大で重要視しているのは，Authentic in context（真正の環境）である（Weber 2022, pp.34-35）。本物の自然の中での気づきや学びこそが創造性教育で重要なのである。身体で，自然の中の面白さや美しさを感じ取ったことが，自然科学の学び，芸術の学びへと身体を通して高まるプログラムをすでに実践している。

一方，先ほどのＡさんの公園のベンチの例から，さらに，フレッチャーは，公園のベンチ等に座る際に困難な状況となった場合，制限を作っているのはＡさんではなく，ベンチを含む公園等の環境だというのである。異なるベンチであれば，Ａさんの制限は異なって感じられるだろう。さらに，一緒にデザインする人がＢさんではなく，Ｃさんであっても，制限が異なり，デザインされたベンチも異なったものになることは想像に難くない。まわりの空間や環境によって，感受の方法も情報も異なることによって，思考したり，省察したりする内容も，表出する行為や表現も異なるのである。

諏訪正樹（2020，p.328）は，バーバラ・トヴェルスキーの著書『Mind in Motion』を解説する中で，人がどのように生きるのかについて，「思考の土台は身体と空間の相互作用にある」と述べている。さらに生きることについて，このように説明が続く。少し長いが引用として提示したい。

「世の中にあるモノ・他者・場所の中で生活をし，身のまわりの空間で生身の身体を動かし，空間を活用し，行動することを通して世の中に働きかけながら，世の中を認識し，新しい意味や生きる目的を見出すべく考え，そして，その思考を外に表象して世の中に働きかける」ことが，生きることの全貌である（諏訪正樹 2020,p.328）

諏訪の言葉を借りるならば，感創の営みは，「生きることの全貌」に近いものとなる。

３. 創造的な変容の往還「感創」による育みのための４つのコンピテンシー群

CRE-Lab. では，創造的な変容の往還である感創による育みに必要なコンピテンシーを模索する過程をとおして，感創の考え方を深め，教育現場に資する創造性の在り方を追究していく。以下，現時点の 17 のコンピテンシーを，４つの群（３つの思考と１つの態度）に沿って整理して示す。これらのコンピテンシーは，岡山大学大学院教育学研究科附属国際創造性・STEAM 教育開発センターが 2022 年に発行した『CRE-Lab. FURUM2022

報告書　創造する身体』に示されている。

⑴　身体的思考

＜頭で考えてから動く＞のではなく，動きと考えが融合し，無意識的に働いている様態を，「身体的思考」と捉える。

コンピテンシー①　鋭敏な身体感覚と身体的感性を育む

コンピテンシー②　身体を取り巻く環境の要素に気付き，身体との関係において新たな視点をもちながら意味を解釈する

コンピテンシー③　身体的感性に基づいて発想し，創造する「からだで考える」を実践的体験によって育む

コンピテンシー④　言葉や概念からだけではなく，身体的感性に基づき発想し，創造する

⑵　批判的思考

物事を鵜呑みにせずに多様な角度から深く検討し，合理的・論理的で反省的に考えること。

コンピテンシー⑤　自分で目標を設定し，文脈にあわせて，達成までの過程を考えたり，満足のいく結果を想像する

コンピテンシー⑥　⑤の過程で，論理的・合理的に内省し，熟考し，理解しようとする

コンピテンシー⑦　⑥のために，必要に応じて頑固にならず，多様な価値観，意見や考え方に興味を持ったり，柔軟に受容しようとする

コンピテンシー⑧　⑥のために必要な領域固有の専門的知識技能を修得しようとする

コンピテンシー⑨　他者に対して，理由もなく，言葉を疑ったり，信じたりせず，分析的・客観的な意見を述べようとする

(3)　空間的思考

現実の空間や世界と，子どもも含めたそれぞれの人の心の中にある空間や世界とをうまく結びつける。

コンピテンシー⑩　自分の身体感覚の延長上に空間を主体的にとらえる

コンピテンシー⑪　「現実の世界」と「心の中にある世界」とをイメージによって結び付け，記号化したり，抽象化したりする

コンピテンシー⑫　「モノ」を「見たこと」,「触ったこと」,「聞いたこと」など,「こと」として主体性を伴った経験で感受する

(4)　創造的な態度

自分の行動は自分で決定する。他者の評価や，与えられる課題から自由であり，表現的である。

コンピテンシー⑬　自分の見方や感じ方に従って自己決定し，表現的態度で行動する

コンピテンシー⑭　好奇心旺盛で，失敗を恐れず，試行錯誤・探究を通して実践的に知識や技能を獲得する

コンピテンシー⑮　他者に対して共感的な想像力を働かせることができる

コンピテンシー⑯　他者の評価や，与えられる課題から自由であり表現的である

コンピテンシー⑰　自ら問を立て，創造的に解決していこうとする

【引用・参考文献】

国立青少年教育振興機構,『高校生の勉強と生活に関する意識調査報告書－日本・米国・中国・韓国の比較－』, pp.9-10, 2017 年

石川正俊,「巻頭言 科学技術の構造と産学連携」,『リコーテクニカルレポート』No.30, p.3, 2004 年

コンラート・フィードラー（著），山崎正和，物部浩二（共訳），「芸術活動の根源」，

『近代の芸術論』，中央公論社 , pp.161-169，1979 年
養老孟司，『バカの壁』，新潮社，pp.93-95，2003 年
岡田猛，「表現芸術の捉え方についての一考察：「芸術の認知科学」特集号の序に代えて」，『Cognitive Studies』，（vol.20, no.1），pp.10-18 , 2013 年
Valerie Fletcher, Gabriela Bonome-Sims, Barbara Knecht, Elaine Ostroff, Jennifer Otitigbe, Maura Parente, Joshua Safdie, "*The challenge of inclusive design in the US context*", Applied Ergonomics, 46 , pp.267-273,2015
川喜田二郎，『創造性とは何か』，祥伝社，p.154，2010 年
恩田彰，『創造性教育の展開』，恒星社厚生閣，p.4，1994 年
A・H・マスロー（著），佐藤三郎，佐藤全弘（共訳），『創造的人間－宗教・価値・至高経験』，誠信書房，p.161，1972 年
Nicole Weber，「レスリー大学の STEAM 教育カリキュラムの現状」『CRE-Lab. FURUM2022 報告書　創造する身体』，岡山大学大学院教育学研究科附属国際創造性・STEAM 教育開発センター，pp.12-19，34-35，2022 年
バーバラ・トヴェルスキー（著）, 諏訪正樹（解説）, 渡会圭子（訳），『Mind in Motion: 身体動作と空間が思考をつくる』, 森北出版，p.328，2020 年

第２節　音楽表現と「感創」

「創造性」についてはこれまでに多様な研究領域で議論がなされてきた。特に特別な才能として捉えられることが多かった「創造性」は，近年の研究においては「日々の生活の中に普通に存在し，誰もが体験しているモノ」であり，「個人の特性としての創造性だけでなく，モノや人との関わりの中で発揮され，協働によって育まれる」と考えられるようになってきている（今川ほか 2016，p.98）。

こうした背景の中で，岡山大学大学院教育学研究科附属国際創造性・STEAM 教育開発センターにおいても，「自己と外界を相互に変容させる人間の営み」を基盤にして「創造性」を考えている（清田 2022，p.11）。そこでは，「外界を感受し，思考するなかで自己の内面が変化し，変容した内面が行為や表現として表出する」と捉え，この基盤となる考え方を「感創：Creation by Sensing」と称した。また，以下の３点を意識すべき点として挙げた。それは，①感受し，思考し，行為・表現する主体が「身体」であること，②個々の「身体」は，唯一無二であり，内面と外界を変容させる相互作用自体が新奇性を伴っていること，③「感創」は，社会，自然や生命の営みの中でなされているということ，である。

第２節では，こうした視点に基づきながら，音楽表現と「感創」について，その意味を探求していく。

1.　幼少期の音楽的な関わりに見る「感創」の芽

先に述べたように，「感創」は日常生活のあらゆる場面に見られ，五感を通してモノ，コト，人と関わりながら生じる身体的で創造的な営みであると捉えられる。では，具体的に日常生活のどのような場面でそのような営みが見られるのか。ここでは，乳幼児の音楽的な関わりの姿から「感創」の芽を見つめたい。

1.1 創造性は親の愛の中で芽生える（父親の膝の上で発揮される創造性）

事例１は，乳児（８ヶ月）が，父親の膝に座って，ピアノの鍵盤あたりを初めて触る経験をした場面である。乳児の日常生活の環境の中にピアノは存在していたが，これまで鍵盤を触ったり弾いたりするような経験はほとんどしていない。親の意向でピアノの前に座らせてみた際，思いがけない音の表出とピアノとの関わりが生じた。

[事例1：乳児（8ヶ月）とピアノとの関わり]

乳児の手が鍵盤に触れることのできる距離で，父親は乳児を膝の上に乗せ，ピアノの前に座らせている。乳児は右の腕を伸ばし手のひらで鍵盤蓋の開いた部分を触り(図4-1左)，同時に黒鍵あたり（鍵盤の奥側）に右手の親指があたり，偶然音が鳴る。音が鳴った直後に，それ（音が出たこと）を認識し伝えるためなのか，横でビデオを撮影していた母親の方を向く。父親は乳児の背中側から「上手」と語りかけ，乳児は笑顔になり，さらに鍵盤を触っていく（最初の8秒間）。腕を上下にバウンドさせることによって，複数の音が同時に鳴り（思いがけずいい音の重なりが生じる），父親が「上手だね」と再び語りかける。その間，父親はピアノのペダルを踏んだままにしており，乳児の出した音が伸びたまま響いている。乳児は動きを少し止めた後（音を聴いていたのかどうかは不明），何らかの言葉（喃語のため不明）を発し，鍵盤を触ろうとしながら，鍵盤蓋の開いた部分を覗き始める。鍵盤蓋の裏に写っている自分を見つけ（自分と認識しているかは定かではない），「クヮ・・・」といった声を出して喜んでいる。父親はその様子を見つけ，「ここに自分の顔が写っているのを・・・」と母親に話しかけ，乳児のピアノへの関わり方の面白さを母親と共有しようとする。そして，父親は乳児と同じ視線に頭を下げて，乳児の表情と鍵盤蓋の裏に映る乳児の顔を一緒に見ようとする（図4-1右）。父親は笑いながら，乳児の様子を見る。その際，母親は「そっちの方が楽しいの？」と話しかける。乳児は笑顔で両腕を上下にバウンドさせ（鍵盤に届かないところで），鍵盤蓋の裏を見ている。その後，前屈みになり両手が鍵盤の上のあたりに乗ってくる。鍵盤の上で両腕をバウンドさせていたら，右に驚いたような顔をしながら母親へ伝えるためか（共感を求めるためか）母親の方を向き，母親も「あら～」とびっくりしたように声を出す。父親も「いい音だね」と語りかけると，さらに両腕を伸ばして鍵盤蓋の裏を触り，鍵盤へ手を下ろして音を出していく（全体1分11秒）。

楽器であることを認識していない乳児が，ピアノという一つのモノと出会い，関わり，発見や探索を繰り返していく様子が見て取れる。次の表4-1は，そうした乳児の発話／行為が，どのような物理的な環境によって導かれているのか，また乳児のモノへの働きかけによってどのような現象が生じているのか，側にいる両親（人）との関わりはどのように位置づけられるのか，それらの関係性を時系列に記述したものである。

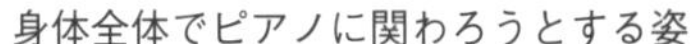

身体全体でピアノに関わろうとする姿	鍵盤蓋を覗き込む姿

図4-1 乳児（8ヶ月）とピアノとの関わり

最初に父親の膝の上に乗り，鍵盤蓋の開いたピアノの前に鍵盤が手に届く距離で座っている。そうした物理的な環境が，乳児の行為，すなわち「鍵盤蓋の裏を触る」，「鍵盤を触る」，「鍵盤蓋の裏に映る自分を見る」という行為を導き出している。そして，音を出すという意図はなかったとしても，そうした行為によって偶然にも音が出たことで「音が出る」という発見をしたり，自分の動きが偶然にも鍵盤蓋の裏に映って見えたことにより「自分が映る」と気づいたりして，その気づきの共有・共感を側にいる両親へ，乳児自ら求めている様子が読み取れる。

ここで注目したいのは，まずモノの新たな側面（「音が出る」「自分が映る」）に対する気づきによって，乳児はモノへの更なる探索を進めていくという点である。すなわち，新たな世界の発見が更なる探索への動機付けとなって，発見と探索が繰り返されている。このことこそが，私たちのいう「感創」の芽の様相であろう。またそこには，父親の膝の上に座っているという安心感とともに，側にいる両親による，その現象（コト）の共有と，乳児への働きかけや共感が，乳児の創造性の発揮を支えているのである。

このように，モノ（ピアノ）による物理的な環境，コト（モノ＝ピアノへの働きかけによって生じる現象：音・鏡），人（父親，母親による共有・共感・働きかけ）全てが，乳児の身体を介した創造性のトリガーとなって，複合的に働いているのである。さらに，乳児が「鍵盤蓋の裏に映る自分を見て楽しむ」というピアノとの関わり方に，両親側にとっても新しい発見があり，子供の「感創」の世界に対する「価値観」が拓かれたと言えよう。

表 4-1 事例１における乳児とモノ・コト・人との関係性

乳児の発話/行為（主体）	環境と現象（モノ・コト）	父親と母親の発話/行為（人）
	父親の膝の上に座り，ピアノの鍵盤に触れる距離にある	←父親が乳児を膝の上に乗せ，ピアノの鍵盤の前に座る
右の腕を伸ばし手のひらで鍵盤蓋の開いた部分を触り，同時に黒鍵あたり（鍵盤の奥側）に右手の親指があたる	ピアノとの出会い →ピアノの音が鳴る	
音が出たことを認識し伝えるためなのか，横でビデオを撮影していた母親の方を向く	五感を通した気づき・発見	[共有・共感] →母親は笑顔で応える
笑顔になり，さらに鍵盤を触っていく	探索	←父親は乳児の背中側から「上手」と語りかける [共感]
腕を上下にバウンドさせる	→複数の音が同時に鳴る 五感を通した気づき・発見	←父親が「上手だね」と語りかける [共感]
	乳児の出した音が伸びたまま響いている	←その間，父親はピアノのペダルを踏んだままにしている
動きに少し間を置いた後，何らかの言葉を発し，鍵盤を触ろうとしながらも，鍵盤蓋の開いた部分を覗き始める	探索の継続	
鍵盤蓋の裏に写っている自分を見つけ，「クヮ・・・」といった声を出して喜んでいる	五感を通した気づき・発見	父親はその様子を見つけ，「ここに自分の顔が写っているのを・・・」と母親に話しかける [共有]→[価値観の開拓]
		父親は乳児と同じ視線に頭を下げる
		父親は笑いながら，乳児の様子を見る
笑顔で両腕を上下にバウンドさせ（鍵盤に届かないところで），鍵盤蓋の裏を見ている	探索の継続	母親は「そっちの方が楽しいの？」と話しかける [共感]
前屈みになり両手を鍵盤の上のあたりに乗せる		
鍵盤の上で両腕をバウンドさせる	→乳児の右手が作用し音が鳴る（減三和音のような響き）	
音が鳴ったことに驚いたような顔をしながら，母親の方を向く	五感を通した気づき・発見	母親も「あら〜」とびっくりしたように声を出す
さらに両腕を伸ばして鍵盤蓋の裏を触り，鍵盤へ手を下ろして音を出していく	探索の継続と深化	←父親も「いい音だね」と語りかける [共有・共感]

1.2 身体で感じ取り，身体で表現し，身体で響き合う（教えなくても創造できる子供の姿）

事例２は，幼児（２歳）が父親と一緒に《しゃぼん玉》の歌を歌う場面である。２歳になったばかりの幼児は，居間のテレビ台のそばで祖父から誕生日プレゼントにもらったストライダーに跨りハンドルを左右へ揺らしながら試そうとしている。その際，テレビ台の上に置いてあった黄色い箱に入っている熊の形のしゃぼん玉液を見つけ，《しゃぼん玉》の歌を歌い始める。父親も加わって一緒に歌いながら，声の表現を変容させていく様子が見られた。

[事例２：幼児（２歳）としゃぼん玉の歌]

ストライダーに跨ってハンドルを左右に揺らしている幼児を撮影しながら，父親が「Y ちゃんがストライダーに乗ってるよー。すぐ乗れそうだね」と言うと，幼児は自慢げにハンドルを左右に揺らして見せる（図 4-2 ①）。そして，テレビ台の上に置いてある黄色い箱に入ったしゃぼん玉液を見つけ，指を差しながら「パパ，しゃおんだま，ほら」というと（図 4-2 ②），父親も「ん?あっ，しゃおんだま（ママ），ほんとだ」と応える。幼児が「しゃおんだま」と丁寧にゆっくり復唱する。父親は「しゃおんだま（ママ）?どれ?」と尋ねると，幼児は「ほれ，これ」と応え，父親も続けて「ほんと?」と再度尋ねる。２，３度「これ，ほれ」，「パパ，ほれ」と指差しながら幼児が繰り返し示す。最後に「パ〜パ，ほれ〜」とビデオを撮影している父親の方を向いて笑顔で示したあとに（図 4-2 ③），父親が「あ〜，しゃぼんだまだ〜」と嬉しそうな声で応えると，幼児はすぐに《しゃぼん玉》の歌を歌い始める（図 4-2 ④）。「しゃおんだま　きえた」と高い音域で歌い始め，父親もその音域に合わせて「きえた」のところから一緒に声を重ねる。「きえた」から歌が始まって（本来最初は「とんだ」），その後「とばずにきえた」のフレーズへ歌が歌われていく。「きえた」から始まったので，父親はそこで少し笑い，その後の「とばずにきえた」から父親は１オクターブ下げて歌う。幼児は父親の声に影響を受けて，音域を下げて歌うようになる（音域が低くなったので，幼児の声の音程は不安定）。「かぜかぜふくな」のフレーズの出だしで，幼児は咳き込む。その後あらためて無声音で「かぜかぜ」を歌い，「ふくな」から有声音となる。父親も「ふくな」の「・くな」から再度一緒に歌う。最後まで歌い終わると，父親が「お〜すごい，上手」と言うと幼児は嬉しそうに笑顔になる（全体１分６秒）。

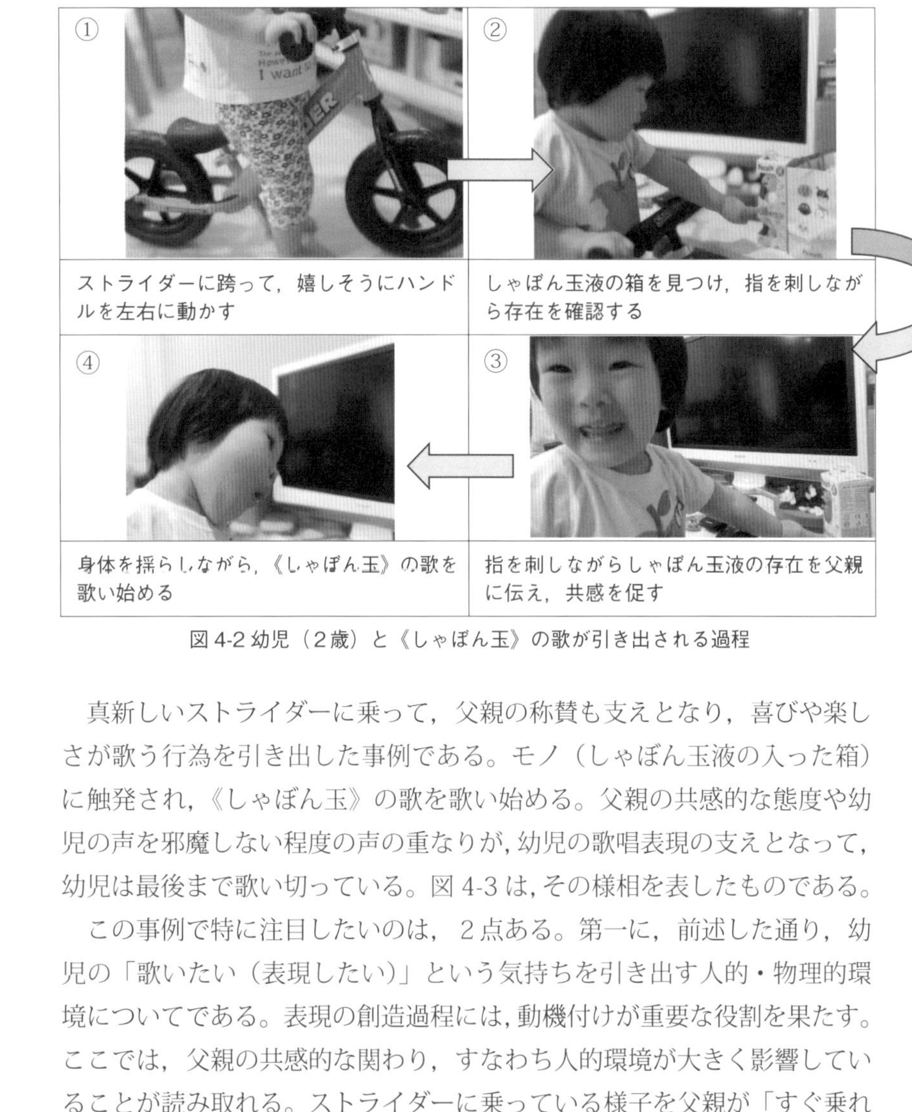

図 4-2 幼児（2歳）と《しゃぼん玉》の歌が引き出される過程

真新しいストライダーに乗って，父親の称賛も支えとなり，喜びや楽しさが歌う行為を引き出した事例である。モノ（しゃぼん玉液の入った箱）に触発され，《しゃぼん玉》の歌を歌い始める。父親の共感的な態度や幼児の声を邪魔しない程度の声の重なりが，幼児の歌唱表現の支えとなって，幼児は最後まで歌い切っている。図 4-3 は，その様相を表したものである。

この事例で特に注目したいのは，2点ある。第一に，前述した通り，幼児の「歌いたい（表現したい）」という気持ちを引き出す人的・物理的環境についてである。表現の創造過程には，動機付けが重要な役割を果たす。ここでは，父親の共感的な関わり，すなわち人的環境が大きく影響していることが読み取れる。ストライダーに乗っている様子を父親が「すぐ乗れそうだね」と褒め，幼児の嬉しい・楽しい気持ちを高揚させている。その後，しゃぼん玉液の存在を認め，「ほんとだね，しゃぼん玉だね」と幼児の気づきに共感している。さらに幼児の歌唱表現が始まると，その表現を伴奏するように，父親の音声が重ねられている。事例 1 でも述べたように，このような一連の共感的な支えが，幼児における開かれた心身の感受性の発揮と創造的な表現へとつながっているのである。第二に，幼児の音声表現の変容の様子についてである。幼児は比較的高い音域で歌いだすが，父親の音声の影響もあって，父親の声の高さへ合わせるような移行を見せる（図 4-3 の 1 段目）。さらに,「かーぜかぜ」のところの「か」に差し掛かったところで咳が出ると，「声が出にくい」と判断したのか，あるいは「風」のイメージを想起したのかはわからないが，無声音で「かーぜかぜ」と表現する（図 4-3 の 3 段目前半○をつけた箇所）。歌の技能も何も教えられていない幼児が，無意識的か意識的かは定かではないが，父親の音声を身体的・感覚的に感受し音程を調整したり，自身の身体的・感覚的な内的省察によって音声表現を変容させているのである。

加えて,最後のフレーズあたり（図 4-3 の 3 段目後半）で,これまでしゃぼん玉液の方を向いて身体を左右に揺らしながら歌っていた幼児が，顔を父親の方へ向けて，頭で拍を感じ取り口を大きく動かしながら，共に合わせて歌うよう誘導しているかのように表現していることが読み取れる。すなわち，この歌唱表現が幼児自身の「個の行為」から父親との「共同での行為」へと発展している点も興味深い。共に声を合わせて歌うことが，身体的な共振・共鳴となって，内面交流が生じ繋がっていったのであろう。このように，身体を通してモノ・コト・人と相互作用しながら，新しい世界を探索し，表現を生み出し，表現を変容させ，共に響き合っていく姿に，私たちの考える「感創」の芽を見つけることができるのではないだろうか。

近年，こうした乳幼児の音楽的な関わりや育ちに関連した様々な研究において，注目されている概念がある。それが，S. マロック（Stephen Malloch）とC. トレヴァーセン（Colwyn Trevarthen）による「コミュニカティヴ・ミュージカリティ（communicative musicality）」である（Malloch & Trevarthen 2009/ 邦訳 2018）。ここでは，人は生まれながらにして音楽的であり，その生得的基盤に支えられた乳児と養育者間に生じるコミュニケーションも音楽的であるとされる。この原初的で音楽的な関わり合いの包括的な概念として「コミュニカティヴ・ミュージカリティ」を位置付けている。

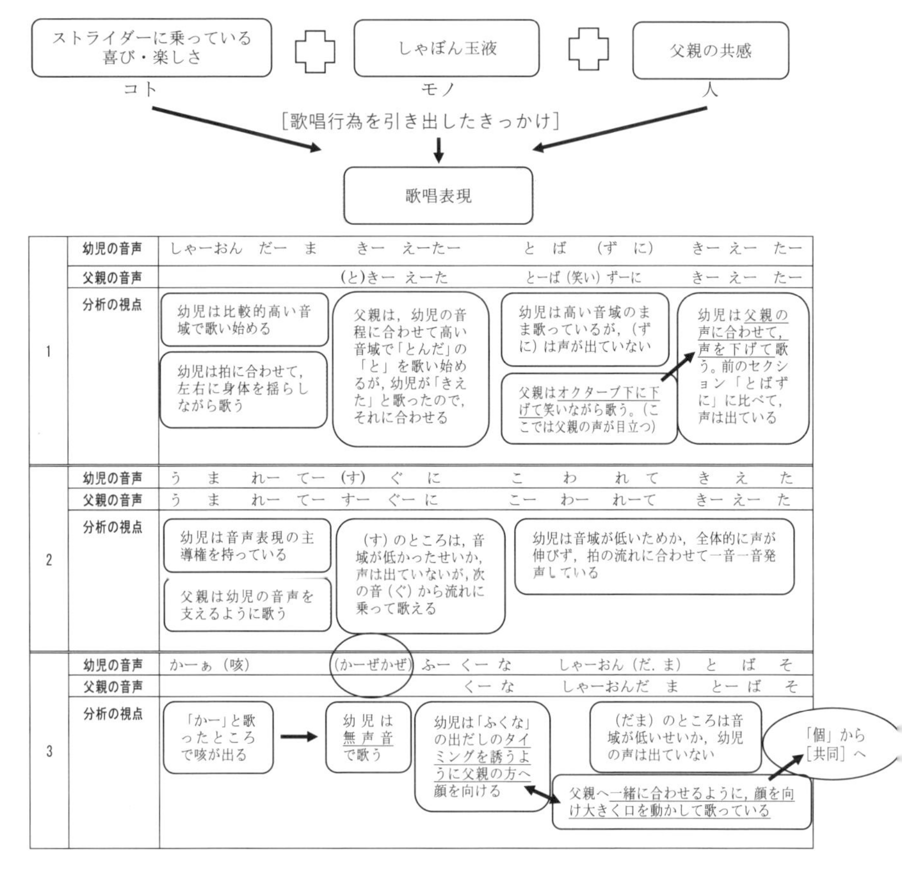

図 4-3　歌唱行為出現の背景と音声表現の変容

今川（2020）は，この「コミュニカティヴ・ミュージカリティ」の概念における「音楽性」とは，「音声のみでなく表情や身振りなど身体による相互作用関係すべてにわたり，表情や動きの変化や推移の時間的律動性も音楽性の発現と考えられる」と説明する（p.196）。また，市川（2020）は，保育園での初めて歌う歌の集団歌唱の場面で，子供たちが曲をまるごと受け止めて同期しながら再現しようとする姿を見取り，「他者の声に自分の声を重ねたり，他者と一緒に歌ったりできるようになることは，いわゆる『教える－学ぶ』という関係性の中で獲得される技能だけで成り立つのではない」と述べている（p.209）。乳幼児の音楽表現における創造性が，音声，表情，身振りなども含め身体全体でマルチモーダルに，そして他者との相互作用の中で発揮されるということがこうした研究からも裏付けられるだろう。

2. 教育科学の立場から音楽の学びと「感創」をどう捉えていくか

第1項で示した乳幼児の姿を読み取ると，子供の感性や創造性は大人が考える以上の様々な可能性を秘めていることがわかる。

音楽の学びに関して言えば，知識や技能の訓練的な経験や学習だけでは，子どもの持つ豊かな音楽性や表現力を引き出すことに繋がらないことは容易に想像できるだろう。もちろん知識や技能は必要であるが，どのような質の知識や技能なのか，そして音楽を表現したり感受したりする子供たちの心身に，それらがどれだけ生きて働くのかが重要であろう。ここでは，身体を介して経験することを意図して実施した児童対象のワークショップの事例を取り上げ，教育科学の立場から音楽の学びにおける「感創」の大切さについて考察してみたい。

2.1 当たり前からなぜ？を問い，音の本質に迫る；モノと関わる身体の開発

この事例は，小学生の親子100組を対象に夏休みに実施した音の発音原理に関するワークショップである（図4-4）。ピアノ，ヴァイオリン，

図4-4 音の発音原理を学ぶワークショップのチラシと活動の様子

和楽器（箏）を中心に「弦繋がりな楽器」（弦が発音素材の中心を成す楽器）の音の出る仕組みを，実際に楽器を触ったり分解したり演奏したりしながら解明していく内容で構成した。

例えば，ピアノのワークショップでは，「ピアノはどのようにして音が出るのか？」と最初に子供たちに聞くと，およその子供たちは「鍵盤を弾くと音が出る」と答える。そして，「鍵盤を押さえたら，この（ピアノの蓋）中はどうなっているのだろう？」と問いながら，ピアノの中身を覗いてみる活動へ続く。

図 4-5 は，グランドピアノの内部を写したものである。ピアノを弾いたことがある人なら，一度は見たことがあるだろう。あの黒い枠で覆われた中身を開けると，黄金に輝くフレームが現れ，弦が綺麗に張られている。「鍵盤を押せば音が出る」と思っていた楽器の中は，ものすごい数の部品で構成され，音を出すための仕掛けが様々に工夫されているのである。では，どのように発音されるのか。

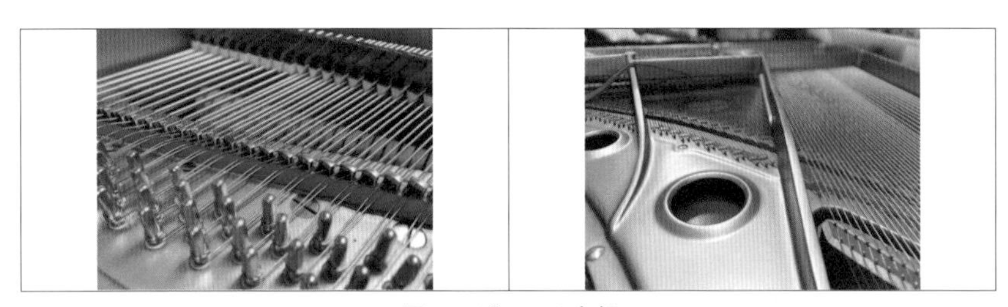

図 4-5 ピアノの内部

実際のワークショップでは，ピアノ技術者のもと，アップライトピアノの解体を行なった。鍵盤蓋，上前板，下前板を外していくと，グランドピアノと同様に黄金色のフレームが存在感を見せ，そこに弦がびっしり張られている。そのタイミングで子供たちに鍵盤を押さえてもらい，内部でどのようなことが起こっているのか，一緒に見ていくのである。ピアノの中身に初めて出会った子供たちは，そこで初めて弦がハンマーのようなもので叩かれて音が出ることを知る。88 鍵ある鍵盤も全て外していき，さらに内部の構造にアプローチしていく。鍵盤の代わりにマレットで弦を叩くと音は出るのかといったことも試しながら進めていくのである。

このワークショップで大切にしたのは，危ない部分を除き，子供たちが自分の手でピアノというモノに触れ，モノと関わることである。部品を触ってみたり，外してみたり，弦をマレットで叩いて音を出したり，共鳴板の振動を手で感じたりしながら，身体の感覚を使って学んでいく。こうした五感を通した経験によって，楽器の素材，音の高さとモノの長さ・大きさとの関係，張力，空間と響き（共鳴）といったことを複合的に学んでいくのである。そして，これまで楽譜を読んで，その音を鍵盤で弾いて，楽曲を再現する，といった一方行のピアノ演奏から，この音をどのように出すのか，どうすれば（どのようにピアノにアプローチしたら）どのような音が出るのか，どのように音を響かせるのか，ピアノから伝わる振動や響きはどうであるか，といったイメージや身体感覚を総動員してピアノに関わりながら表現することへつながることを目指した。

2.2 STEAMによる新しい世界の発見と探索：果物は電気を通す？フルーツピアノの遊び

次の事例は，英国イングランドにおいて恵まれない環境下にある子供たちを対象にSTEAMワークショップを実践している企業Conductive Musicの活動についてである。Conductive MusicによるSTEAMの活動は，Because making, breaking and learning through play is awesome. すなわち，遊びを通して作ったり，壊したり，学んだりすることが一番楽しく効果がある，という理念のもと行われている。

特に貧困とspecial educational needsの背景から，例えば学校にいる時しか子供らしさというものを味わえない子供や，日常生活の中に本を読む，音楽を聴くといった経験が一切ない子供もいる。「存在を知らないモノ・コトにソウゾウ（想像／創造）の余地はない」という視点からの活動は，子供たちに「こういうものがある」，「こういった形で取り組める」ということ，それは「あなたにもできること」だということを伝える役割を持つ。その結果，視野を広げたり，将来の職業選択の幅を広げたりすることにつながると考えているのである（鹿倉・早川 2022，p.46）。

また，学習の遊び化によって取り組み自体を楽しいものにしたり，新たなものを創造したり（作ったり）することによって，正解というものを自由にすることが大切であるという。つまり，算数や理科の教科の学習のように，数字や結果を求めたりすることが目的ではなく，数字を割り出すことで何ができるのか，何を作ることができるのか，というような目標達成を創造の過程の中に仕掛けることが大切なのである。こうしたSTEAMのメソッドによって，子供たちは遊びの中で複合的に学んでいくことができ，いろいろなものを大きな視野，様々な視点で，いろいろな角度から見ることを助ける活動になることが目指されている。

2019年10月には，岡山市内の小学校で3年生を対象に，このConductive Musicのメンバーによる STEAM ワークショップ「フルーツピアノ」の活動を企画・実践した（図4-6)。

図4-6 STEAM ワークショップのチラシとフルーツピアノの活動

小学校の理科で習う「電気の実験」では，電気を通すものは金属で，紙や身体，ましてや果物や野菜等は電気を通すとは学ばない。このワークショップでは，コンピューターソフト，金属板，クロコダイルクリップ（ワニ口クリップ)，果物や野菜等を使ってそれらをつなげ，電気が通ると音が出る（コンピューター上のピアノが弾ける）という仕掛けを作り，初めて出会うモノ・

コトを体感させる内容で構成した。活動が始まると子供たちの顔には一瞬にして驚きの表情が現れ，隣の席のクラスメイトとその不思議な現象（発見）に対する「なぜ？」を共有しようとする姿が見られた。また，一部の子供たちは，他の素材を試すなど新たな探索をしようとする様子があった。こうした新しい世界との出会いや発見は，新たな学びの動機付けになっている。またそこに「音を感じる」，「音で表現する」という Art の要素を取り入れることで，身体的な感覚が加わり，人と人との感覚に基づく交流や共感を生み，抽象的な思考を支えるものになると考えられた。

3. 音楽表現と「感創」についての学際的背景

乳幼児の事例や，ワークショップの事例の分析を通して，音楽経験する子供たちの姿には，身体を介して感受し，思考し，行為・表現すること，内面と外界を変容させる相互作用のプロセスを持ち，その相互作用自体が新奇性を伴っていることというまさに「感創」の姿を捉えることができた。では，こうした身体を介した経験は，なぜ大切なのか。「創造的思考」や「創造性」に関する研究の知見を踏まえて考察してみたい。

3.1 感覚記憶・エピソード記憶と「創造的思考」

寺澤（2013）は，「思考の新しいとらえ方」に関して，「直感的思考」「創造的思考」「体験的学習」といったものの重要性や，音楽表現や造形表現，また体育の運動技能といったいわゆる「言葉」で説明できないものに関する知識とは何かについて，従来の「思考」の理論では説明することが難しかったことを指摘している（p.13）。なぜなら，テキストや記号といったシンボリックなものを「言葉」として，それが知識の最少単位とみなされてきたからである。そして，思考の新たなとらえ方について，「感覚」と「生成」という２つのキーワードを用いて説明している。それは「エピソード的なまとまりをもって蓄えられている膨大な感覚情報の集合として知識表象をとらえる考え方」と，「その感覚情報の集合から生成され，湧き上がってくるものが知識や言語・シンボルであるという生成の考え方」である。すなわち，知識の最小単位は言葉ではなく感覚なのである。寺澤は，この新しい理論において，

「言葉」で表せないような提示された感覚情報が体内に固定され，長期に残り，それが知識として十分に機能すること，さらには，記憶に残るのは感覚的な情報だけであり，シンボル（言葉）がそのまま知識として残っていくのではないこと，そして，知識は感覚的な情報から構成されることを提唱した。

また，思考を，①連想的思考（浅い思考）と②感性的思考（深い思考）と２種類に区別し説明する（p.13)。①の連想的思考とは，言語レベルで，命題を覚える訓練をし，その命題を思い出して答えを導く思考であり，②の感性的思考は，感覚レベルの情報を利用して，新たな抽象レベルのアイディアや視点を生成する思考であると定義する。連想的思考は，言語化できるためマニュアル化でき，どのような教師でもその論理を教えることはできるが，単純な命題の連想により短絡的な判断をとってしまう子供を育てることになりかねないと警鐘を鳴らす。一方，感性的思考は，これまでの感覚的経験から感覚情報を引き出し，実感を伴って思考すること，すなわち創造的思考へつなげることができると捉えられる。

先に述べたピアノの表現においても，ただ音を変換して再現するといった形ではなく，指に伝わってくる重み，抵抗感等，いろいろなもの（部品・素材）から伝わってくる感覚を味わいながら，新たな感覚刺激として常にインプットとアウトプットを繰り返し，表現をしていくといった身体知の開発が必要なのであろう。さらに，音楽の授業を例に言えば，「強弱記号としてｆ（強く）が書いてあるから強く表現する」と教えたり理解したりするのではなく，ここはなぜ強く表現したいのか，どのような気持ちで表現したいのか，何を表しているのかなど，これまでの感覚的経験を引き出しながら音を介して身体で思考し表現することへ導いていくことが大切であると言えるであろう。また，そうした感覚的経験の引き出しの源は，日常生活における五感を通したさまざまな経験と，そのエピソード的な記憶であり，それらが音楽表現をはじめとした「創造性」を発揮する際に，その質を彩ることへつながるものであるということが，ここから説明できるだろう。

3.2 芸術表現行為とは？「創造性」の開拓とは？

心理学専門の立場からアートについて研究している岡田（2013）は，芸術表現行為の本質について，いくつかの知見を踏まえて考察している。まず，J. ギブソンの理論に基づいて，芸術表現行為を「知覚と行為のサイクル」という視点から説明している。それは，環境の中の対象だけでなく，記憶や想像の中での知覚によって抽出された不変項が表現行為をアフォードし，そのアフォーダンスによって引き起こされた表現行為の生むものをさらに知覚し，次の表現行為をアフォードするといった連続性とその間に起こる変容であるとする（p.10）。また，内面を外化することによって，もともと意識の上に上がっていなかったことまでも明確化するという「内面の表出」のプロセスであるとする考え方（p.11）や，自らの行為の省察と，それに基づく自己の内面の発見により生起する「行為と省察のサイクル」であるとする考え方（p.12）についても示している。こうした芸術表現行為についての見解を見ていくと，まさに第１項で分析した幼児の姿と重なるものがあり，芸術表現行為そのものが質的に「創造的」であると捉えることができ，音楽表現における学びのあり方に示唆を与えるものであろう。

さらに，岡田はCRE-Lab.FORUM 2022の講演の中で，アートの創作プロセスの中で創造性を開拓するきっかけについて，２つの視点があることを説明している（早川 2022, p.22）。一つが,「触発のプロセス（外側との出会い）」であり，もう一つが「ずらしのプロセス（内側からの探索）」である。「触発のプロセス（外側との出会い）」とは,他者の芸術作品など自分のレパートリーの外側にある何かに出会い，それに触発されて，モチベーションが高まり，感情,イメージ,アイディア,作品などが変化することである。もう一つの「ずらしのプロセス（内側からの探索）」とは，自分が普段行っている創作のプロセスにおいて，何らかの要素を意図的に変更することで，行為，知覚，思考のサイクルを変化させることができ，創作プロセスに新しい展開（通常では思い浮かばないイメージや感覚の利用）が生じることである。岡田が言うように，身体や心を動かし用いる実体験，新しいモノやコトへの出会い，新しい視点や方法の意識的な享受が，アートの創作プロセスに存在するのであり，「創造性」を開拓するという意味でのアートの役割や必要性がここに認められるのである。

4. 表現の質を彩る五感：日本人としての感性と「創造性」

人にとって虫の声を聴くことに，どのような意味があるのか。そうした日本人の感性によって「創造性」がどのように発揮されるのであろうか。最後に以下の二つを取り上げたい。一つ目は，『科学のアルバム　セミの一生』の著者の一人である佐藤有恒の書いた「あとがき」（表 4-2）と，二つ目は永井荷風の『蟲の聲』からの印象的な描写の抜粋（表 4-3）である。

表 4-2 佐藤有恒・橋本洽二『科学のアルバム セミの一生』より「あとがき」（抜粋）

セミは，音楽家。スズムシやマツムシなどキリギリスの仲間の虫たちとともに，鳴く虫のチャンピオンです。もしも私たちのくにから，セミがいなくなったなら……？そんな森や林を想像してみましょう。自然がいまよりずっとさびしいものになるにちがいありません。 松林で聞くハルゼミの合唱は初夏の訪れを，ニイニイゼミのうたが夏の到来を教えてくれることもなくなるのですから。 セミは私たちの友達です。 朝露にぬれている木々の間をまわって，まだじっとしているアブラゼミやエゾゼミのからだに，そっと指をあててごらんなさい。真夏のうれしさが私たちのからだにも伝わってくるでしょう。

表 4-3 永井荷風『蟲の聲』より抜粋

月が出る。月の光は夕日の反映が西の空から消え去らぬ中，早くも深夜に異らぬ光を放ち，どこからともなく漂ってくる木犀の薫が，柔で冷たい絹のやうに人の肌を撫る。このしめやかな，云うに云はれぬ肉と心との官覚は，目にも見えず耳にも聞こえないものにまで，明らかに秋らしい色調を帯びさせて来る。いつぞや初音を試みたなり黙つてしまつた蟋蟀は，さう云う晩から再び鳴きはじめて，いよいよ自分達の時節が来たと云はぬばかり，夜ごと夜ごとに其声を強くし其調子を高めて行く。

丁寧に観察をしてセミの一生を記録した佐藤の文章からはセミに対する愛情と自然音の大切さが伝わってくる。永井による描写は，昭和 19 年であっても，すでに時代による思想や風俗の変化を都会で感じ取りながら，ふたたび虫の声に耳を傾ける大切さを語っている。解釈は様々であろうが，こうした五感を通して自然を感じ取る感性がさまざまな領域での「創造性」の発揮へつながるのではないかと考えられる。

また，「日本人は川のせせらぎの音とか，風の音とか，虫の音であるとかそういうものを雑音として捉えるのではなく，何らかの意味のあるものと捉えているからこそ，俳句や和歌においても音の描写が豊かなのであろう」（角田 2019）と言われている。この日本人としての感性を育て受け継ぐことが，延いては日本の文化，そして日本人の「創造性」を受け継ぐことになるのではないだろうか。

身体を拓き，感覚を磨くということは，音楽表現をするためのものにとどまらず，人生を豊かにするための「感創」であるべきであろう。

【注】

本文に掲載している図 4-1, 図 4-2, 図 4-4 は，本人及び保護者（乳幼児の場合）の承諾を得て，掲載している。

【引用・参考文献】

早川倫子（2022）「『アートの発想に基づく創造性支援』の報告」，岡山大学大学院教育学研究科附属国際創造性・STEAM 教育開発センター『創造性教育の未来を考える CRE-Lab. FORUM 2022 報告書：創造する身体』，pp.22-23（岡田氏の講演をもとに早川が報告書を作成）

市川恵（2020）「文化の中の歌い合い」，今川恭子編著『わたしたちに音楽がある理由　音楽性の学際的探求』，音楽之友社，p.209

今川恭子（2020）「音楽性の発達的な変化：第一次的音楽性から第二次的音楽性へという仮説」，今川恭子編著『わたしたちに音楽がある理由　音楽性の学際的探求』，音楽之友社，p.196

今川恭子監修・志民一成・藤井康之・山原麻紀子・木村充子・長井覚子編著（2016）『音楽を学ぶということ　これから音楽を教える・学ぶ人のために』，教育芸術社

清田哲男（2022）「クリエイティブ・エデュケーター育成カリキュラム作成のためのコンピテンシーとは」，岡山大学大学院教育学研究科附属国際創造性・STEAM 教育開発センター『創造性教育の未来を考える CRE-Lab. FORUM 2022 報告書：創造する身体』，p.11

Malloch, S. & Trevarthen, C.（2009）*Communicative Musicality: Exploring the basis of human companionship*. Oxford University Press.（邦訳：マロック&トレヴァーセン編著, 根ケ山光一・今川恭子他監修訳（2018）『絆の音楽性：つながりの基盤を求めて』音楽之友社）

文部科学省（2018）『小学校学習指導要領（平成 29 年告示）解説 音楽編』

永井荷風（1984）「蟲の聲」,『日本の名随筆 19　虫』作品社より青空文庫による作成（2010），https://www.aozora.gr.jp/cards/001341/files/50286_38965.html より閲覧（最終：2022/08/28）

岡田猛（2013）「芸術表現の捉え方についての一考察：『芸術の認知科学』特集号の序に代えて」,『日本認知科学会ジャーナル』Vol.20，No.1，pp.10-18

奥山風太郎（2018）『図鑑　日本の鳴く虫 コオロギ類 キリギリス類　捕り方から飼い方まで』，エムビージェー

佐藤有恒・橋本洽二（2005）『科学のアルバム セミの一生』，あかね書房

鹿倉由依・早川倫子（2022）「STEAM in England」，岡山大学大学院教育学研究科附属国際創造性・STEAM 教育開発センター『創造性教育の未来を考える CRE-Lab. FORUM 2022 報告書：創造する身体』，p.46

Terasawa, T.（2005）Creation theory of cognitions: Is memory retrieved or created? , N. Ohta, C. M. MacLeod, B. Uttl（Eds）, *Dynamic cognitive processes*, Springer, pp.131-157

寺澤孝文（2013）「第２章 思考の新しいとらえ方－感覚から創り出される“ことば”と思考－」，岡山大学教育学部一貫教育専門委員会編『附属学校園における幼・小・中一貫教育の理論と実践 －考える力を育てる言葉の教育』pp.13-34

角田忠信（2019）『日本語人の脳』言叢社

Conductive Music のホームページ www.conductivemusik.uk（最終アクセス：2022/08/28）

第３節　感創を身体表現（ダンス）の観点から考える

1. なぜ身体表現（ダンス）を取り上げるのか

この項では，身体表現（ダンス）の観点から感創について考えていく。身体表現には様々なジャンルがあるにも関わらず，なぜあえてここでダンスに着目するのか。

これまで見てきたように，CRE-Lab（クリラボ）の創造性研究では感創の考え方を柱とし，さらにその基盤を身体に置いている。一方，舞踊（ダンス）とは，まさに身体の動きそのものに焦点をあてる身体表現領域の一つである。その歴史は古く，芸術が多様なジャンルに分岐する前より，生命エネルギーを形象化する行動として文明が生まれる前から営まれてきた（邦，1968）。言語を獲得する以前の原始の人々にとって，舞踊は心の内側を発露し，他者とつながる重要な手段であり，生きる上で不可欠なものであった。人類にとって重要な文化的・社会的な価値と役割を有していた舞踊は，感創を考えていく上で重要な教育的視点を与えてくれる実践知の宝庫である。

日本の学校教育において，舞踊（以下「ダンス」とする）は，身体を育むという点から体育科目の一環として取り扱われてきた。スポーツ的な競技志向と芸術志向を併せ持つダンス教育は，身体を土台として創造に向かうというその特性ゆえに，多くの困難に直面し，課題を抱えるに至っている。その中には，感創を核とした創造性教育を推進する際にも突きつけられるであろうものも含まれている。そこで，本論では今後の創造教育推進の一助となることを願い，ダンス教育が抱える課題と，その課題を克服しようとした筆者の試みについて紹介する。

2. 日本におけるダンス教育の現状と本来の意義

2.1 ダンス教育の現状

一般的にダンスというと，歌手やダンサーによる，エンターテイメント要素の強い「見せるための（特にリズム系の）ダンス」を想起する人は多い。特に，近年のリズムダンスコンクールの興隆や，インターネットの

SNSで流行る振り付け動画を目にする若年層では，その傾向が強いように思われる。

しかしながら，学校教育では，歴史的経緯を踏まえると，振付学習型のリズム系ダンスより，創作型の表現系ダンスが主流であり続けてきた(1)。日本においては，明治初期から昭和初期にかけて，行進遊戯や唱歌遊戯等の既成作品の習得が主な学習で内容であったのが，戦後の教育改革の中で，「創作ダンス」が採り入れられた。一方で，学校教育にリズム系ダンスが採り入れられたのは，1998年(平成10年)の学習指導要領改訂以降であり，表現系ダンスと比べるとその歴史は浅い。

また，学習指導要領に基づくと，創作型の表現系ダンスにおいては，一貫してイメージをもとに他者と協働して行われる即興に重きが置かれてきた。即興とは，「あらかじめ準備することなく，その場で思いのままに作り出すこと」（佐々木，1995）であり，音楽，演劇，舞踊などの文化・芸術領域において用いられてきた。沸き起こる感興をもとに，状況に応じてその場で即座に創り・動くことを指し，学校教育では小学校から高等学校まで一貫して，表現系ダンスにおいて養われるべき技能として明示されている(2)。

このように，学習指導要領上において極めて重視されているのにもかかわらず，一般的にはあまり認知されておらず，実際の教育現場においては即興を学習内容として取り上げられることは少ない傾向にある。運動会やイベントのための既成作品を模倣する習得型・模倣型の学習に終始し，本来あるべき探求型の学習になっていないという問題が指摘されてきた。

2.2 ダンス教育が育む資質・能力：「CCEI」

ダンス教育の本来的な意義が見失われている状況を打開すべく，筆者は，社会的背景を踏まえた上でのダンス教育の意義や価値の再定義を試みてきた。具体的には，次世代の人材に必要とされる資質・能力の中で，ダンス教育が育む力を「CCEI」とし，実践の土台となる考え方として提唱してきた。以下，「CCEI」の内容について概略的に説明したい。

「CCEI」とは「①創造力（Creativeness）」・「②コミュニケーション力

(Communication skills)」・「③表現力(Expressiveness)」・「④想像力[イメージ力](Imaginativeness)」の頭文字を組み合わせた筆者の造語である。「創造力」を起点に考えたときに，関連して求められる「コミュニケーション力」「表現力」「想像力」という主要な三つの力との関係性を構造的に捉える概念である。創造の基盤を身体[からだ]とし，他の要素と分かち難く複合的に関連しあっていると見なす(図4-7参照)。

創造力の必要性については，すでに「感創」の社会的背景でも触れられている通りである。人工知能(AI)を中核とする科学技術の発展スピードがすさまじく，その変容は予測困難であり，これまでの常識が通じない，予測し得ない課題が次々に立ち現れると考えられている。個々人が試行錯誤の中でそれぞれの状況に応じた「最適解」を見出さなければならない時代を迎えるのである。特に常識的なものの見方から枠をこえて「0から→1を生み出す」創造力は，人類の生き残りをかけて必須となる能力といっても過言ではない。

ではなぜ創造力の源を身体とするのか。心理学者の寺澤(2013)は，思考を言語レベルの連想に基礎を置く「連想的思考」と，感覚レベルの情報を使った「深い生成的思考(感性的思考)」の二種類に区別しており，創造の本質として，後者の言葉で説明できない感性的思考の重要性を訴えている。これは，哲学の分野では，知識は感覚的知覚に依拠し，そして感覚は身体に属することから，身体を学びと創造の根幹として「身体感性論(somaesthetics)」を提唱したR.シュスターマン(1992)の主張と通じるものがある。その他にも，創造性教育の土台として身体を位置付ける考え方は，学術的分野を超えて提唱されてきている。それらの理論を踏まえて，「CCEI」では創造に関わる「コミュニケーション」・「表現」・「想像(イメージ)」全てを，感覚的知覚の集積である身体知に基づくものと捉えている。

2.3「コミュニケーション」・「表現」・「想像(イメージ)」

創造プロセスにおいて，よりよい「解」を導き出していくために，他者との協働作業は必須であり，高い対人コミュニケーション能力が求められることはすでに広く知られている[(3)]。身体は，表層的な関わりではない真に人と繋がっていける力の根幹を成すと考えられる。一般的にコミュニケーションというと，言語的なコミュニケーションが想起される傾向にあるが，実際はその８割が，非言語的コミュニケーションによって成り立っており，なかでも表情や視線，姿勢や身振り，動作など身体的な要素は大きな割合を占めている(Patterson,1983)。「CCEI」でいうコミュニケーション能力は，通常意識されにくい非言語コミュニケーション能力にフォーカスをあてるものである。

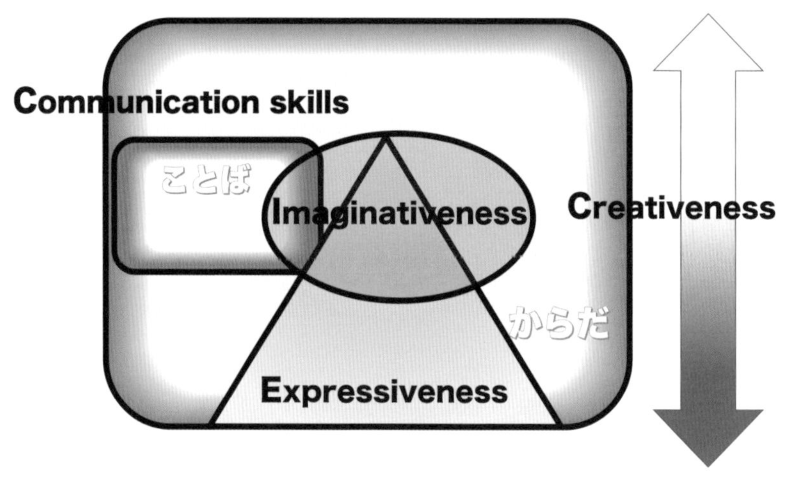

図 4-7　CCEI 構造図

人は自己の身体感覚を基盤に，身体的感性によって，自己を取り巻く外界と関わり，様々な感覚情報を受容する。対人コミュニケーションにおいては，他者の非言語要素から，その内面の状態を身体的共感によって想像し，把握する。他者と協働して創造するためには，その前提として，自己や他者の身体情報を敏感に受容できる能力が必要である。また，身体を介した双方向的なコミュニケーションによって生まれたものが，外的形象化（アウトプット）される過程が表現であり，コミュニケーションと表現をつなぐものが想像（イメージ）である。

3. ダンス教育が直面した課題

3.1 主体性を喪失することへの不安

既述の通り，学校教育現場で即興を軸とする表現系ダンスの授業が避けられる傾向にある。筆者はその理由を探るべく，これまで多角的な検討を行なってきた。その結果，主な阻害要因として二つの点が浮き彫りとなってきた。

一つは，身体による即興行為における主体性の問題である。大きなヒントになったのは，筆者が協働的に関わった研究授業の中で受けた，一つの質問であった。それは，授業を参観した教員からの，「即興とはなにを身につけさせるのか。主体性を失う行為をどのように捉えていけばいいのか」というものであった。他者との相互作用による即興は，どちらが主体性を発揮しているかわからなくなり，考える自己を失う行為ではないか，という疑問であり，即興に対する教員が抱く率直な思いを反映している本質的な問いであると思われた。

この問いの土台には，表現主義的パラダイム，すなわち，心身二元論に立脚し，ダンス表現とは＜心（内面）が抱いた思い（イメージ）を身体によって顕在化させること＞と見なす，暗黙的に共有されている認識の枠組みが見出せる。しかしながら，ダンスの即興とは，心身一元論的に身体の感覚が研ぎ澄まされ，身体が感じるままに動くことである。特に他者との即興では，頭で考える間もなく即座に動かなければならないことから，頭による思考を手放す状態となる。即興とは身体そのものに意思をもたせるような行為であり，むしろポスト表現主義的パラダイムに属するものといえる（酒向，2021）。即興者にとっては，一生懸命何かを考えて創るというより，他者と身体で感応しあう中で，気づいたら何かが生まれていたというような感覚に近いだろう。

言葉による論理的思考に重きを置く学校教育現場において，考える自己を手放すという行為は異質であり，不安と忌避感が生じるのはある意味やむを得ないともいえる。しかし，実は自己意識を手放し，身体の感覚に任せることで何かが生まれるという体験は，誰しももっていることでもある。それは，例えば遊びの場面で典型的に見られる。子どもの頃，友だちと一緒にした砂遊びで，砂の手触りを感じながら身体が動き，結果として何らかの造形（時として意味をなさないもの）が生まれたとき。その創造プロセスでは，自他の境界は融解しているような状態にある。常識の枠から外れるためには，むしろ自己意識を手放し身に任せることが有効な場合があり，また身体レベルでの他者との対話は人間の生き物としての本能的な喜びをもたらすものである。言語的思考を手放し，身体の感覚に委ねる即興の創造的体験は，決して否定すべきものではなく，常識から外れた創造をもたらす重要な方法として捉えられる必要があるだろう。

3.2 自由な表現をいかに評価するか

表現系ダンスの授業が避けられる二つ目の要因は，自由な「解」が許される「ゴールフリー」という特性から生じる，評価の困難さである。理念としての自由性は理解していても，実際の指導現場において，児童・生徒からの自由な表現を目にしたとき，受容の仕方について戸惑いが生じることは十分想定できる。意識的，もしくは無意識的に正解（あるべき姿）に照らして指導してしまいかねない。以下，イメージしやすいように，筆者が遭遇した例を挙げてみる。これも，とある研究授業でのことである。

＜小学校の公開授業研究［表現運動］の例＞

■テーマ：「動物になりきる」

ある小学校で，２年生の児童を対象として，「動物になりきる」ことをテーマとした表現運動の授業が試みられた。その授業は研究発表会で公開されることになった。公開した授業では，特に「ゾウの世界」を題材とし，即興的にゾウになりきることに挑戦したものであった。

児童は最初，個々人が思うままに動いていたが，そのうち，男子児童どうしがお互いに脚と脚をからめて動きはじめた。最後の振り返り時に，教師が彼らに「何をしていたの？」と聞いたところ，彼らは脚をゾウの鼻に見立てて，鼻と鼻［実際は脚と脚］でお互いに挨拶をした，と答えた。

あなたがこの授業の教師だったとする。児童たちのこの姿を目にしたとき何を感じ，どのように指導するだろうか。

授業後の研究協議会では，このときの場面が議論の対象となった。その時，表現授業に詳しいベテラン教師が立ち上がり，次のように述べたのである。

> 「あのような児童の姿は，ゾウを表しているとは言えません。ゾウを表すには，右腕でこう（腕をゆらゆらと左右に動かす動作をしながら）動かすのがゾウです。」

あなたはこのベテラン教師の発言をどのように思うだろうか。

実際の協議会では，この発言は多くの人に賛同されたのである。授業を担当した教師のねらいは，ゾウを思い浮かべたときに定型化されたジェスチャーを再現するのではなく，いかに「自分の考える」動きを個々の児童から導くかにあった。しかし，結果としては，ねらいそのものに異を唱えられてしまうこととなった。発言をしたベテラン教師の中には，「ゾウはこうあるべき」という完成品の姿（＝正解）が強くあったことがうかがえる。児童たちのイメージを思い描きながら動いたプロセスが否定された瞬間であった。

教員にとって，言葉を介さず身体のみを扱うダンス指導では，児童の内側の想像プロセスを把握することは容易いことではない。体育の中でも，表現運動・ダンスは特に学習内容・指導方法・評価方法の不明瞭さからくる教員の指導不安が強く見られる領域であることが，これまでの研究でも明らかとなっている（猪崎ら，2015)。男性教員を対象とした聞き取り調査の結果からは，ダンス指導に必要な主項目として「学習者の気持ちを解放させるための雰囲気づくり」・「ゴールフリー（自由な表現）への対応」・「ダンスの演示」が抽出された一方で，「規律・規範の厳守」・「卓越した技能」からなる体育教師に求められる役割意識を強く抱き，特に＜「管理・規範」対「自由・解放」＞という，相反する方向性の狭間で葛藤を抱いているという本質的な問題が明らかとなっている（酒向ら，2016)。運動学習における，従来の「正解（＝合理的かつ効率的な運動実践の獲得）を目指す」という基本的構造に照らすと，ダンス学習の「ゴールフリー」という特性は，教員に不安や戸惑いをもたらすものに他ならない。従来の体育における学習観と相性がよいものとして，正解が明確（「評価しやすい」）と思われがちな定型のリズム系ダンスが難なく教育現場に受け入れられたのも，必然の流れであったとも考えられる。

4. 感創による創造性教育に向けて―身体的感性をいかに育むか―

4.1 教員の身体的感性を育む

「自由な表現」を掲げるダンス領域で生じてきた課題は，学校教育における言語的思考への偏重や正解主義からの脱却の困難性を，先取り的に映し出してきたともいえる。感創に基づく創造性教育を推進する際にも，同様の壁に突き当たる可能性は高い。それではどのように対処していけばよいのか。

一つの見解として，教員の身体的感性を磨くことが考えられる。先ほどのゾウの事例では，児童の表現をゾウとして不適切であると発言したベテラン教師は，自らが抱くゾウの完成フォルムのイメージに照らし，眼前の児童の表現を「適切か否か」の基準で判断していた。しかし，着目すべきは，ゾウ（として正しいとされるフォルム）を的確に再現しているかどうかではなく，ゾウという題材からイメージを膨らませ，試行錯誤に没頭しているかどうかであるべきである。

児童の内面を見とるには，彼らの身体から放たれるたくさんの非言語情報に集中し，それを通して内面に身体共感的にアプローチしていくことが鍵となるだろう。もしここで教員の側に「感じ取れる」身体的感性がなければ，児童の様子を適切に見とることは極めて困難なものとなる。すなわち，正解を評価の基準からなくすということは，児童・生徒の身体情報を感じとる身体的感性が必須となるということである。

次世代の教師にとって，「教壇に立つ前にいかに身体的感性を育むか」は，重要な課題となるだろう。特に，他者と身体を基盤とする即興体験をたくさん積み，他者と感応しあうことの楽しさを実感しておくことは，教師になったときに自信をもって児童・生徒を導いていくための礎になると考える。

4.2 身体的感性を育むためのプログラムの開発：CCEIワークの枠組み

筆者は，身体的感性を育むための具体的な教育プログラムとして，「CCEI」ワークというものを考案し実践してきた。その柱となる構成要素は以下の通りである。

【CCEIワークの基本的なプログラム構成要素】

1）目的：作品を創ることに主眼を置くのではなく，創造的プロセスを重視し，一連のプロセスの中で身体的感性を育むこと

2）CCEIワークの枠組みの主な要素

① 多様な受講者を対象に応じて調整可能なように，比較的短期間であるプログラム構成（目安として，4－5時間でできるようなプログラム）

② ワークの中で，自己の身体内に向き合う時間を設ける。

③ ベースとなる動きの素材を基にして，即興を体験する。
即興の体験は，自己に集中したものから，他者と関わりのあるものへと展開する。この素材の多様性を確保するために，可能であれば身体表現を専門とするアーティストと協働でプログラムを構成する。

④ 受講者どうしで体験したことについて振り返り，言語化する時間を設ける。

5.CCEIワーク例：「Ru・Ru・Ru」ワークショップ

本論の最後に，CCEIワークの具体的な実践例として，筆者がコーディネーターを務める「Ru・Ru・Ruプロジェクト」を紹介したい。

Ru・Ru・Ruプロジェクト vol.2（2018）

テーマ：舞台の上で即興表現を体験しよう
講師：古家優里　ダンサー・振付家（プロジェクト大山主宰）
日時:2018年3月27日（火）1部（10:00-12:00）2部（13:00-15:00）
場所：岡山市天神山文化プラザホール
対象：合計30名（小学生27名：中学生3名）

「Ru・Ru・Ru プロジェクト」とは，ダンスの「踊る・創る・観る」という三要素を学ぶ，身体的感性を高めるためのダンス創作ワークショップである。身体表現の専門家と協働しながら 2017 年より継続的に開催している。ここで取り上げるのは，プロジェクト大山を主催するダンサー・振付家の古家優里氏を招聘した，第２回「Ru･Ru･Ru プロジェクト」である。

ワークショップは２部に分かれて行われた。１部・２部とも，楽しく踊ることに集中する場面（踊る），ソロや群舞で創る場面（創る），お互いに見合う場面（観る）という「踊る・創る・観る」の三要素が入っていた。２部は，１部の発展形として，「見られる」緊張感が高まる舞台という空間で，「踊る・創る・観る」に挑戦できるように環境を設定した。

■１部（午前）場所：舞台ホールに併設されている練習場

（主な内容）アイスブレイク・ウォーミングアップ・身体表現ゲーム・日常動作を応用したダンスを踊る。

■２部（午後）場所：舞台ホール

（主な内容）即興表現を体験したあと，古家氏による振り付けの動きと組み合わせて発表。

＜「創る」・「踊る」＞

図 4-8　ジェスチャーゲームや，簡単なダンスを楽しむ

体ほぐし時間を十分とったあと，踊るときには，思いっきり心身を解放する。

図 4-9　一人が飛び出し，動きのテーマを伝える

即興表現への導入として，ジェスチャーゲームなど，表現遊びを通して，自分なりの表現をすることに慣れる。他者と関わりながら，動きを生み出す。

図 4-10　舞台上で即興表現に挑戦

即興表現になれてきた WS の最後には，テーマを参加者が決めて動く難易度が上がった即興表現に挑戦。テーマに応じて動きを創る即興場面。

参加者たちの中から一人飛び出し，動きのテーマを叫ぶ。他の参加者はテーマに応じて動く。それを繰り返す。

＜「観る」＞

図 4-11　観客席から他のグループが演じる様子を観る

参加者は，ワーク中は常にお互い動く様子を見て，それを刺激としてまた自分の表現にいかす。また舞台ホールでは，受講者を二つのグループに分けて，1 グループずつ，観客席と舞台上に分かれて，ダンスを観客として観る時間も設けられた。

<「環境と戯れる」>

図 4-12　舞台空間，照明の中で動くことを楽しむ

非日常空間を体験できるように，このワークショップでは舞台で踊るだけではなく，色彩を自由に感じながら遊べるように，照明と遊ぶ環境を設定した。

【注】

⑴　例えば小学校の高学年の表現運動については，「低学年の『表現リズム遊び』と中学年の『表現運動』で身につけてきた即興的に表現する能力やリズムに乗って踊る能力，コミュニケーション能力などを土台として，『表現』では更に個人やグループの持ち味を生かした簡単なひとまとまりの動きにして，仲間と表したい感じを込めて通して踊る力」を培うと記述されている（文部科学省，2018）。

⑵　小学校の「リズム遊び・リズムダンス」，中学校 / 高等学校の「現代的なリズムのダンス」をまとめてリズム系ダンス，また小学校の「表現遊び・表現運動」，中学校 / 高等学校の「創作ダンス」をここではまとめて表現系ダンスと称する。

⑶　日本経済団体連合会（経団連）が 2018 年に行った「新卒採用に関するアンケート調査」の結果では，16 年連続で「コミュニケーション」が第一位となっている。また，2022 年のアンケート調査では，「特に期待する資質」の第一位が「主体性」，「特に期待する能力」の第一位が「課題設定・解決能力」

となっており，正解にたどりつくためのはやさ（処理能力）や記憶力の重視から，他者と協働しつつ主体的に問題解決ができる能力に，より注目が集まっている。

【引用・参考文献】

猪崎弥生・酒向治子・米谷淳編（2015）ダンスとジェンダー－多様性ある身体性－，一二三書房.
邦　正美（1968）舞踊の文化史，岩波書店.
酒向治子・竹内秀一・猪崎弥生（2016）中学校保健体育科の男性教員のダンスに対する意識－語りの質的検討－，スポーツとジェンダー研究，14，pp.6-20.
酒向治子（2021）カニングハムと土方巽－アンチモダニズムの心身，Butoh入門－肉体を翻訳する－，大野ロベルト・相原朋枝編，文学通信 , pp.172-178.
佐々木健一（1995）美学辞典，東京大学出版会 .
寺澤孝文（2013）第２章　思考の新しいとらえ方－感覚から創り出される“言葉”と思考－，附属学校園における幼・小・中一貫教育の理論と実践－考える力を育てる言葉の教育－，岡山大学教育学部一貫教育専門委員会編，pp.13-24.
文部科学省（2018）小学校学習指導要領（平成 29 年告示）解説　体育編.
Patterson, Miles L.（1983）Nonverbal Behavior : A Functional Perspective, Spring-Verlag New York Inc.
Shusterman, R.（1992）Pragmatist Aesthetics : Living Beauty, Rethinking Art, Oxford : Black-well.

第5章　データサイエンスから考える

第1節　計量経済学からみた教育科学の方法

21世紀の幕が開けたいま，教育は足をばたつかせ泣きわめきながらも，ようやくにして20世紀に引き入れられようとしている。（Slavin 2002, p.16）

1. 問題の所在

教育科学の使命とは何だろうか—ここでは仮に，教育という営みに連なる人文・社会・自然諸科学の学際的視点から教育の領域におけるより良い実践・政策形成を問い続けること，また教育実践・政策形成の不断の改善を図るための科学的根拠を社会に供給することにあるとしよう。そのためには, 教育的介入（原因）と成果（結果）のあいだの因果関係（causality）を識別し，前者が後者に及ぼす因果効果（causal effect）を定量的に測定しなければならない。例えば,「学級規模の縮小によって，子どもの成績は向上するのだろうか—」「学校ボランティアへの参加によって，教育学部学生の教師としての資質・能力は高まるのだろうか—」「学生時代に運動部に所属することで，就業時の賃金が高くなったり，あるいは昇進が早まったりすることはあるのだろうか—」「政府の補助金を受けた職業訓練プログラムへの参加は，参加者の雇用機会の拡大や，労働所得の増加をどれだけもたらすのだろうか—」。介入と成果のあいだの因果効果の定量的評価なくして, こうした問いに科学的根拠に基づき答えることはできない。

ところで，因果関係と相関関係（correlation）は互いに明確に区別される概念である。後者すなわち相関関係とは, ある変数Xの値が大きいとき，別の変数Yの値も大きい(あるいは, 小さい)傾向があることをいう。一方，前者すなわち因果関係とは，ある変数Xを操作することで，別の変数Yが変化することをいう（Imbens and Rubin，2015)。一見すると，相関関係が必ずしも因果関係を意味しないことは自明であるように思える。しかし，特に観察研究（observational study）において，事象間の因果関係を識別することは，それほど容易なことではない。

近年，さまざまな実践・臨床および政策形成において，介入と成果のあいだの因果関係を示す実証的根拠（エビデンス）を重視することが求められている。実際，「エビデンスに基づく実践」（evidence-based practice，EBP）は，今日における標準的な実践のあり方として医療，社会福祉，刑事司法などさまざまな領域に普及している（国立教育政策研究所，2012）。他方，すでに「エビデンスに基づく政策立案」（evidence-based policy making，EBPM）が根付いている欧米諸国と比較して[1]，これまで日本では往々にしてエピソードベースの政策形成が行われてきたとの指摘がある（統計改革推進会議，2017; 小倉，2020）。こうした反省から，最近では日本でもエピソードベースの政策形成からエビデンスベースのそれへの転換を目指したさまざまな取組が推進されている。日本におけるEBPM推進の背景に世界に類を見ない少子高齢化や厳しい財政状況があることは事実だが（統計改革推進会議，2017），エビデンスベースの政策的意思決定の結果として財政支出が拡大することは当然ありうるし，何よりEBPMには民主主義国家において主権者たる国民に対する行政のアカウンタビリティ（説明責任）を向上させるという正の側面があることは強調されなければならない（国立教育政策研究所，2012）。教育の領域におけるEBPないしEBPMを，特に「エビデンスに基づく教育」（evidence-based education，EBE）という。

しかしながら，医療，社会福祉，刑事司法，あるいは経済・産業といった他の領域と比較して，教育の領域においてはエビデンスを重視する実践や政策形成のあり方が十分に理解され，かつ教育学研究者，教育実践者，あるいは行政官のあいだに広く受け入れられているとは言い難い[2]。より具体的なイメージをもって議論を進めるために，次のような事例を考えよう。

○　事例１：「早寝早起き朝ごはん」国民運動

『令和３年度 食育白書』（農林水産省）には，朝食の摂取と子どもの学力・体力の関係について次のような記述がある。

［令和３（2021）年度「全国学力・学習状況調査」（文部科学省）］の結果によると，朝食を毎日食べている小･中学生と，全く食べていない小･中学生の間には，各教科の平均正答率の差が 10 ～ 15 ポイント程度あります［…］。また，スポーツ庁が小学校５年生と中学校２年生を対象に実施した令和３（2021）年度「全国体力･運動能力，運動習慣等調査」によると，毎日朝食を食べる子供ほど，体力合計点が高い傾向にあります［…］。（農林水産省 2022，p.44）

さらに，同白書では「『早寝早起き朝ごはん』の効果に関する調査研究報告書」（「早寝早起き朝ごはん」全国協議会）の記述をもとに，

子供の頃,「早寝早起き朝ごはん」をよく実践していた人ほど,大人になった現在の資質・能力が高い等の調査結果が出ており，「早寝早起き朝ごはん」の重要性を，広く普及啓発しました。（農林水産省 2022，p.46）

としている(3)。

このように，規則正しい生活習慣，特に朝食摂取が子どもの資質・能力に肯定的影響を与えるとの認識は，政府・地方公共団体を問わず行政官のあいだで広く共有されているようである。例えば，西日本のある地方公共団体では，子どもの能力や可能性を高めるために必要な生活習慣を身につけることを目的として，公立小学校の敷地内で朝食を無償提供するモデル事業を実施している。

○　事例２：公立小学校における不登校対策事業

ある地方公共団体では，公立小学校における不登校の出現率が全国平均を上回っていることから，相対的に支援の必要性が高い学校を対象に，不登校の発生を未然に防ぐ支援員を配置する事業を実施した。その結果，支援員を配置した学校の不登校の出現率が全国平均を下回るようになったことから，支援員の増員を図るための追加的な予算を措置することにした。

はたして，朝食摂取によって子どもの学力・体力や大人になった現在の資質・能力を高めることはできるのだろうか。あるいは，支援員が優先配置された学校における不登校の出現率が全国平均を下回るようになったことをもって，当該事業は効果があったと判断してもよいのだろうか。本節ではこれらの問いに計量経済学の視点から答えることを通じて，教育科学の方法を論じることにする。

2. ルービン因果モデルの基本的枠組[4]

さまざまな統計的手法を応用することで，介入（原因）と成果（結果）のあいだの因果関係を識別し，前者が後者に及ぼす効果の大きさを定量的に評価することを統計的因果推論（statistical causal inference）という。この項では，反実仮想モデル（counterfactual model）ないしルービン因果モデル（Rubin causal model）（Holland，1986）といわれる統計的因果推論の標準的な枠組を簡潔に説明する。

いま，ある個体 i に何らかの介入（intervention）を行うとする。前項の事例でいうと，児童への無償朝食の提供あるいは公立小学校への支援員の配置がこれにあたる。学問分野によって，介入は処置（treatment）もしくは曝露（exposure）といわれることもある[5]。効果測定の対象となる変量を結果変数（outcome）という。前項の事例でいうと，児童の学力・体力や大人になった現在の資質・能力，あるいは学校における不登校の出現率がこれにあたる。ある個体 i の結果変数の値を y_i とあらわす。ここで，y_i は潜在的に次の２つの値をとりうる。

$$y_i = \begin{cases} y_i^1 \\ y_i^0 \end{cases} \tag{1}$$

これを個体 i の潜在的結果（potential outcomes）という。（1）式における y_i^1 は個体 i が介入を受ける場合の結果変数の値である。一方，y_i^0 は同じ個体 i が介入を受けない場合の結果変数の値である。前項の「早寝早起き朝ごはん」国民運動の事例でいうと，y_i^1 はある特定の児童が無償朝食の提供を受ける場合の学力であり，y_i^0 は同じ児童が無償朝食の提供を受けない場合のそれである。

介入（例えば，無償朝食の提供）が個体 i の成果（例えば，学力）にもたらす因果効果は，次のように定義される。

$$y_i^1 - y_i^0 \equiv ITE \qquad (2)$$

これを個体因果効果（individual causal effect）ないし個体処置効果（individual treatment effect，ITE）という。個体処置効果 ITE を（2）式のように定義することは，きわめて自然である。なぜなら，個人間に異質性が存在する以上，無償朝食の提供を受けたある児童の成績と，無償朝食の提供を受けていない別の児童のそれを比較することには何の意味もないからである。

しかしながら，（2）式における y_i^1 と y_i^0 は決して同時に観測されることはない。個体 i が実際に介入を受けた場合，個体 i が「介入を受けなかった」というのは反事実（counterfactual）（ないし，反実仮想ともいう）だからである。例えば，実際には無償朝食の提供を受けたある児童について，同じ児童が仮に無償朝食の提供を受けなかった場合の彼／彼女の学力を観測することはできない。同じように，個体 i が実際には介入を受けなかった場合，個体 i が「介入を受けた」というのは反事実である。例えば，実際には無償朝食の提供を受けなかったある児童について，同じ児童が仮に無償朝食の提供を受けた場合の彼／彼女の学力を観測することはできない。結局，（2）式における y_i^1 と y_i^0 はどちらか一方が必ず欠測となるため，個体処置効果 ITE は観測することも推定することもできない。これを「因果推論の根本問題」（fundamental problem of causal inference）（Holland, 1986）という。

次善の策として，同一個体における因果効果ではなく，ある集団における平均的なそれを推定することを考えよう。この集団に含まれる個体 i

の結果変数を Y_i とあらわすと，介入がもたらす平均的な因果効果は次のように定義される。

$$E[Y_i^1]-E[Y_i^0]\equiv ATE \tag{3}$$

ただし，E は期待値演算子である。これを集団レベルでの因果効果ないし平均処置効果（average treatment effect，ATE）という。個体処置効果ITE は観測することも推定することもできないので，統計的因果推論の主な目的は，この平均処置効果 ATE の推定にある。

もっとも，このままでは依然として「因果推論の根本問題」は解決されていない。(3) 式における Y_i^1 と Y_i^0 のどちらか一方は必ず欠測となるからである。そこで，手許にある標本を「介入を受ける個体の集団」と「介入を受けない個体の集団」に分割する。前者すなわち介入を受ける個体の集団を処置群（treatment group）（あるいは，介入群ないし実験群），後者すなわち介入を受けない個体の集団を対照群（control group）（あるいは，統制群ないし非実験群）という。また，手許の標本に含まれる個体を処置群と対照群のいずれかに割当てることを割付（assignment）という。ここで，処置変数（treatment variable）$T_i\in\{0,1\}$ を介入の有無をあらわすダミー変数とする。ただし，$T_i=1$ は個体 i が介入を受けたこと（すなわち，処置群への割付），$T_i=0$ は個体 i が介入を受けていないこと（すなわち，対照群への割付）をあらわす。

処置群と対照群のあいだの結果変数の値の平均値の差は，大標本であれば次式に一致するとみなしてよい。

$$E[Y_i^1|T_i=1]-E[Y_i^0|T_i=0] \tag{4}$$

(4) 式から処置群に含まれる個体 i に仮に介入しなかった場合の結果変数の期待値 $E[Y_i^0|T=1]$ を引き，さらに同じものを加えると，

$$E[Y_i^1|T_i = 1] - E[Y_i^0|T_i = 1] + E[Y_i^0|T_i = 1] - E[Y_i^0|T_i = 0] \quad (5)$$

となる。(5) 式の前半部分である

$$E[Y_i^1|T_i = 1] - E[Y_i^0|T_i = 1] = E[Y_i^1 - Y_i^0|T_i = 1] \quad (6)$$

は，処置群に含まれる個体における平均的な因果効果である。これを処置群における平均処置効果（average treatment effect on the treated, ATT）という。他方，(5) 式の後半部分である

$$E[Y_i^0|T_i = 1] - E[Y_i^0|T_i = 0] \quad (7)$$

は，処置群に含まれる個体が仮に介入を受けなかった場合に対照群に含まれる個体とのあいだで平均的にみられる結果変数 Y_i の差である。これを選択バイアス（selection bias）という。つまり，処置群に含まれる個体の結果変数の値の平均値と対照群に含まれる個体のそれとのあいだのナイーブな差は，処置群における平均処置効果 ATT と選択バイアスの合計の推定値であって，標本全体における平均処置効果 ATE のそれではないのである。

3. 教育科学におけるエビデンス

こうした統計的事実は，教育科学の方法について重要な示唆を与える。冒頭の事例でいうと，朝食摂取の習慣のある児童とそうした習慣のない児童のあいだで観察された学力・体力や大人になった現在の資質・能力の差は，朝食摂取の習慣とは無関係に選択バイアスとして２つの児童グループ間にはじめから存在していた可能性が高い。例えば，朝食摂取の習慣が

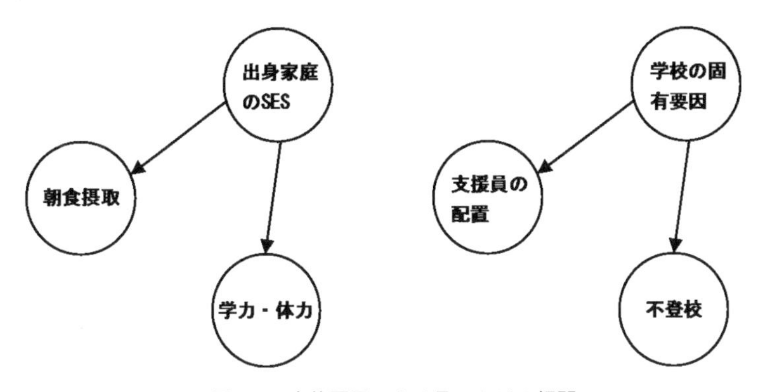

図5-1　交絡因子による見せかけの相関

出所：林・黒木（2016）を参考に筆者作成。

ある児童はそうした習慣がない児童と比較して，出身家庭の社会経済的地位（socio-economic status，SES），親の子どもに対する教育的関心，あるいはスマートフォンの利用時間などに違いがある可能性はないだろうか。教育経済学や教育社会学では，出身家庭のSESや親の子どもに対する教育的関心の程度によって，子どもの学力・体力にみられる格差の小さくない部分が説明されることが知られている（例えば，松岡，2019）。スマートフォンで深夜までSNSやゲーム等に興じる傾向がある児童は，起床時刻が遅くなることで登校前に朝食をとる時間を十分に確保できないかもしれない。また，スマートフォンの利用時間の増加は学校外での学習時間の減少をもたらし，そのことが児童の学力に負の影響を及ぼすかもしれない。図5-1に示されるように，処置変数と結果変数の両方に影響する第三の要因が存在すると，介入と成果のあいだに因果関係が存在しなくても，両者のあいだに見せかけの相関（spurious correlation）（ないし，疑似相関ともいう）が生じる。ここでは，朝食摂取と学力・体力のあいだに因果関係が存在しなくても，例えば出身家庭のSES，親の子どもに対する教育的関心の程度，あるいはスマートフォンの利用時間といった第三の要因が存在すると，ナイーブな観察研究ではあたかも介入の効果が存在するように錯覚してしまうのである。

同じことは，公立学校における不登校対策事業にもあてはまる。冒頭の事例では，支援員は相対的に支援の必要性が高い学校に優先して配置されているのだから，例えば在籍する児童の男女比，平均的な学力・体力，出身家庭の SES，家族構成，社会関係資本（social capital），教員の質，利用可能な教育資源，あるいは学校が立地する地域の固有要因など不登校の出現率に影響すると考えられる諸要因は，当然のことながら支援員の配置と不登校の出現率の両方に影響することになる。その場合，支援員が配置された学校で不登校の出現率が低下したとしても，その理由は単なる「平均への回帰」（regression to the mean）に過ぎないかもしれない。

一般に，変数 Z が変数 X と変数 Y の両方に影響する変数間の構造を交絡（confounding）という。また，変数 Z を交絡因子（confounding factor）という。図 5-1 に示された例でいうと，出身家庭の SES や学校の固有要因が交絡因子 Z にあたる。交絡因子と処置変数および結果変数とのあいだの関係を何らかの方法で断ち切らない限り，単なる見せかけの相関を因果関係と誤認するおそれがあるのである（立森，2016）。

ところで，実験研究（experimental study）のなかでもランダム化比較試験（randomized controlled trial, RCT）と呼ばれる研究デザインでは，手許の標本に含まれる個体の処置群と対照群への割付が無作為に行われる。これを無作為割付（random assignment）という。無作為割付が行われる場合，処置変数 T_i と結果変数 Y_i は独立になるので，次の関係が成立する。

$$E[Y_i^1|T_i = 0] = E[Y_i^1|T_i = 1] = E[Y_i^1] \quad (8)$$

$$E[Y_i^0|T_i = 0] = E[Y_i^0|T_i = 1] = E[Y_i^0] \quad (9)$$

(8)，(9) 式は無作為割付によって処置群と対照群が手許の標本全体と平均的にみて同質となることを意味している。(8), (9)式を(4)式ないし(5)式に代入すると，

$$E[Y_i^1|T_i = 1] - E[Y_i^0|T_i = 0] = E[Y_i^1] - E[Y_i^0] \quad (3)'$$

となり，平均処置効果 ATE の定義式である（3）式に一致する。つまり，無作為割付によって選択バイアスが消滅し，かつ処置群における平均処置効果 ATT と標本全体における平均処置効果 ATE が一致するので，２群間の平均値の差をとることで平均処置効果 ATE を偏りなく推定できるのである。統計的因果推論において，手許の標本全体における平均処置効果 ATE が偏りなく推定されていることを内的妥当性（internal validity）があるという。RCT はその分析結果が完全な内的妥当性を有することから，統計的因果推論の黄金律（gold standard）とされる。

もっとも，研究上の興味関心は手許の標本における因果律の発見にあるのではなく，あくまで母集団におけるそれにあるはずである。手許の標本全体における平均処置効果 ATE のみならず，母集団におけるそれも偏りなく推定されていることを外的妥当性（external validity）があるという。母集団から無作為抽出（random sampling）された標本を用いた RCT であれば，その分析結果は内的妥当性のみならず外的妥当性も有することになる（高橋，2022；p.30）。ただし，実際上の問題として RCT において母集団から無作為に標本を抽出することは容易ではない場合が多い。また，無作為抽出が可能な場合でも標本抽出枠（sampling frame）と母集団のあいだにズレが生じやすい(6)。そのため，しばしば外的妥当性の確保が RCT を用いた研究デザインの課題とされる。さらに，一般的な RCT は相対的に標本サイズが小さいことが多い。これらの理由から，RCT によって得られた分析結果の一般化には，複数の RCT で得られた分析結果を統計的に統合することが推奨される。これをメタアナリシス（meta-analysis）やシステマティック・レビュー（systematic review）という。

RCT が統計的因果推論の黄金律であるとしても，教育の領域をはじめとする社会諸科学や医学・疫学等の人を対象とする研究では，研究倫理の問題などから RCT のような研究デザインを採用することが困難であることが少なくない(7)。その場合，「偶然」や統計理論を駆使して疑似的な実験的環境をつくりだすことで因果効果を推定することになる。そのために開発されたさまざまな統計的手法を準実験（quasi-experiment）という。代表的な準実験的手法には，例えば自然実験（natural experiment），傾向スコア・マッチング（propensity score matching），回帰不連続デザイン（regression discontinuity design），差の差推定（difference-in-differences method），合成コントロール法（synthetic control method），操作変数法（instrumental variables estimation）等がある（例えば，Angrist and Pischke, 2009；高橋，2022；津川，2016；小林，2019；西山ら，2019；安井，2020；森田，2014 等を見よ）。

統計的因果推論においては，採用されたさまざまな統計的手法によって得られる分析結果の内的・外的妥当性に違いが生じる。これをエビデンス・レベル（evidence level）ということがある。さまざまな分析手法とそれによって得られる分析結果のエビデンス・レベルの対応を示した図をエビデンス・ピラミッド（evidence pyramid）という。エビデンス・ピラミッドにはさまざまなバージョンがあり，各々の専門領域毎に逐次改訂されている。一例として，教育の領域における研究を想定したそれを図 5-2 に示す。

もっとも，今日のエビデンスをめぐる議論では，エビデンス・ピラミッドを絶対視するのではなく，データの入手可能性など実際上のさまざまな制約も加味したエビデンス・レベルの相対化が進みつつある（今井，2015）。それに呼応して，教育の領域においてエビデンスを重視する実践・政策形成のあり方も，「エビデンスに基づく（evidence-based）教育」ではなく，「エビデンスを参照した（evidence-informed）教育」と表現されるケースが増えている（国立教育政策研究所，2012）。

4. 小括―教育学（pedagogy）と教育科学（education sciences）の邂逅

教育の領域へエビデンスを導入しようとする試みは，ときに一部の教育学研究者や教育実践者から激烈な批判を浴びることがある。例えば，松下（2015）は「エビデンスに基づく教育」はその特有の政治的機能から教育の形骸化や空洞化をもたらし，さらには教育学を廃棄に追い込んでいく可能性もあると主張する。しかしながら，こうしたエビデンス批判はエビデ

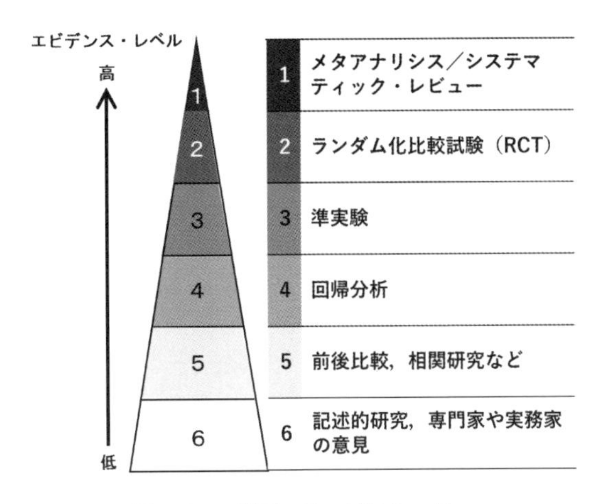

図5-2　エビデンス・ピラミッド

出所：中室・津川（2017），小林（2019），家子ら（2016）等を参考に筆者作成。

ンスのつくり手―多くの場合は教育の領域を研究対象とする計量経済学や計量社会学の研究者―に響くことはない。なぜなら，彼／彼女らの研究上の関心は，専ら自らがつくりだすエビデンスのエビデンス・レベルにこそあるからである。今井（2015）が指摘するように，こうして教育の領域におけるエビデンス導入の批判者と擁護者の議論が相互に噛み合うことはない。とりわけ日本においては，ややもすれば両者のあいだで罵詈雑言が飛び交うか，あるいは互いに無視を決め込むという不毛な状況に陥りがちである。

教育の領域におけるエビデンスをめぐる議論を生産的なものとし，教育科学がその使命を果たすためには，教育の領域を対象とした研究において規範的・理論的アプローチと実証的アプローチ，あるいは実証的アプローチにおける量的研究と質的研究の補完関係の構築を図らねばならない。そこでは，上述した「エビデンスを参照した教育」（evidence-informed education）という新しい潮流が重要な意味をもつはずである。

【注】

(1)　Evidence-based policy making（EBPM）にはさまざまな訳語がある。例えば，

日本政府によるEBPM推進の基本方針を示した「統計改革推進会議　最終取りまとめ」（平成29年5月19日統計改革推進会議決定）では，「証拠に基づく政策立案」との訳語を充てている。EBPMの内実をふまえれば，「実証的根拠に基づく政策形成」といった訳語がより適切であろう。

⑵　教育学研究者によるEBEをめぐる議論を概観するには，例えば松下（2015）や今井（2015）が参考になる。

⑶「早寝早起き朝ごはん」全国協議会による同調査では，「大人になった現在の資質・能力」として「自尊感情」「共生感」「意欲・関心」「規範意識」「人間関係能力」「職業意識」「文化的作法・教養」「へこたれない力」を取り上げ，各資質・能力を構成する下位項目を得点化して作成した合成変数をもとにその高低を判断している。計測方法の詳細については，「早寝早起き朝ごはん」全国協議会（2021）pp.3-4を参照されたい。

⑷　本節におけるルービン因果モデルについての説明は，Duflo *et al.*（2008），高橋（2022），Angrist and Pischke（2009），宮川（2004），星野（2016），西山ら（2019）等に拠る。なお，こうした理論的枠組はRubin（1974）によって提示され，Holland（1986）によって因果推論のための「ルービン・モデル」と名付けられた。

⑸　教育の領域では多くの文脈において介入というのが自然であろう。

⑹　標本抽出枠と母集団のズレは実験研究だけではなく観察研究においても問題となる。例えば，轟ら編（2021）の第7章を参照されたい。

⑺　もっとも，経済学では実験経済学といわれる研究分野が確立しており，実験的手法が理論的手法や計量的手法と並ぶ主流派経済学の方法として広く受け入れられている。

第2節　特別支援教育とシングルケースデザイン

1. 個人差をどう扱うか？

一般的に，ある教育方法や教育政策等の効果を検証しようとした場合，多くの集団を対象にして介入群と非介入群に割り当て，各群の代表値である平均をもとに，統計的検定からその効果を判断する群間比較研究法が使用される。例えば，研究参加者を無作為に群分けし，ある教育方法を導入した群の方が，それを導入しない群に比べて，テストの得点が統計的に有意に高いことが多くの地域や学校で示されれば，その教育方法は有効であると判断される。しかし，人を対象とする研究の場合，結果がばらつくことはよくある。つまり，個人差が生じることになる。図5-3は，ある教育方法を受けた複数の地域と，それを受けていない複数の地域におけるテスト得点の平均値差と，ある教育方法を受けた地域Aの個人データの推移を示している。個人データに注目すると，「効果がみられていない」子どももいることがわかる。このとき，個人差をどのように扱えばよいだろうか。これは目的によって異なる。例えば，データの一般化やモデル化，なるべく多くの人に対する有益さを目的としたとき，個人差は「誤差」として扱われるだろう。一方で，この個人差の原因を探り，新たな仮説や新たな問題解決の方法を追究する場合，個人差は「研究対象」として扱われることになるだろう。後者の場合に用いられる研究法の1つに，シングルケースデザインがある。

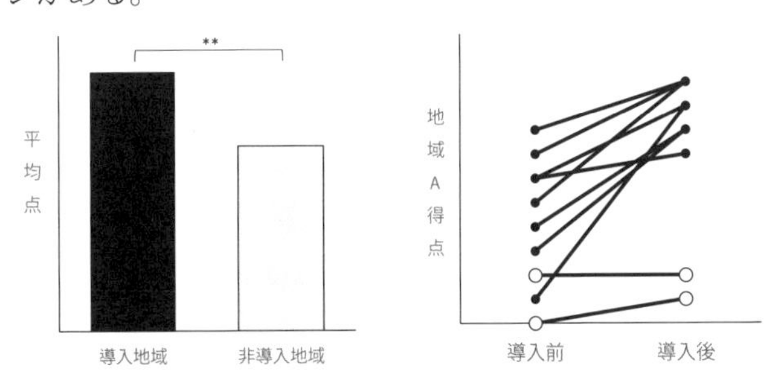

図5-3　ある教育方法を導入したときの平均データと個人データ

出所：野呂（2009）をもとに筆者作成。

シングルケースデザイン（single-case design）とは，行動やパフォーマンスに影響を与える制御変数を見つけ，行動変容と介入との間にある因果関係に迫っていく研究法である（藤巻・山田，2021；島宗，2019）。目の前にいる個人の行動を観察しながら，環境条件（例えば，指導方法，指導環境）によって行動がどう変わるかを探究することにその特徴がある。個人差を無視せず，むしろ対象となる人に合わせて方法を柔軟に調整しながら，その人にとって有効な環境条件を同定していく。このプロセスは，特別支援教育の理念や基本的な考え方と親和性が高い。特別支援教育とは，障害のある幼児児童生徒の自立や社会参加に向けた主体的な取り組みを支援するという視点に立ち，幼児児童生徒一人ひとりの教育的ニーズを把握し，その持てる力を高め，生活や学習上の困難を改善又は克服するため，適切な指導及び必要な支援を行うものである（中央教育審議会，2005）。シングルケースデザインを用いて教育実践研究を進めていくことは，まさに，日々の実践と子どもの行動変容を見つめながら，子どもたち一人ひとりにとって有効な教育方法と確かな学びを探究することになるといえるだろう。

2. 一人ひとりの子どもたちの反応から教育実践を研究する

ある教育内容や教育方法に対する反応の仕方は，子どもによってさまざまである。ある教育内容や教育方法が，あるグループの平均的なパフォーマンスに有効だったとしても，そのグループ内に含まれる子どもの中に，集団のパフォーマンスと異なる行動を示し，十分な反応を示さない子どもがいるだろう。その中には，障害のある子どもたちも含まれることがあり，子どもの反応に応じた教育方法や教育内容の変更・調整が重要になる。

近年，学校が全ての児童生徒にとって安全かつ効果的な学習環境であることをめざして，米国を中心に，多層支援システム（multi-tiered systems of support；以下，MTSS）による教育実践や研究が展開されている（野田，2020）。MTSSとは，既存のあるいは新たな教育資源を効率的に分配し，全ての子どもたちに最も効果的な指導や介入を提供するために，子どもたちのアウトカムデータ（例えば，問題行動の頻度，学習習得度など）に基づいて階層的支援を展開するモデルである（Riley-Tillman *et al*., 2020）。その中でも，子どもたちの反応や学習状況に応じて，学習のつまずきをとらえ，対応していく指導モデルとして，Response to Intervention（以下，RTI）モデルがある。RTI モデルでは，典型的には 3 層からなる指導システムが用いられる。第 1 層指導（Tier 1）では，通常の学級にいる全ての子どもに可能な限り質の高い指導を展開する。そのとき，科学的な根拠に基づく研究成果をはじめとするエビデンスが活用されることがある。第 1 層指導を受けているにもかかわらず，十分な学習の伸びが見られない児童生徒には，第 2 層指導が展開される。第 2 層指導（Tier 2）では，第 1 層指導の内容や方法に加えて行われ，小集団を対象にして継続的に付加的な指導が実施される。そのとき，子どもの学習状況の改善をモニターするため，学習到達度などのデータが用いられる。それでもなお，十分な伸びがみられない子どもには，より集中的で個別的な第 3 層指導（Tier 3）が展開される。ここでも，定期的なデータモニタリングが重要となる。第 3 層指導の介入方法は一般的には校内の問題解決チーム（problem solving team）が検討し，通常の学級内で提供される。しかし，個別の介入にあまりにも多くの教育資源（例えば，時間，人員，場所など）が必要であると判断された場合は，日本でいえば特別支援学級や通級指導教室，特別支

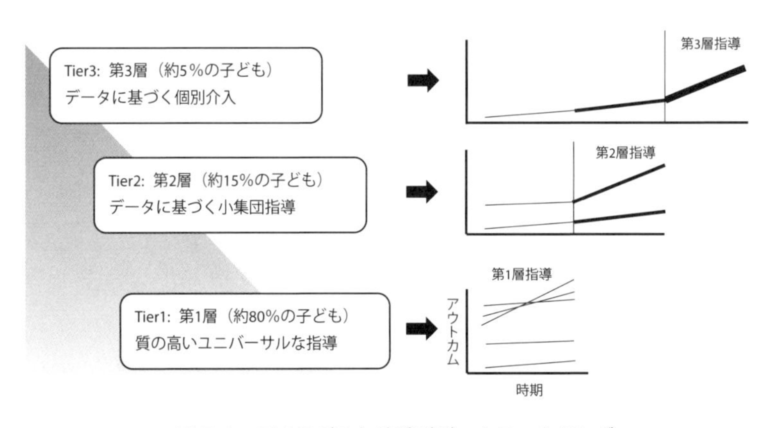

図 5-4　RTI モデルと時系列データモニタリング

出所：Riley-Tillman *et al*.（2020）を参考に筆者作成。

援教育コーディネーターなどの教育資源を含めて対応することになる（野田，2020）。RTIモデルにおいて，個別のアウトカムデータをモニタリングするとき，厳密な方法ではないにせよ[1]，シングルケースデザインの方法を部分的に用いることで，データに基づく教育実践を実現させることができるだろう（図5-4）。

3. 最適な教育環境を意思決定するためのデータモニタリング

シングルケースデザインを用いた教育実践研究では，群間比較研究法のように，対象者を何らかの属性が共通する均一なグループの代表値（例えば，平均値）としてデータを要約せず，できる限りそのまま，生のデータをもとに，目の前にいる子どもの行動に影響を与える教育環境を丁寧に探っていく。そして，対象の子ども，対象の場面における固有の問題解決に向けて，有効だと考えられる教育環境（例えば，教材・教具，指導方法）を操作する。このとき，最適な教育環境を見立てることが求められる。この見立てには，データの図表化が有効となる。図5-5は，第3層指導まで

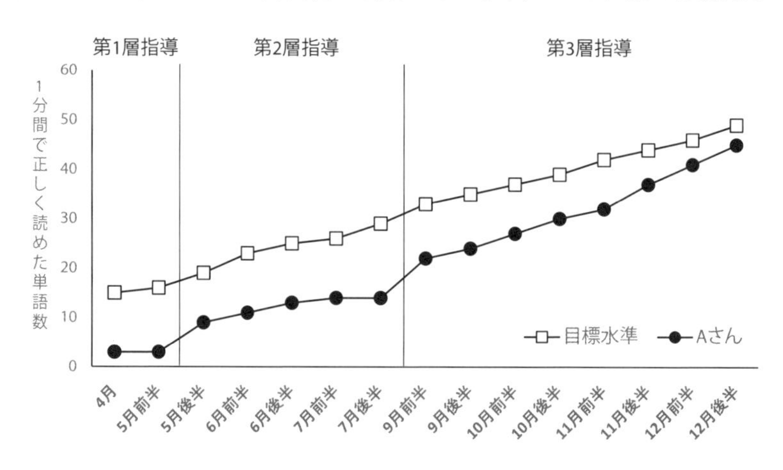

図5-5　データモニタリングに基づく多層指導の展開例

出所：野田（2020）をもとに筆者作成。

必要であったAさんに対するRTI実践の仮想データを示している。第1層指導では十分な学習達成ができていないと判断した場合，学級全体での

指導に加え，小集団での付加的な指導を実施する。5月以降，第2層指導の導入後はアウトカムデータの伸びが確認されている。しかし，7月後半までにその伸びが停滞しているため，夏休み明けの9月からは，より集中的かつ個別的な第3層指導が導入される。このように，データに基づく意思決定は,先に紹介したRTIの実践においても中核的な役割を果たす。なお，この意思決定は，学校における問題解決チームが，子どものデータ評価，介入の必要性判断，有効と考えられる介入法の選択，介入に必要な時間等について，ブレインストーミングを通して行われる。

しかし，ここで重要になるのは，子どもの反応に基づき，どのような第2層指導，第3層指導を展開するかであろう。データを取り続けても，なぜうまくいかないのか，どうしたら子どものパフォーマンスが改善するかを考え，有効な教育方法や教育内容を判断できなければ，意思決定を後押しするデータモニタリングとして十分に機能したことにはならない。実際，このような問題は筆者も経験したことがある（丹治・矢野，2017）。意思決定を支える技術，経験，体制が保障されていなければ，データ収集とデータに基づく教育実践の実現は困難となり，できたとしても持続可能性の低い取り組みになってしまう。また，その学校の利用可能な教育資源や，教員の価値観に見合わない場合，いくら効果的とわかっていても，費用対効果が低く，導入は困難になる。このように，学校または教員の資源を効率よく分配することや，学校や教員の価値観や文化といった文脈を考慮に入れながらも，学校におけるデータモニタリングに基づく教育内容や教育方法の意思決定を支える仕組みづくり（例えば，教員養成，現職教員研修，外部専門家の活用,教員が使えるエビデンスの紹介,校内での問題解決チームの構築，地域の学校間での交流や連携，など）を充実させることは，今後の課題であるといえるだろう。

4. エビデンスの個別性と一般化可能性

シングルケースデザインは，統計的検定に耐えうる多数の対象者を集めたり，属性（例えば，年齢，性別，障害の程度など）の統制をしたりすることなく，さらには介入群，非介入群の割り当てをすることなく，実践現場における目の前の対象者に対して実施可能な研究法である。そして，その人（たち）にとって重要な問題解決，およびそれをもたらす要因（例えば，開発した教材，工夫した指導法）の特定が目指される。それが実現されたとき，対象となる個人と周囲の人たちにとってみれば，ベストエビデンスが創られた，といえるかもしれない。しかし，シングルケースデザインには限界がある。それは，研究成果の一般化可能性の問題である。シングルケースデザインは，再現[2]（direct replication）と系統的再現（systematic replication）といった実験の繰り返しから一般化可能性を追究することになる（Walker and Carr, 2021）。つまり，単一の実験研究からではなく，複数の実験研究による知見の積み重ねから，一般化可能性を高めていく。あるいは，個々の実験成果を1つのデータとみなし，それらを統合して介入効果を総合的に評価するメタ分析の方法もある。一方で，コストの高さと節約性の低さが問題視されるかもしれない。たしかに，研究にかかるコストや節約性は重要であり，一般化を追究する上でも欠かすことのできない条件である。しかしながら，研究のコストや節約性を重視するあまりに，研究成果の一般性や普遍性を確立させるヒントを見落としてしまう危険性もあるのではないだろうか。図5-6に，シングルケースデザインを用いたエビデンスを「つくる」「つたえる」「つかう」過程を示した。研究者

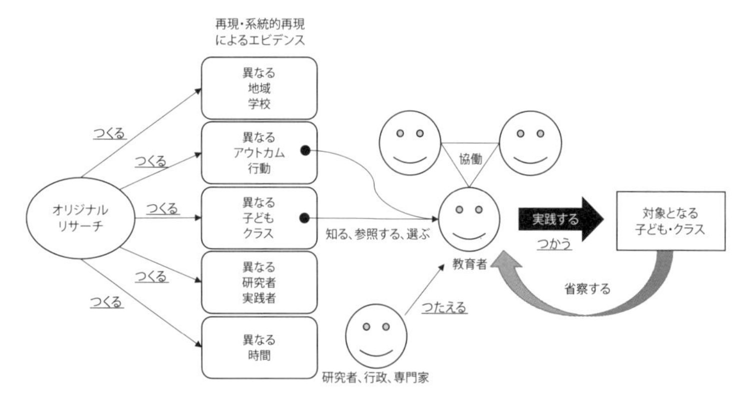

図5-6　シングルケースデザインを用いたエビデンスをつくる，つたえる，つかう

出所：Walker and Carr（2021）を参考に筆者作成。

がオリジナルリサーチから，再現・系統的再現によりエビデンスを「つくり」，教育者が，対象とする子どもに合うエビデンスを選び（または，参照して），実践に「つかう」。ただし，教育者がどのエビデンスを選べばよいのかわからない問題が生じることが考えられるため，研究者，行政，専門家がエビデンスを「伝える」役割を果たすこともまた重要になる。そして，教育者が子どもの反応から，実践を省察する。もし，エビデンスを活用した実践がうまくいかなかった場合，新たな方法を生み出し，先行研究で得られた知見を拡張する役割を果たすかもしれない。今後は，エビデンスの一般化可能性と個別性の両方の観点から，教育を科学できる科学者 - 実践家モデル(3)（scientist-practitioner model）の益々の普及が，エビデンスに基づく教育の推進には重要になってくるのではないかと考える。

【注】

(1) 実験研究法として，独立変数と従属変数との因果関係をより厳密に迫ろうとする場合，シングルケースデザインにはいくつかの研究デザインがある。詳細は，本節でも紹介している藤巻・山田（2021），野呂（2009），島宗（2019）などの文献を参照していただきたい。なお，近年では，シングルケースデザインが心理学，教育，医学などの関連領域において注目され，シングルケースデザインを用いた研究を評価する手続きや評価基準のガイドラインが，米国教育省の研究機関 Institute of Education Sciences（IES）の組織である WWC（What Works Clearinghouse）より公開されている（URL：https://ies.ed.gov/ncee/wwc/Handbooks）。

(2) 再現とは，研究知見の信頼性を高める，および評価するため，もととなる研究から手続き的な変化を加えず，ほぼ同条件で実験を繰り返すことである。系統的再現とは，研究成果の一般化をめざして，もととなる研究とは異なる条件下で行う実験の繰り返しである。例えば，別の参加者，別の場面，別の研究者，別の参加者プロフィール，別の行動やアウトカム指標等，中心となる制御変数以外の変数を変化させて行う実験の繰り返しである。

(3) 中野（1996）によれば，サイエンティスト・プラクティショナー・モデルでは，実践家（practitioner）は，消費者（研究機関から発表されるアセスメントと介入法についての知見を吸収する），評価者（自分の実践について経験科学的方法を駆使して評価し，説明責任を高める），研究者（自分の実践研究の成果を，社会に報告・還元する），３つの役割を統合的に遂行することが奨励される。その他，松見（2016）はエビデンスに基づく実践と科学者 - 実践家モデルを紹介している。

第３節　エビデンスからより良い実践を志向する

最後に本節では，より良い実践をしていくためにエビデンスや教育データとどのように向き合い，いかに活用していくのかについて一緒に検討したい。

1. 何のためのエビデンス？

教師の長時間労働問題から始まった「ブラック教員」，さらには「ブラック校則」といったように教育活動のあらゆることが批判的に捉えられるようになった。このような流れの中で教育界は，その働き方や思考，実践方法を変えていくことが求められている。ところが，なかなかそれを変えることが難しいというのが現状ではないだろうか（だからブラックと揶揄されるわけであるが）。なぜならば，人は KKD（「K ＝勘」，「K ＝経験」，「D ＝度胸」）に基づいて行動するクセを持っているからである。エビデンス系の書籍を読むとまず，KKD から距離をとって思考することが勧められる。ところが，いくらエビデンスに基づいていると言われても，未知の経験は当事者にとっては「怖い」・「難しい」という感情を生起させる為に，新たな一歩が踏み出せない。もしくは，現場の空気によって押しつぶされてしまう。そこで，エビデンスを使って，より良い実践へアクションを起こしていくために，まず何のためのエビデンスかを当事者（教師）にとっての意味から捉えてみる。

その為には，まず簡単に先輩教員がどのように授業改善をしながら職能を高めてきたのかから理解してみる必要がある。例えば体育の事例を紹介すると，体育授業の質向上は，より良い実践を生み出すために民間の研究団体によって理論と実践がつみかさねられてきたという歴史がある。手弁当を持ち寄って，平日の夕方や土日，休業期間中に合宿をしたりしながら，実践について教員や研究者が混ざって議論を深めてきた。そこでは，ある単元や授業をいかに指導するのかから始まって，学級経営や子どもたちの捉え方など多岐に渡った議論がなされていた。多岐にわたる議論から教師に新たな気づきを生み出していた一方で，エピソードベースの議論であるが故に，ある年長者の意図や想いに絡め取られてしまうことも往々にしてあった。また，時にはエピソードベースの議論が，非効率的であったり子どもたちにはあっていない指導法だったりすることもある。もちろん先輩教員のそういった学びが日本の教育力を高めてきたという側面はある。その一方で，業務の多様化や働き方改革によって，そういった時間を捻出することが困難となっている現在，エピソードベースの学び方だけでは立ち行かない現状がある。効果の上がらない指導をいくら頑張って行っても，子どもたちのダイレクトな反応は教員のモチベーションも下げるわけであるから，負のスパイラルを生み出しやすくなる。だからこそ，エビデンスの力を借りよう！というわけである。つまり，エビデンスに対して難しいイメージを持ったまま意味もなく理解し，実践に活かしましょうということではなく，エビデンスを使って，目の前にいる子どもたちにより良い指導や効率の良い指導を行なって，効果を上げていこうとする営みがエビデンスやデータを活用する意図なのである。そうすることで，教職の魅力を再発見することにつながるのではないだろうか。

このような背景から，エビデンスを使っていきたいのだが，今度はあなた自身の指導をする際のクセについて少し検討しておく。実際に授業をする際には，さまざまな情報を組み合わせて単元計画を作成したり，指導を行ったりするわけであるが，その際には必ずある考え方や方法を用いることになる。つまり，指導現場においては意識する／しないに関わらず選択の連続なのである。では，あなたはどのような判断基準でその指導法を選択しているのだろうか。

①その指導方法しか知らないから（自らが受けた教育経験にもとづいて）
②その指導方法が好きだから（その指導法だと見通しが立つ，過去に良い経験がある）
③その指導方法を学んできたから（大学の時に，その方法を中心に学んだ）
④学校でその指導法が求められるから（校内研修や校内ルールによってそう決まっている）
⑤その指導法に効果があるから（データに基づいて）

多くの場合①②③④の方法を知らず知らずのうちに選択してしまってい

る。私たちは，一度ある方法がうまくいけば全てのケースにおいてうまくいくと勘違いしてしまうことが多い。そういった体験も含めて指導経験を的確に解釈し，目の前にいる児童生徒に対して効果のある指導を引き出すために必要なのが⑤の思考であり，エビデンスなのである。

2. エビデンスを活用した実践を志向するステップ

では，具体的にどのようにエビデンスを活用するのかについて，整理していく。まず，エビデンスを使う文脈を想像してほしい。実際に使いたいとなる動機は，「○○さんの問題行動について頭を悩ませている」「クラスの学習効果があまり上がっていないような気がする」「職員会議で話し合っていることに意味を見出せない」など，日々の指導場面に関わった問題に対してあなた自身が「どうして？」と疑問を持つことからスタートする。40人弱の多様な児童生徒と関わろうとすれば，当然このような疑問は生まれてくるはずであるし，うまくいかないことがあるのが当たり前というスタンスに立てば，「では，どのように変えようか？」という思考が自然と生まれる。もちろんこのような疑問は，近くの先輩教員にその対応策を聞くこともあると思われるが，多くの場合はその先生がうまく行ったエピソードとなる。ところが，そのエピソードは，必ずしもあなたが直面している問題と同様ではないというケースも多い。そこで，問題を整理するために「SICO（シコ）」のフレームワークを活用してみよう。S（Student）＝どのような児童生徒に，I（Intervention）＝何をすると（手立て・介入），C（Comparison）＝何と比べて（比較），O（Outcome）＝どんな効果があるか（ねらい・成果）という視点で，様々なことが絡み合っている現場の問題を整理していく思考を持つ必要がある。特に意識しなければならないことは，Outcome（指導のねらい・成果）を明確にするということである。なぜなら，この目的が明確にならなければ，何のためにエビデンスを使うのかを見失うからである。

ちょっと寄り道して実践例を紹介しながら，頭の体操をしてほしい。教室から体育館やグラウンドに移動する際に，「教室の前の廊下に並び，整列して，静かに並んで移動する」ことをルールにしている学校をよく見かける。この指導方法を推進する先生の頭の中をSICOモデルで整理すると，S＝本校の児童に，I＝整列して移動させると，C＝バラバラに移動する場合と比べて，O＝ぶつかることなく，静かに移動することができる，というようになっていることが推察される。このような思考になっている先生に対して，「並んでいかなくても良いのではないか？」と進言しても，おそらく「そうですね」とはならない。むしろ，不毛な議論を生み出す可能性の方が高いし，お互いに良い気持ちにはなれない。なぜなら，並んで静かに移動することがある側面からすれば合理的だからである。だからこそ，職員間でOutcomeについて共通了解していく必要があるのである。この教室移動に関わった指導のねらいが，「多様な他者と共同生活していることを理解し，自分たちでより良い環境を作ることができるか」となれば，指導方法は変わってくる。そうすると，低学年は発達段階的に他者意識を持ちにくいために，S＝本校の中学年と高学年の児童に，I＝○○をさせるのと，C＝整列させて静かに移動させるのと，O＝（どちらが）自分たちでより良い環境を作る力を伸ばせるか，ということになり，みんな

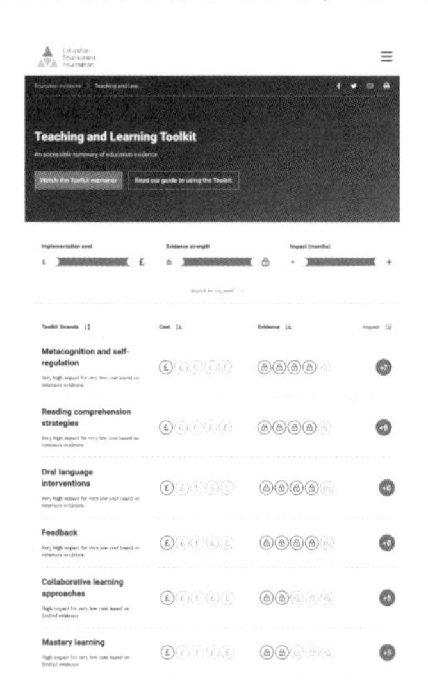

図5-7　EEFのエビデンス一覧ページ

出所：Education Endowment Foundation WEBサイト

で指導方法について考えていくことになる。ここで重要となるのがこの手立てや介入を考える際に，エビデンスを使うということである。ところが，教室移動の仕方そのものに関わったエビデンスは見つからない可能性が高い。だからといって，闇雲に議論するのではなく，例えばEEF[(1)]のサイトといったエビデンスがまとめられたものを参考にしてほしい。どういった指導方法がどれくらいのコスト（£の数が少ない方がローコスト）で，どれくらい確かなエビデンス（鍵マークの数が多い方がより確実）なのかを示してくれている（イギリスのサイトであるから英語で記載されているものの，翻訳ボタンを押せばその概要は掴めるはずである）。例えば一番上のメタ認知と自己制御は，児童の学びを促進する上では非常に重要な概念となる。この概念を使って，教室移動についても検討してみるのである。そうすると，児童が教室移動に関わって，ぶつかる・他のクラスの授業の邪魔にならないように移動するためにはどうするべきかを考え，実践するという方法を自分たちで考えさせるという指導方法が生まれてくるかもしれない。このような思考に基づけば，校内での着地点の見えない議論ももう少し整理されていくと考えられる。

より具体的で様々なケースについて考える際には，森・江澤（2019）の書籍を手に取ってみるとわかりやすく示されているし，教員が最も興味深い「どのように学習させれば良いのか」という学習方法に関わったエビデンスはWeinstein *et al.*（2018）の書籍を手に取っていただければ目から鱗の情報が満載である。困ったときにエビデンスを探すことも重要であるが，空いた時間にこういった情報に触れておけば，効果的な指導法を思いつくことも多いため，日々の実践に追われつつも，より効果的な指導法を志向するクセが重要であるともいえる。

以上のように，エビデンスを使うまでの思考を整理したが，エビデンスを探した後が重要であることはいうまでもない。いくつかのエビデンスが見つかった後，直接的なエビデンスがない場合も含めて，この事例に適応可能なのか，ねらいに対して本当に効果的と考えられるのか，目の前にいる児童生徒の実態に対して本当に有効であると考えられるのか，そして本当にその指導方法は実現可能なのかについて検討し，やはり最後は指導者自身がこれらの情報をもとに意思決定＝選択しなければならない。例えば校内研究会でICTをものすごく活用している授業に対して，「今日の授業は，ICTが活かされていて子どもたちの学びが促進されていました」という感想を述べICTの有効性を教員間で評価したにも関わらず，「では，明日からの授業はICTをどんどん活用してみんなで授業をより良くしていきましょう」とはならない現実をたくさんみてきた。その背景には，「私，パソコンそんなに使えません」「準備が大変そうだから無理」「うちのクラスの児童生徒には，難しいと思う」といった出来ない理由が並べられる現実が存在しているからである。つまり，エビデンスを使ってICTを導入し，より良い実践が生み出されたとしても，費用対効果や教師のスキルによって活用されないことがあるのだ。そういった意味では，エビデンスを使うための現状をより理解した上で，活用する／しないという判断も必要になっているという認識を持つ必要があるだろう。

3. エビデンスとバランス

ここまで,エビデンスをどのように活用するのかについて述べてきたが,重要なことはエビデンスを用いれば全てが解決するわけではないということである。いくら，エビデンスがあるといっても，統計的な有意性を示しているわけであるから，当てはまらないケースがあるということを前提にすべきである。この視点を持っていなければ，エビデンスを使っているのに思った効果があがらないのは「子ども自身の努力が足りないから／子どもの能力の問題」と明言はしないまでも，知らず知らずのうちにそういった思考を生み出す。繰り返しになるが，実践現場でのエビデンスは万能薬ではなく，効果を上げるための指導法にあたりをつけ，闇雲に費用対効果も考えず教育実践を頑張って行うことから距離をとり，活用することでより良くなっていく選択肢を与えるものである。だからこそ，エビデンスに「基づく」実践が求められているのである。

最後に，教育固有の問題について触れておきたい。エビデンスを活用する場面において，校内の先生と信念対立をしない方法を探ることである。教育は，100人いれば100通りの教育観が存在する。だからこそ，多様な考え方に基づいた実践が存在するわけであるが，先に示したように Outcome として，どのような力を高めたいのか，どのようになって欲しいのかという合意形成が不可欠なのである。そのために必要な視点として，合意形成にはコンセンサスとアコモデーションがあることを意識する必要がある。コンセンサスとは，ある方法や結果を一つに絞っていく合意形成を指し，アコモデーションとは，ある状態や結果に対してどうなって欲しいのかという想いを共有する合意形成である。そうすると，どのような状態になって欲しいのかという想いを共有（アコモデーション）しないままコンセンサスを得ようとしても，方法論に対する信念対立が起こるだけでうまくいかないことを理解することができる。また，エビデンスを活用するのは，あくまでも子どもたちの学びをより良いものにしていくためであるから，実践の方法を縛るものではない。そういったバランス感覚を持っていることが重要であるし，他者の実践を批判する道具として使わないという意識が，エビデンスを使う人のリテラシーとして我々に課されている。もちろんエビデンスも状況や文脈が異なれば変わることもあるため，より良い実践を志向するとは，まさに「より良い」を探求するという不断の営みであることを忘れてはならない。

【注】

(1)　イギリスの Education Endowment Foundation のサイトに，教育をする際のツールキットとしてエビデンスが示されている。（URL：https://educationendowmentfoundation.org.uk/education-evidence/teaching-learning-toolkit）

【参考文献】

Angrist, J. D. and J-S. Pischke（2009）*Mostly Harmless Econometrics: An Empirical Companion*, Princeton University Press.（『「ほとんど無害」な計量経済学』，大森義明・小原美紀・田中隆一・野口晴子（訳），NTT 出版，2013 年）

Duflo, E., R. Glennerster, and M. Kremer（2008）“Chapter 61 Using Randomization in Development Economics Research: A Toolkit,” in T. P.

Schultz and J. A. Strauss (Eds.) *Handbook of Development Economics*, vol.4, pp. 3895-3962, Elsevier.

Holland, P.W. (1986) "Statistics and Causal Inference," *Journal of the American Statistical Association*, vol.81 (396) , pp.945-960.

Imbens, G. W. and D. B. Rubin (2015) *Causal Inference for Statistics, Social, and Biomedical Sciences: An Introduction*, Cambridge University Press.

Rubin, D. B. (1974) "Estimating Causal Effects of Treatments in Randomized and Nonrandomized Studies," *Journal of Educational Psychology*, vol.66 (5) , pp.688–701.

Slavin, R. E. (2002) "Evidence-Based Education Policies: Transforming Educational Practice and Research," *Educational Researcher*, vol.31 (7) , pp.15–21.

Riley-Tillman, T. C., M. K. Burns, and S. P. Kilgus (2020) *Evaluating Educational Interventions: Single-Case Design for Measuring Response to Intervention*, Gilford Press.

Walker, S. G. and J. E. Carr (2021) "Generality of Findings from Single-Case Designs: It's Not All about the 'N'," *Behavior Analysis in Practice*, vol.14 (4) , pp.991-995.

Weinstein, Y., M. Sumeracki, and O. Caviglioli (2018) *Understanding How We Learn: A Visual Guide*, Routledge. (『認知心理学者が教える最適の学習法：ビジュアルガイドブック』，山田祐樹（監修）・岡崎善弘（訳），東京書籍，2022年)

家子直幸・小林庸平・松岡夏子・西尾真治（2016）「エビデンスで変わる政策形成―イギリスにおける『エビデンスに基づく政策』の動向，ランダム化比較試験による実証，及び日本への示唆―」三菱UFJリサーチ＆コンサルティング政策研究レポート（2016年2月12日）。

今井康雄（2015）「教育にとってエビデンスとは何か―エビデンス批判をこえて―」『教育学研究』，vol.82（2），pp.188-201。

小倉將信（2020）『EBPM（エビデンス（証拠・根拠）に基づく政策立案）とは何か―令和の新たな政策形成―』中央公論事業出版。

国立教育政策研究所（編）（2012）『教育研究とエビデンス―国際的動向と日本の現状と課題』明石書店。

小林庸平（2019）「解説　エビデンスに基づく政策形成の考え方と本書のエッセンス」E. デュフロ・R. グレナスター・M. クレーマー『政策評価のための因果関係の見つけ方　ランダム化比較試験入門』（小林庸平（監訳）・石川貴之・井上領介・名取淳（訳））日本評論社所収。

島宗理（2019）『応用行動分析学：ヒューマンサービスを改善する行動科学』新曜社。

高橋将宜（2022）『統計的因果推論の理論と実装―潜在的結果変数と欠測データ―』共立出版。

立森久照（2016）「因果推論ことはじめ」岩波データサイエンス刊行委員会（編）『岩波データサイエンス　Vol.3』岩波書店所収。

丹治敬之・矢野悠（2017）「通常の学級における多層指導モデル（MIM）を用いた特殊音節の読み指導の有効性」『岡山大学大学院教育学研究科研究集録』，no.164，pp.31-39。

中央教育審議会（2005）「特別支援教育を推進するための制度の在り方について（答申）」（平成 17 年 12 月 8 日），文部科学省 https://www.mext.go.jp/b_menu/shingi/chukyo/chukyo0/toushin/05120801.htm（2022 年 8 月 24 日閲覧）。

津川友介（2016）「準実験のデザイン―観察データからいかに因果関係を導き出すか」岩波データサイエンス刊行委員会（編）『岩波データサイエンス Vol.3』岩波書店所収。

統計改革推進会議（2017）「統計改革推進会議　最終取りまとめ」（平成 29 年 5 月 19 日統計改革推進会議決定）。

轟亮・杉野勇・平沢和司（編）（2021）『入門・社会調査法［第 4 版］―2 ステップで基礎から学ぶ』法律文化社。

中野良顯（1996）「応用行動分析とサイエンティスト・プラクティショナー・モデル」『行動分析学研究』，vol.9（2），pp.172-177。

中室牧子・津川友介（2017）『「原因と結果」の経済学―データから真実を見抜く思考法』ダイヤモンド社。

西山慶彦・新谷元嗣・川口大司・奥井亮（2019）『計量経済学』有斐閣。

農林水産省（2022）『令和３年度 食育白書』（令和４年５月31日公表）。

野田航（2020）「教員の行動随伴性としての介入に対する反応性モデル（RTI）：学校における行動支援と学業支援の統合を目指して」『行動分析学研究』，vol.34（2），pp.198-210。

野呂文行（2009）「単一事例研究法」前川久男・園山繁樹（編）『障害科学の研究法』明石書店所収。

林岳彦・黒木学（2016）「相関と因果と丸と矢印のはなし─はじめてのバックドア基準」岩波データサイエンス刊行委員会（編）『岩波データサイエンス　Vol.3』岩波書店所収。

「早寝早起き朝ごはん」全国協議会（2021）「『早寝早起き朝ごはん』の効果に関する調査研究報告書』（令和３年３月公表）。

藤巻峻・山田剛史（2021）『R ではじめるシングルケースデザイン』特定非営利活動法人 ratik。

星野崇宏（2016）「統計的因果推論の基礎─特に傾向スコアと操作変数を用いて」岩波データサイエンス刊行委員会（編）『岩波データサイエンス Vol.3』岩波書店所収。

松岡亮二（2019）『教育格差─階層・地域・学歴』筑摩書房。

松下良平（2015）「エビデンスに基づく教育の逆説─教育の失調から教育学の廃棄へ─」『教育学研究』，vol.82（2），pp.202-215。

松見淳子（2016）「エビデンスに基づく応用心理学的実践と科学者 - 実践家モデル：教育・研究・実践の連携」『応用心理学研究』，vol.41（3），pp.249-255。

宮川雅巳（2004）『統計的因果推論─回帰分析の新しい枠組み─』朝倉書店。

森俊朗・江澤隆輔（2019）『学校の時間対効果を見直す！－エビデンスで効果が上がる16の教育事例』学事出版株式会社。

森田果（2014）『実証分析入門　データから「因果関係」を読み解く作法』日本評論社。

安井翔太（2020）『効果検証入門─正しい比較のための因果推論／計量経済学の基礎』技術評論社。

第6章　教科の枠組みから考える

第1節　PBLの問いをことばから考える

本節では，PBLの「問い」を「ことば」から考えると，「他者とどう関わるのか」「多様な社会におけることばのあり方はどのようなものか」が「問い」の軸になることを示す。これは，岡山大学大学院教育学研究科教育科学専攻で実施されたPBLのプロジェクトの研究・活動内容の振り返り（第1項）や日本語研究分野における「ことば」の社会的課題に関わる研究や取り組みの事例についての整理（第2項）から導き出されたものである。また，方言の社会的課題を考える観点として「ウェルフェア・リングイスティクス」「方言の多様性と社会的価値」「消滅危機言語」の3つを提示する（第3項）。

1.PBLの問いとことば―2019～2021年度のPBLのテーマから見る―

2019～2021年度に実施されたPBLのテーマを振り返ると，「ことば」に関連するテーマとして下記の2つが挙げられる。以下，報告書の内容をもとにプロジェクトの概要とともに記す。

①「五感を通した遊びから創造性を育む，遊び場の提案」（2020）[1]

社会の発展や新たな価値の創出に関わって，多様な他者を受容することに関わる課題が提示されている。具体的には，自分の中に無意識に存在している境界（border）に着目し，その境界を意識的に変えることで，自分と他者の間に生じる差異について捉え直し，新しい視点をつくる契機になるのではないかという仮説のもとに五感を通した遊びによるワークショップ（以下，WS）が展開されている。「ことば」に関連したWSの「ことば遊び」では，詩の創作，創作詩の合唱，文字遊びが行われた。これらの「ことば遊び」は，日常で親しんでいる「ことば」や文字を日常使いから一度離して，創造的に再構築することで，自身の「当たり前」を揺るがし，異質な他者を受け入れる自己変容を促す効果を狙ったものである。このようなWSをとおして，「人の内面の変容には五感と創造性を伴う活動が密接に関わっている」との結論を得ている。
②「アートを通して日常にある差別表現に気付くワークショップの実践」(2021)(2)

共生社会の実現に関わる課題が提示されている。すなわち，共生についてマジョリティ側から決められがちで，共生を捉える立場が異なることで他者を排除する思考に陥ることが，共生社会の実現の困難さの一つである。そこで，上記プロジェクトでは，アートを介して差別表現への態度や実体験に立ち返らせ，無意識的な偏見（無意識バイアス）に気づかせる取り組みの WS が行われた。特に言語表現の「差別表現」に関わる WS としては，外国人留学生が違和感を持った日本でのアルバイトの応募要項を基にしたコンビニのアルバイト面接の寸劇とディスカッションである。その他，言語表現だけでなく，態度や関わり方を含めて「差別表現」として捉え，講演や映画上映等を通して「差別表現」を生み出す無意識的な偏見にアプローチする試みがなされた。WS を通して，異なる視点や価値観を持つ他者とアートを通して交流する中で，差別表現に気付くためのアートと一人ひとりの関心事の結びつきの重要さを見出している。一方で，WS の開催にあたって，参加者に配慮した照明や映像の上映が不十分であったことなどは，学生たち自身の無意識的な偏見を浮かび上がらせ，新たな課題の見出しにもつながったようである。

「ことば」に関連するテーマの２つのプロジェクトに共通することは，他者と関わるための自己変容の促しであるが，言い換えれば，「他者とどう関わるのか」ということである。そして，それは「ことば」に宿る根源的な「問い」に他ならない。

2. 他者とどう関わるのか―多様な社会とことば―

PBL の「問い」を「ことば」から考えると，「他者とどう関わるのか」ということが本質的な「問い」として位置づけられるだろう。さらに，現代社会における多様性という視点が重なり，「多様な社会におけることばのあり方はどのようなものか」といった「問い」へと展開されよう。実際に日本語研究の分野では，「ことば」の社会的課題に関わる研究や取り組みがなされている。以下，概要を述べながら紹介する。

A.「外来語」の言い換え提案

2002 年の小泉内閣による「外来語」の言い換え提案に向けた働きかけの行政主導で始まった国立国語研究所のプロジェクトである。国の行政白書や地方自治体の広報誌，新聞などを対象にして公共性の高い場面における分かりにくい外来語，定着が不十分だと思われる外来語が調査された。そして，分かりやすくするための具体的な方策を類型化して提案したもので，近年の政策的研究の典型的な一事例とされる。「外来語」の言い換え提案は，政策的研究であるが，本プロジェクトに関わった相澤氏は次のように振り返っている。「外来語」言い換え提案は，国立国語研究が掲げる「言語生活研究(3)」に根ざしたものであり，「言語生活研究」の開拓者の 1 人である徳川宗賢氏の提唱する「ウェルフェア・リングイスティクス(4)」の構想と軸を一にするものであった（相澤 2012)。すなわち，「社会の役に立つ言語研究」「人々の幸せにつながる言語研究」という理念に繋がる研究として捉えられるだろう。

B. やさしい日本語

狭義には減災のための取り組みである。1995 年の阪神淡路大震災をきっかけとして，災害時の外国人への災害情報などの提供を「やさしい日本語」でおこなおうというものである。他方，広くは「日本語に人為的な制約を加える試み」であると捉えられ，このように広義的に見れば，先にあげた「外来語」の言い換え提案や漢字制限も「やさしい日本語」であるとされる（岩田 2013)。さらに，「やさしい日本語」という概念は国語教育や福祉へも展開され始めている（森 2013，岡 2013)。しかし，一方で，「やさしい日本語」に頼ることは，日本社会が「多言語化は積極的に目指さない」という主張にとられかねない，「配慮という差別」とも言えるといった批判もなされている（安田 2013)。

C. 多言語主義社会

日本国内で話されている言語は，実際のところ想像以上に多様である。もちろん，日本語の使用が圧倒的多数ではあるが，日本語話者でも地域言語と共通語の二重言語生活を送っている。また，日本語とは系統を別にする言語であるアイヌ語が存在することは言うまでもない。ただし，アイヌ語はユネスコによる消滅危機度として「極めて深刻」と判定されている。さらに，現代社会では，多様な国・地域の人々が世界を行き来しており，日本も例外ではない。さすれば，日本でも多様な言語であふれているはずである。このような実態を踏まえれば，日本はすでに多言語社会であるとも言えるが，そうした気づきのもとで社会生活を送ってはいないのが現状である。しかし，平高・木村（2017）では，多言語主義社会という社会的な課題を意識化することは，日本の将来を考える上で不可欠であると指摘する。

上記の他にも「言語復興」「言語権」「手話」など社会的課題を含む日本語研究，言語研究は様々に挙げられる。さて，上記に提示したＡ～Ｃを見てみると，「他者とどう関わるのか」「多様な社会におけることばのあり方はどのようなものか」という２つの課題を内在させていることが共通する。それぞれ具体的に考えてみると表6-1のとおりである。

表6-1　Ａ～Ｃの研究・取り組みと２つの課題との具体的な関連

課題	「他者とどう関わるのか」 ＝他者と関わる上での課題	「多様な社会におけることばのあり方はどのようなものか」
A	外来語の氾濫がコミュニケーションや情報伝達を阻害する。	公共性の高い場におけることばは誰もが分かることばの運用を目指す。
B	たとえば，災害時は情報を正しく素早く伝達しなければ命に関わることがある。	日本語を母語としない外国人にも正しく素早く情報を伝えるためのことば選びが必要。
C	外国語を母語とする人と共生することにおいて，どんな配慮が必要か。	お互いの言語に関心を持ったり理解を深めたりして，多様性を受容する寛容的態度を身につける。

以上，日本語研究の分野において「ことば」の課題に関わる研究や取り組みの事例について整理した。「ことば」に関わる課題をPBLにおいて設定する際の「問い」の観点として「他者とどう関わるのか」「多様な社会におけることばのあり方はどのようなものか」ということが導き出された。

3.PBLの「問い」へ導く方言の課題―方言の社会的課題―

日本語研究の一分野である方言研究においても「多様な社会とことば」に関わる様々な課題が見出され，多くの研究者によって盛んに取り組まれている。2020年に全３巻で発刊された『実践方言学講座』には，方言にまつわる社会的課題とその研究や取り組みがまとめられている。各巻のテーマは次のとおりである。「第１巻：社会の活性化と方言」「第２巻：方言の教育と継承」「第３巻：人間を支える方言」となっている。日本語研究の中でも，方言研究においては，「ことば」に関わる社会的課題についての研究や取り組みが比較的積極的になされているといえる。その主な理由は以下の３つだと考える。

a. 比較的早くにウェルフェア・リングイスティクスが方言研究者により提言されたこと。
b. 方言自体がそもそも多様性そのものであること。
c. 方言の消滅に対する危機感の高まり。

a. については，徳川宗賢氏の以下の主張が1999年の『社会言語科学』に掲載されている。

> 言語研究が楽しい，真理の追究をしていればいいと言ってばかりいずに，それも大切ですが，社会に貢献することも考えるべきではあるまいか。そしてこれまでの研究成果をどのように社会に役立てるか，足りないところはどこなのか，そういうことを考える時期になっていると考えたわけです。（徳川 1999,p.90）

徳川氏のこの主張は，「ウェルフェア・リングイスティクスの出発」と題されたネウストプニー氏との対談の中で述べられ，言語研究者の科学者としての社会的責任ということに言及されたもので，方言研究のみを対象に語られたものではない。しかし，言語障害，小言語問題，アイデンティティ，老人語，差別・女性語，言語教育，表記，情報機器，情報選択，言語管理という，ウエルフェア・リングイスティクスに関わるものとして「方言」も挙げられている。それゆえ，「方言」が「ことば」に関わる社会的課題を有していることが方言研究者の自覚されるところとなったと思われる[5]。また，徳川氏が方言の研究者であったことも，方言の社会的課題に多くの方言研究者の目を向けさせる一因になったと考えられる。

b. については，当然のことながら，方言は地域のことばとして多様性に富む。多様性に富む方言は，歴史的に社会のあり方や価値観の影響を受けてきた。近代化が進められた明治期には標準語制定の政策とともに，学校教育で標準語としての国語の学習が展開されるようになる。それは，規範的な標準語と規範から逸脱する方言の対立概念の生成を促し，方言は卑しいことばとして扱われることが社会的に推し進められることとなってしまった。さらには「方言コンプレックス[6]」が醸成されるに至り，ネガティブな事象を招いた。たとえば，1960 年代の新聞には方言を笑われたことによる殺人事件[7]が起きた記事が掲載されたり，沖縄では「方言札[8]」が使われたりした。しかし，近代批判の隆盛期と位置づけられるポストモダンの 1980 年代には，一転して方言に商業的な価値を見出したり，多様化の象徴として捉えたりするなどポジティブな捉え方へと変化した[9]。ただし，それは見かけ上のポジティブさにすぎない。価値の高低にかかわらず，「ことば」を社会的に価値付けることは，その「ことば」を話す人々のアイデンティティや尊厳を脅かしていると言っても過言ではない。方言の社会的価値の底上げの時期を経て，方言が社会的な価値付けから脱却することが次なる課題ではないだろうか。それに関連して，藤田（2016）は，実際に生活を営み，文化的実践として使っている言語（＝諸方言・諸言語）から，国際語と位置づけられた「英語」や「標準語（あるいは「国語」）」と位置づけられた日本語を捉え直すことが今後の言語教育政策やその実践における課題だと指摘している。

c.については，ユネスコの危機度を判断する方法論により世界の諸言語の危機度が測られ，2009年に，ユネスコが約2500の言語が危機に瀕していると発表した。日本でも，アイヌ語，奄美語，沖縄語，国頭語，宮古語，八重山語，与那国語，八丈語の8言語[10]が危機言語として示された。しかし，アイヌ語や琉球諸語のみならず，日本各地の伝統的なことばが消滅の危機に瀕していることは多くの研究者が指摘するところである（ペラール2013，木部2011b，上野2002）。このような状況にあって，特にユネスコによって危機言語として判定された諸言語では，記録保存と継承に関わる研究や取り組みが盛んに行われるようになった。取り組みの例を表に示すと表6-2のとおりである。

表6-2　近年の地域言語の記録保存・継承に関わる研究や取り組みの事例

<table>
<tr><td rowspan="2">記録保存</td><td>国立国語研究所</td><td>消滅危機方言の調査・保存のための総合的研究（2008～2016）」「日本の消滅危機言語・方言の記録とドキュメンテーションの作成（2016～2022）」「消滅危機言語の保存研究（2022～）」のプロジェクトで琉球諸語のみならず，日本各地の地域のことばの文法記述，辞書の作成，テキストデータの収集と公開。</td></tr>
<tr><td>研究者個人</td><td>下地（2018）の言語記述研究をモデルとし，特に若手研究者による学位論文のテーマとして日本諸地域の言語記述が積極的に設定されるようになった。</td></tr>
<tr><td rowspan="3">継承</td><td>行政</td><td>沖縄県の取り組みとして，「しまくとぅばの日に関する条例」が公布されたり（2006），琉球諸語の学習テキストや教材が作成されたりしている。</td></tr>
<tr><td>団体</td><td>普及団体「しまくとぅば普及センター」が設立された（2017）。</td></tr>
<tr><td>研究者個人／団体</td><td>小学校高学年から大人まで，楽しみながら沖永良部島のことばを学ぶことができるように工夫がなされた横山晶子（2022）『0から学べる島むに読本』が発刊されたり，消滅危機言語の継承保存をしながら，そのしくみをつくっていくプロジェクト「言語復興の港」（研究者団体）がクラウドファンディングで支援を募り，ひつじ書房より絵本が刊行されたりしている（2021～2022）。</td></tr>
</table>

以上のことから，方言の社会的課題を考える観点として，「ウェルフェア・リングイスティクス」「方言の多様性と社会的価値」「消滅危機言語」の３つが挙げられる。「ウェルフェア・リングイスティクス」は，第２項でも言及した「他者とどう関わるのか」「多様な社会におけることばのあり方はどのようなものか」を含んだ課題である。「方言の多様性と社会的価値」は，「ことば」，特に「危機言語」や「マイノリティのことば」のこれまでの価値観を問い直し新たな価値観を創出することに関わる課題である。「消滅危機言語」は，継承活動の活性化の他，言語復興や言語権とも絡む課題であり，喫緊かつ緊急の課題である。

4. まとめ

本節では以下のことを提示した。第１項では，2019 ～ 2021 年度に実施された PBL のテーマを振り返り，「ことば」に関連した２テーマのプロジェクトを取り上げ，「他者とどう関わるのか」という「問い」が共通して含まれることを述べた。第２項では，日本語研究の分野における「ことば」の社会的課題に関わる研究や取り組みの事例について整理し，「ことば」に関わる社会的課題を PBL において設定する際，「他者とどう関わるのか」「多様な社会におけることばのあり方はどのようなものか」ということが「問い」の軸になることを示した。第３項では，方言の社会的課題を考える観点として「ウェルフェア・リングイスティクス」「方言の多様性と社会的価値」「消滅危機言語」の３つを提示した。

ここでは，「ことば」や日本語研究に関連した課題を示すにとどまっているが，PBL では多様な研究分野のアプローチでもって追究していくことが可能である。アートや自然科学という視点から上記の課題を捉え直したとき，新たな「問い」が創出されるだろう。課題を解決することが必ずしも PBL に求められていることではなく，多様な学問分野の知見をもって，「問い」をダイナミックに変容させることも PBL の重要な目的であろう。

【注】

⑴　2020 年度　教育科学専攻報告書（岡山大学大学院教育学研究科）2021：

32-35

⑵ 2021年度 教育科学専攻報告書（岡山大学大学院教育学研究科）2022：54-57

⑶ 言葉が実際の暮らしの中で使われる姿を科学的な調査研究に基づいて明らかにしようとすること。

⑷ 日本語研究では徳川宗賢による提唱として取り上げられることが一般的である。「人々の幸せにつながる言語研究」を追究した理念である。「福祉言語学」につながる。

⑸ 平高（2013）では以下のこと示唆されている。「ウエルフェア・リングイスティクスについて本格的に論じられた最初のもので，射程が広く示唆に富むが，他方，種々の問題に触れているためか，漠とした印象も否めない．そこで提起されたさまざまな問題に取り組み，漠とした印象が少しでも明確なものになるように，解決に向けて取り組んでいくのが，まさに私たちの課題なのであろう．」

⑹ 「方言」に対して「好ましくないもの」「劣るもの」「恥ずかしいもの」という感覚を持つこと。概ね1970年代末ごろまでかなり強く存在したとされる（柴田1958，田中2011）。

⑺ 田中ゆかり2011：48-50

⑻ 大野眞男・杉本妙子（2020）では次のように説明されている。「方言札とは，方言を使った生徒に渡される罰札で，紐を通して首にぶらさげるようになっているものもある。札を保持している生徒は操行点が低くなる。操行とは『生徒の品性・行為または生徒の道徳的判断・情操・行為・習慣』と定義され，当時の学校教育において操行査定は学業成績と並んで重視されていた。」（大野・杉本2020,p.8）

⑼ 田中ゆかり2011：52-62

⑽ 一般的には「奄美方言」「宮古方言」などのように「○○方言」という言い方がなされるが，ユネスコは，木部（2011a）で提示されるように，Chambers,J.K.,and P.Trudgill（1980）の定義にしたがっている。「『言語』と『方言』の定義についてはさまざまな考え方があり，数え方もさまざまだが，現在のところ，Chambers,J.K.,and P. Trudgill.1980.Dialectorogy.Cambrige

University Press の定義に従う研究者が多い。Chambers,J.K.,and P.Trudgill（1980）の定義を簡単に言えば，ある二つの言語がお互いに，だいたいにおいて理解可能であれば，この二つは同一言語のバリエーション，つまり『方言』と見なされ，そうでなければ『言語』とみなされる，というものである。」（木部 2011a,pp.5-6）

【引用・参考文献】

相澤正夫（2012）「『外来語』言い換え提案」とは何であったか」，陣内正敬・田中牧郎・相澤正夫編『外来語研究の新展開』おうふう，133-147
岩田一成（2013）「第２章『やさしい日本語』の歴史」，庵功雄・イ ヨンスク・森篤嗣編『「やさしい日本語」は何を目指すか』ココ出版，15-30
上野善道（2002）「第 16 章 日本語本土諸方言研究の課題―第 14 章に関連して」，宮岡伯人・崎山理編『消滅の危機に瀕した世界の言語』明石書店，344-351
大野眞男・杉本妙子編（2020）『実践方言学講座　第２巻　方言の教育と継承』くろしお出版
岡典栄（2013）「第 16 章 ろう児への日本語教育と『やさしい日本語』」，庵功雄・イ ヨンスク・森篤嗣編『「やさしい日本語」は何を目指すか』ココ出版，299-319
木部暢子（2011a）「２ 言語・方言の定義について」，『文化庁委託事業 危機的な状況にある言語・方言の実態に関する調査研究事業報告書』，5-8
木部暢子（2011b）「文化庁委託事業『危機的な状況にある言語・方言の実態に関する調査研究』中間報告」，『日本の方言の多様性を守るために：国立国語研究所第３回国際学術フォーラム』，46-52
小林隆・今村かほる編（2020）『実践方言学講座　第３巻　人間を支える方言』くろしお出版
柴田武（1958）『日本の方言』岩波書店
下地理則（2018）『南琉球宮古語伊良部島方言』くろしお出版
田中ゆかり（2011）『方言コスプレの時代』，岩波書店
徳川宗賢（1999）「ウエルフェア・リングイスティクスの出発」『社会言語科学』

2（1），89-100.
トマ・ペラール（2013）「第 1 部 第 4 章 日本列島の言語の多様性 琉球諸語を中心に」，田窪行則編『琉球列島の言語と文化 その記録と継承』くろしお出版，81-92
半沢康・新井小枝子編（2020）『実践方言学講座　第 1 巻　社会の活性化と方言』，くろしお出版
平高史也・木村護郎クリストフ（2017）『多言語主義社会に向けて』くろしお出版
平高史也（2013）「ウエルフェア･リングイスティクスから見た言語教育」『社会言語科学』16（1），6-21
藤田ラウンド幸世（2016）「第 3 章　消滅危機言語コミュニティから日本の言語教育政策を観る」，桂木隆夫＋ジョン・C・マーハ編『言語復興の未来と価値 理論的考察と事例研究』三元社，47-63
森篤嗣（2013）「第 13 章『やさしい日本語』と国語教育」，庵功雄･イ ヨンスク･森篤嗣編『「やさしい日本語」は何を目指すか』ココ出版，239-257
安田敏朗（2013）「第 17 章『やさしい日本語』の批判的検討」，庵功雄・イ ヨンスク・森篤嗣編『「やさしい日本語」は何を目指すか』ココ出版，321-341
横山晶子（2022）『0 から学べる島むに読本』ひつじ書房

第２節　PBL の問いを社会の問いと結びつける

1. 問題の所在

本節では，PBL の中で取り組む問題を，いかにして社会的問題とつなげるかについて論じる。PBL の P は言うまでもなく Project の P である。プロジェクトには，必ず何らかの目的がある。プロジェクトのメンバーは，その目的を達成するために協働する。PBL の学びの目的が，諸学問の知識や研究方法の習得，あるいは協働的な学びの体験に終わるのではなく，現実の社会の問題の解決に資するものとなり，学習者が諸学問の成果を実践的に応用する力を身につけられるようになるためには，プロジェクトの目的が，教室空間の中だけではなく，現実の社会においても価値のある問題解決でなければならない。

しかしながら，実際には，そのように学習が展開している事例は少ない。多くの PBL，または，それに似た課題解決型の学習において，学習者が取り組む課題は，教師によって設定されるか，学習者自身の問題意識のみによって設定されたもので，教室空間の中だけで課題として成立し，現実の社会とは何の接点も持たないものであることが多い。プロジェクト自体も，教室の外にはほとんど影響を与えないもので，解決後の成果も，学習者と指導者の間で共有されるのみに留まっている。その結果，課題解決をしたものの現実の社会には何ら影響を与えない学習となる。そのような学習に留まる要因は様々であるが，結局は，PBL が学習者の活動のパターンとして位置付けられているに過ぎないからだと考えられる。そのような実践は，名ばかりの PBL と言わざるを得ない。学習者自身がプロジェクトそのものに意義を実感できておらず，単位取得などの目的のためだけに学習が進められた結果である。

どうすれば，PBL を現実にも意味があり，進学や就職のための実績作りや，単位取得のためだけではなく，学習として実質的に意味のあるものにすることができるのであろうか。そのためには，PBL を単なる方法として形式的に学習に取り入れるのではなく，それが「真正の学び」となるように目的，内容，方法を貫く学習原理として授業に組み込むことが必要である。その第一歩が，PBL の問いを現実の社会の問いと結びつけることである。すなわち，学習者が，教室の外で様々な人と関わりながら現実の社会の中で問題を発見することから学習が始まらなければならない。そのようにして，発見した問題の解決方法は，一つの型にあてはめられるものではない。学習者は，現実の中で試行錯誤を繰り返し，様々な方法を試しながら少しずつ解決に近づいていくことになろう。さらに，長期間にわたって取り組んだ解決が，必ずしも教室の外で評価されるわけではない。時には全く意味の無いものとして評価すらされないこともあるだろう。それも，現実なのである。自分たちが頑張ったという実感を持つことができれば，周囲から評価されるというわけではないのである。

本節のみで，このような PB L の課題をすべて解決する方法を示すことができるわけではないが，そのために不可欠な問いの設定の仕方について，その原理を明らかにしたい。

2.PBL を社会の文脈の中に位置づけること：「真正の学び」とは

PBL を，形式的な活動で終わらせるのではなく，学習の質を高める実質的な意義あるものとするためには，それを，「真正の学び」に近づける必要がある。「真正の学び」論は，パフォーマンス評価とともに，日本では 2000 年代以降注目されるようになった。その考え方自体は，米国の研究者によるもので，西岡加名恵らによって日本に紹介された[(1)]。しかし，「真正の学び」論には，西岡らが紹介したものとは異なる考え方もある。それは，米国の社会科教育学者・教育学者であるフレッド・ニューマンによるものである[(2)]。本稿では，ニューマンによる「真正の学び」論から，PBL の質を高めるための方法を探っていく。

「真正の学び」について，ニューマンは次のように述べている。

> よって真正の学びという用語は，成功をおさめた大人たち（科学者，音楽家，企業人，職人，政治家，弁護士，作家，物理学者，デザイナーなど）がとってきたような，有意味で価値のある重要な知的成果を意味することになる。だが私たちは，子どもたちとともに，学びについ

てのより制約された概念（考え方）に関心がある。それは学校で成し遂げることができる学びである。子どもたちのために，私たちは意味のある知的成果にとって大切な３つの基準「知識の構築」「鍛錬された探究」「学びの学校の外での価値」を通して，真正の学問的な学びを定義する(3)。

このように「真正の学び」にとって重要なことは，学習の意味であり，それが，科学者や音楽家など社会で成功した大人が残したものと同様に価値があるということである。そして，学校での学びを，そのように真正性があるものにするためには，最後に挙げている３つの基準を満たすように学習を構成する必要がある。「知識の構築」とは，「意味や知識を再生産することではなく，それらを生み出していくという大きな挑戦」を意味している。また，「鍛錬された探究」の特徴としては，（1）既存の知識基盤を活用すること，（2）表面的な認識ではなく，深い理解を追求すること，（3）卓越したコミュニケーションを通して自身の考えや発見を表明することの３つをあげている(4)。そして，先に挙げた西岡らの「真正の学び」論と，ニューマンらの論の違いを最も明確に表しているのが三番目の基準の「学校外での価値」である。この「学校外での価値」とは，従来の型の学校で育成が目指された学習者の力量を評定・記録するためにデザインされたものではなく，大人が何か生産物を生み出した際に行っている，自らの能力を単に例証する以上のことによって他者に影響をもたらそうとすることを意味している。つまり，学習は，評価や記録のために考案された基準や型に沿って進められることに意味があるのではなく，広く世の中に対して，あるいは他者に対して何らかの影響をもたらそうという目的によって価値づけられなければならないのである。

ニューマンの著作の翻訳者である渡部竜也は，この「学校外での価値」という基準に関連して，ニューマンの「共同体演習という文脈での学び」という考え方を紹介している(5)。これは，「共同体の問題を取り上げ，共同体に発信することを目的とした学び」であると説明されている。また，「所属する国家・地域共同体の市民（の誰か）が問題として捉えているような未解決の問題や，彼らの関心のあるテーマを考察する」ことであるとも述べている。

以上のように，PBL での学びの質を高め，「真正の学び」へと近づけるためには，学習が所属する共同体の文脈の中に位置づけられ，解決すべき問題は，そこで生活する市民にとっても問題として捉えられているものでなければならないのである。

3. 社会と結びつく問いを発見すること：「正統的周辺参加論」

PBL を，「真正の学び」として構成し，学習者が PBL の問いを社会の問いと結びつけるためには，学びを「学校外の価値」を持つものにしなければならない。筆者が，それには正統的周辺参加論が有効であると考えている。これは，ジーン・レイヴとエティエンヌ・ウェンガーによって提唱されたもので，彼らの著書は，『状況に埋め込まれた学習—正統的周辺参加—』として日本語に翻訳され，出版されている[6]。レイヴとウェンガーは，学習を実践共同体への参加の度合いが深まることと捉えている。筆者は，以前，正統的周辺参加を，下記のように説明した。

> レイヴとウェンガーは職人の世界の徒弟制の下で，見習いとして働き始めた者が，徐々に熟練していく過程を観察して，この論を構築した。徒弟制の下で，見習いは，知識や技能を一つひとつ丁寧に教授されて身に付けていくわけではない。単純な作業から，より複雑で重要な仕事を徐々に任されるようになる中でそれらを習得していく。選んだ世界への参加の度合いが高まることが，学習が深まることになるのである。正統的周辺参加とは，初心者または見習いが，実践共同体の正統な後継者になることを目指して，中心的な参加者の仕事を周りから見守るところから始めることを指している。初心者または見習いは，少しずつ参加の度合いを増していき，完全参加を目指すのである[7]。

これを PBL の学びに適用すると，プロジェクト自体が，学習者自身を取り巻く共同体への十全な参加を目指す過程に位置づけられることになる。その際の共同体は，取り上げられたテーマによって異なってこよう。プロジェクトで解決すべき問題が，地域社会の課題であれば地域社会が参加を目指す共同体となる。あるいは，学校の問題であれば，学校が参加を目指す共同体となる。問題解決のプロジェクトを遂行することで，学習者は共同体の新参者から，古参者へと成長していくことになる。

したがって，プロジェクトは，学習者が共同体へ新参者として参加するところから始まる。その参加は，たんにゲストにとどまるものではない。最終的に正統な後継者になるかどうかはともかくとして，共同体の中心にいる人に近づくことを目指すものでなければならない。そのためには，まず，共同体の古参者と出会い，その人と考えを共有するとともに，共同体に入り込む経験が必要である。

以上をふまえると，PBL の問いを社会の問いと結びつけるためには，学習を共同体の文脈の中に位置づける必要があると言える。学習者は，共同体の中に入り込み，直接的な体験を通して実態を深く理解し，古参者と交流する中で問題を発見することになろう。

4. おわりに：PBL の問いを社会の問いを結びつける実践

以上のような考えに基づいて，筆者は大学院生による PBL を実践した。本稿の最後に，この実践を簡単に紹介したい。地域社会の課題解決をテーマとして選択した院生らは，まず，岡山県内の二つの地域の公民館を訪問した。一つは，Ａ市の海の近くの地域にあるＸ公民館であった。Ｘ公民館がある地域は，新興住宅地があり人口が多い地区と，高齢者の世帯が多く人口が減少している地区から構成されていた。公民館は，人口が減少している地区にあり，公民館の利用者は高齢者が多かった。院生は，公民館の館長の話を聞き，地域の実態を把握するともに，公民館の活動を見学したり，小学校を訪問して学校行事に参加したりした。その後，何度か公民館を訪問し，館長とも議論を重ね，取り組むべき問題と問題解決の手法について検討を進めた。もう一つは，Ｂ市の内陸の中山間地域にあるＹ公民館であった。Ｙ公民館がある地域は，農業が主な産業の，自然豊かなところであった。公民館の館長さんのご厚意により，院生の訪問時には，町の青年団を含め様々な団体の人たちとの意見交換の場が設定された。また，学区の小学校や中学校も訪問することができた。

約１年間の活動のまとめとして，Ｘ公民館では，地区の課題について考えるための多世代交流ワークショップを,院生が中心となって開催した。また，Ｙ公民館では，まちづくり協力隊とも連携をして，地域の課題発見のためのワークショップを開催したり，アンケート調査を行ったりした。特に，Ｙ公民館の活動は２年間継続し，２年目には中学生を巻き込んで，地域の良さを伝える短編映画制作を行った。

このように，院生がプロジェクトを地域と一体となって企画し，遂行することで，学習は教室を超え，社会にとっても価値のあるものになる。PBL を形式的なものに終わらせないためには，問いを，社会にとって解決する意義のあるものとする必要があり，そのためには，学習者が地域に出て，人々との交流の中で課題を発見する経験が不可欠なのである。

【注】

⑴　代表的な文献として次のものがある。G. ウィギンズ /J. マクタイ著，西岡加名恵訳（2012）『理解をもたらすカリキュラム設計―「逆向き設計」の理論と方法』，日本標準。

⑵　フレッド・M・ニューマン著，渡部竜也 / 堀田諭訳（2017）『真正の学び／学力―質の高い知をめぐる学校再建―』，春風社。

⑶　同上，p.36.

⑷　同上，p.37.

⑸　同上，p.480.

⑹　ジーン・レイヴ / エティエンヌ・ウェンガー著，佐伯胖訳（1993）『状況に埋め込まれた学習－正統的周辺参加－』，産業図書。

⑺　桑原敏典 / 清田哲男編著（2022）『子どもが問いを生み出す時間―総合的な学習の時間の指導を考える―』，日本文教出版，p.23.

第3節　アートの学びの視点からPBLの問いを考える

1. アートと創造性

アートでの学びは，感じたことを感じたままに表現する学びであると考えておられる読者も多いだろう。確かに美学の世界では表現行為とは内面の「表出」（佐々木 1995,pp.53-54）だとされているので，人間の内面にある思考や感情を外的世界に表出することがアートとして大切なことである。ただし，アートでの学びはこれだけではない。

岡田猛氏（2013,pp.10-18）は表現行為のモデル化を試みている。図6-1のモデルでは外的世界から③として内的世界に知覚として入ってきたものが，内的世界で，思考や省察などが行われ，②の行為として外的世界に出る。先ほどの美学としての「内面の表出」は①→②となる。岡田氏は他にも図1のモデルをつかって，J.J. ギブソンの述べるアフォーダンス理論に基づく「行為と知覚のサイクル」（ギブソン 1986,pp.196-201）は③→⑧⑨→②→③等，表現に関わる諸理論を統合させて示している。統合されたこのモデルから，表現行為とは，外的世界から知覚を通して，物理的環境や社会的環境，美術文化や社会の価値，自然の美しさを取り入れ，内的世界でイメージや考え，感情や表象を一度省察しつつ，「新しい価値」として，話す，踊る，歌う，描くなどの行為として外界へ押し出すことになる。

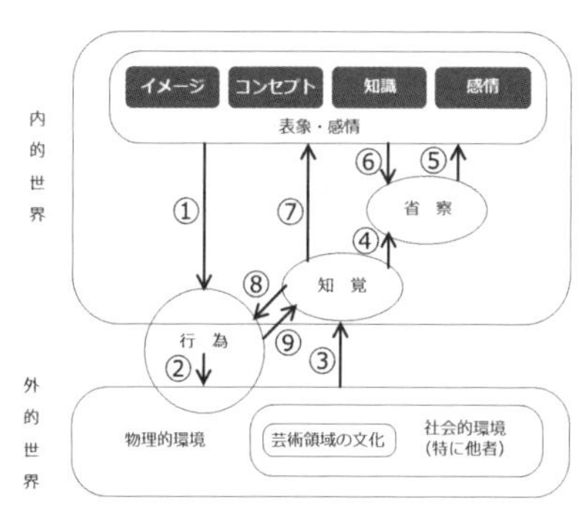

図6-1 岡田猛氏による『表現行為のモデル』
（岡田氏の図を基に筆者が作成）

では，なぜ「新しい」ことが必要なのか。一つの理由として，地球や自然，あるいは社会の価値が時間と共に変わり続けているからである。それは，自然環境や物流の変化の影響によって，手に入る水も，材料も，異なり続けることを意味する。伝統の技を守ることを例として考えても，手に入る材料が異なり続けるため，同じ技法を使い続けていたのでは，同じものをつくることが不可能であることは道理である。伝統の何を守るかを明確にして，変わり続ける状況に合わせて新しい価値や方法をつくり出すことが文化を考える上で大切なことだと言える。

では,「自分にとっての『新しい価値』を,私たちは本当につくれるのか」という問いがここで生まれる。アートでは，自分の身体で見たり，触ったりして感じたことから，「いいなあ」，「おもしろいなあ」を見出す。すべての身体は，人類史上でその人しか持っていないので，そこで感じたこと自体が,その人しか感じていない人類史上最も「新しい価値」かもしれない。

さらに，川喜田二郎はそのように新しいもの生み出す創造的な行為によって,人は「脱皮変容」して,「『主体』も創造される」(川喜田 2010, p.154)と述べている。つまり，新しいものを作った「その人」も新しくなっていくというのである。新しくなった私が社会を見れば，これまでと異なる社会として見える，もしかしたら，「社会を変える」とは，このようなことを言うのかもしれない。

2. 内的世界と外的世界を往還するアートと教育活動の課題

岡田氏の『表現行為のモデル』にみられる，アートに関する教育活動においても重要なことを佐藤学氏は主張している。佐藤氏は，音楽家の三善晃氏の言葉を借りて，「円と外の円環運動」と呼んでいる。この円環運動は，外的世界から内的世界へ向かう活動を「伝承（模倣＝再現)」，内的世界から外的世界へ向かう活動を「創造（表出＝表現)」という「逆行する二つのいとなみの相互作用によって遂行されている」（佐藤 1999,pp.244-246）という。

そして，佐藤氏（1999,pp.244-246）が懸念しているのは，学校教育でなされている図画工作科や美術科の授業は,「自由な表現」と称される呪縛,つまり「内面の表出」（図 1 の①→②）による「自己表現」中心主義によって，「内」と「外」による円環を分断してしまっているというのである。このことは，経験の空洞化だけでなく，個性の喪失も招いていると主張する。確かに，美術の授業で「今日は何描いても構わないよ」と言われて描いた作品は，採点され，返却されると意外と大切には持って帰らないことが多いと私の教師経験からも感じる。子どもたちは,「何描いても構わない」と言われて描いたものから,「自分」の価値を感じられないのかもしれない。なぜなら，そこに不足しているのは「新しい自分」,「新しい価値を感じる自分」だからである。

少なくとも，その人が外的世界から感じたことがその人にとって「新しい」ことだと実感することからアートは始まるのだろう。岡田氏はそのことを「触発」（岡田 2013,pp.10-18）と称している。この触発から始まり,「自分だけの価値が本当に良いものか」,「本当に価値あるものか」という省察という「問い」を自分自身や社会に問いかけながら学びに向かう生き方が創造的な生き方かもしれない。

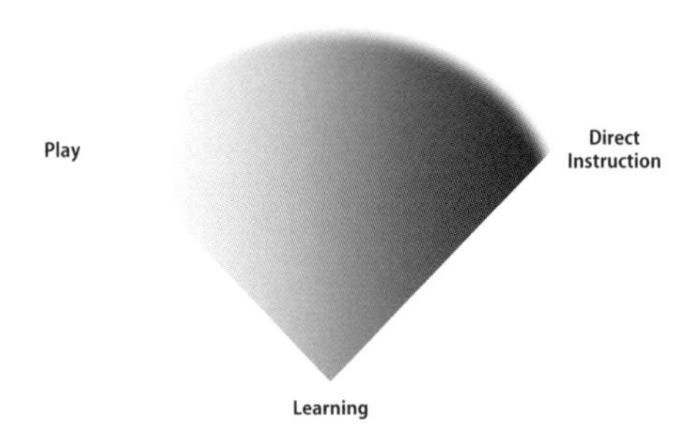

図 6-2『学びの扇』の模式図（岩本・清田　2020）

ただ，円環運動がなされればよいわけでない。そこには，遊びに代表する「やってみたい」という能動的な心の動きが必要である。図 6-2 は岩本咲氏と清田哲男による『学びの扇』(清田・大橋・藤田 2020,pp.24-32）である。左側の学習者が自由に遊ぶことを示す Play と，右側の学習者に活動内容が示される Direct Instruction が扇の要の部分である Learning（学び）につながっている。ここでの Play は，主に触発も含み，能動的に内的世界と外的世界の円環運動を示しており，Direct Instruction は，主に先生からの指示に従って，対蹠的に円環運動をしている状態である。表現活動は，この扇を広げて，広く行き来できるかが重要である。例えば，陶芸などの伝統表現の学習は，右側に近いエリアの活動だと思われがちである。粘土等の「素材との出会い」は Play に近い領域の活動，ろくろの操作やひも作り等の「技法との出会い」は Direct Instruction に近い活動，そして制作を進めるうち，Play の領域に戻ることが想定される。特に小学校での学習では，より play に近い活動を求めるだけでなく，学年が進むにつれ，絵の具や粘土等素材や技法と関わりながら,『学びの扇』

をより広げるような活動が必要である。

3. 固有な存在である自分への社会からの問い

アートの視点での「問い」の例として，中学校の美術の授業で先生が生徒に投げかける言葉で，「『自分とは何か』を考えることがアートである」というものがある。換言すれば，「自分」が答えとなるように「問い」をつくりなさい，ということなので，これはとても難しいことである。「あなた自身が答えとなる生き方」をすることが前提なのだから，常に自分自身を理解しようとする努力が必要なのである。しかも，美術の授業であるため,「問い」は言語ではなく，視覚的（絵画等）または，触覚的（彫刻等）でアウトプットすることが多い。

自身を答えとする簡単な問いの例を挙げると，「○○中学校，２年Ｈ組○○番の生徒って誰だ？」という問いも自分が答えとなる。アートでこの問いを作ろうとすれば，自分の制服や出席番号に関わるものの写真を撮ったり，自分の履いている靴の動画を撮ったりすればよいので，この問いをアートで作るのは比較的簡単かもしれない。制服や靴の模倣や再現は，写真や動画を簡単に操作することができる時代にあっては，そうは難しくはないということである。しかし，１００年も前になれば，写真や動画を使用できないために，伝承された技術を表現に活用して再現することは技術としてかなり難しい時代であることは容易に推測される。ルネサンス時代に遠近法が発明されたが，その技法の習得には，画材の供給量も鑑みて，相当大変な労力となったことだろう。つまり，同じ内容の問いでも，時代によって，問いを立てること自体の難しさは異なるのである。

一方，自分を問う場合であっても，どの視点から，あるいは誰の視点から見ているのかによって，固有の存在であるはずの自分が多様に変化する。何と答えである自分がひとつに見えないのである。それらの「自分を多様化させるさまざまな視点」は一般的に「属性」とも呼ばれる。自分がどの属性であるかによって，自分という答えが変化してしまうことがある。例として，私の身長は170センチであるが，180センチの人の集団の中では「一番背が低い人は誰だ？」が私を問う答えとなる。逆に160センチの人の集団の中であれば，「一番のノッポは誰だ？」となる。このように考えると，広東語しか通用しない集団の中で，広東語が全くわからない私への問いは，「言葉が分からなくて困っている人って誰だ？」となる。その場合の私の属性は，社会的に不利な状況にある者ということにもなるのである。つまり，属性として自分自身を見ようとすれば，私は，固有な存在であるにも関わらず，日常生活で自分でも考えたこともないような，見られ方，扱われ方をしていることに気が付くのである。そうして，再度，客観的な情報は本当に自分自身が理解している自分であるかを考えさせられる。そして，このように，アートを含め，「問い」や答えを考える，あるいは考えさせる仕組みやプロセスを，一般的にデザインと呼んでいる。

4. 多様な属性を考える「仕組みとしてのデザイン」

このような属性への気づきから，自分を問う仕組みを考えたデザインで有名な例として，2010年7月16日 - 11月3日にかけて，東京都の21_21 DESIGN SIGHTで開催された，佐藤雅彦氏のディレクションによる『“これも自分と認めざるをえない”展』が挙げられる。佐藤氏は，展覧会の概要を同展のWEBサイトで以下のように述べている。まさに「問い」や答えを，展覧会の鑑賞者から導きだす仕組み，デザインであることがわかる。

> この展覧会では，自分の属性である声・指紋・筆跡・鏡像・視線・記憶などをモチーフにした作品を展示しています。そこでは，この2番目の意味での属性が，私たちが今まで得ることができなかった感情を引き起こします。さらには，自分にとって，自分とはわざわざ気にするような重要な存在ではなかったという事柄や，自分をとりまく世界と自分との関係も分かってきます。(『“これも自分と認めざるをえない”展』WEBサイトより)

展示作品のひとつに緒方壽人＋佐藤雅彦による≪2084≫が展示されたが，ここではあらかじめ鑑賞者らの目の虹彩情報を読み取られる。読み取られた虹彩情報で個人が特定するシステムが虹彩認証であるが，作品≪ 2084 ≫の前で，まず虹彩が撮影され，0 と 1 による 2048 通りの虹彩パターンの組み合わせと，特定された自身の名前が表示される。参加者は，二進法による個人情報を，手でこすりながら消していくが，しばらくは，虹彩パターンを消しても個人は特定できるため，自分の名前は表示されたままである。しかし，特定できなくなるまで消されると，名前は消える。自分が自分でなくなる瞬間を体験できるのである。自分という答えを作品≪ 2084 ≫によって否応がなく考えざるを得なくなる。

『美術手帳』（2010,p.22）では，「ほんのわずかな属性のデータから，それが誰なのか特定できてしまう情報社会の不気味さ」を感じると述べている。客観的な自分を答えとする「問い」を表現することは現代では簡単であると述べたが，あなた自身だけでなく，あなたをとりまく社会すべてで簡単になりつつあることもデザインによって理解することができるのである。社会すべてで簡単になるということは，あなた自身の属性がより多様化し，あなた自身もわからない「自分」が社会的に生まれてしまうことに他ならないのである。

『“これも自分と認めざるをえない”展』に≪心音移入≫という作品で参加された渡邊淳司氏が，2022 年 3 月 5 日－ 6 日に，岡山大学で開催された『CRE-Lab. FORUM2022　創造する身体』での特別講演で，≪心臓ピクニック≫という心臓の鼓動触覚化体験のデモンストレーションを行った。

図 6-3 渡邊淳司氏講演中≪心臓ピクニック≫を体験する学生

人は，自分を知ろうとすれば，自分で自分を知ることの難しさが実感できる。しかし，自分の外側の社会や他者，道具等を介して，自分を理解するための情報を得ることができる。自分が発言したことの意味を，目の前で聞いてくれる人の表情を確認してはじめて，発言の意味を知る場合も多い。自分の顔の形だって，鏡という道具で左右逆ではあるが知ることができる。

≪心臓ピクニック≫は，図 6-3 のように聴診器を自分の胸のあたりにあてると，連動した四角い箱が鼓動に合わせて振動する。自分の外側に心臓の動きを出すことで，自身の五感の一つである触覚で感じ取ることができるのである。この四角い箱の動きも,「自分と認めざるを得ない」のである。ましてや，箱を他者の手に「ピクニック」に行かせると，自分の心臓が誰かの手の中にあるかのような錯覚や，誰かの心臓を手に持ったような不思議な感覚になる。

自分とは何かを，アートとして問うためには，言語化した情報（形式知）だけで理解するのではなく，言語にできない感覚を通した暗黙知でも感じることが大切である。世界でたった一つしかない自分自身の皮膚や，耳や，鼻や，目による自分自身への唯一無二の感じ取りで，誰でもない自分を自覚すること，気づくことから新たな価値を見出す契機でもある。

5. 文化の概念と多様な価値の受容

フランスのアーティストである JR の≪ Women Are Heroes ≫という作品では，「アートは世界をどう変えるのか？」という問いが前提となっている。JR は，2008 年に発展途上国の虐げられた地区で暮らす人々の眼を中心に写真撮影し，写真を大きく引きのばしてその町の建物の外壁や屋根に張り付けた。男性優位社会のあり方や社会の不条理に対して，言葉を使わず，大きく引き伸ばされた写真など新しい方法や価値で問うているのである。前述で属性に応じて，場合によって，社会的に不利になる者となることがあると述べた。アートの視覚的な，あるいは触覚的な問いに応えようする多くの人の心の動きや思考によって，世界や社会を変えることができるのかもしれない。

それは，アートを普遍的な価値として見出すのではなく，多様な価値として受容する「文化の概念」として捉えることが重要だということを示している。例えば，ダ・ヴィンチの作品は，ルーブル美術館に展示され，世界最高の作品であるとか，ピカソの作品はどの作品も数十億であるとか，アートは一定の価値として捉えるものでないということである。誰かにとっては，世界一高価で貴重なものでも，別の人から見たら，モナ・リザという女性は恋の対象にもなるし，場合によっては，絵の具が塗られた古い布にしか過ぎない。L. クロンク氏は，文化の理解のためには「文化の多様性（cultural diversity）に寛容であるべき（筆者訳出）」（Cronk 1999,p.1）としながら，「科学的知識は，世界中の人々の文化や行動について現在持っている情報を十分に活用できるほどには成長しておらず，それを行うには文化の概念（culture concept）が必要である（筆者訳出）」（Cronk 1999,p.1）と述べている。T. インゴルド氏も，科学的知識について，人類の「普遍性は生物学の産物であり，多様性は文化の産物（筆者訳出）」（Ingold 1994,p.22）と捉え，クロンク氏の述べる「文化の概念（culture concept）」によって「人類の本質は文化の多様性として明らかにされている（筆者訳出）」（Ingold 1994,p.22）としている。私たち人類の本質は，文化の多様性，それは，ある文化毎に特徴がありますよね，ということであるが，その前提として，視点，属性によって，多様に見られるということを受け入れることができるから，多様なのである。私が，生物学の産物としての普遍性から見ようとすると 170 センチであるが，多様性で考えると，私は母集団や属性によって，背の高い人になったり，低い人になったりする。しかし，私はその属性ごとに異なる人間ではなく，同じ人間なのである。

JR の作品も，途上国の虐げられた人を異なる属性や視点としてとらえようとすれば，豊かな存在にもなり得る。それが「文化の概念」という枠組みで見るということであるし，固定された価値から，多様性を伴う枠組みへと移動させ，より豊かで幸福な立場となる属性へと心の中を解放する力がアートの問いにあると言える。

6.「問い」は解決の提案ではない

JR の例でも分かるように，「世界をこのように変える」ではない。虐げられた人の属性をもっと多様に見てくださいとの提案である。

このようなアートとしての提案の構造を Royal College of Art の A. ダンら（2015, pp.4-6）は，問題解決を「唯一の未来」を提案するのではなく，「未来の可能性（what-if）」をツールとして考えるというSpeculative Everythingとして提唱している。つまり，問題解決の「解決」の提案ではなく，「問題」の提案を目的にして思索（speculate）することでよりよい社会の構築をめざすのである。

PBLなどでの提案の発表で，唯一の方法を提案されることがある。それは，普遍性をもった唯一解のように周りに受け止められてしまい，場合によっては，これをしなければダメになります，という脅迫のような提案となってしまう。岡田氏の「表現行為のモデル」による創造的な営みのように，社会や自然環境，文化から，多様に感じ取り，多様に思考し，省察したことが，言葉として，行動として，表現として溢れ出たことを，まず，大切にしてほしいと考える。

【引用・参考文献】

⑴　佐々木健一，『美学辞典』，東京大学出版会，pp.53-54,1995年

⑵　岡田猛，「表現芸術の捉え方についての一考察：「芸術の認知科学」特集号の序に代えて」，『Cognitive Studies』，（vol.20, no.1）,pp.10-18,2013年

⑶　J.J. ギブソン（著），古崎敬，古崎愛子，辻敬一郎，村瀬旻（共訳），『生態学的視覚論―ヒトの知覚世界を探る』，サイエンス社，pp.196-201,1986年（原著）James Jerome Gibson，The Ecological Approach to Visual Perception, Boston: Houghton Mifflin，1979

⑷　川喜田二郎，『創造性とは何か』，祥伝社，p.154，2010年

⑸　佐藤学，『学びの快楽－ダイアローグへ』，世織書房，pp.244-246，1999年

⑹　同上

⑺　岡田，前掲

⑻　清田哲男，大橋功，藤田雅也「文化的実践を基盤とした美術教育の学習構造の研究」，『美術教育』302号，pp.24-32，2020年

⑼　『“これも自分と認めざるをえない”展』WEBサイト（https://www.2121designsight.jp/program/id/）

⑽　『美術手帳』vol.62 No.944，美術出版社，p.22，2010年

⑾　Lee Cronk, Culture and the Evolution of Human Behavior, *That Complex*

Whole ,Boulder, CO: Westview Press, p.1, 1999
（原文）must be extraordinarily tolerant of cultural diversity

⑿ 同上
（原文）Scientific knowledge simply had not grown to the point where it could make much use of the information we now have about the cultures and behaviors of people around the world. Now, at long last, science can study human behavior, and it needs the culture concept to do it.

⒀ Tim Ingold, "Humanity and animality" *In Companion Encyclopedia of Anthropology: Humanity, Culture and Social life*. ed. London: Routledge., p.22, 1994
（原文）universals are the products of biology while diversity is the product of culture

⒁ 同上
（原文）the essence of humanity is revealed as cultural diversity

⒂ Anthony Dunne, Fiona Raby, *Speculative Everything: Design, Fiction, and Social Dreaming*, The MIT Press, pp.4-6, 2015

第４節　地域産業の遺構から環境教育を考える

地球温暖化，オゾン層の破壊，砂漠化，熱帯雨林の減少など，地球規模の環境問題は，社会経済活動の拡大や人口増大の影響が，環境が有する復元能力を超えた結果とされる。また大気汚染や水質汚染など，都市・生活型の公害問題も依然として大きな課題である。こうした問題の深刻化を防ぐには，社会経済システムや人々の生活様式を，環境負荷が少ないものへ変えていくことが必要であり，また一人一人が人間と環境との関わりについて理解を深め，自然と共生するための具体的な行動が重要であろう。現代文明は，その在り方を再考しなければならない時期となっている。

環境教育も，その対象としては身近な問題から地球規模までの広がりがあり，その学習領域も自然科学・社会科学の分野から，個人の考え方や感性にまで及ぶ。環境問題は，現代の文明や生活様式に由来するものであり，その原因，またその解決方法も科学技術や産業活動に深く関わっている。それらを学ぶことが環境教育の目的の一つであり，子供たちが，身近な地域社会や自然の中での様々な体験活動を通して，自然と環境に対する関心を培うこと，さらには社会経済システムや産業活動の在り方について考えを深めることが必要であろう。また環境教育においては，学校教育だけでなく地域社会においても，様々な学習機会を提供する取組みが必要とされており，それには学習活動の場の充実，学習機会の情報提供などが進められるべきである。

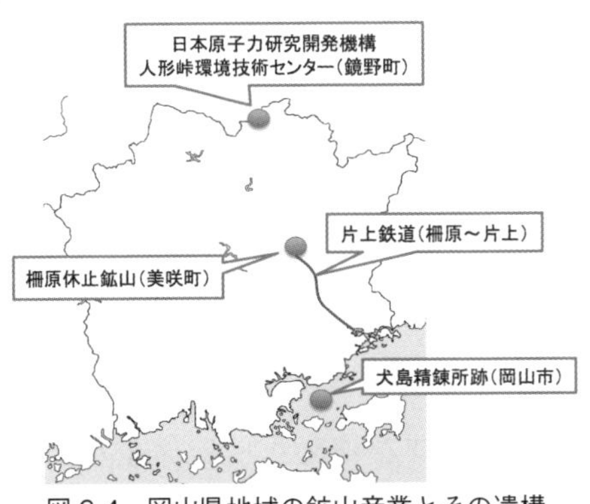

図 6-4　岡山県地域の鉱山産業とその遺構

科学技術，産業活動と環境問題の関係について知見を深めるには，その歴史から学ぶことが一つの手段である。岡山県地域の過去の産業を振り返ると「鉱山」や「製錬」といったものが浮かび上がるが，これを意外に思う方は多い。本節では，そのような地域産業の歴史と現在，またその遺構を幾つか紹介し，産業と環境保全について考える機会としたい。この取り組みは，筆者が 2019 ～ 2020 年度に行った PBL 活動の内容でもある。過去の国内における鉱山開発は産業発展に重要であったが，一方で，それは多くの地域で公害問題の大きな原因となっている。

（1）柵原鉱山資料館，片上鉄道跡，休止鉱山坑排水処理施設見学

柵原休止鉱山は，岡山県久米郡美咲町にあり，主に硫化鉄鉱を産出する鉱山で，その規模は東洋一とも言われていた。その鉱石は鉄資源の供給だけでなく，硫化鉱の硫黄成分を利用し，硫酸や肥料としての硫酸アンモニウム（硫安）の製造に用いられた。しかしながら技術開発の変遷として，石油精製時に副産物として生産される回収硫黄などの利用や，海外からの安価な硫化鉱の輸入も急速に進み，1970 年代半ばには硫酸原料としての硫化鉄鉱の需要はなくなり，1991 年に閉山となった。柵原ふれあい鉱山公園の柵原鉱山資料館では，柵原鉱山の歴史や文化を知ることができる。園内には片上鉄道跡と，当時の車両が展示されている。片上鉄道は 1931 年には全通し，柵原地区と現在の備前市片上湾を結び，児島湾にあった岡山製錬所への鉱石運搬に重要であった。それまでは大量の鉱石を，吉井川を利用し「高瀬船」で運んでいたのだから驚きである。当時，鉱石の需要は非常に大きかったことが伺える。鉄道については地元住民の存続要望があったものの，経営困難により柵原鉱山の閉山に伴い廃止となった。また資料館の行事としては，鉱山の坑道を利用した黄ニラやシイタケ栽培，いわゆる坑道農業を見学する機会がある。真っ暗な坑道内は一年を通じて気温 18 度，高湿度な状態であり，このような環境に適した作物を栽培し特産品としている。

鉱石採掘場としての役割を終えた柵原休止鉱山には，最深部地下 1000m，総延長距離 1400km に達する坑道が残るが，大部分は地下水が

流入し，鉱石成分が溶出している。その坑道内水位が隣接して流れる吉井川の水位を超えると，酸性で鉄などの重金属を含む坑排水が流入し鉱害となってしまう。川は酸性化し赤茶色に染まることになる。この坑排水の処理施設においては，硫酸第一鉄成分の酸化，中和処理等を行うことで浄化を行い，河川に放流している。水の浄化技術と設備によって鉱害を防いでいるが，休止鉱山管理としての課題を残している。水浄化処理では日々大量の地下水を汲み上げ，処理工程で産生する中和殿物と称される沈殿物を，常時近隣の集積ダムに運び保管する必要がある。排水処理施設見学では，その大規模な設備と水処理を実感できるのだが，この作業を未来永劫行わなくてはならない現状をどう感じるだろうか。ここで直近の課題は，副産物である中和殿物の減容化であり，新たな産業資材としての有効利用方法を開発することである。PBL 活動においては，その技術開発に関する筆者の産学連携活動についても紹介した（石川，2018)。

全国には無数の鉱山跡地があり，そのうち鉱害対策処理が必要な鉱山は 100 箇所近くもある。有名な足尾鉱山においても，柵原と同様な課題を残している。鉱山は現代社会では負の遺産として見られてしまうが，過去の開発は産業発展のための金属資源確保や，その技術開発の場として非常に重要であったことは確かである。

図 6-5　左より，柵原鉱山資料館，休止鉱山坑排水処理施設，犬島製錬所跡

（2）犬島製錬所跡地見学

犬島製錬所は岡山市東区犬島にあり，瀬戸内海の島々にあった銅製錬所の一つとして知られ，帯江鉱山（現倉敷市および早島町）から産出される黄銅鉱の製錬を目的として建設された。最盛期には島に数千人が暮らした

が，1916 年頃にピークであった銅価格は以後暴落し，1919 年，僅か 10 年で操業を停止した。犬島においては，製錬所が建設された直島（香川県），四阪島（愛媛県）と同様に煤煙による煙害を引き起こしており，現在でもその様子が伺える。市街のある内陸で製錬を行うと，その煙害のリスクは大きいので，製錬所は瀬戸内海沿岸や島々に建てられるケースが多かった。柵原鉱山の鉱石についても，製錬は海沿いまで運んで行っていた。大きな鉱山がある他の地域と異なり，美咲町において煙害による森林破壊が見られないのはこの理由であろう。犬島の海岸沿いには，焦げ付いたレンガの壁や朽ちかけた煙突など，過去の繁栄を感じさせる多くの遺構があるが，それは長く放置されていた。そのような製錬所跡の一部は犬島精錬所美術館として改築され，今では多くの観光客が訪れている。

（3）国立研究開発法人日本原子力研究開発機構，人形峠環境技術センター施設見学

人形峠は岡山県苫田郡鏡野町と鳥取県東伯郡三朝町の間に位置する。1950 年代当時は日本中でウラン鉱の探索が行われ，この地域に有望な鉱床が発見されるに至り，一躍注目を集めることになった。以来この鉱山は「人形峠ウラン鉱」として知られるようになり，現在に至っている。ここには人形峠環境技術センターが設置されており，これまで核燃料サイクルにおけるウランの探鉱，採鉱，製錬，転換，そしてウラン濃縮までの技術開発が実施されてきた。現在では平成 28 年に公表された「ウランと環境研究プラットフォーム」構想に基づき，施設の廃止措置を進めるために必要な，ウラン，ラジウムその他の放射性廃棄物を安全に処理・処分するための研究開発が行われている（長安ら，2017）。産業の遺構と呼ぶにはまだ早すぎるが，いずれその道をたどることとなる。

人形峠環境技術センターの施設見学では，鉱山における環境保全，放射性廃棄物の処理・処分の研究開発について安全を最優先として取り組んでいることや，その技術の一端が説明され，また実際の坑道のウラン鉱床を直接見る機会を頂いた。放射性物質を扱うという点で，一般の金属鉱山管理より遥かにセンシティブであること，こうした開発後の環境保全には，

多くの時間と技術，また技術者の努力が必要であることが十分に理解できる。またセンターでの研究は，国内に数多く設置されている原子力発電所の，将来的な廃炉に関わる技術開発につながる意味でも重要であることは言うまでもない。

産業の性質を区別するやや古い言葉として「動脈産業」と「静脈産業」がある。前者は様々な新しい技術開発などで発展を目指すもので，後者はその言葉通り，産業発展に伴う課題に対応するものであり，公害問題への対処,副産物や廃棄物の処理技術などが含まれる。本節では「鉱山」をキーワードとした岡山県における産業と環境保全，またその遺構を幾つか紹介したが，これらは静脈産業の典型と言えるだろう。地域の環境保全に関する題材として用いる方法は多岐にわたるが，産業としての鉱山開発後，自然環境保全が如何に困難かは十分に伝わると思う。PBL 活動では，まずは実際に現地を訪れ何かを感じ考えてもらうことを重視し，学習機会としての利用方法についても議論した。また岡山県地域に限らず国内に視野を広げ，各地域での課題も扱った。例としては，神岡鉱山（岐阜県）に接する神通川下流（富山県）で発生したイタイイタイ病の問題に関する調査研究である。四大公害の一つとして教科書にも掲載されるが，原因物質とされるカドミウムと病状の関係について，科学的な解明に至っていないことは殆ど知られていない（石本，2014）。

歴史的に見て，有用と考えられる科学技術は未完成のまま世に出ることは多い。産業発展において鉱山開発と金属精錬技術の貢献は大きかったが，その廃棄物処理技術は軽視され,河川の重金属汚染や煙害による森林破壊，さらには人体への影響を含めた公害をもたらした経緯がある。その問題解決には技術開発の時間よりはるかに長い年月が費やされることとなっている。同様な例としては原子力発電技術が挙げられる。石炭や天然ガスと比較し，遥かに少量の核燃料の利用で大きな電力が得られるが，核分裂で生じる放射性物質の処理技術開発が不十分なまま実施されている。蓄積される放射性廃棄物や，必然的に廃炉に向かう原子力発電所は，次世代への負の遺産と成りつつあることは明らかである。学生には，そのような産業発展の負の側面への理解も目的としてPBL活動で学んでもらったが，課題解決型学習の例としては規模が大きく，解決に向けての論理性や創造性を発揮することは困難であろう。しかしながら，技術者に限らず様々な分野で活躍する次世代の担い手一人一人が，将来的な環境・エネルギー問題の本質を知ることは重要であり，それが課題解決へのスタートと考えている。

⑴ 石川彰彦：柵原休鉱山坑排水処理副産物の有効利用に関する取り組み，*鉱山*，71，3，pp. 15-20（2018）

⑵ 長安孝明，瀧富弘，福嶋繁：人形峠鉱山における坑廃水処理の沿革と現状，*日本原子力研究開発機構 JAEA-Technology*（Web），2016-031（2017）

⑶ 石本二見男：イタイイタイ病―さらなる科学の検証を，本の泉社（2014）

第5節　気候を軸とする学際的・探求的学びから発見する「異質な他者」の世界ードイツと日本の季節サイクルや季節感の比較を例にー

1. はじめに

SDGs・ESDを学校現場で指導するための資質の育成は，教師教育として重要な点の一つである。ところで,気象・気候をはじめとする「地学」は，ESDでの取り組み対象でもある気候変動教育，防災教育（土砂災害，地震，火山関係も含む），自然環境教育等に，直接関連する知見を提供する学問でもある。また，気候などの自然環境は，文化や人々の生活，価値観等の背景としての関わりも大きいため，自文化・異文化の理解や国際理解の教育にも深く関わり得る。このように，探究的学習も含めて「地学」で学ぶ内容は，SDGs・ESDのベース（音楽用語で言えば，曲の和音の進行を下から支える『通奏低音』）として響いているとも言えよう。つまり，我々を育む「『地球』の『繊細な声』」に耳を傾けることが出来る科学的リテラシーは，SDGs・ESDの重要な出発点の一つでもあると考える。

ところで，SDGs・ESDで扱う種々の問題の間には，多面性・多様性，複雑な絡み，意外なつながり等があり，一筋縄で解決出来ないことも多い。それらに気づき，お互いの多様な価値観を尊重しつつ，うまく折り合いをつける努力をすることや，それにも関連した「異質な他者への理解」（Understanding of Heterogeneous Others）（小林 2016；中澤・田淵 2014，など）の視点を持つことが大変重要である（本稿では，このような観点を，仮に「ESD的視点」と呼ぶことにする)。それを鑑みた際に，「種々の要因が相乗効果を持ちながら絡み合い，しかも季節感などを通して文化理解への重要な背景の一つにもなる『気象・気候システム』」の学習も，「異質な他者への理解」も含めた「ESD的視点」育成への貢献が大きいことに気づくであろう。本稿の筆者を中心とするグループは，文化生成の重要な背景の一つとしての気候，特に，季節サイクルと季節感を接点に，学際的な気候と文化を理解する新たな芽を育むことを意識して，数々の連携を行い（気候と音楽を中心に)，その際に，上述の「異質な他者への理解」も含めた「ESD 的視点」の育成にも繋がるような素材の発掘も併せて行ってきた。その際に，気象・気候の解析や再体系化，作品の分析等も加えて得られた新たな気象学的・気候学的知見や芸術科学的知見を，指導法開発のための材料としてフィードバックさせることも強く意識した。それらの成果は，「一つの学会の守備範囲」には入りきれない内容が多いので，大学の紀要を中心に纏められている（加藤（晴）・加藤（内）2005, 2006, 2011, 2014a；加藤（晴）ら 2006, 2013；加藤（内）・加藤（晴）2021a，2021b；加藤（内）ら 2009a, 2009b, 2011, 2012, 2014, 2017a, 2017b, 2018, 2019a, 2019b, 2021, 2022；濱木ら 2018; 桑名・加藤 2020，等)。更に，それらの成果の一部を体系化して加藤（晴）・加藤（内）（2014b, 2019）を上梓するとともに，指導案例を提示したハンドブックの小冊子も作成した（加藤（晴）・加藤（内）2020)。

また，そのような取り組みにおいて，敢えて，「身近でない地域の文化やその背景の気候」を取り上げることも意義深いと考える。つまり，「気象・気候データからその地域の人々を取り巻く環境を読み解くとともに，芸術作品・伝統行事などで表現される人々の感情等に思いを馳せる（作品等の分析や，授業等における作品の簡易創作活動)」という探求的な活動を通して，「そのような気候環境や文化の中に自分がいたら，どう感じうるか」等について考える機会，いわば，「異質な他者との出会い」の機会になり得るからである。例えば，加藤ら（2017b）は，ドイツの厳しい冬の追い出しの行事「ファスナハト」を取り上げて，夏と冬との戦いに関連した子供の歌の鑑賞や「ファスナハト」の行事が収録された DVD の視聴，日々の大きな変動性の中で極端な低温日もしばしば出現するドイツの冬の気候の特徴の説明，等を行なった後で，ドイツの冬を想像しながら小物の打楽器による「冬の追い出し」を表現する活動を行なった。また，加藤ら（2019a）は，北欧の冬の寒さと「夏至祭」（ユハンヌス，Juhannus）を視点の軸に，同様な活動を行なった。

そのような取り組みの進展を通して，「春なら春，夏なら夏という同じ言葉で呼ばれる季節であっても，その気候・季節感は地域により，こんなに違う！」ということへの気づきは，「自分たちにとって当たり前と思うことが，他の背景を負う人々にとっては決して当たり前でない！」ということを強く認識出来る機会の一つを提供しうる，と感じるようになった。それは，ESD のどの取り組みを行う場合でも重要なベースの一つとして必要な，「異質な他者への理解」に繋がり得る。従って，「気候環境やその変動をグローカルに探求的に捉え，また，文化や価値観等の違いも知って両者を繋げる」ことにより，「それらに関連した教科・学問の内容自体への見識を深めながら，『異質な他者の世界』に関する深い発見を促す学際的学習プラン」を開発することも，教育学研究科修士課程の PBL のテーマの一つとする意義が大きいものと考える。

そこで本稿では，筆者の専門の気候・気候とこれまで学際的に連携して行ってきた取り組みに関連して，ドイツと日本列島との気候と季節感について例として紹介し，教科横断的な学習自体を探求的・発展的に進めながら「異質な他者」の発見の鮮明な体験に繋げる教材化への視点に関してコメントしたい。

2. 提案する活動の概要と季節を捉える視点

本稿で紹介する例は，次に提案する取り組みのための教材化へ向けた素材の一つとして位置づけられる。

プロジェクト概要例：
《気候を軸とする学際的学習から「異質な他者」との出会いを重ねよう》

気象・気候のような自然環境と文化双方について，気候データの簡単な分析や，（生活の中から生まれた歌なども含む）音楽や美術，文学などの作品，伝統行事，等から季節感や人々の気持ちなどの分析などの探求を含む活動により，院生自身が気候や文化を見る新たな視点の発見にも繋げる。これらを踏まえて，「異なる環境に住む人々が『当たり前』と捉える自然・文化等が，自分たちの『当たり前』とはどのように違いうるのか」，ということを学習者が気づく契機となる学習プランを開発する。しかも可能なら，理科の地学分野や社会科（地歴科）の地理分野での気候の学習，あるいは，総合的学習の発展的・探求的内容として組み込めないかも検討する。

なお,季節サイクルを単に月平均値のような量で捉えるだけでなく,種々の時空間スケールでの変動性にも注目することによって季節の「平均像」が明瞭に見えてくる場合も多い。これは，本稿で紹介するような文化理解教育との連携においてだけでなく，ESD気候変動教育のベースとしての気象・気候リテラシー育成の際にも重要である。実は現在でも，平均的な気温や水蒸気量などの地域や季節による違いに伴って，日々の変動幅も含めた季節サイクルの地域差は大きい。そこに地球温暖化の影響が加わった場合，単に平均気温や水蒸気量が一律に上昇するだけでなく，平均的な温暖化の地域的違いに伴って，それを「基本場」とする日々の低気圧活動や降水活動の地域的違いが生じる。そのような変化が加わることによって，現在の季節サイクルの中で見られる変動幅も含めた「平均像」の変化が特徴づけられる。その際に，もし，その「変動幅」が変わらなくても平均値が変化すれば，気象・気候災害につながるような異常高温や激しい降水等の「極端現象」(extreme phenomena) の出現頻度が高まりうる。また,「変動幅」も大きくなれば，そのような「極端現象」の頻度は更に高まりうるであろう。このように，それぞれの地域の季節サイクルの中で,「現在の平均的な変動幅」がどのようになっているかの大枠を知っておくことは，気候変動教育においても,極めて重要な科学的リテラシーの一つと考える。

一方，文化理解の背景としても,「変動幅」も含めた季節サイクルの把握は重要となる。もちろん，歌などの音楽作品や文学作品，美術作品などの表現は，人の感じ方の大きな違いを反映して，実に多様である。しかも言うまでもないが，気候などの自然環境とは全く関係ない原因での感情の表現の方が圧倒的に多いであろう。それでも，季節にちなんだ作品も非常に多く，それらの中でも多様な表現がなされている。その中の一つの要因としては，上述の「変動幅のある季節」のどの側面を強く感じるかで，作品や表現活動の多様性へと大きく反映されうる可能性は否定出来ない（まだ作業仮説の段階ではあるが）(加藤（晴）・加藤（内）2014b；加藤（内）ら 2014，等)。一方，季節に関連した表現において，変動幅のある季節のある側面が「感性のフィルター」(加藤(内)ら 2014 が仮に表現した造語）で強調されているとしたら，そのような側面が気候データからどのように見えてくるのか，気象•気候の新たな分析へのヒントを与え得る。従って，作品に表現されている感覚的な視点と気候データから見えてくる科学的な視点との間を往還する際に，気候データに関しては「変動幅のある季節」を意識する意義が大きい。

3. ドイツと日本の季節サイクルの大枠と季節感の比較

「四季」が明瞭という共通認識が持たれる中高緯度地域の中でも，アジアモンスーンの影響を強く受ける東アジアと，ユーラシア大陸西岸のヨーロッパにおける季節サイクルには，大変大きな違いがある。

日本列島付近では，東アジアの顕著な雨季である梅雨や秋雨を含めた「六季」で特徴づけられる（Maejima 1967)。しかも，「六季」の各季節間の遷移期にも「中間的な季節」が出現し（加藤（晴）・加藤（内）2014b, 2019，等)，卓越する天気図のパターン（「卓越気圧配置型」）が約 1 ヶ月単位で大きく変化する。それは，詳細は略すが，季節の進行のタイミングが相互に何ヶ月もずれるようなアジアモンスーンサブシステム（シベリア，南アジア，北太平洋高緯度域，北太平洋低緯度域）の接点に，日本列島付近が位置することも強く反映されている（加藤（内）ら 2009a；加藤（晴）・加藤（内）2014b；Murakami and Matsumoto 1994，等)。このため，日本列島付近での季節感は大変多彩なものとなる。

そのような季節の移ろいに大きく目を向けるような視点は，日本の古典文学や絵画などにも見られる（高橋 1978；高階 2008, 等)。「秋」と「冬」の間の中間的な季節である「初冬」には，西高東低の冬型気圧配置もしばしば出現する。その時期の山陰〜北陸の日本海側での平均気温は，まだ真冬ほど低くないので，雪ではなく「時雨」となることが多い。時雨は，この時期の独特な季節感に結びついており，時雨を詠んだ和歌は多い。例えば，加藤（内）ら（2011, 2018）等は，初冬の気候と時雨を詠んだ和歌の鑑賞とをセットで行うような授業実践を，高等学校や中学校，及び，大学で試行している。また，表 6-3 に纏められるように，「初冬」と「早春」の気候の特徴は，冬を挟んで非対称性が明瞭であり，季節感の違いも大きい（勅撰和歌集に収録された季節を詠んだ和歌を比較しても，そのことを実感出来るであろう）。そのような「初冬」と「早春」における気候や季節感の比較をテーマに，加藤らは高等学校や大学で学際的な授業実践を試行した（加藤ら 2014, 2015, 2017a）。

表 6-3 日本列島付近における冬を挟む非対称的な季節進行の特徴。加藤(内) ら(2017a)を補足修正。

	初冬	早春
日本列島を取り巻く広域の環境	・シベリア高気圧や，シベリア気団に対応する大陸の低温域は，11 月頃にはかなり成長している。 ・冬型の気圧配置時の日本海側の降水に関連して，日本海からの熱・水蒸気供給は，11 月にはかなり大きくなっている。 ・11 月頃の日本列島南方の高温の気団は，3 月頃に比べ，かなり北偏している。	
日本付近の特徴	・旬平均気温の極小期は，冬型の気圧配置（日本海側で降水，太平洋側で晴天）の卓越期間（11 月中旬頃～ 3 月中旬頃）の真ん中の時期より大分遅れ，1 月終わり～ 2 月初め頃になる。 ・日本列島付近では，早春の晴天時の日射は，初冬よりもかなり強い。	
まとめ	平均気温はまだ高いのに，冬型の気圧配置がしばしば出現し，日射は弱い。	冬型の気圧配置もしばしば出現して平均気温は低いが，晴天時の日射は強い。

一方，ドイツ付近では，1 年が夏と冬の 2 つの季節からなるという「季節観」もあり（宮下 1982；小塩 1982），更に，夏と冬とが戦って，何としても厳しい冬を追い出したいという季節感に関連して，冬の追い出しの伝統行事「ファスナハト」（Fasnacht）が，復活祭の 1 ヶ月ほど前にあたる 2 月後半～ 3 月初め頃に行われる。植田・江波戸（1988），武田（1980），Moser（1993）等に基づき加藤ら（2017b）でも紹介したように，ファスナハトでは，眠っている自然力や精霊を呼び覚ますために，魔物などの力も借りながら「普通ではないことを行う」のが一つの特徴である。行事内容の地域的多様性はかなり大きいが，「鳴り響く音や声」，「魔女やデーモン等の様々な仮面，派手な衣装をまとって，練り歩いたり飛び跳ねたり，踊ったりはやし立てたりする様子」等の異様さが挙げられる。また，「完

全に春に転換させる」ことを願って,「冬を象徴するもの」を連れ去ったり,退治したりすることにより,「冬の退場を見届ける」。例えば,ドイツのシュヴァーベン州ヴィルフリンゲン村では，冬の象徴である藁の人形が村の外れまで引き連れられることにより,冬が連れ去られる場面が演じられる（植田・江波戸 1988)。一方，オーストリアのチロル州ガッサライト村では,冬の象徴の熊使いと春の象徴の熊が戦い，春が冬に勝つ芝居が演じられる(Nußbaumer 2010)。

そのような「厳しい冬」を追い出した後に巡ってくるのが,いわば「夏」の入り口である「春・５月」であり，ドイツの詩や歌で「春・５月」の喜びを歌っているものは多い（具体的な気候データや作品等については，4.以下を参照)。なお，春になった喜びを歌ったドイツの子供の歌でも,「夏が冬を追い出す」というモチーフが感じられるものは少なくない。例えば,“Winter Ade!”《冬さようなら》,“Nicht lange mehr ist Winter”《冬はもはや長くない》,“Trarira, der Sommer, der ist da!”《夏が来た》等が挙げられる。特に,《夏が来た》の歌詞の３番には，“Der Sommer hat gewonnen, der Winter hat verloren.”（「夏が勝って，冬は消え失せた」）と歌われている（具体的な曲の紹介は加藤（晴）・加藤（内）2014b 等を参照)。

一方，ドイツの夏には，単に九州～関東の低地に比べて平均気温が20℃程度とかなり低いだけでなく，後述するように，日々の変動に関連した違いも大きい。それで,「春・５月」は儚く過ぎ去ってしまう夢のような至福の時，という季節感を反映した歌も少なくない。それらも,「異質な他者の発見」に繋がる格好の教材になりうるので，次項以降で詳しく紹介したい。

4. ドイツにおける冬の気候（「何としても追い出したい厳しい冬」という季節感に関連して）

図 6-6 は，ドイツ付近中南部を代表する地点を例に（50° N/ 10° E),日平均気温の時系列を 11 年分重ねたものである。また，横軸の各月の初日の位置に月名を略称で記入してある。比較のために，九州～関東付近の代表として，兵庫県中部付近にあたる 35° N/ 135° E における同様なグラ

フも示した。なお，1日の中でも日中と夜間との気温差は小さくないが，この図は，それらを日平均したものである。つまり，追って定義する「極端な低温日」は，単に日最低気温が低いのではなく，日中も平均した気温が極端に低いことに注意したい。

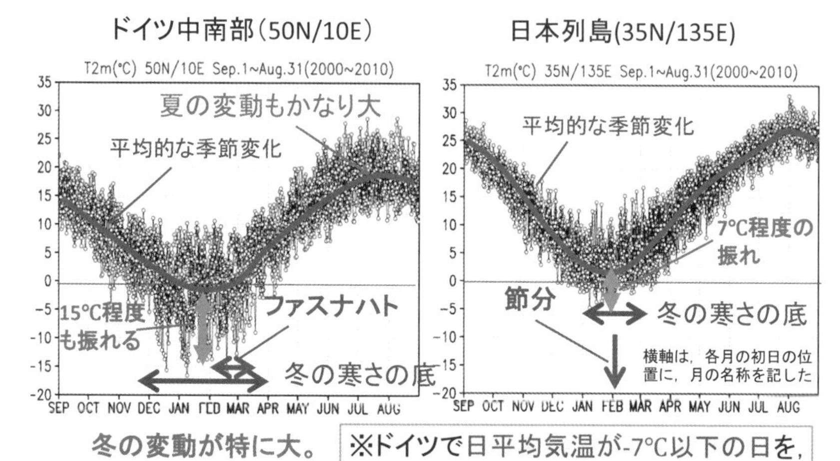

図 6-6　日平均地上気温(℃)の時系列を 2000/2001 ～ 2010/2011 年について重ねたもの。ドイツ中南部の 50° N/10° E(左図) と日本列島付近の 35° N/135° E(右図) について示す。加藤ら (2017b) を改変し，講義用の書き込みを入れたものを示す。なお解析には，気象解析に利用するために 2.5° × 2.5° の緯度経度間隔の格子点上に内挿された地上気温データを用いた (NCEP/NCAR 再解析データ)。

これらの図からは，平均的な季節変化だけでなく，それぞれの季節に日々の気温のどの程度大きな変動性が重なっているのかも読み取ることができる。11 年分の時系列が重なり合った真ん中付近の温度に対応する部分を，季節の進行に沿ってなぞれば，平均的な季節変化を視覚化することが出来る（図にも書き込み済)。一方，11 年分の時系列が重なっている縦軸方向の幅が，全体としての日々の変動幅に対応する (peak-to-peak にほぼ対応)。平均的な季節変化を比べても，ドイツ付近では九州～関東よりも冬の平均気温が 5℃程度低い。

しかし，ドイツ付近では，日々の大きな変動の一環として，極端に気温の低い日が出現している。どういう意味で「極端に低い」と言えるのか図から考察しよう。グラフによれば，日本列島付近では（右図），日平均気温が特に低い日でも，その冬の「平均値」から7℃程度低いだけである。しかし，ドイツ付近では（左図），「平均値」よりも7℃どころか，10～15℃程度低い日もしばしば出現している点が注目される（授業でも，そのような数値も意識させる）。そこで，本稿では，ドイツ付近の冬の平均気温（ほぼ0℃）よりも7℃以上低い日，つまり，ドイツでの日平均気温が -7℃以下の日を，「極端な低温日」（Extremely Low Temperature Day, ELTD と略す）と呼ぶことにする。

このように，ドイツ付近の冬には，九州～関東では経験したことがないような日々の大きな気温変動の中で，日平均気温が -7℃～ -15℃程度まで低下する「極端な低温日」がしばしば現れるわけである。「極端な低温日」が出現しやすい期間は，12 月初め頃から 3 月後半頃まで季節的に続く。しかも興味深いことに，12 月初め頃，急に日々の変動幅が大きくなり，「極端な低温日」が出現するようになる。その状態が 3 月まで続き，3 月終わり頃に急に変動幅が小さくなる。つまり，その時期になってやっと，「極端な低温日」の出現する季節が終わることになる（但し，日本列島付近と比べれば，4 月以降も，日平均気温の変動幅はドイツの方がかなり大きいが）。

日本列島付近では，1 月終わり～ 2 月初め頃，つまり「節分」近くに，季節的な平均気温が極小，いわば，寒さの「底」になる（右図）。日本列島でも 12 月～ 2 月を「冬」と呼ぶことは多いが，日本列島での 12 月頃は，今述べた寒さの「底」へ向かって平均気温が急速に下降中の時期であることが分かる。それに対して，ドイツ付近で冬の寒さの「底」となる時期は，単に季節的に平均気温が低い状態が持続するというよりは，「日平均気温の変動幅自体が特に大きくなって，『極端な低温日』も出現しやすくなる時期」と認識することが出来る。しかも，「冬の底」の期間が，ドイツでは長いと言っても良い。そのように，気温だけに関しても，単に冬の平均値の違いだけでなく，日々の変動幅の大きさ，寒さの「底」の特徴やタイミング，その持続期間，等，も併せて吟味すれば，同じ「冬」と呼ばれる季節でも，自分たちの住んでいる地域とは如何に異なるものであるかを実感することが可能であろう。

但し，「極端な低温日」は，毎年コンスタントに出現するわけではない。図 6-7 の左側は，1971/1972 年冬～ 2010/2011 年冬について，冬全体での「極端な低温日」の日数の年々変動を示す（Kato et al.（2022）の口頭発表資料より）。この 40 年の中で，出現日数が 15 日以上にのぼる年（ここでは「典型年」と呼ぶ）が 10 冬あった。いわば，「極端な低温日」が殆ど出現しない年がある一方，ひと冬に 15 日以上も出現する年があり，年による違いが大変大きい。40 年のうちの 10 年が典型年ということは，ドイツでは，極端に寒い日が頻出する冬が 4 年に 1 回の割合で生じていることになる。逆に言えば，4 年のうち 3 年はそこそこの寒さで済む冬であるからこそ，4 年に 1 回の割合で現れる「典型年」の寒さの厳しさが強く感じられる可能性も否定はできないであろう。

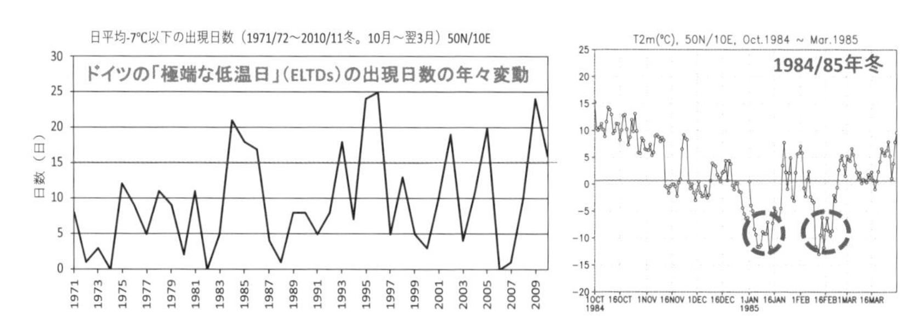

図 6-7 （左図）1971/1972 年冬～ 2010/2011 年冬について，冬全体での「極端な低温日」の日数の年々変動。（右図）「典型年」の一つである 1984 年から 1985 年にかけての冬における，ドイツ付近（50° N/10° E）での日平均気温の時系列（℃）。横軸に日付を示す。Kato et al.（2022）の口頭発表資料を改変。

なお，話はそれるが，気候変動教育の視点からは，地球温暖化がかなり進行している 2000 年頃以降にも「典型年」が時々出現している点も，地球規模の気候変動に対する地域規模の応答との一筋縄ではいかない関係の一つとして興味深い。

更に興味深いことに，Kato et al.（2022）は，「典型年」における「極端な低温日」は，1 ヶ月前後の周期の「季節内変動」を伴って出現する傾向があることを示した。なお,「季節内変動」とは，季節変化よりは短い周期だが，中緯度地域での温帯低気圧・移動性高気圧の周期的通過のような数日～1週間程度の周期よりはゆっくりした周期の変動を指す。例えば，図6-7（右側）の，1984/1985年冬（「典型年」の一つ）における日平均気温の時系列で示されるように，ドイツ付近の「極端な低温日」やそれに準じる日は，一旦出現したら1週間程度持続し（図は略すが，他の年の例では半月程度持続する事例もあった），それが一冬に2～3回繰り返されるわけである。

なお,「極端な低温日」あるいはそれに準じる日が出現するメカニズムに関しては,2000/2001年冬を例に（本稿で述べた「典型年」ではないが),濱木ら（2018）を引用しながら加藤（晴）・加藤（内）(2019）が解説を試みているが,「典型年」全体に関して更に考察を進める必要がある。

5. ドイツの春から夏の気候と歌などに表現された季節感

(1) 変動幅も含めた気温の季節サイクルで見る「春・5月」の位置づけ

4.で述べたように，ドイツ付近では,「ファスナハト」が行われてから約1ヶ月後の3月終わり頃になってやっと「極端な低温日」が現れなくなる。ドイツ付近では,そのような時期になってやっと,「冬が去ってしまった」という感覚になるのかも知れない。

更に，図6-8に示されるように，ドイツの5月頃は，平均気温ではまだ上昇中の時期であるが,日平均気温の大きな季節内変動に伴って「真夏」に近い高温日も時々現れるようになる（図6-6も参照)。ところで，図6-9の左図に示されるように，九州～関東では節分をすぎると1日で積算した晴天時の日射量が急速に増加し始め，4月になると夏至の4/5以上の量に達する。また，太陽高度45°以上の時間数（太陽が真上から照る場合のsin45°倍，つまり約7割以上の強い日射を受ける時間帯）も，3月から4月初め頃にかけて急激に増加する（右図)。一方，ドイツでは，九州～関東よりも1ヶ月遅れて，5月初め頃に，1日で積算した晴天時の日射量が夏至の4/5以上に達する（夏至の1日で積算した日射量は両緯度帯でほぼ等しい)。また，5月初め頃にかけて，太陽高度45°以上の時間数も急増する。従って，3. で述べたような，5 月頃が「夏の入り口に立った時期」という気候学的な位置付けが納得出来よう（日本列島付近での 5 ～ 7 月には，まだ平均気温の上昇を肌でも感じるような平均的に大きな上昇が続くが）。

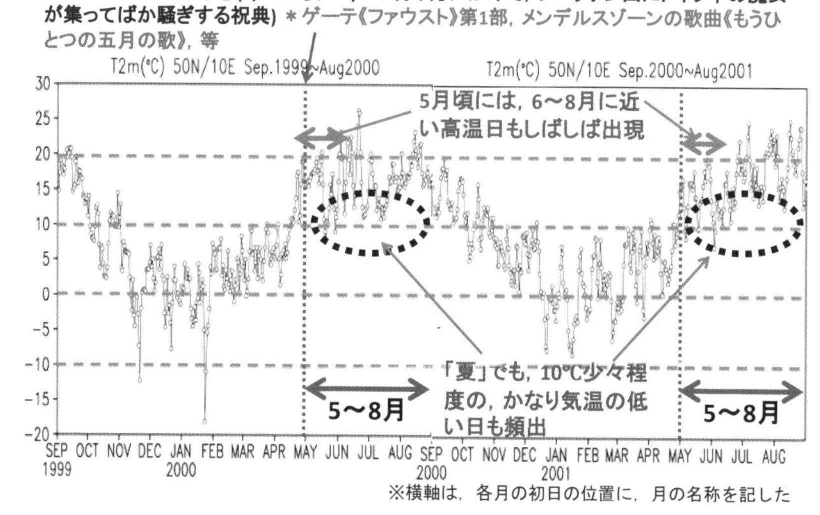

図 6-8　ドイツ付近の 50° N/10° E における日平均地上気温（℃）の時系列。横軸の各月の初日の位置に月名を記した。5 ～ 8 月頃には，日平均気温 25℃程度が日々の変動の上限であり，逆に，日平均気温が 10℃程度しかない日も少なくない点に注意。加藤（晴）・加藤（内）(2019) の図を改変。

このような背景の中，ドイツやオーストリア等では，5 月 1 日は「5 月」になったことを祝う「Maifest」（5 月祭）という祝日である。また，4 月 30 日の夜には，ドイツのハルツ山地のブロッケン山にドイツ中の魔女が集ってばか騒ぎする祝典「ヴァルプルギスの夜」（“Walupurgisnacht”）が開かれる，との伝説がある。なお，「ヴァルプルギスの夜」の場面は，ゲーテ『ファウスト』の悲劇第 1 部にも描かれている。また，メンデルスゾーンの歌曲《もうひとつの五月の歌》（“Andres Maienlied”）にも歌われている。

また，加藤（晴）・加藤（内）(2019) や加藤（内）ら (2019b) でも解説しているように，ドイツ付近では，5 月を迎えた後も，日々の気温の大きな変動の中で（主に，「季節内変動」），かなり冷涼な日がしばしば現れる（図6-8）。この時期の平均気温が九州～関東の盛夏期に比べてかなり低いだけでなく，日平均気温10℃少々の日（九州～関東の4月始め頃の平均気温）もしばしば出現する。しかもドイツ付近では，日々の気温の大きな変動を伴いながらも，季節進行としての極大期は6～8月の3ヶ月間ぐらいも続くことが注目される（九州～関東では，梅雨明け後の7月後半から8月後半にかけての1ヶ月半が，季節的には気温の極大期になるが）。

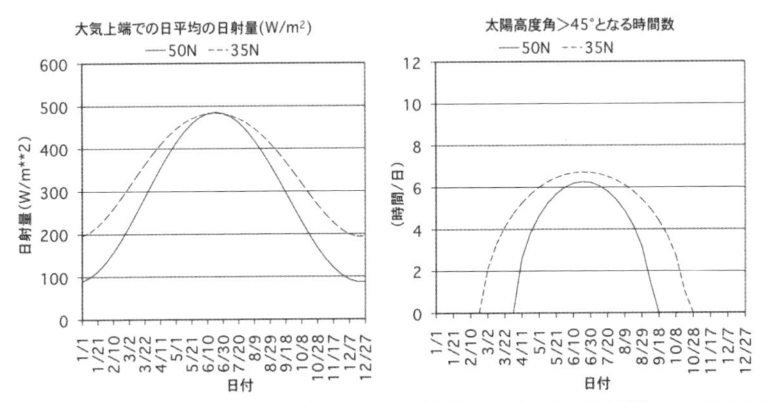

図6-9　35° N（破線。本州南岸付近）と50° N（実線。ドイツ中南部付近）における大気上端での日平均日射量（W m^{-2}。左図）（晴天時に日平均した日射量の最大値）と，太陽高度が45°以上になる時間数（1日あたりの時間数。右図）。10日毎に値を計算して作図した。加藤（晴）・加藤（内）（2005）より引用。

なお余談であるが，コロナ禍に見舞われる前には，筆者が5月初めの連休頃に新幹線に乗車した際に半袖半ズボン姿の欧米人の旅行客もよく見かけ，「まだそんなに暑い季節ではないのに」という不思議な印象を抱いたことも少なくない。しかし，上述の点を鑑みると，フランス・ドイツや北欧などで生活する人々にとって，九州～関東の5月初め頃はすでに「夏の変動幅の範囲内」と感じてもおかしくない気温になる季節であることが納得できるようになった。

(2) 歌にみる「春・5月」(「夢のように過ぎ去る儚い5月」の心情にも注目して)

加藤(晴)・加藤(内)(2014b, 2019)でも紹介されているように,「春」が歌われたドイツ民謡や子供の歌は多いが,ドイツ文化圏の歌曲にも,厳しい冬と対比して春の喜びが歌われている作品も多い。とりわけ,歌の中で「春」を表すキーワードの一つとして,(1)で考察した「5月」がしばしば使われている。本稿では引用は略すが,ドイツ語文化圏の代表的作曲家の歌曲で,題目に「春」あるいは「5月」が含まれる多数の作品のリストが,加藤(晴)・加藤(内)(2014b)による表に例示されている。

それらの作品の中で,5月の喜びを表現したものの代表例の一つとして,ハイネ(Heinrich Heine)の詩にシューマン(Robert Alexander Schumann (1810-1856))が作曲した歌曲集〈詩人の恋〉第1曲目の《美しき5月に》("Im wundershönen Monat Mai")が挙げられる。1番の歌詞,"Im wunderschönen Monat Mai, als alle Knospen sprangen, da ist in meinem Herzen die Liebe aufgegangen."(とっても美しい5月に,蕾という蕾が吹き出した時,まさにその時,私の心に,その恋が芽生えたのだ。(筆者による逐語訳))に表現されているように,5月になって一気に湧き上がってくる恋の感情が歌われている。曲としても,美しい5月の情景の中にすっぽり包まれている雰囲気が,シンプルな旋律を包み込むピアノ伴奏との掛け合いで表現されているように筆者は感じる。また,シュトルム・ウント・ドランク(疾風怒濤)の文学運動に関連した典型的な詩の例として,"Mailied"《5月の歌》(ゲーテ　詩)なども挙げられる(ドイツ文学史の解説としては,手塚(1963)等に詳しい)。なお,この詩には,ベートーヴェンも歌曲を作曲している。以上の2つの作品は,本稿PBLなどのactive learningで取り上げる教材としても,お勧め出来ると考える。

一方,(1)で述べたように,ドイツでは,5月以降も九州~関東より平均気温が低いだけでなく,日々の気温の大きな変動の中で(「季節内変動」として),かなり冷涼な日がしばしば現れる。しかも,そのような「夏」が5月か6月頃から8月頃まで続くことになる。従って,加藤(晴)・加藤(内)(2014b)も解説したような,「至福の時であるものの,夢のように過ぎ去る儚い5月」という季節感も生じ得よう。特に20世紀に入り，没落していく貴族階級が今という刹那を精一杯生きていくという社会背景の中で，「『春・5月』が『消え去るもの』であることを前提としてその瞬間にしがみついていく」ようなモチーフも表現されたウィーン・オペレッタ等の中の曲も少なくない。

例えば，オペレッタではないが，ウィーン会議に参加したロシア皇帝アレクサンドル1世とウィーンの町娘クリスティルとの束の間の恋を想定した映画「会議は踊る」（“Der Kongreß tanzt”）（1931年）の主題歌《ただ一度だけ》（“Das gibt's nur einmal”）が，代表例の一つとして挙げられる。クリスティルは身分を隠した皇帝から郊外の別荘に招かれ，迎えの馬車の上で，喜びに浸って夢見心地に《ただ一度だけ》を歌う。しかし，この映画の終盤が近づいた頃，「ナポレオンがエルバ島から脱出」の知らせで各国首脳がそれぞれ帰国することになる。もちろん，ウィーン郊外の居酒屋でクリスティルとグラスをあげていた皇帝も急遽帰国となり，クリスティルは悲嘆に沈む。そのクリスティルに，居酒屋の楽隊長が儚い恋を諭すように，“denn jeder Frühling hat nur einen Mai!”（だって，どの春にでも，たったひとつの5月しかないのだから（筆者訳））という歌詞の一語一語を噛み締めながら歌いかけ，幕となる。

この歌では，「5月」（ドイツ語のMai）は，儚いものの象徴の表現として，核心的キーワードである点に注目したい。ドイツ・オーストリア付近の気候に関して，（1）で述べたような日々の変動も含めた気温の季節サイクルを十分読み解くだけでも，「5月」という「たった一語」の持つ世界から，異質な他者の置かれた環境の一端を，深く垣間見ることが出来るのである。

実は，この曲は日本でも複数の訳詞（井田，葉巻）で広く親しまれているが，そこでは，原詩の「5月」という語は使われていない。加藤（晴）・加藤（内）（2014b）でも紹介されているように，昭和9年に葉巻逸雄の訳詩，奥田良三の歌唱で大ヒットした《命かけて只一度》では，「只ひととき　今日と見つる我が命の幸」と歌いだされ，この幸せが，〈明日は消える夢〉であり〈ただひと時の青春の花〉という内容で歌われている。井田誠一訳詩，渡辺はま子の歌唱による《ただ一度》では，「恋すりゃ笑顔

に　涙があふれて～今日は楽しい日よ」と歌いだされる。その楽しい日は〈ただ一度，二度とない恋の日，夢の日〉であり，春の日が暮れる前に，この喜びを謳歌しようと歌われる。つまり，このような人々の共感を得るような表現をするために，想像を掻き立てるような具体的な言葉が加えられた一方で，ドイツ・オーストリアでは，まさにその一語に数々の思いが凝集される「5 月」という語が，日本の季節サイクルの中での情感として必ずしも必要な語ではなかったのではないかと考えられる（以上, 詳細は, 加藤（晴）・加藤（内）2014b を参照のこと）。

以上を踏まえれば，PBL での学際的指導法開発などの準備の際にも，例えば,「もし『5 月』という語を使わなければ，ここで表現された情感を言い表すのに如何に多くの言葉が必要になるか」，等を考察することで，PBL に参加する院生自身の異質な他者を発見する視点の深まりにも寄与できるのではと考える。

（3）ドイツの暖候期の雨から「異質な他者」への出会いへ（日本との比較の視点で）

ここでは，加藤（2021，2022）の中の関連する内容を抜粋・要約しながら再体系化し,「異質な他者への出会い」にも通じる紹介をしたい。まず，比較のため，アジアモンスーンの影響でとりわけ降水量が多くなる西日本の梅雨最盛期におけるデータに触れておく（日本付近での豪雨に関連した防災教育でも,「基礎・基本」にあたる見識の一つでもあるので）。

一口に梅雨期の雨といっても，西日本側（特に九州）では，発達した積乱雲の集団による集中豪雨に伴い大雨の頻度が高い（ここでは日降水量 50mm 以上の日とする）。その結果，西日本側では，梅雨最盛期の総降水量がかなり押し上げられ，しとしとと降る雨で大雨の頻度が低い東日本側との差が，気候学的にかなり大きくなる（表 6-4）。具体的には，梅雨最盛期には，九州の長崎の例では「大雨」の日の降水で平均 241mm 分も稼いで（「『大雨日』の寄与」の欄の数値を参照），梅雨最盛期の総降水量が 400mm 近くに達する。関東の東京での総降水量 205mm との差は,「大雨の日の稼ぎ」の違いをほぼ反映しているのである。現在の中学校や高等

表 6-4　梅雨最盛期（6/16 ～ 7/15）と盛夏期（8/1 ～ 31）における九州の長崎と関東の東京での降水量の比較。総降水日数や総降水量，大雨日の日数，及び，大雨日の降水量の寄与の 1971 ～ 2000 年での平均値を示す。加藤（2021）より引用。なお，ここでは，日降水量 50mm 以上の日を「大雨日」とした。

（1971～2000年で集計）	梅雨最盛期（6月16日～7月15日）				盛夏期（8月1日～31日）			
※「大雨日」：ここでは，50mm/日以上の日とした	長崎		東京		長崎		東京	
	平均	標準偏差	平均	標準偏差	平均	標準偏差	平均	標準偏差
総降水日数（日）	15.6	3.8	14.1	4.1	9.9	4.2	9.5	3.8
「大雨日」の日数（日）	2.6	1.7	0.8	0.9	1.2	1.3	0.7	0.9
総降水量（mm）	395	200	205	113	207	141	155	105
「大雨日」の寄与（mm）	241	177	61	78	111	118	73	95

学校の理科では，梅雨降水のこのような東西の違いは基本的に取り上げられていないので，それをデータで発見する地学・地理の探求的学習自体や，それと防災教育とを絡めた学習も，日本国内での「異質な他者との出会い」を促す契機になりうる点を強調しておきたい。

なお，梅雨明け後のいわゆる盛夏期でも，晴天ばかりが続くわけではない。実際，8 月の平均降水量は 200mm 前後もある（図表は略すが，同じ地点での 4・5 月頃の月降水量に対応）。しかも，標準偏差の大きさから分かるように，その年々変動も大きい。例えば長崎の 8 月には，月降水量の平均値が約 210mm，標準偏差が約 140mm なので，月降水量が 210+140 ＝ 350mm（長崎での梅雨最盛期の平均近く）にのぼる年も，210-140 ＝ 70mm しかない年も，珍しくないことになる。

このように，梅雨最盛期の九州側では，平均的には毎年 3 回ほどの「大雨日」があり，（表は略すが）そのうち 1 回は日降水量 100mm を超えるような大雨になること，それを反映して，総降水量もかなり多くなる。このことを念頭に置いた上で，ドイツの雨をデータで眺めてみよう。

図 6-10 の左と中央の図は，ドイツ中南部のアウグスブルクにおける月降水量等の気候学的な季節変化について，長崎や東京と比較したものである。左図に示されるように，アウグスブルクでも，暖候期に降水量は増加するが，長崎や東京に比べて暖候期の総降水量はかなり少ない（日本では九州より降水量の少ない東京でも，アウグスブルクの 1.5 倍程度）。但し，

降水日数は３地点で大きな差はなく（図表略），アウグスブルクでの総降水量の少なさは，降水日１日あたりの降水量（「ひと雨あたりの日降水量」）が少ないためであることが分かる（中央の図）。また，6,7月頃の雷日数はアウグスブルクの方が長崎，東京よりも３倍近く多く（図略），その時の雨の特徴の，ドイツの５月頃や夏の季節感の背景としての重要さも示唆されるが，本稿ではその議論は割愛する（加藤（晴）・加藤（内）（2014b, 2019）による問題提起も参照）。

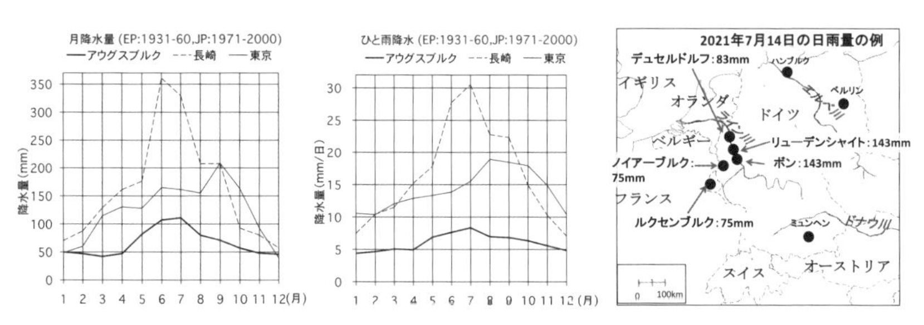

図 6-10　アウグスブルク，長崎，東京における，気候学的な月降水量（左），「ひと雨あたりの日降水量」（中央）の季節変化（アウグスブルク：1931～1960年の平均，長崎や東京：1971～2000年の平均）。アウグスブルクは太い実線，長崎は破線，東京は細い実線で示す。データの詳細は加藤（晴）・加藤（内）（2005，2011）も参照。加藤（晴）・加藤（内）（2011）の図より引用。なお，これらの図を用いたドイツの暖候期の雨と季節感に関する議論は，加藤（晴）・加藤（内）（2014b，2019）を参照。また，右側の図は，ドイツ付近における2021年7月14日の日降水量例（mm）。気象庁提供のデータに基づき筆者が作成（加藤（2022）より引用）。なお，日降水量の日界は00UTC（09JST）である。

さて，2021年7月半ば頃には，ドイツを中心に大きな被害の生じた豪雨が発生した。その事例に関して，気象庁提供のドイツ付近の日降水量データに基づき，特に豪雨のピークとなった7月14日の日降水量が多かった地点の中から，地図上に降水量の値を例示する（図6-10の右図）。この事例では，九州の梅雨最盛期の豪雨と同等な日降水量が，ある程度広域で観測されており，日本列島でも洪水や土砂災害が生じても不思議でない多さである。但し，先ほど述べたように，九州付近では，この程度の豪雨は「よくある現象」である。しかし，図6-10を鑑みると，ドイツ付近でこれだけ降水量が多くなるのは，相当稀な現象と言えよう。従って，「2021年7月のドイツ付近での大雨が，現地の人々にとって如何に前代未聞の出来事だったのか！」という想像が出来る。このように，自分たちにとって身近でない現象でも，データから特徴を把握し，そのような環境下の人々の生活や感情へ思いを馳せることは可能である。そして，そのような学習活動の積み重ねは，ESD（Education for Sustainable Development）においても重要な，「異質な他者への理解」という視点の育成にも繋がり得るのではと考える。

6. 大学での授業実践より（「夏」のイメージの違いを，ドイツと日本で比較しよう：シューベルトの歌曲「春に」を鑑賞して）

岡山大学では，教職課程のうち「大学が独自に設定する科目」の一つで，教科・領域横断的思考力の育成を狙う授業「くらしと環境」を，夏休みの集中講義として行なっている（担当：加藤内藏進，他）。全4日間のうち最初の3日間は，加藤内藏進が中心に，日本の気候と季節サイクルをヨーロッパとも比較しながら講義し，その際に，ドイツの歌や伝統行事にみられる季節感についても触れている。第4日目には，上述の学習を踏まえて，美術や音楽との学際的連携により鑑賞や創作活動を行なっている（音楽の専門家もゲストとして話題提供。2020，2021年度は，加藤内藏進が資料を預かり代行）。教務上は，前半の2日間と後半の2日間で別の科目であるが，上述のように，実質的には4日間で一纏まりの内容の科目として実施している。なお，2022年度は，加藤内藏進は定年のため専任教員ではなくなったが，この授業は特命教授（教育）としての立場で，2022年度も継続して実施した。

「くらしと環境」では，気象・気候や文化理解に関する話題全てに関連して，単に個別の知識の習得に留まらず，「異質な他者への理解」を含めた「ESD的視点」の獲得を促す契機を強く意識した授業を行なっている。従って，このような趣旨で，気象・気候を軸とした種々の分野の内容的繋がりを取り入れた教科横断的な新たな試みに関して，修士PBLとして，教師教育開発のための実践の場として活動することも可能であろう。

2021年度には，第3日目の加藤内藏進が単独で担当した時間に，ドイツと日本の夏の気候と季節感に関する講義を行った（本稿の5. で解説したような点も含めて)。更に,(都合で鑑賞は4日目になったが),シューベルト(Franz Peter Schubert)の歌曲《春に》("Im Frühling")D882(シュルツェ(Ernst Schulze) 詩)のCDも鑑賞した(演奏:エリー・アメリンク(Sop),イェルク・デームス(p))。また,この実践の結果の分析は十分進んでいないが,2021年の音楽表現学会で誌上発表した材料を元に(加藤(内)・加藤(晴)2021a),簡単に紹介したい。

(この曲の概要)

この曲は,3番の歌詞まである変奏有節歌曲である(原調はト長調)。

1番,2番の歌詞は,春の日に,かつて恋人(彼女)と過ごした丘の斜面に座って,春の自然の情景を見渡しながら色々と恋人との過ぎ去った恋を思い出しているところが歌われている。1番では恋人と過ごした場所の全景やその中での恋人との行動を色々と思い出している。そして,右手の16分音符による美しいアルペジオ(分散和音)を交えたピアノ間奏に続く2番では,春になって咲き始めた花やその周りの光景など,彼女との思い出により直接因んだものに視点がフォーカスされた歌詞で歌われているように筆者は感じている。

そして,3番の前奏からト短調に転調し,彼女との恋が破れた苦しみが歌われる。しかし,3番の後半では,2番での前奏で使われた美しい右手のアルペジオを伴う間奏が再度登場し,そこからト長調に戻る。そして,「おお,せめて私が,あの丘の斜面の草原にいる小鳥だったら,そうしたら,そこの木の枝に留まって,夏の間じゅう,ずっと,あの人との甘い思い出を偲ぶ歌を歌い続けるのだが。夏の間じゅう,ずっと(筆者訳)。」と歌われる。今,「春」であるが,そこから「夏」が終わるまで,ということになる。その「夏」は,5.(1)で述べたような状況を繰り返しながら8月いっぱいまで続く。更にこの曲は,「夏の間じゅう,ずっと」("den ganzen Sommer lang")という歌詞がもう1回繰り返されて終わる。更に,最後のganzenという単語の最初の母音「a」にフェルマータがついている。つまり,拍の流れがそこで一旦止まってしまう(拍の進行を一時的に忘れる)というフェルマータの意味そのもののように,(夏の間じゅう)「ずっとそこに留まりたい」という気持ちが強調されているように，筆者には感じられる。

ところで，この曲を歌ったり鑑賞したりする際に，ドイツ・オーストリア付近の「夏」と日本の「夏」のいずれを思い浮かべるかで，3番の「夏の間じゅうずっと」の情景や情感がかなり違い得る。従って，ドイツ付近の人々がこの歌詞から抱くイメージが，我々のそれとどう違いうるかを想像することは，「異質な他者への理解」に繋がる一つの切り口となる。そこで，その違いをどう想像するか，本講義のレポートの小問の一つに課した（履修者は約80人）。

あくまで一例に過ぎないが，恋人を思う気持ちやその背景に関する学生の記述について，次のようなものがあった。なお，必ずしも小問の問いかけの意味が伝わっていないと考えられる回答も少なくなかった。そこで，まずは設問の意図に沿って回答されたものの中から，関連した気候・気候の講義内容もそれなりに理解できていると考えられる回答を中心に，日本とドイツの夏の違いとして筆者が取り纏めて，以下に整理した。

◎ドイツの夏：「冬との関係」，「日本ほどの猛暑ではない」，「大きな気温の変動を何ヶ月も繰り返す」という気候からの連想で，「やさしさ・うれしさ」，「穏やかさ」，「気持ちの浮き沈み」，「少しでも長くすがっていたい」，「気温が低い時には冬を想起させる儚さ（夏でも気温が低い時期があるので）」などがあった。

◎日本の夏：「暑い中で汗を流しながら情熱的に」，「暑くて生きても死んでも構わないほど，やけくそになって」，「暑さやセミの声も忘れるほど激しく」，恋人を思い続けるというイメージの記述も目についた。

但し，学生全員の記述の分析や気象・気候自体の理解度との関連等の考察については，今後の研究課題である。

7. おわりに（あとがき）

本稿では，PBL自体の活動内容やその活動のための枠組み設定，ファシリテーターとしての具体的な授業進行の提案，等ではなく，教科や教科横断的学習プランを構築して教育現場へ提供する際に，どのような「内容」を素材に利用出来るかに関する例示を，筆者の専門の気候・気象を軸とする学際的視点から提供したものである。但し，本稿で提示した材料は一例に過ぎないが，普通の教科や教科横断的学習を探求的・発展的に行うことを通して，ESDの個別の取り組みのベースにある重要な視点の育成への一助となりうることを強調したい。また，本稿での論述は，小中高での学習プラン用か，教師教育のためか，あるいは，PBLに関わる院生自身の視点の深化のためのものか，まだ区別出来ていない。従って，本稿で提示したような素材を元に，今述べた３つのうちのどれに繋げたいかに応じて，院生諸氏が更に工夫を重ねて頂くことを楽しみにしている。また，拙稿を踏み台に（あるいは反面教師として），様々な分野同士が，「学問自体の深化」も伴う形で，深い内容的繋がりを発見し合う契機になれば幸いである。

【引用・参考文献】

濱木達也・加藤内藏進・大谷和男・加藤晴子・松本健吾：ドイツ付近の冬における日々の大きな気温変動に関する総観気候学的解析（冬の追い出しの行事「ファスナハト」における季節感に関連して）。岡山大学地球科学研究報告，25，pp.7-17（2018）

加藤晴子・逸見学伸・加藤内藏進：気候と連携させた歌唱表現学習－小学校での実践をもとに－。音楽表現学，4，pp.107-118（2006）

加藤晴子・加藤内藏進：ドイツにおける春の気候的位置づけと古典派，ロマン派歌曲にみられる春の表現について－教科をこえた学習に向けて－。岡山大学教育実践総合センター紀要，５，pp.43-56（2005）

加藤晴子・加藤内藏進：日本の春の季節進行と童謡・唱歌，芸術歌曲にみられる春の表現－気象と音楽の総合的な学習の開発に向けて－。岡山大学教育実践総合センター紀要，6，pp.39-54（2006）

加藤晴子・加藤内藏進：春を歌ったドイツ民謡に見る人々の季節感－詩とその背景にある気候との関わりの視点から－。岐阜聖徳学園大学紀要，50，pp.77-92（2011）

加藤晴子・加藤内藏進・藤本義博：音楽表現と背景にある気候との関わりの

視点から深める音楽と理科の連携による学習の試み－《朧月夜》に表現された春の気象と季節感に注目した授業実践例をもとに－。岐阜聖徳学園大学紀要，52，pp.69-86（2013）

加藤晴子・加藤内藏進：多彩な気候環境と音楽表現に関する大学での学際的授業の取り組み－「雨」の多様性を例に－。岐阜聖徳学園大学紀要，53，pp.55-67（2014a）

加藤晴子・加藤内藏進：気候と音楽－日本やドイツの春と歌－。協同出版，全168pp.（2014b）

加藤晴子・加藤内藏進：音楽表現と気候との関わりを意識した学際的学習の試み－季節の移り変わりに注目して－。岐阜聖徳学園大学紀要，55，pp.1-17（2016）

加藤晴子・加藤内藏進：気候と音楽－歌から広がる文化理解とESD－。協同出版，全206pp.（2019）

加藤晴子・加藤内藏進：気候と音楽　学際的学習実践ハンドブック－ESD的視点から文化や環境を見る眼・感じる眼を育てる－。三恵社，全48pp.（2020）

加藤内藏進：種々の極端現象の季節的背景への視点も意識した「日本の気象・気候」の学習へ向けて。『近年の自然災害と学校防災（Ⅱ）－持続可能な社会をつくる防災・減災，復興教育－』（兵庫教育大学連合大学院・防災教育研究プロジェクトチーム（代表:藤岡達也）），協同出版，pp.196-206（2021）

加藤内藏進：大雨の頻度と質を例とする防災気象のリテラシー育成へ向けて（多彩な季節サイクルの背景を意識して）。『近年の自然災害と学校防災（Ⅲ）－グローカルな「生きる力」を育成する防災，減災－』（兵庫教育大学連合大学院・防災教育研究プロジェクトチーム（代表：藤岡達也）），協同出版，pp.19-37（2022）

加藤内藏進・赤木里香子・加藤晴子・大谷和男・西村奈那子・光畑俊輝・森塚望・佐藤紗里：多彩な季節感を育む日本の気候環境に関する大学での学際的授業（暖候期の降水の季節変化に注目して）。環境制御，34，pp.25-35（2012）

加藤内藏進・赤木里香子・加藤晴子・垪和優一：冬を挟む日本の季節進行の非対称性と季節感に関する学際的授業（音楽や美術と連携した表現活動を通して）。環境制御，36，pp.9-19（2014）

加藤内藏進・加藤晴子：音楽と気候との学際的往還による異文化理解とESD教育－北欧・ドイツと日本の夏の季節進行と季節感を接点に－。日本音楽表現学会第19回大会での誌上発表（音楽表現学, 19, pp.151-152）（2021a）
加藤内藏進・加藤晴子：気候と音楽（季節サイクルや季節感から架橋する気候研究とESD気候変動・文化理解教育）。2021年度関西支部例会要旨集, 156，pp.36-39（中国地区例会での特別講演）（2021b）
加藤内藏進・加藤晴子・赤木里香子・稲田佳彦：音と色との関わりを意識した季節感の比較表現に関する学際的授業（冬を挟む日本の季節進行の非対称性に注目して）。環境制御，37，pp.16-26，（2015）
加藤内藏進・加藤晴子・赤木里香子・大谷和男：ESD的視点の育成を意識した気候と文化理解教育との連携－北欧の気候と季節感を例とする大学での授業実践の報告－。岡山大学教師教育開発センター紀要，9，pp.183-198（2019a）
加藤内藏進・加藤晴子・別役昭夫：東アジア気候環境とその変調を捉える視点の育成へ向けた学際的授業開発の取り組み（多彩な季節感を接点に）。環境制御，31，pp.9-20（2009a）
加藤内藏進・加藤晴子・逸見学伸：日本の春の季節進行と季節感を切り口とする気象と音楽との連携（小学校での授業実践）。天気，56，pp.203-216（2009b）
加藤内藏進・加藤晴子・松本健吾・大谷和男：ドイツ・北欧と日本の「夏」の気候や季節感の違いに注目して音楽と連携した大学での学際的ESD授業開発。岡山大学地球科学研究報告，26，pp.25-36（2019b）
加藤内藏進・加藤晴子・三宅昭二・森泰三：日本の気候環境と愛唱歌などにみる季節感に関する高校での学際的授業の開発（冬を挟む日本の季節進行の非対称性に注目して）。岡山大学地球科学研究報告, 24, pp.5-18（2017a）
加藤内藏進・加藤晴子・大谷和男・濱木達也・垪和優一：冬の気候と季節感の違いに注目した大学での学際的授業の開発（ドイツと日本列島付近とを比較して）。岡山大学教師教育開発センター紀要，7，pp.157-166（2017b）
加藤内藏進・西川紗里（旧姓：佐藤）・中倉智美：日本の秋から冬への季節の変化を捉える学際的指導法の開発（初冬の時雨に注目した附属中学校での

実践)。岡山大学地球科学研究報告，25，pp.9-30（2018）

Kato, K., K. Otani, C. Miyake, K. Nagayasu, and H. Kato: Synoptic climatological analysis on the appearance features of extremely low temperature days around Germany for 1971/72 to 2010/11 winters. EGU（European Geosciences Union）General Assembly 2022 での口頭発表資料（2022）

加藤内藏進・佐藤紗里・加藤晴子・赤木里香子・末石範子・森泰三・入江泉：多彩な季節感を育む日本の気候環境に関する学際的授業の取り組み（秋から冬への遷移期に注目して)。環境制御，33，pp.20-34（2011）

小林亮：ユネスコの地球市民教育に関する心理学的分析－多元的アイデンティティの形成課題をめぐって－。玉川大学教育学部紀要，2016 年号，pp.1-18（2016）

桑名佑典・加藤内藏進：ヨーロッパ北西部における低気圧活動の季節サイクルに関する総観気候学的研究（2000 年における事例解析)。地域地理研究，25-1，pp.1-19（2020）

Maejima, I.: Natural seasons and weather singularities in Japan. Geogr. Rep. Tokyo Metropolitan Univ., 2, pp.77-103（1967）

宮下啓三：森と山とメルヘンと－自然・伝説・詩情－。『ドイツ文学の基底－思弁と心情のおりなす世界－』西尾幹二編, 有斐閣選書, pp.90-122（1982）

Moser, D. R.: Vom Scheibenschlagen in der “alten Fasnacht” vom Fischessen am Aschermittwoch und von anderen Fastenbräuchen. “Bräuche und Feste im christlichen Jahreslauf”, Edition Kaleidoskop, pp.151-164（1993）

Murakami, T. and J. Matsumoto: Summer monsoon over the Asian continent and western North Pacific. J. Meteor. Soc. Japan, 72, pp.719-745（1994）

中澤静男・田淵五十生：ESD で育てたい価値観と能力。奈良教育大学教育実践開発研究センター研究紀要，23，pp.65-73（2014）

Nußbaumer, T.: Fasnacht –In Nordtirol und Südtirol. loewenzahn, Innsbruck, 全 432pp.（2010）

小倉義光：一般気象学（第２版)。東京大学出版会，全 308pp.（1999）

小塩節：現代ドイツの教会と家庭生活－成熟社会における日常生活－。『ドイツ文学の基底－思弁と心情のおりなす世界－』西尾幹二編，有斐閣選書，

pp.124-157（1982）
武田昭：『教会暦によるドイツ民謡』，東洋出版，全363pp.（1980）
高橋和夫：日本文学と気象。中公新書512，中央公論社，全240pp.（1978）
高階秀爾：移ろいの美学－四季と日本人の美意識－。日本の美Ⅳ『日本の四季　春／夏』（美術年鑑社），pp.11-23，（2008）
手塚富雄：ドイツ文学案内。岩波書店（1963）（本稿は第20刷（1980）を参照）
植田重雄・江波戸昭：『音と映像による世界民族音楽体系　解説書Ⅱ』。日本ビクター社（本解説書のpp.219-220，及び，本体系の映像を参照）（1988）

第7章　これまでの枠組みを超える

第1節　教育現場で求められる創造性

1. 創造性をみつける

私たちを取り巻く世界には興味深いモノ・コト，そして斬新なアイデアが溢れている。日常の何気ない場面に隠れていたり，音や記号，味，香り，手触りとして潜んでいたりすることもある。しかしひとたび，それと認める形をまとって現われると，これらの創造物が発する圧倒的なエネルギーは私たちの心を鷲掴みにする。創り手の情熱や磨き上げられた感性が，モノやコトたちと共に直に伝わってくるからである。

創造性は，これまでにない新しいものや有益なものを生み出す原動力として一般的に知られている（Feist & Barron, 2003; Boden,2004）。恩田は「創造性は，新しい価値あるもの，あるいは創り出す能力すなわち創造力，およびそれを基礎づける人格特性すなわち創造的人格である」（1980）と述べたが，人と創造性は不可分の関係にある。教育現場においても，子どもたちの創造性はあらゆる場面で見つけることができる。つまり，子どもたちの創造性をいかに見つけるか，いかに支援するかが教師の役割と言えるだろう。あわせて，その支援の内容こそが重要である。

2. 大学生の視点

次の表 7-1 は，「創造性」という用語から何を思い浮かべるか，40 人の教育学部の学生たちに実施した質問紙調査結果の一部を一覧表にまとめたものである。学生たちの回答を「肯定形／否定形」に分類し，その中から代表的な単語を抜粋した。質問内容は「創造性という言葉を，あなたはどのように説明しますか。3通りの言い回しを考えてみましょう。あわせて，それぞれの説明が肯定／否定のどちらかを○で囲み，その確信度について5段階で答えてください。5＝とてもそうである，4＝そうである，3＝どちらかといえばそうである，2＝あまり自信がない，1＝ほとんど自信がない，の中から適切な数字を選んで記入してください。」である。

表 7-1　「創造性」から想起された用語一覧（一部抜粋）

肯定			否定		
名詞	形容詞	動詞	名詞	形容詞	動詞
作家・造り手	楽しい	追究する	無理	難しい	できない
感性	魅力的な	創る	自己主張	高尚すぎ	わからない
天才・奇才	瞬間の	ワクワクする	クセ	（自分とは）無縁の	教えられない
才能	面白い	発見する	こだわり	奇妙すぎる	判断できない
芸術活動	生まれつきの	気づく	ギャップ	変な	見通せない
即興・創作	特別な	見つける	超越	思いつかない	隔てる
ひらめき	素晴らしい	備わっている	自我	奇抜な	評価できない
神・啓示	重要な	培う・育てる	先手必勝	わかりにくい	（好き嫌いが）分かれる
興味・関心	直感的な	芽生える	緊張感	強すぎ	異なる
独創性	オリジナルの	とがる	技巧優先	特異な	変動する
わざ・技	未来志向の	閃く	反発力	過激な	破壊する・壊す
アニメ	夢の	降ってくる	独自性	厳しい	揺れ動く
映画	理想的な	前進する	対立	不可解な	
美術全般	個性的な	駆動する	ノイズ	前衛的な	
作曲・作詞	エネルギーの	思いつく	ひねり	微妙な	
絵画・造形	不思議な	果てのない		エモい	
可能性	新しい	与える		激しい	
理想・夢	熟練した	生み出す		不安定な	
偶然性	美しい	感じる			

表に示したように，肯定的な表現では「ひらめき」「感性」「独創性」「魅力的な」「前進する」「追究する」といった用語が見られ，否定的な表現では「自己主張」「難しい」「好き嫌いが分かれる」「評価できない」といった用語が認められる。さらに図 7-1 に示したように，肯定語の平均値が否定語に比べて高く，否定語の標準偏差の値がやや大きいことがわかる（$p < .001$）。大学生たちの多くが，より強い確信度をもって肯定的な用語を用いている一方，否定的な表現に関しては確信度が分かれていること，場合によっては消極的・中立的なニュアンスまで含めていることが読み取れる。調査後のインタビューでは，「具体的な作品を思い浮かべると，評価が曖昧になる」「ジャンルによって異なるのではないか」「創造性は重要

なものだと思うが，子どもたちに教えるのは難しそう」等の意見が得られた。

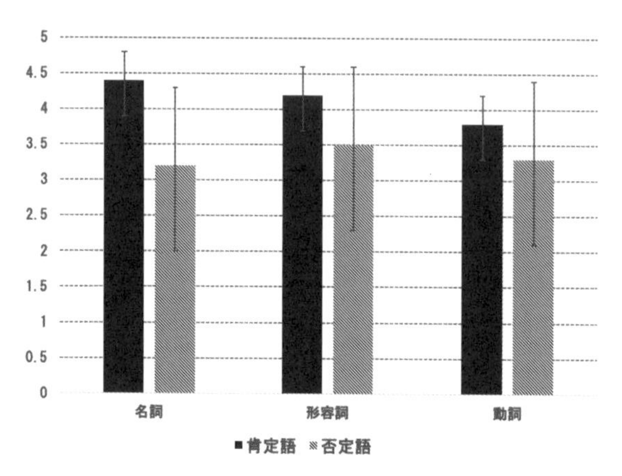

図 7-1　平均値と SD 値（肯定語と否定語に対する確信度）

3. 教師の視点

音楽や美術における創作活動は，創造性の意味や意義を強く実感する場面の一つである。では実際の授業場面で，教師は子どもたちの創造性とどのように対峙しているのだろうか。熟練教師たちの指導場面を切り出してみると，興味深いことに，彼らは課題の指示を出したあと助言らしきものを一切与えていないことがわかる。「今，何をしているのですか」「それは何ですか」と問いかけたり，「・・・ということですね」のように子どもたちの言葉をそのまま繰り返したりしているのみである。妹尾（小川ら 2022）は「過去に筆者は，困惑する生徒に声掛けをしたり，全体に考えるヒントとして説明を補足したりしてしまうことがあった。しかし，結果としてそのアドバイスは生徒の成長を妨げるものになってしまう場合が多いため，現在は極力アドバイスはせず，見守るように心がけている」と述べている（p.77）。

つまり教師は，ゴールを設定するのではなく，子どもたち自身にゴールを設定させるような支援や後押しをおこなっている[(1)]。児童・生徒の知識や技能が一様ではないことを考えると，クラス全体の状況を把握しながら子どもたち一人ひとりに目を配り，かつ，個々人が意図をもってゴールを設定できるような支援をすることは，きわめて難しそうである。もちろん，教師側で明確なゴールを設定した上で，教師が，子どもたちをうまく誘うという従来型の活動も十分有効であろう[(2)]。しかし，子どもたちを信じて思い切って任せてみるというやり方も，今後，さまざまな場面で試してみたい指導法である。

4. 子どもの視線と we-mode

一方，グループ活動をおこなっている子どもたちの視線はどうなっているのだろうか。グループ創作の様子を観察していると，「それ，何？」「だったら，○○にしてみたらもっと面白いよ」「△△も良いと思うなぁ」のようなやりとりが，子どもたちの間で頻繁に交わされていることに気づく。誰かが先導していたり何かの意見に追従したりしているのではなく，子どもたち一人ひとりが意見を出し合い，グループ全員が一丸となって探索すべき課題と制約を見つけ，新しいモノやコトを目指して主体的に進もうとしている。

ここでは we-mode 研究の観点から，子どもたちがお互いに交わしている視点について考えてみる。we-mode は Gallotti & Frith による理論（2013）をベースに，二人以上で目標を共有し共同行為を行うものとして「二人挽き鋸」を例に説明されることが多い。つまり，複数人で何かの目標を達成しようとする時に，個々人ではなく「私たちの間に派生するコト」への調整作業ともいえるだろう。ライブやジャズ等の即興演奏も we-mode に相当すると考えられる。ステージ上で繰り広げられる即興演奏では，自分の演奏はもちろんのこと，相手の演奏に耳を傾けながら全神経を総動員させて，向かうべき方向を見つけなければならない。応答する自分の演奏をコントロールしつつ，時には駆け引きをしながら皆の感覚をすり合わせ，予測し，タイミングを揃えて共通する目標へと進むわけで，なかなか難易度が高い。

近年，教育現場で盛んに行われているグループ活動にも，即興演奏に類した側面がある。共同行為を成功させるためには複数の相手への目配りと協調する視点，そして柔軟な視点が必要となる。言い換えれば，グループ内の大勢の他者に共感し，信頼関係のもとでの対人同期（Valdesolo & DeSteno, 2011）を経験しつつ，新しい発見を取り入れながら皆でゴールを模索するような視点である。Gallotti らの理論を土台にした多くの実験研究では，二者間の作業が課題として設定されており（Surtees et.al., 2016; Freundlieb et.al.,2016），グループとしての創造性が活性化する場面へ応用するには，限界や矛盾点もある。しかし，他者への配慮・共感・共有・調整といった複雑な活動の同時性と連続性を考えると，この理論が多くの可能性を含んでいることも確かである。これらを踏まえ，we-mode の視点を取り入れたグループ活動の様子を，従来型（図 7-2）と対比させたモデル図（図 7-3）として示す。

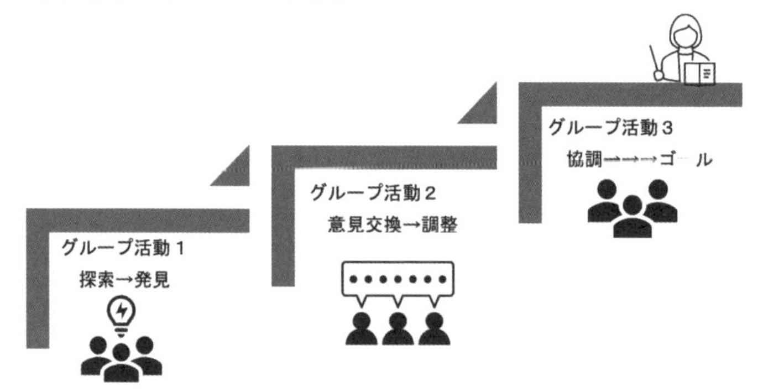

図 7-2　従来型のグループ活動

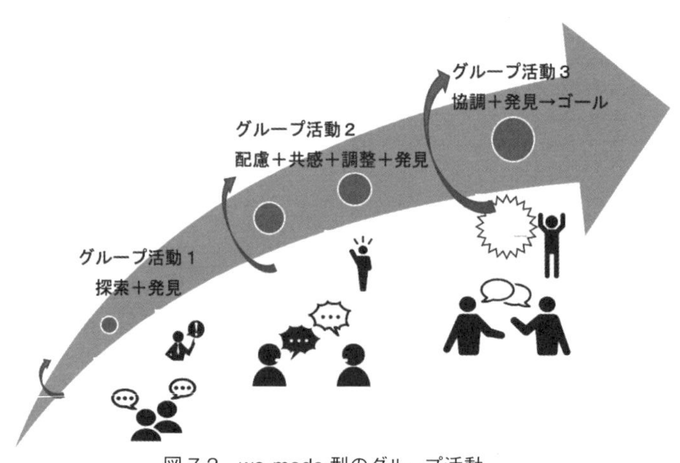

図 7-3　we-mode 型のグループ活動

図 7-2 では，教師がゴールを明確に示しており，子どもたちが「探索→発見」「意見交換→調整」「協調」を経て，最終ゴールに向かって直線的に進む様子をあらわした。これに対して図 7-3 では「探索＋発見」「配慮＋共感＋調整＋発見」「協調＋発見」と，何度も発見を取り入れ，修正や調整をおこないながら，ぐるぐると螺旋を描いて最終ゴールを目指す様子をあらわした。一人ひとりの子どもたちが，自身の内側で渦巻いている内的イメージを外化させ，仲間とのやりとりを通して進んでゆく we-mode は，波紋が連鎖するプロセスである。私たち教師も，立場や役割を越えてワクワクしながら巻き込まれてみてはどうだろうか。

以上，本節では大学生，教師，生徒という異なる立場の視線をもとに，教育現場における創造性教育の新しい可能性について検討した。子どもたちの豊かな創造性に気づき，大事に育てるためにはさまざまな試行錯誤をしなければならない。子どもたち一人ひとりが主役となって生き生きと成長できるよう，そして将来，社会の一員となって新たな課題に立ち向かっていけるよう，we-mode な学びを通して教授・支援のあり方を模索し続けていきたい。

【注】

⑴　日本教育心理学会第 63 回のオンラインシンポジウム（「越境する創造性の育成 - 創造性の深化と芸術教育」2021 年８月実施）においても，この話題に関する議論がおこなわれた。一部は総会発表論文集（pp.83-84）の中で紹介されている。

⑵　たとえば，立花・草薙（2021）は「創造性を育む教育」の中で，「これから目指すべき授業は，活発な自己活動（数学的活動）を通してあたかも自分（たち）がはじめて見つけ出した（考え出した，創り出した）かのように目指す学習内容が習得されるような授業である」と記している。

【引用・参考文献】

Boden, M.A.（2004）The Creative Mind: Myths and Mechanisms, 2nd edition. London: Routledge.

Feist, G.J., & Barron, F.X.（2003）Predicting creativity from early to late adulthood: Intellect, potential and personality. *Journal of Research in Personality, 37*（2）, pp.62–88. https://doi.org/10.1016/S0092-6566（02）00536-6

Freundlieb, M., Kovács, Á.M., & Sebanz, N.（2016）When do humans spontaneously adopt another's visuospatial perspective? *Journal of Experimental Psychology: Human Perception and Performance*, 42, pp.401-412.

Gallotti, M., & Frith, C.D.（2013）Social cognition in the we-mode. *Trends in Cognitive Sciences*, Vol.17, No.4, pp.160-165.

小川容子・妹尾佑介・三村悠美子・武田聡一郎・清田哲男（2022）「芸術教育における創造の場―創造的な学びの触発と教師の支援―」『岡山大学大学院教育学研究科研究集録』第 179 号，pp.75-84.

恩田彰（1980）『創造性開発の研究』恒星社厚生閣

Surtees, A., Samson, D., & Apperly, I.A.（2016）Unintentional perspective-taking calculates whether something is seen, but not how it is seen. *Cognition*, 146, pp.97-105.

立花正男・草薙宥映（2021）「創造性を育む教育」『岩手大学大学院教育学研究科研究年報』第 5 巻，pp.117-128.

Valdesolo, P., & DeSteno, D.（2011）Synchrony and the social tuning of compassion. *Emotion*, 11, pp.262-266.

第２節 「木育」を事例に

1. はじめに

“もの作り”に関わる教育活動として「木育」や「Green Wood Work」のキーワードが定着しつつある様に思う。筆者は工芸教育の立場で活動しているため，「素材先にありき」を当然として受け止めているが，「表現」領域の方には未だ馴染みの無い言葉かも知れない。ましてや「人格」，「心理」を主題とする教育畑では違和感を覚える方さえあるのではないか。

「木育」は2004年林野庁の関連報告書（北海道）[(1)]から使われ始めた。2007年度「森林・林業基本計画」閣議決定の中で，『市民や児童の木材に対する親しみや木の文化への理解を深めるため，多様な関係者が連携・協力しながら，材料としての木材の良さやその利用の意義を学ぶ，木材利用に関する教育活動』と位置づけられた言葉である。当初，「豊かな心や感性の向上を目指す人間教育」の理念が強調されたプロジェクト[(2)]であるが，未だ文部科学省の中で「木育」の言葉を見ることは出来ない。それに関わる立場によって様々な要素と解釈を含み，各地域の色付けが行われており，ともすると矛盾さえ内在しながら広域で多様な活動となっているのが現状だろう。そのため関係者は地域学校の継続的な協力が得られず，苦慮している側面も多々見られる。

私が携わる「工芸」は指導要領のなかで，自己の欲求や豊かさを目指す内向的でコアな側面と，社会の利便性や問題解決を目指すプロダクトという外向的で公共性の強い，相反する思考が共存して扱われている。なので，ここで木育の定義や整理，体系化を図ろうとしているのではない。ただ我々日本の文化を「木」という素材で切り口を見たり，繋がりを辿ってみると，多くの「納得」や「発見」を得られ，目前の「問題」と「課題」が浮き上がり，そして未来の「目標」を見出すことに繋がると実践の中で感じている。工芸は目前の素材を対象に成立するものではない。金工でも染織でも同じ様に，素材の成立過程，地域の歴史，加工環境，天気，人脈，ちょっとした気分やタイミング等々，様々な要素が立体的にジャングルジム？いやもっと複雑に互いが関係し合って一つの作品に昇華していく。

稚拙ながら私なりに構成してきた「木育」を紹介することで，創造性教育のヒント＝新しい「@育」が生まれれば，と思う。創造は天使が空から舞い降りたり，突然爆発がおきたりするものでは無く，普段積み重ねた地層に対してちょっとした切り口の角度と，紐付ける脈絡のセンス「@」がひらめきを引き寄せる。多様な角度で「@」を見つけ，創造の学びを探る一助となることを期待したい。

2. 多軸の「木育」

筆者が大学で行っている「木育」は講義と演習があり，話しのテーマや学びの主題が様々あるため，「軸」として整理し，その中から幾つか具体例を解説したいと思う。

- 生命軸：樹木の成長，生育環境と木材組織の関係。
- 物質軸：乾燥と比重，強度，乾燥収縮，変形。
- 歴史軸：木工技術史，建築や加工技術，時代的動向。
- 生活文化軸：里山や植林，樹種と生活利用，文化的繋がり。
- 現代社会・環境軸：環境と経済の視点で木との関わり，我々の責任を知る。
- モノづくり軸：木材加工一般技術，積層成形，木工轆轤（ウッドターニング)。

2.1 生命軸

我々が利用する「木材」は樹木の体であることは誰もが知っている。その木が地上に立っていた時，1本の樹木に250種，2000匹以上の生き物が生息し（ある大木（樹齢600年）の事例より[3]），周辺の環境と相応して生態系を作っていた。その木が元気で，かつ休眠期に入った時期に，人によって切り倒され，製材され，「材木」となって我々が利用している。より有効にその木材を利用するために，我々はその「木材」と「樹木」を知る必要があるし，彼が立っていた土地と生態系に責任を持つべきなのだ。

まずは彼の生い立ちと，成長を知ることから始めたい。樹木は毎年，年輪を重ねながら成長することは知られている。しかし最初の数年は年輪を形成しなかったり，樹種によって3～5年の差がある。そして植林針葉樹であれば40～50年，用材として使われる広葉樹は80～100年を経て伐採されるのが通常である[4]。

授業の機会がある時，必ずする質問が「その木が伐られたとき，最も新しい年輪はどこでしょう？」。その結果，対象者，年齢を問わずほとんどの場合7-8割の方が「中心」と答える。樹木は草やタケノコとは違い，木化細胞という恒久的な炭素組織で構成されており，細胞分裂している部分（形成層）は内皮の内側に季節と相応して木化細胞を巻き付けながら外へ広がり，年輪をかたちづくる。内皮から外へ向けては皮組織を作り，古い皮質を押し出しながら成長している，したがって最も古い皮組織が外皮／樹皮として押し出されている。きっと誤解の元は樹皮の外観からの印象だろう。 中学，高校で光合成を学び，日光の当たらない夜間は呼吸をしているという事象まで知っていながら，あくまで断片的で，成長という連続した長いスパンでは理解できていないのである。

また，その成長過程で古代生物ともいえる針葉樹と，発達進化した広葉樹では樹体の構造が全く異なっており，その違いが堅さや強度，重さ，香り，手触りなど，後述の物質軸，文化軸とも深く関わっている。木材の物質的な内容より先に，まず生命体の体として理解し，スライドを用いた講義で実施している。継続して物質軸である針葉樹の仮導管組織の意味と，進化し機能分化した広葉樹の細胞を顕微鏡写真で示し解説。コンプレッサーで空気を通し，木材の導管＝パイプであるとの実験を行っている（図6-1）。そして授業前日に丸太から製材したばかりの板材を回

図6-1 洗剤の泡で杉材の通気を見せる実験

図6-2 コナラ材の変形計測20日間で -343g

覧させ，生きていた樹木は多量の水分を含み，香り高いことを体感させる。この板材はその後乾燥させ（天日干し），形状と質量の変化を計測した後，授業最終日に再度回覧する（図 6-2)。

2.2 物質軸

木材を拡大して見れば多孔質な炭素のかたまりであり，少しレンズを離せば不均質な繊維の集合体であり，さらに俯瞰してみれば湿度によって動く，不思議な物体である。なおかつ様々な香りと色合いや輝きを放ち，強靱で軽い，大変魅力的な素材として我々は太古から利用してきた。最大の特徴である異方性と収縮／膨張を理解しておかねば，素材を有効に，そして効果的に活用する事は出来ない。

モノづくりの素材として，その特徴を理解してもらうにはグリーン・ウッド・ワーク（Green Wood Work）が最も有効である。出来れば立ち木を伐り倒し，必要長に玉切りして斧や楔で割り，鉈やナイフで削るという，アナログかつアンプラグド（Unplugged）な活動を尊ぶ工作手法で行うのが最上とされ，箸やスプーン削り，皿・器，さらには椅子やテーブルなど，森の中でクラフト・キャンプを行うのだ。こういった活動は 10 年？いや，もう少し以前から欧米諸国でブームとなり，今や日本でも人気の教育イベントとなっている（図 6-3)。

図 6-3 2019 匙フェス（岐阜）[5]

通常，限られた環境と日程・時間の中で我々の授業は行われるため，その全てを踏襲せずとも良いが，未乾燥の木材を刃物で削り，意図的にかたち作る行為は受講者へ強い印象とセンスを与える。印象とは木質の手触り，水分，香りなどをスタートに，繊維の流れや切削の効率，サイズと重さと強度の関係，柔らかさと反発力，乾燥による変化等を，体感を伴って理解することである。そしてセンスとは “The Sense of Wonder”[6]，我々を取り巻く自然との接点

図 6-4 ナイフでのスプーン削り

を感じることに他ならない。モノづくりだけで無く，地上の生物の一つとして自分があり，掌中の木片さえ思うように出来ない非力さなど，言葉に出来ない人格形成の一コマとして貴重な体験となるだろう。私の工芸授業ではバターナイフ，スプーン，スツールなど，受講者の加工スキルと所要時間に沿って教育効果と効率を判断し，手工具と電動機器をブレンドして制作させている。（図 6-3 ～ 6-6）

図 6-5 クサビでの割り木取り

図 6-6 削り馬とドローナイフによる椅子脚削り

また木材の物質的な特徴を活かした好例として「桶」と「樽」を取り上げ，用品として求められる性能・特徴と材質・素材の扱いと効果について解説している。そして同時にこれらが近年我々の生活から離れつつある事は単に市場原理，時代の流れと受け流すのでは無く，そこに存在する問題と維持的発展の可能性を考える事例として問いかけている。

2.3　生活文化軸

岡山県南は雪も少なく，温暖で海から田畑，低山と緩やかに繋がり，太古から農耕の栄えた穏やかな土地柄である。よって農作と繋がりの強い山林利用が広く行われ，見える山はほぼ里山[7]と考えて異論無いだろう。その里山は植物も生き物も多様で，複雑な生態系の象徴とも言える。 しかし“木を伐る＝自然破壊”という誤った自然観念がいまだ定着しているのはなぜだろうか。長い年月，人が強い関わりを持って形成された結果が里山の環境であり，その関わりが途絶えた山林は自然の遷移法則で照葉樹林化し多様性を失っていくのである[8]。私は里山更新の現場を 20 年近く定点観察しており（図 6-7），地域

図 6-7 2004 年伐採地点 → 9 年後の更新状態

の里山利用と萌芽更新の実際について授業で解説している。そして代表的な樹種（サクラ，ヒノキ等の 12 樹種）について日本文化との歴史的関係や，生活の衣食住に繋がる事例を取り上げ，それぞれの特長を活かして我々が利用していることを知ってもらう。例えばサクラはその代表で全ての事項で話題に事欠かないし，マツも日本文化との関わりは深く広い樹種である。赤松と黒松の差異や，「アカマツは岡山の県木です，なぜ？」から備前焼の特徴，墨の歴史，年神様のお祀り，門松，お盆の送り火，ロジンやテレピン等々生活との繋がり，建築・家具用材としての特徴を様々なサンプルと共に解説している。

2.4 現代社会・環境軸

世界の森林は陸地の約 30%，地球面積の約 8%に過ぎない。森林の減少率は鈍化傾向にあるが，1990 ～ 2015 年の 25 年間に減少した森林面積は南アフリカの国土面積に匹敵し，2000 ～ 2005 年の 5 年間だけ見ても -3658 万 ha と，日本国土（3779 万 ha）と同等の森林が失われているのである[9]（図 6-8[10]）。その中にありながら日本の森林面積は OECD 加盟国中 2 番目の高い位置にある[11]。少し根拠データは古いが（1995 年），主要 24 ヶ国の比較で消費量は主要国第 3 位（111.9 百万㎥）にありながら，生産量は 22.9 百万㎥（13 位）と低く，生産／消費の比率は 0.21（23 位）と最も低い[12]（表 6-1 は筆者加工）。その後，木材自給率は上

表 6-1 主要国の生産量と消費量 1995

要国の用材の生産量と消費量（試算値）（平成7年＝1995年）
資料：FAO「STATICS DATABASE」,「Production yearbook」,森野庁「木材需給表」

	国名	消費量（推定値）（百万m3）	生産量（百万m3）	比率（生産量/消費量）	一人当たり消費量（m3/人）
1	フィンランド	9.4	46.1	4.92	1.84
2	カナダ	42.5	183.1	4.31	1.44
3	スウェーデン	14.2	59.8	4.21	1.62
4	チリ	6	21.4	3.57	0.42
5	マレーシア	14	35.8	2.56	0.69
6	ニュージーランド	6.8	16.9	2.49	1.9
7	南アフリカ共和国	10	18.2	1.81	0.24
8	ロシア	46.4	82.8	1.78	0.31
9	ブラジル	48.8	84.5	1.73	0.31
10	ノルウェー	5.7	8.6	1.5	1.32
11	インドネシア	23.2	34.7	1.49	0.12
12	オーストラリア	15.1	19.6	1.3	0.85
13	アルゼンチン	6.2	6.9	1.11	0.18
14	オーストリア	11.1	11.3	1.02	1.39
15	フランス	37.6	36.6	0.89	0.65
16	米国	466.3	408.9	0.88	1.75
17	中国	122.2	93.5	0.77	0.1
18	インド	38.4	24.9	0.65	0.04
19	メキシコ	9.9	6.1	0.61	0.11
20	フィリピン	6.2	3.5	0.56	0.09
21	ドイツ	64.9	35.2	0.55	0.79
22	タイ	10.5	2.8	0.26	0.18
23	日本	111.9	22.9	0.21	0.89
24	イギリス	35.7	7.4	0.21	0.61

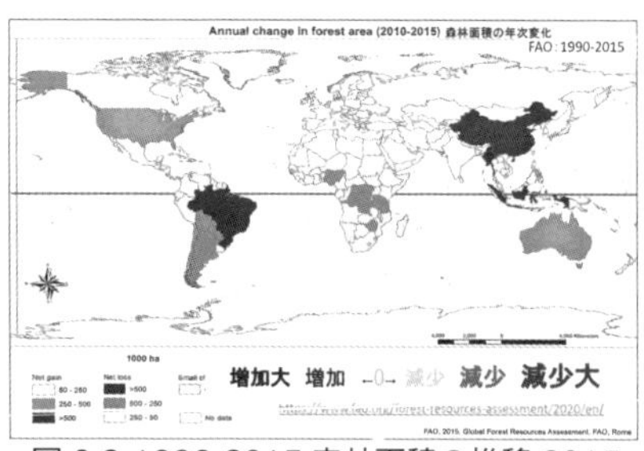

図 6-8 1990-2015 森林面積の推移 2015 FAO 日本は変化がない

がっているが2020年の総需要74.4百万㎥，生産量31.4百万㎥，その比約0.42(13)で，当時の表と比べてほとんど順位に変わりは無い。過去50年間，森林面積の減少は無く，森林蓄積は増え続け，逆に林業従事者は減少の一途にある。これが木と紙の国と唄われた日本として正しい状況と言えるだろうか。最大の問題は多くの人（一般消費者）がそのことを知らないまま，木々の伐採を環境破壊（＝罪悪）として捉えていることである。ただし，近年の取組には木材輸出，エネルギー化や新概念での建築資材（＝岡山の企業），里山の新たな活用事例なども注目されている。など，可能な限り近々のポジティブな話題も提供し，課題を与えて授業を締めくくっている。

実は「木育」に情操教育と呼ぶゆったりと受け取る側に任せる様な余裕は無く，昨今聞き慣れたSDGs目標15［陸の豊かさを守ろう］に収まらない，日本文化を維持するために喫緊の教育課題，というのが現代社会・環境軸での見解なのである。

3. まとめ

前述のように，工芸の領域は多軸で複層が螺旋のように繋がっている。ならば変化や逆風にも強いかと言われるとそうでも無く，それは根底からの繋がりあっての活動で，一箇所途切れると，火の粉が散るように離れた箇所が崩れ，後は怒濤のように崩壊が連鎖する危うい存在でもある。忘れてはならない，岡山の備前焼も各地の伝統工芸も，一度その火を失う経験をしているのだ。コロナ禍中，その影響は工芸にも広がっており，経済論理だけでの成立は厳しい事例も聞く。逆に実在・実体験の貴重さが社会的に地位を得たことも事実であり，同時に新たな紐付けが生まれる契機にもなり得るのでは無いか。

我々が「創造の学び」を模索する上で，確固たる基盤の上に多軸の実態を置いたうえで自主的な繋がりを促す事こそ重要と思うのである。実感と経験を伴って自ら伸ばした手は，握り合う手段を見出すに違いない，そして新たな基盤が紡がれるのである。

皆さんと促す「@」を模索したい。

【引用・参考文献】

⑴ 「平成 16 年度協働型政策検討システム推進事業報告書」（北海道）
⑵ 「豊かな心や感性の向上を目指す人間教育」が強調された理念
⑶ ペーター・ヴォールレーベン著「樹木たちの知られざる生活」（2018）
⑷ 林野庁データより，杉 35 ～ 50 年，檜 45 ～ 60 年が標準伐期齢とされる。
⑸ 学生と参加した「2019 匙フェス」岐阜県立森林文化アカデミーでの様子。
⑹ レイチェル・カーソン著 “The Sense of Wonder”（1996）
⑺ 農耕と長く繋がりを持ち，萌芽更新によって循環してきた山林
⑻ 四手井綱英著「森林はモリやハヤシではない」（2006）他
⑼ 林野庁 2015 年，FAO：2015 年データより
⑽ 同上
⑾ Global Forest Resources Assessment（FRA）2015 を元にした林野庁の解説より
⑿ 全国木材組合連合会 HP https://www.zenmoku.jp/ippan/faq/faq/faq1/209.html
⒀ 「令和 2 年木材需給表の公表」，2020 年の自給率 41.8％：林野庁

第3節　創造性教育の視点からの子供博物館（Children's Museum）の可能性と課題

1. はじめに

図 7-12 Boston Children's Museum

STEAM をはじめとした創造性教育への注目は，知識や技能を一方的に伝達する教師中心型の教育から脱し，能動的な学習活動を通して自ら学びを生成する創造的な学びへと転換していくという課題を提起している。しかし，こうした課題は，新しいようで古くから指摘され続けてきたものでもある。日本でも，アメリカの進歩主義教育の考え方を反映した昭和 22 年（昭和 26 年改訂）の学習指導要領試案では，従来の教科内容を系統的に学ぶ系統主義から脱し，学習者の興味や関心，あるいは問題意識などから出発し経験的に学んでいく経験主義への転換が求められた。

しかし，昭和 33 年の改訂では，一転して系統主義へと揺り戻され，「ゆとりと充実」を掲げた昭和 52 年の改訂でまた経験主義的傾向へと揺り戻される。こうした教師中心か学習者中心かといった二項対立的な揺れは，めざすべき資質・能力を明確にさせ，授業改善していくという今日の教育課程の考え方において一応超越されたとみられるが，教育現場においては，十分に反映されず，学習者中心主義の皮を被った教師中心主義がはびこっているとの批判もある。

こうした，時代の要請や世界的な潮流を背景にした教育観の転換は，その都度注目はされるが，すぐさま教育実践に反映されるということは難しい。ある意味，近代学校が生まれ，次第に形骸化し行き詰まっていった 19 世紀末から 20 世紀初頭のアメリカの状況に似ている。

小笠原（2015）は，奇しくもデューイ（John Dewey,1859-1952）による『学校と社会』の刊行と同年である 1899 年にアメリカ合衆国ニューヨークのブルックリンに設立された世界最初の子供博物館は，まさにそのデューイのプラグマティズム教育論を背景に，硬直化した当時の学校教育を批判，あるいは補完する役割を持って生まれたのだと指摘している。

ここでは，こうした背景を踏まえつつ，子供博物館の成立過程や現在の実態を通して，創造性教育の具体的なあり方について展望してみたい。

2. 子供博物館が提起するもの

筆者は，2017年と2019年の2回，ボストン子供博物館（Boston Children's Museum, 以降BCMと表記）を訪れた。BCMは，ブルックリン子供博物館の次に世界2番目の子供博物館として，科学教育の発展に資する新しい教材の開発や，こうした教材とアイデアの交換センターとして設立され，100年以上にわたり，子供たちに発見や体験の楽しさを通して，世界への理解を深めさせ，基礎的なスキルを身につけさせ，生涯学習への意欲を高めることを目指してきたとのことである。

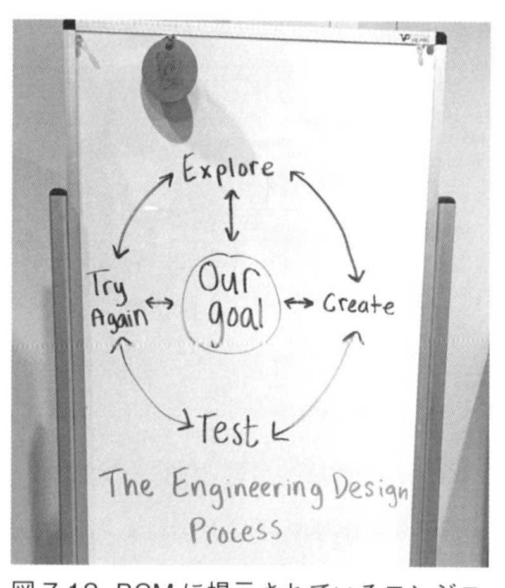

図7-13 BCMに掲示されているエンジニアリングデザインプロセスのモデル。目標を中心に，試行錯誤し探究し創造していくあり方を図式化している。

また，ミュージアムの展示とプログラムは，体験（Hands On）を通して学ぶことを重視し，子供たちが本来持っている創造性，好奇心，想像力を刺激するツールとして「遊び」を取り入れている。子供とその家族のために設計された展示は，科学，文化，環境意識，健康とフィットネス，芸術をテーマにしている。こうした

図7-14 様々な制作ができるBCMのワークスペース　壁には，活動を触発するアーティストの資料や作品などが貼ってある。

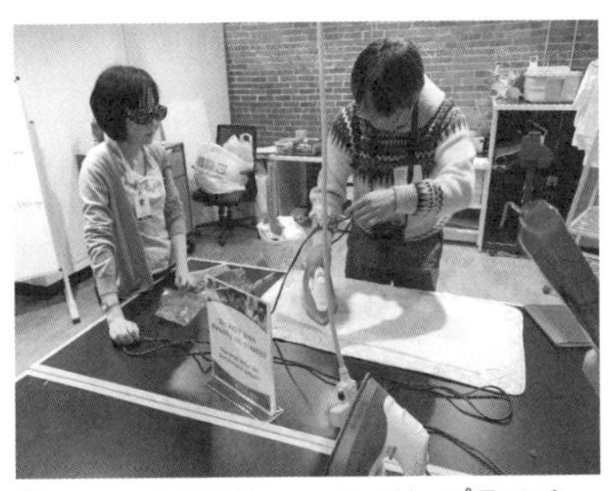

図 7-15　STEAM ルームでは，プラスチック袋を材料とした再生アートバッグの制作ワークショップが行われていた。同時に環境問題など SDGs の視点も加わる。

幅広いテーマによる展示に加え，博物館の教育者たちは，読み書き，舞台芸術，科学と数学，視覚芸術，文化，健康と福祉をテーマとした数多くのプログラムや活動を展開している。

また，BCM は世界でも数少ないコレクションを保有する児童博物館のひとつでもあり，アメリカ文化，自然史，グローバルカルチャー，ネイティブアメリカン，人形とドールハウス，日本の工芸品のコレクションは，5 万点以上にのぼる。

このように，設立の当初は科学教育を中心に据えた体験型の教育施設であり，ブルックリン子供博物館と同様に，社会生活から分断され固定化された内容に終始する学校教育に対して，デューイに代表される経験主義，実用主義の教育を行う先進的な取り組みが展開されてきた。

また，移民による多様な文化との繋がりも重要な課題であった。デューイが提唱した，職業や社会生活とつながる作業学習である「オキュペーション」を学校に先駆けて実践した場でもあり，現在も，自然科学や工学的デザイン，あるいは健康やフィットネス，芸術的表現活動等を通して体験的に学ぶ環境や教材が常に更新されていることが確認できた。

そして，際だったのは STESM 教育の視点とその具体化への試みであった。かつてのプラグマティズム教育やオキュペーションでは超えられない限界への挑戦でもあると感じられた。与えられた課題を求められる正解に向けて解決していく問題解決型の創造性ではなく，自ら実現したい価値に向かう中で発揮される自己実現型の創造性，言いかえれば，問いを生み出す創造性をどのように育てていくのかという視点である。

それは，たとえば学習者が真に主体的に問いを立て探究的に取り組むべき高等学校の「総合的な探究」が，ともすれば実用主義的な創造性教育の域を出ることができないのに似ている。叱責を恐れず言ってしまえば，かつて，デューイがめざしたプラグマティズムの教育観が，現場レベルの解釈においては，今日の創造性教育の新たな壁となっているのである。そして，私たちが注目すべきは，その壁をブレイク・スルーするためのキーワードが「遊び」である点である。確かにBCMのウェブサイトには「子供たちが本来持っている創造性，好奇心，想像力を刺激するツールとして遊びを取り入れている。」と明言されている。しかし，まだまだ十分に遊びの持つ教育的な可能性を発揮できているとは言い切れない。しかし，この「遊び」こそが，新しい時代の教育課題をブレイク・スルーする鍵となることは間違いない。

3. 創造性教育における遊びーモノからコトへの視点移動

小学校の教科である「図画工作」の構成要素の一つに，材料への興味や行為の楽しさに触発されて始まる「造形遊び」がある。造形遊びでは，絵画，立体造形，デザイン，工芸，といった作品（モノ）の完成をめざすのとは別に，遊びに興じる子供が，完全なる自発性を発揮し，その遊びへの没頭の中で，造形的な見方や考え方を働かせ，自己決定し，自己表現することを通して創造的態度が覚醒し，創造的思考が働く過程（コト）に注目する。子供たちは，即興的，探索的に活動にとりくみながら，知識や技能を体験的に習得し，創造的に発揮していくのである。そして，さらに重要なのは，そこでの発見や驚き，あるいは実現すべき価値に向けて自ら問いを生み出すという点である。この問いへの探究を通して創造的態度が発現し，成長し，創造的思考を働かせるのである。

図画工作科では，昭和52年の学習指導要領改訂時より，遊びの持つ教育的な意義に着目し，あらたな学習内容として位置付けてきた。作品という成果物をめざす従来型の授業では，材料や用具を十分に体験し，それらを知識や技能として習得し，コンピテンシーとして活用できるようになることは難しい。ましてや，眼前の楽しい活動に熱中して取り組む自己実現に向かう機会を保障することはさらに難しい。それでは，結局は単線的に結果を出すための教育と何ら変わらないものとなってしまう。こうした課題をブレイク・スルーするために生まれたのが「造形遊び」である。

しかし，「造形遊び」は，教師が何らかの結果を求めたり指示したりするのではなく，材料（それが生活用品から排出される廃材であったとしても，子供にとっては宝の山である）や，身近な場や環境（それは，遊びの中で，想像によって塗られて非日常化するのであるが）から活動が始まる。子供はそれらを手にとり，その素材の造形材料としての可能性を探索し，組み合わせたり，その特性を活かしたりすることに没頭する。あるいは，その場と環境の特性を活かした空間での遊びが始まる。そこには，科学者が真理を探究する姿勢に通じる探究的な態度が見られると同時に，アーティストが自己実現に向けて試行錯誤するなかで獲得するひらめきの瞬間を経験することになる。

こうした活動は，もともとは幼児教育において取り組まれてきた。私は，牛乳容器をもてあそんでいる５歳児が，その素材である紙が，強い弾力性を持つことに気づき，紙片を丸めて作ったボールをゴールに向けて弾き飛ばす装置を作り出す場面に遭遇したことがある。その子供は，牛乳容器から素材としての紙の板を切り出し，効果的な板バネを作るために試行錯誤を繰り返し，途中で挫折すること無く，その偉業を根気よくなし遂げたのである。

この子供は，教師から課題を与えられ，その解決に向かうだけの活動からは学べない多くの事を学んだ。その姿こそが STEAM を体現している。子供の遊びには科学なのか芸術なのかという区別は無い，子供は常に科学者であり芸術家なのだ。

STEAM における A（Art）においては，造形遊びがそうであるように，作りながら考え，考えながら作る，つまり，行為と思考の間を往還しながら価値を創造的に実現していく「創造的態度」による自己実現の過程としての学習過程が求められる。

4. 子供博物館に学ぶ創造性教育の課題と展望

兵庫県丹波篠山市に篠山チルドレンズミュージアム（愛称「ちるみゅー」）がある。「学校統合で閉鎖された旧多紀中学校を活用し，創造性豊かな人づくりと子どもたちの『生きる力』を育む拠点づくりをめざし」2001 年に開設された。ちるみゅーは，「生きる力」と「創造性」を育むためにめざすものとして，中核テーマを「心とからだ」に，体験テーマである「食と農」「自然と科学」「仕事と職業」３つを加えて４つのテーマを掲げている。これからも，ブルックリンやボストンの子供博物館に学んでいることがわかる。さらに「遊びのミュージアム」を謳い，豊かな自然を活かした自然の中での遊びや，昔ながらのおもちゃなどで心ゆくまで遊べるような体験型の教育施設となっている。

こうした，明確に子供博物館を掲げるものはまだまだ日本には少なく，体験型の展示を行う博物館などが代替している，あるいはこうしたコンセプトを取り入れている，いわゆる博物館や美術館による教育普及活動が発展している。まだまだ「遊び」の持つ教育的な意義を十分に生かしたものはそれほど多くは見られないが，どのように「遊び×学び」にしていくのかが，今後問われていくところであろう。そういう意味でも，創造性教育における「遊び」のもつ意義について先進的な実践の積み重ねのある幼児期から児童期の美術教育に学ぶところは少なくない。「造形遊び」が創造性教育の新たなブレイク・スルーとなることだろう。

【文献リスト】

⑴　大橋功監修（2022），美術教育概論（新訂版），日本文教出版，pp.34-39
⑵　小笠原喜康（2015），ハンズ・オン考，東京堂出版
⑶　About Boston Children's Museum，https://bostonchildrensmuseum.org/about/　2022年８月１日閲覧
⑷　篠山チルドレンミュージアム，https://www.chirumyu.jp/introduction/category/　2022年８月１日閲覧

第４節　衣生活の創造と教育科学

1. 新しい衣生活の創造

現代の衣生活は大きな変革の時期を迎えている。長（2020）が指摘するように，繊維業界がSDGsに取り組む[1]ようになり，これまで膨大な衣料品を供給し，豊かな衣生活を支えてきたファッション･アパレル業界が，繊維製品の原料調達，製造，流通，販売，廃棄の各段階で環境負荷の低減をめざすようになってきた。環境配慮型素材やリサイクル繊維を製品に採用するなど，サプライチェーンにおいて対応が可能なところから進められている。

一方，生活者の側では，速く安価に入手することができるファストファッションの浸透も一因となり，数量を把握しきれないほどの被服を保有する状態が続いている。被服は手入れすれば比較的長期間その機能を有するため，一旦保有すると管理が必要であるが，大量にあれば適切な管理は困難となる。今，起こっているのは，製造者，販売者側の過剰生産・供給と売れ残り在庫の大量処分，生活者側の過剰購入・保持とその管理，廃棄に関する問題である。少しずつ改善の兆しが見られるものの，特に日本では，繊維製品のリサイクルシステムが構築されていないため，ビン・缶・ペットボトルのように再使用や再資源化は難しく，環境省（2020）によると繊維製品・衣料品のリサイクル率[2]は14％程度で，リユース20％のほかは焼却処分されている。世界を見ても先進国においては同様の傾向が見られ，ファッション・アパレル業界が改善に向けた取り組みを進めるだけでなく，把握しきないほどの被服を保有している生活者個人のライフスタイルの見直しが不可欠になってきている。

このような背景のもと，欧州委員会（2019）は，「サーキュラー・エコノミー・アクション・プラン」[3]を公表し，重点対策分野の１つに繊維を指定し，今後全ての繊維製品の分別回収が義務化されることになった。グローバルに展開されるこの業界では，日本も無関係ではなく，EUの動きに注目していく必要がある。

国内の「循環型社会形成推進基本法」では，処理の優先順位として発生抑制（リデュース）→再使用（リユース）→再生利用（リサイクル）→熱回収→適正処分という順位が定められている。経済産業省（2011）は，繊維製品においてもまず発生抑制が最重要[4]としている。繊維業界，ファッション・アパレル業界において，これまでの「リニア・エコノミー（直線型経済）からサーキュラー・エコノミー（循環型経済）への転換」（経済産業省 2021）[5]が図られつつある中，経済産業省（2020）は「循環経済ビジョン 2020」において，日本でも循環システムの検討が急がれる分野の１つに繊維を指定した。繊維製品を資源として循環させて供給することで，排出量を抑制することがねらいである。これは SDGs Goal 12「つくる責任」であり，そのためには，経済産業省（2021）の指摘のように，循環使用が可能となるよう製造段階での環境配慮設計の導入[6]が不可欠である。必要な技術の開発が進められ，最終製品の環境配慮性能の向上が期待される。

生活者の側には，自らの衣生活を客観的に見直し，Gardetti&Torres（2013）が述べるサスティナブル・ファッション，エシカル・ファッション[7]の視点も取り入れた新しい衣生活の創造と再構築が必要とされる。Goal 12「つかう責任」として，原料・製造・販売・管理・廃棄において環境配慮された製品であり，国内だけでなく他国の資源や環境，労働力を搾取することなく製造された製品であること等，入手にあたり最終製品の背景も含めた本質を見極める力が求められる。近年は，衣環境における快適性・機能性にかかわる生体情報を得るためのウェアラブルデバイス衣料や LGBTQ に対応した学生服等，これまでになかった新しい考え方のもとに開発された製品展開が見られるようになってきている。今後も革新的な技術やデジタル化による新たな価値のもとに開発された衣料品が登場することが予想される。生活者は，次々と供給される製品や情報に晒されているが，さらにより良い衣生活のために，SDGs の視点も加えた衣生活の創造が求められる。

これらの課題に対して，被服科学や家政学の学術分野には，その研究成果を基に，衣生活にかかわる諸課題を資源・環境・人間・労働・技術・科学等の要素を統合して，継続して最適解を導いていくことが求められる。

さらに専門科学で蓄積された知見を基に，教育科学では，日本学術会議（2011）で示された「統合化された知」[8]による新しい価値創造の可能性が期待される。様々なところで取り組まれているSTEAM教育，創造性教育の実践にも注目したい。次項では，新しい衣生活創造への挑戦を背景にしつつ，教育科学専攻の特色「教育に関する人文・社会・自然科学的な事象を教育科学として開拓的に広く捉え，実証的・体系的に研究し，国内だけでなく，広い視野で国際的・地球規模の課題を解決できる実践力を修得する」を踏まえて，教育科学専攻のカリキュラムで担当した講義について報告する。

2. 専門科目「ＰＢＬ特論Ｉ」と「教育科学特論（被服科学Ａ，Ｂ）」

専門科目は研究を支える専門教育を学ぶ授業群である。2021年度に担当した講義「ＰＢＬ特論Ｉ」と「教育科学特論（被服科学Ａ，Ｂ）」において，衣生活の課題解決に取り組んだ事例を報告する。

（1）専門科目「ＰＢＬ特論Ｉ」

教育科学専攻カリキュラムで1年生が受講する「ＰＢＬ特論Ｉ」を担当（1コマ）した。講義で使用したパワーポイント資料の一部を図7-16に示す。教員の研究を紹介するテーマであったので，著者（篠原・越宗2017）が大学院生と研究した被服による紫外線対策[9]を紹介した。現在の衣生活では，なぜ紫外線対策が必要となってきたのか，どのような対策が

表7-3　ＥＳＤ学習目標（UNESCO）Goal 13（一部抜粋）

認知的学習目標	4. 学習者は，地元地域，国内，および世界において，気候変動がもたらす主な生態学的・社会的・文化的・経済的な影響について知る。また，それら自体がどうして気候変動を速めたり強めたりする要因になるのかを知る 5. 学習者は，さまざまなレベル（世界から個人まで）と状況における防止，緩和，および適応の方略について，また，それらの方略と災害対応や災害リスクの軽減との関係について知る
社会情動的学習目標	3. 学習者は，気候変動に対処するために，他者と協働したり，一般に合意できる方略を開発したりできる
行動的学習目標	1. 学習者は，自分自身の私生活や仕事の活動が気候にやさしいかどうかを評価し，やさしくないのであれば，それを修正できる

有効かを実験結果を踏まえて解説した。これは，SDG Goal 13「気候変動に具体的な対策を」に関連し，UNESCO（2020）の ESD 学習目標[10]では，表 7-3 に示す事項の達成が期待される。

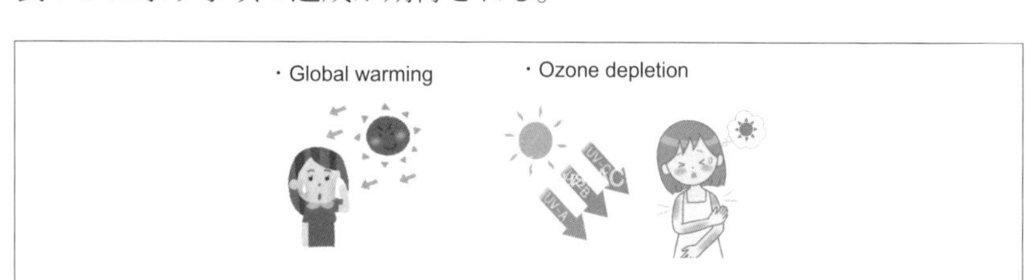

■ UV index （World Health Organization, 1998）

INDEX	ACTION	Clothing
0 to 2	You can safely enjoy being outside!	?
3 to 7	Seek shade during midday hours! Slip on a shirt, slop on sunscreen and slap on hat!	?
8	Avoid being outside during midday hours! Make sure you seek shade! Shirt, sunscreen and hat are a must!	?

How to wear clothing to protect your body from UV rays ?

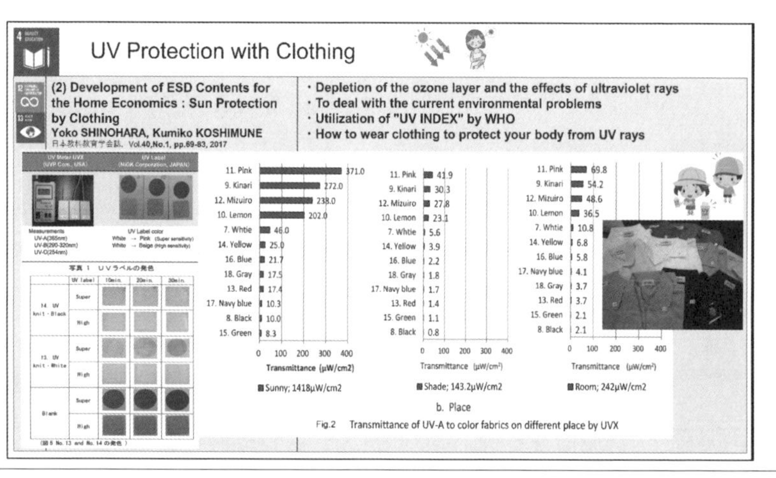

図 7-16 パワーポイント資料（一部）（PBL 特論Ⅰ；2021 年 4 月 23 日授業担当）

討議では，多様な経験をもつ院生がそれぞれの立場で活発に発言し，充実した議論ができた。さらに，世界ではサスティナブル・ファッションの研究が進んでいることを紹介し，「被服は資源である」という命題を投げかけて討議を行った。それぞれ自分の経験に基づいて，具体的な意見を出し合いながら，異なる立場の人の考えや実態を知り，衣生活における課題を共通認識することができた。自分自身の衣生活やライフスタイルを捉え直す機会となったようであった。

（２）専門科目「教育科学特論（被服科学Ａ，Ｂ）」

専門科目「教育科学特論（被服科学Ａ，Ｂ）」では，持続可能な衣生活管理について，消費科学の視点から衣生活を分析し，家庭での洗濯行動において,受講生が発見した課題について,その改善に向けた実証研究を行った。

人間が利用することができる淡水は地球上で僅か 0.01% であり，その水の循環においては安全性の確保が重要である。環境省が示す洗濯排水による水質汚濁[11]は,1 人 1 日当たり生活排水中の BOD の 1 割を占めている。洗濯は環境に負荷を与える生活行為であり，特に水環境への影響は無視できるものではないことから，環境に配慮した洗濯行動が望まれる。限りある水のエンドユーザーとしての自覚と責任が求められる。これは，SDGs Goal 6「安全な水とトイレを世界中に―すべての人に水と衛生へのアクセスと持続可能な管理を確保する―」に関連し，UNESCO（2020）の ESD 学習目標[10]の表 7-4 に示す事項の達成が期待される。

表 7-4　ＥＳＤ学習目標（UNESCO）Goal 6（一部抜粋）

認知的 学習目標	1. 学習者は生活そのものの基本的条件としての水，水質と水量の重要性および水質汚染と水不足の原因，影響，結果を理解する 2. 学習者は水が多数の異なる複雑でグローバルな相互関係やシステムの一部であることを理解する
社会情動的 学習目標	3. 学習者は自分自身の水の利用に対して責任を感じることができる
行動的 学習目標	4. 学習者は水質と水の安全性の向上に貢献する活動を計画，実施，評価および再現できる

講義では，水資源ならびに水利用の現状，洗濯による水質汚濁の実態とその原因，自分との関わりについて明らかにしたのち，「環境にやさしい」洗濯用品として市販されている製品を取り上げ，洗浄力評価と作用機構を検証した。実験結果によると，洗浄力は低く，謡われている作用機構は認められなかった。自分たちが用いる身近な生活用品においても，環境影響が予想される場合は，その情報の正確性，妥当性等を批判的，科学的に見極めて判断する必要がある。学生は，批判的思考の大切さと科学的に検証することが重要であることを理解し，科学的な検証方法と考え方を学ぶことができた。

3. 教育科学と共創

これまで見てきたように，個人の衣生活の課題であっても，それらはグローバルに繋がっている。現代の様々な課題を分析し，最適解を導くために，学術研究はこれまでの「細分化」から「知の統合」へ向かっている。多様で複雑な課題の解決には，特定分野での基礎研究だけなく，関連する異分野間での協働が欠かせない。様々な立場の関係者とともに新しい価値を生み出していこうとする共創であり，まさに教育科学では，PBL を中心としたカリキュラムにより，その人材育成が行われている。新しい衣生活の創造のために，専門的な知識の獲得だけでなく，自分と世界や環境との繋がりを広く認識し，本質を追求していく力が大切である。自分はどのような衣生活を思い描くのか，現在の自分のライフスタイルはどのようなものか，何が必要か，何が不要か，何を創造するのか，どのように創造するのか探求を続けていく。生活者の創造性が豊かになってくると，これまでのようにファッションを利用し，楽しむ存在から，より主体的な意思決定によって，新しい価値を求め創造する立場に変容していく可能性がある。

これまで最終製品を選び，買う（買わされる）立場の側から，サスティナブル，エシカルの視点からも原料資源，製造，流通，販売，処分の過程を含めた製品選びに移行し，IT を活用し，最終製品を淘汰する立場に変容していく。ただし，本質を見極め，批判的，科学的な思考と方法により判断する必要があるため，教育科学専攻で学ぶ学生には，専門性を高め，広い視野で国際的・地球規模の課題を解決できる実践力を修得してもらいたい。そして，課題発見力・解決力を活かし社会貢献・支援できる地球市民として，それぞれ創造的な自己実現を図り，その成果が還元されることを期待したい。

【引用・参考文献】

(1)　長保幸：繊維業界における SDGs への取り組み，繊消誌，第 61 巻第 5 号，pp.13-27，2020
(2)　環境省：令和 2 年度ファッションと環境に関する調査業務「ファッションと環境」調査結果，2020
(3)　EUROPEAN COMMISSION：Sustainable Products in a Circular Economy - Towards an EU Product Policy Framework contributing to the Circular Economy, pp.1-74, 2019
https://ec.europa.eu/environment/pdf/circular-economy/sustainable_products_circular_economy.pdf（2022.8.14 閲覧）
(4)　経済産業省：繊維製品 3R システム検討会報告書，2011
(5)　経済産業省：繊維産業のサステナビリティに関する検討会報告書～新しい時代への設計図～，2021
(6)　経済産業省：第 3 回 繊維産業のサステナビリティに関する検討会　環境配慮，2021
(7)　Gardetti, Torres：Sustainability in Fashion and Textiles, Greenleaf Publishing Limited, 2013
(8)　日本学術会議：提言　社会のための学術としての「知の統合」―その具現に向けて―，2011
(9)　篠原陽子，越宗久美子：紫外線対策と衣服の着方に関する教育内容開発－ ESD（持続発展教育）を視点とした家庭科教育内容開発研究，日本教科教育学会誌，第 40 巻第 1 号，pp.69-83，2017
(10)　UNESCO：Education for Sustainable Development Goals: learning objectives，2020
https://unesdoc.unesco.org/ark:/48223/pf0000374449（2022.8.14 閲覧）

(11)　環境省：生活排水読本，https://www.env.go.jp/water/seikatsu/index.html（2022.8.14 閲覧）

第５節　「家族になる」を捉えなおす―高等学校家庭科の学習を手掛かりに

「家族になる」ことは，生まれる，結婚[1]する，パートナーをもつ，子どもを産む，養子縁組をするなど，さまざまな方法で成すことができる。「定位家族（生まれる家族）」は本人の意思とは関係なく生まれることで「家族になる」が，「生殖家族（創る家族）」は原則本人の意思によって「家族になる」ことを選択できる。本節では，「生殖家族」の視点から，「家族になる」ことについて，高等学校家庭科で扱われている結婚等に関する学習内容を手掛かりに考えたい。その理由は，高等学校の家庭科では，「人の一生と家族・家庭及び福祉」において，生涯の生活設計と青年期の自立と家族・家庭を扱っており，18 歳で成年年齢を迎える高校生は，その学習を踏まえ，「家族になる」ことを含む身近な将来の設計についてより深く考えることができると判断するからである。以下では，（1）「家族になる」ための規定と変化を求める声，（2）高等学校家庭科にみる結婚等の学習，(3)「家族になる」を「自ら選択」する，の順で述べる。

1.「家族になる」ための規定と変化を求める声

日本国憲法第 24 条は，「婚姻は，両性の合意のみに基づいて成立し，夫婦が同等の権利を有することを基本として，相互の協力により，維持されなければならない。②配偶者の選択，財産権，相続，住居の選定，離婚並びに婚姻及び家族に関するその他の事項に関しては，法律は，個人の尊厳と両性の本質的平等に立脚して，制定されなければならない」と規定している。また，「婚姻は，18 歳にならなければ，することができない」（民法第 731 条），「夫婦は，婚姻の際に定めるところに従い，夫又は妻の氏を称する」（同 750 条），「婚姻は，戸籍法の定めるところにより届け出ることによって，その効力を生ずる」（同 739 条 1 項）という規定により，婚姻適齢と夫婦同姓，法律婚などの原則が定められている。したがって，現在の日本では，同性同士による婚姻届，18 歳未満者による婚姻届，夫婦別姓による婚姻届などは受理されない。

結婚に関連する民法改正の動きもみられ，1996年2月には法制審議会において，婚姻年齢，選択的夫婦別姓，再婚禁止期間などの改正案を盛り込んだ「民法の一部を改正する法律案要綱」を答申したが，改正には至らなかった（法務省 1996）。その後，再婚禁止期間（2016年改正・施行）と婚姻年齢（2018年改正，2022年施行）については，1996年の案の通り改正されたが，選択的夫婦別姓については，現在も改正に至っていない。

同性婚に関する法改正案は，現時点では出されていない。一方，同性同士のカップルを婚姻に相当する関係と認める証明書を発行する「同性パートナーシップ制度」を導入する自治体は増えており，2022年7月現在では223の自治体で施行されている(2)（公益社団法人 Marriage For All Japan）。しかし，法的効力はない。

同性婚に関する他国等の動向をみると，2000年7月1日にアメリカのバーモンド州で第1号の同性夫婦が誕生し（朝日新聞 2000），同年にはオランダで初の「同性結婚法」が成立，2001年から施行されている。2022年現在同性婚を法律で規定している国等は30か国を超える（公益社団法人 Marriage For All Japan）。「だれ」と「家族になる」のかをめぐっては，異性なのか，同性なのかという性別による制限を設けない方向に転じつつあるのがわかる。

では，実際に日本では，夫婦別姓や同性婚に関わるどのような動きがあるのだろうか。関連する裁判の動向を中心に確認しよう。まず，夫婦別姓による婚姻届の受理を求めた訴訟で2015年12月16日に最高裁判所の判決が出ている。本件は，「夫婦が婚姻の際に定めるところに従い夫又は妻の氏を称すると定める民法750条の規定は，憲法13条，14条1項，24条1項及び2項等に違反する」と主張したものである。最高裁は，「『民法の規定に男女間の形式的な不平等はなく憲法違反とはいえない。制度の在り方は国会で論じて判断されるべきだ』」とし，「夫婦別姓禁止を『合憲』」と判決した（山陽新聞 2015）（裁判所①）。さらに，2021年6月23日に最高裁は，「平成27年大法廷の判決を修正する必要はない」とし，再び「夫婦別姓禁止を『合憲』」と判決している（山陽新聞 2021）（裁判所②）。同性婚に関しては，同性婚を認めていない民法や戸籍法の諸規定が憲法13条，14条，24条に反しているにもかかわらず，国が必要な立法措置を講じていないことは，国家賠償法1条の運用上違法であるとし，慰謝料等を求める訴訟があった。2019年4月15日に初の弁論が行われ（山陽新聞 2019），札幌地裁と大阪地裁で，それぞれ判決が出ている。札幌地裁では，本訴訟の目的であった慰謝料の支払いについて棄却した。と同時に，同性婚を認めない民法及び戸籍法は，憲法24条1項及び2項，13条には「違反しない」と判断しながらも，法規定は，同性愛者に対して合理的根拠を欠く差別取扱いにあたるとして，憲法14条1項に「違反する」と認めるのが相当であるとの判断を出し（裁判所③），注目を浴びた。一方，大阪地裁では，同性婚を認めないのは「合憲」であるとの判決が出され，国の責任に対する賠償請求も棄却された（山陽新聞 2022）（裁判所④）。

このように日本では，「家族になる」ための法的手続きは，夫婦同姓及び異性による婚姻届の提出を前提としており，夫婦別姓及び同性による婚姻届も受理する法改正は行われていない。

2．高等学校家庭科にみる結婚等の学習内容

高等学校家庭科における結婚等に関する学習内容を学習指導要領と教科書で確認しよう。平成21年版の『高等学校学習指導要領解説家庭編』（以下『指導要領・H21』と称す）の「家庭基礎」は，「人の一生と家族・家庭及び福祉，衣食住，消費生活などに関する基礎的・基本的な知識と技能を習得させ，家庭や地域の生活課題を主体的に解決するとともに，生活の充実向上を図る能力と実践的な態度を育てる。」ことを教科目標としてあげ，結婚に関しては，「（1）人の一生と家族・家庭及び福祉」の「ア　青年期の自立と家族・家庭」において，取り上げられている。平成30年版の『高等学校学習指導要領解説家庭編』（以下『指導要領・H30』と称す）の「家庭基礎」は，「生活の営みに係る見方・考え方を働かせ，実践的・体験的な学習活動を通して，様々な人々と協働し，よりよい社会の構築に向けて，男女が協力して主体的に家庭や地域の生活を創造する資質・能力を次のとおり育成することを目指す。（後略）」ことを教科目標としてあげ，

主に,「A　人の一生と家族・家庭及び福祉」の「(1) 生涯の生活設計, (2) 青年期の自立と家族・家庭」において，結婚に関する学習内容が取り上げられている。

『指導要領・H21』により構成された10冊の「家庭基礎」の教科書を分析した田邉と李は，ほとんどの教科書において，日本国憲法第24条や民法第731条（婚姻適齢),第750条（夫婦の氏）などの法律と,夫婦同姓,夫婦別姓などの語句が記述されていること，教科書によっては，外国の法律や現状を取り上げ，日本とは異なる法制度や現状を学習し，考察できるように構成されていることを確認している。一方，性同一性障害，同性愛,LGBT，同性婚，パートナーシップ制度などについて記述している教科書は少なく，結婚などをめぐって多様化している現状の理解に十分対応しているとはいえないことを明らかにしている（田邉・李2022)。

田邉らの分析を踏まえ，ここでは,夫婦の氏と同性婚に絞り,『指導要領・H30』により2022年から用いられている教科書のうち，東京書籍（牧野他2022）と開隆堂（大竹他2022）で発行された2冊を分析した[3]。その結果，2冊共に，日本国憲法第24条及び民法第731条と第750条などの法律の記述があり，表7-5のように夫婦の氏や同性婚に関する日本の現状や変化などを具体的に記述していることを確認できた（以下，表7-5に示す記述の出所は省略する)。

まず，夫婦の氏に関してみると，夫婦同氏を義務づけている国は日本のみであること，そのことに関連して国連女子差別撤廃委員会から重ねて改善勧告があること，夫婦別氏を求める訴訟に対して最高裁で「合憲」の判決が出されたこと，夫婦別姓に関する人々の意識の変化について内閣府の世論調査結果を示すなど，日本の現状を詳細に記述している。同性婚等に関しては，東京書籍では，日本の法律婚は男女間に限られており，自治体によっては同性カップル二人の関係を証明するパートナーシップ制度があることを説明し,その証明書を持った同性カップルの写真を紹介している。開隆堂では,「いろいろな家族」の説明の中で同性カップルを例としてあげたり，同性カップルの結婚を承認している他国の例を紹介したり，日本でも同性婚の承認を求める要求が高まっている現状を示している。

表 7-5　夫婦の氏，同性婚に関連する語句の記述

語句	家庭基礎　自立・共生・創造（東京書籍）	家庭基礎　明日の生活を築く（開隆堂）
夫婦の氏	・選択的夫婦別姓など，まだ国会での審議に至っていない検討課題もある。（p.31） 5夫婦別姓に対する世論の推移〔内閣府調査結果の図掲載〕（p.31） 6夫婦別姓をめぐる動きと判例：国連女子差別撤廃委員会は，夫婦別姓を認めない日本の民法が差別的であるとして，数度にわたり改善勧告を出している。戸籍の有無や婚姻制度は国により異なるが，法律で夫婦同姓を義務付けている国は，日本以外に見当たらない。（p.31） 2015 年 12 月 16 日　最高裁判所判決〔原告主張と判決内容を掲載〕 (TRY) 選択的夫婦別姓制度が実現した場合，あなたはどのような選択をするだろうか。その理由や，子どもの姓はどうするかも含め考えよう。法務省法制審答申（1996 年）の改正案〔現行と改正案の提示〕（p.31）	・夫婦同氏については「女子差別撤廃条約」に基づき設置された委員会から，差別的な規定であると懸念が表明されたが，裁判では合憲判決が示されており，議論が続いている。（p.33） ⑤日本の夫婦の氏は夫と妻は同じ氏を名乗らなければならないとする民法の規定により，結婚するカップルの約 97％は夫の氏を名乗り，実質的には男女不平等の規定とされている。（p.33） ⑥〔夫婦同氏については〕2015 年 12 月 16 日の最高裁が合憲とした。合憲の理由の一つは，条文自体は夫または妻の氏ということで，妻だけに氏を変えることを強制していないということである。（p.33） 1選択的夫婦別姓に関する意識調査〔内閣府調査結果図〕（p.33） （考えてみよう）現在提案されている選択的夫婦別姓制度の案は「夫婦は，婚姻の際に定めるところに従い，夫若しくは妻の氏を称し（夫婦同氏），又は各自婚姻前の氏を称する(夫婦別氏)ものとする。(750 条)」である。なかなか改正されないのはなぜだろうか？夫婦別姓，夫婦同姓のそれぞれのメリット，デメリットをあげてみよう。 〔吹き出し〕諸外国の制度は，氏の選択の自由を認める方向で改正されてきているよ。日本の内閣は，質問注意書に対する 2015 年 10 月 6 日の答弁書において，2015 年現在，夫婦同氏を義務づける国は，「我が国の他は承知していない」と回答している。（p.33）
同性カップル	(TRY) さまざまなライフスタイルを考えよう　1. パートナーシップ：日本の法律婚は男女間に限られており，自治体によっては同性カップルに，その関係を証明する制度を設けている。（p.25） (Column) 千葉県千葉市の「パートナーシップ宣誓制度」で証明書を手にした事実婚や同性カップル〔の写真付き紹介〕。（p.25）	(参考)「いろいろな家族」同性カップルでの暮らし（p.27） ・現在の日本でも，単独世帯，ひとり親世帯，事実婚，再婚，ステップ・ファミリー，外国につながりをもつ家族，同性カップル，グループ・ホーム，シェアハウスを選ぶ人びとなど，さまざまな家族・家庭の中で暮らす人が増加している。（p.30） ・世界における同性カップルの結婚を承認する動きが高まっている。（p.33）

同性婚		・日本でも同性婚の承認は，憲法第 13 条の幸福追求権，第 14 条の法の下の平等を保障するものであり，同性婚を認めないのは憲法違反であるという見解も示され，法的に認めることへの要求が強まりつつある。（p.33） ⑦同性婚ができる国は，2019 年 3 月現在で 29 か国になっている。（p.33）
パートナーシップ制度	（TRY）さまざまなライフスタイルを考えよう　1. パートナーシップ：日本の法律婚は男女間に限られており，自治体によっては同性カップルに，その関係を証明する制度を設けている。（p.25） （TRY）日本のパートナーシップ制度について調べよう。個人のライフスタイルを認め合う生活について意見を出し合ってみよう。（p.25） （Column）「同性カップル」欄の記載と同様（p.25）	・同性パートナーシップ制度のある自治体では，親族が要件である世帯向け市営住宅の入居申請や，病院での親族としての面会が認められるなど，限定的ではあるが同性のカップル関係を保護している。（p.33） ・婚姻の届け出をしていないが，婚姻関係と同様の関係をもつカップルにもパートナーシップ制度を適用する自治体もあり，多様な関係性を保護する制度が整えられつつある。（p.33） ⑧同性パートナーシップ制度がある日本の自治体（2019 年現在）〔の紹介〕（p.33）

注：表の中にある記号の「•」は，教科書の本文中の記述，「[1]」「①」等は，本文説明に対する関連説明，（　）等は，各教科書追記の見出しの記述，〔　〕は必要に応じた筆者の追記を示している。

さらに，以上の内容の学習方法についてみると，知識や現状を提示する学習だけでなく，学習者である高校生が自ら考えるように構成されている。例えば，夫婦の氏については，東京書籍では，「選択的夫婦別姓制度が実現した場合，あなたはどのような選択をするだろうか。その理由や，子どもの姓はどうするかも含め考えよう」という提示で，自らの選択について，その理由や将来の生活設計を含め考えることを問いかけている。開隆堂では，「選択的夫婦別姓の案が，なかなか改正されないのはなぜだろうか？夫婦別姓，夫婦同姓のそれぞれのメリット，デメリットをあげてみよう」と提示し，生徒には，法律改正をめぐる賛否の背景だけでなく，それぞれの選択に対するメリットとデメリットを考えさせている。このような学習方法は，将来の生活設計に対する自らの選択だけではなく，他人の選択についても客観的に考えられるきっかけにつながると思われる。次に，同性婚についてみると，東京書籍では，「日本のパートナーシップ制度について調べ，個人のライフスタイルを認め合う生活について意見を出し合ってみよう」と呼びかけることで，選択できる社会とその選択を認め合う社会について考えるきっかけを作っている。さらに，2つの教科書ともに，性同一性障害，LGBT，SOGI，同性愛，性別違和などの語句についても適宜記載し，生徒の理解を深める構成になっている。このように今回確認した家庭基礎の教科書は，現状と変化を反映した編成になっていることを確認できた。

3.「家族になる」を「自ら選択」する

これから多くの人が高校生のうちに18歳を迎え成人になる。もちろん婚姻もできる。そして，成人になる高校生に限らず，私たちは，人生設計のさまざまな場面において，さまざまな選択に迫られる。パートナーをもつことを選択する・しない，結婚することを選択する・しない，法律婚を選択する，事実婚を選択する，子どもをもつことを選択する・しない，パートナーと生涯を共に生きることを選択する・しない，異性婚を選択する，同性婚を選択する，夫婦同姓を選択する，夫婦別姓を選択する，というふうに。そしてその選択は，いうまでもなく，「家族になる」ことを自らの思いで選択することでなされるのが望ましい。選択の結果は，「さまざまな結婚」，「さまざまなライフコース」，「さまざまな家族」のかたちであらわれる。

ここで,「家族になる」を捉えなおすという本節のテーマに戻ってみよう。現在日本では，夫婦別姓や同性婚を望み，「家族になりたい」という自らの選択をなすべく，現行の法制度に異議申し立てをし，変更を求め続けている人が少なからずいる。現在のところ裁判は変更を認めない結論を出しているが，その結論を踏まえ，今後も異議申し立ては続くだろう。

変える・変わることが正しく，変えない・変わらないことが正しくないというのではない。また，変えない・変わらないことが正しく，変える・変わることが正しくないというのでもない。必要なのは，変わらないことで，望むように「家族になる」ことができず，苦痛に感じる人々がいるという現実を見過ごさず，捉えなおしてみることではないだろうか。そのためには，自らの選択について客観的に考えられる力を備えること，他人の選択についての肯定的な考えと，それに基づく理解と配慮ができる力を備えること，そしてさまざまなかたちの「家族になる」ことを「自ら選択」できる社会，その選択を認め合う社会になることが必要である。

【注】

⑴　本節では，法律用語として用いる際は婚姻，その他の一般的なことを指す場合は結婚を用いる。
⑵　同制度は，2015 年 11 月に東京都渋谷区と世田谷区で初めて導入された。
⑶　本節で分析した教科書を発行した東京書籍と開隆堂の 2 社は，新旧の教科書名が同名であり，小中高等学校の家庭科教科書を刊行している。また，田邊・李（2022）の研究において，2 社出版の教科書で結婚関連法律や語句が最も多く記述されていることを反映し，分析に用いた。
追記：2022 年 10 月 14 日に民法第 733 条（再婚禁止期間）の削除等を示した「民法等の一部を改正する法律案」が国会で提出された。12 月 10 日に同条撤廃を可決，12 月 16 日に公布している。2023 年 2 月 9 日現在，施行日は発表されていない（法務省 2022）。

【引用・参考文献】

朝日新聞（2000）「米バーモンド州で初の同性『夫婦』誕生　米北東部バーモンド州第一号」，7 月 4 日付 .
一般社団法人日本 LGBT サポート協会：https://lgbt-japan.com.（2022 年 8 月 5 日最終確認）
大竹美登利他（2022）『家庭基礎　明日の生活を築く』開隆堂 .
公益社団法人 Marriage For All Japan：https://www.marriageforall.jp.（2022 年 8 月 5 日最終確認）
裁判所①（2015）「平成 26（オ）1023　損害賠償請求事件　平成 27 年 12 月 16 日最高裁判所大法廷」.
（裁判所 HP：https://www.courts.go.jp/index.html）以下同様（2022 年 8 月 5 日最終確認）
裁判所②（2021）「令和 2（ク）102　市町村長処分不服申立て却下審判に対する抗告棄却決定に対する特別抗告事件　令和 3 年 6 月 23 日最高裁判所

大法廷」.
裁判所③（2021）「平成31（ワ）267　損害賠償請求事件　令和3年3月17日札幌地裁裁判所」.
裁判所④（2022）「平成31（ワ）1258　損害賠償請求事件　令和4年6月20日大阪地方裁判所第11民事部」.
山陽新聞（2015）「夫婦別姓禁止『合憲』」，12月17日付.
山陽新聞（2019）「『私たちは特別でない』同性婚訴訟国弁論始まる」，4月16日付.
山陽新聞（2022）「同性婚否定大阪『合憲』―札幌地裁と判断分かれる」，6月21日付.
田邉詩歩・李璟媛（2022）「高等学校家庭科における結婚に関する学習の扱い―学習指導要領と教科書の記述分析に基づいて―」『岡山大学教師教育開発センター紀要』，第12号，pp.211-225.
法務省（1996）「答申（民法の一部を改正する法律案要綱（選択的夫婦別氏制度等関係））」.
（法務省HP：https://www.moj.go.jp）（2022年8月5日最終確認）
法務省（2022）「民法等の一部を改正する法律案」.
（法務省HP：https://www.moj.go.jp）（2023年2月9日最終確認）
牧野カツコ他（2022）『家庭基礎　自立・共生・創造』東京書籍.

第６節　高等学校国語科「文学国語」による国語科の質的変化と拡大

本節では，高等学校国語科に新設された「文学国語」によって，国語科の質的変化及び拡大がもたらされたことについて述べていきたい。拡大された点は次の二点である。①「文学国語」の新設によって文学科が独立し，文学作品を読む—書く関連指導を行うことによって，文学の読みの指導が充実することになった点と，②「言語文化」が日本の文学作品を教材化しているのに比して「文学国語」ではグローバル化への対応として外国文学の教材化の可能性が開かれている点である。この点をオーストラリアン・カリキュラムの「英語」中「文学」の教育内容を考察の補助線として論じていきたい[(1)]。

今回の高等学校国語科の学習指導要領改訂には多くの批判的な見方がある[(2)]。ここでは，それらの議論には立ち入らず，「文学国語」という科目が切り開いた可能性について述べていく。「文学国語」の新設によって，文学作品を学習者自身が自力で解釈し楽しむ文学教育へと転換していく可能性が生まれたのである。

1. 文学科の独立—読む・書く関連指導と表現技法の学び

「文学国語」について論じる前に高等学校国語科の科目について見ておこう。必修は「現代の国語」と「言語文化」である。「現代の国語」では「話すこと・聞くこと」「書くこと」に比重を置き，教材として評論文などのいわゆる説明的文章を配した教科である。「言語文化」では近代以前の文学的文章を中心に教材が配されている。

国語科の中であるいは別の科目として「文学」を独立させる議論は，目新しい議論ではなく，以前から存在していた[(3)]。今回「文学国語」の新設によって，文学は国語科の中で独立した科目として位置づいたことになる。「文学国語」はいかなる科目として設定されたのだろうか。

「文学国語」の「性格」において「読み手の関心が得られるような，独創的な文学的な文章を創作するなどの指導事項，文学的な文章について評価したりその解釈の多様性について考察したりして自分のものの見方，感じ方，考え方を深めるなどの指導事項を設ける（後略）」（高等学校学習指導要領解説国語科編 178 ページ　下線は筆者）と記されている。「書くこと」には 30 ～ 40 単位時間程度を配当することになっている。書くことを意識しながら読むことによって，作品に使われている修辞や語り手，視点などの効果をより理解することができる。これらの文学作品の技術的知識を知ることによって，他の作品を読む際にその理解を深めることに役立つ。

修辞などの表現技法に関しては，内容の［知識及び技能］の（1）の指導事項に「エ　文学的な文章における文体の特徴や修辞などの表現の技法について，体系的に理解し使うこと」とある。「文体の特徴」として「和文体や漢文体，和漢混交文体のように言語の構造や表記に基づく分類，常体（である調）や敬体（です・ます調）のように文章の様式に基づく分類」，「修辞」に関しては「比喩，擬音語・擬態語，体言止め，押韻，畳語など言葉を効果的に用いて適切に表現する表現の技法」とされている（184 ページ）。これらの表現の効果を理解し，他の作品を読む際にもその知識を活用し，作品ごとの文脈に即して表現の効果を理解することができるようになれば，学習者が生涯にわたって文学作品を楽しむことができるようになるだろう。

オーストラリアン・カリキュラム（以下，AC と略す）にも，表現の効果についての解説がある。一人称で語られる作品は三人称よりも読者が作品に入りこみやすいといった効果があげられている。このように表現技法の名称のみならず，その効果を知り，作品を書く際にも意識することによって，作品を理解することができる。「書くこと」を志向することによって，作品の読み方も変わる。

日本では分析批評をはじめとした批評理論が導入されているが，初等教育段階から十分に指導されているとはいいがたい。AC においては一つの理論のみに偏ることなく多くの理論や立場を参照し，初等教育段階から書くことと連携させながら指導することになっている。これは結果として作品の解釈の多様性を保証することにもなるだろう。

ACの日本のカリキュラムと比較して重要な点は，読むことだけではなく文学作品を書くことも重視している点である。ACでは初等教育段階から読むことで学んだ指導事項をいかして書くことの指導事項が配置されている[4]。日本の高等学校の「文学国語」においては，独創的な作品を書くことが学習指導要領であげられているが，小中学校で系統的に指導事項が設定されているわけではなく，言語活動で主に物語を書くことが設定されている。

書くことを意識することで，より作品を読むいわば解像度がまし，表現技法とその効果を味わうことができる。結果，教材以外の作品についても自力で読むことができるようになるのである。

作品論，作家論，文芸批評など多くの研究方法に関する知識が「文学国語」の指導の基盤となるだろう。

2. グローバル化の中の異文化理解

「文学国語」の「内容の取扱い」中教材に関する注意事項において「ア　内容の〔思考力，判断力，表現力等〕の「B　読むこと」の教材は，近代以降の文学的な文章とすること。また，必要に応じて，翻訳の文章，古典における文学的な文章，近代以降の文語文，演劇や映画の作品及び文学などについての評論文などを用いることができること」と記されている。解説においては「翻訳の文章については，主に近代以降の我が国の言語文化の特質，ヨーロッパ文化の移入，紹介という観点から考えるとき，明治初期の翻訳作品は，現代の我が国の文章，文学，思想の解釈にとって欠かせない要素となっていること，また，グローバル化の進展に伴って諸外国の文化を理解し，国際理解を深めることが一層求められているということを考慮している。なお，外国人作家による作品にも配慮する必要がある。」と解説されている（高等学校学習指導要領解説国語編207ページ）。このように「文学国語」では日本の言語文化のみならず，外国の言語文化すなわち外国文学の教材化をすすめている。

ここで英文学者の阿部公彦が国語の授業で文学作品を扱う意義について述べている言葉を参照してみよう[5]。

国語の授業で文学作品を扱うと，すぐ人物の思いとか感情の話になると考える人がいます。これはかなりの誤解です。小説など虚構作品と接することで一番鍛えられるのは，文脈を推し量る能力です。登場人物の心境の想像などはあくまでその一部です。言うまでもなく，虚構作品はどんな短篇であっても，それぞれが完結した一個の作品世界を形成しています。だから，新しい作品と出会うたびに私たちはその世界のルールを読み取り，了解し，かつ読書に適用する必要がある。この作業は時に面倒にも感じられますし，ここがうまくいかないとその後の展開にもなかなか入っていけなくて読んでいてもフラストレーションがたまる。しかし，まったく新しい世界のルールとの出会いは，豊かな可能性を秘めてもいます。うまく行った時には，今まで知らなかった物の見方と出会ったりもできる。

私たちはこうした作業を通して，そもそも意味が生まれるためには，文脈を知ることが必要だということを知り，文脈を切り替えるという作業にも意識的になれます。ルールを切り替えることで，全く新しい世界を導き入れるという行為は，人間の知性の根幹をなすものです。自分が慣れ親しんだ文脈でしか生きていない人は，異なる環境に適応することができませんし，異なる環境から来た人にも上手に対応できない。

小説を読む際に，一見自身が見慣れた同じ文化圏に属するような作品世界であっても，その登場人物の行動や感情，価値観はそれぞれに異なっている。ましてや文化圏や風物の違う作品世界であれば，なおさらである。それは一方では日本の古典文学作品も同じである。

文学作品において，自分が登場人物であったらどうかという読み方は一般的ではあるが，その際に自分がその作品世界に入っているのか，それとも，自分にその登場人物をひきつけて読んでいるかには大きな違いがある。その作品世界の中に十分に入りこむことが読むことの醍醐味ではないだろうか。自分にひきつけることによって，読みの失敗もおこるだろう。教室での読みの学習では学習者が自身の知識・背景をもとに解釈を交流し，異なった読みを知ることによって，個人の読みは修正，拡充される。

この意味で外国作品を読むことは意味がある。その風物や価値観を異にする人々のありようを読み解くことは同じ日本の文学作品を読むよりもハードルは高い。だが，それゆえに「今まで知らなかった物の見方」を知ることができるのである。

必修の「言語文化」においては，日本の古文と中国古典である漢文が教材となっており，その他の国や地域の文学作品は取り上げられていない。今回の「文学国語」が新設されたことによって，外国文学作品の教材化への道が本格的に開かれたことになる。これは，ルーツが日本以外の国にある学習者が増加する傾向にある現状を考えれば，小学校，中学校にも広がっていくべきであろう。これまでの「我が国の伝統的言語文化」から「人類の言語文化」へと転換する必要がある[6]。この点で「文学国語」はいまだに「国語」を使用しながらも，文化的ナショナリズムを超克しているとも言えよう。

旧来の国文学・国語学・漢文学のみならず，多くの国・地域の文学作品に関する知見が指導の基盤となるだろう。

3. おわりに

以上のように「文学国語」の新設によって，国語科の質的変化及び拡大がもたらされた。従来の古文教材の中古文偏重，文学教材の日本文学偏重から脱却することによって，より「文学国語」の新設の意味は大きくなるだろう。「文学国語」では，日本の言語文化の枠を超えて，「多文化理解」(高等学校学習指導要領解説国語編 200 ページ。用語として不自然。異文化理解，多文化共生などは頻繁に使用される。）についての記述もある。すでにみたように，翻訳作品の教材化も推奨されている。それは結果として，学習者が自力で文学教材を楽しむことを経験することになり，生涯にわたって文学作品に親しむことになるだろう。幸い，世界文学に関する研究が進み，これまでの世界文学概念の相対化とともに新たなスタンダードが生まれている[7]。

【注】

⑴　オーストラリアンカリキュラムの中の「英語」のカリキュラムでは文学研究の様々な研究方法に目配りしており，それらの研究方法は文学研究の目的，文学テキストの本質や分析の手法に関して知見を持っている。特定の研究方法によるのではなく，多くの研究方法の様々な手法，知見を利用してカリキュラムが作られている。https://australiancurriculum.edu.au/f-10-curriculum/english/key-ideas/（2022年7月1日閲覧）

オーストラリアンカリキュラムの「文学」のカリキュラムでは読むことにおいて以下の点が重視されている。

・多種多様な文学テキストとの楽しい出会い

・文学が日常生活において重要であるさまざまな方法

・文学作品とそれらが基づいている重要なアイデアと価値の綿密な分析。例えば，文学作品の異なるスタイルの詳細な文体的研究

・異なる言語，民族，文化的背景の文学作品の比較

・文学的テキストの起源，著者性，読者層，受容に関する歴史的研究

・歴史的，文化的，文学的伝統の関係の探求

このような多くの研究方法をもとにした文学作品の見方を持つことによって，テキストに様々な解釈の可能性があることが学習者によって理解されるだろう。加えて，ACでは文学テキストを社会の文脈の中で読むことも重視されている。

⑵　紅野謙介（2020）『国語教育　混迷する改革』筑摩書房，紅野謙介（2019）『どうする？どうなる？これからの「国語」教育』幻戯書房　伊藤氏貴責任編集（2020）『国語教育から文学が消える < 増補完全版 >』鳥影社　これら一連の批判には共通した危惧が根底にある。それは多くの高等学校で論理国語が選択され，文学国語が選択されなくなるというものである。そのことが結果，高校生から文学を遠ざけることになるとみている。それが国語科改革の批判となっている。一方，東京大学文学部広報委員会・編　阿部公彦　沼野充義　納富信留　大西克也　安藤宏著（2020）『ことばの危機　大学入試改革・教育政策を問う』集英社新書では，英文学，現代文芸論，哲学，古代中国語の専門家が今回の改革を糸口にことばの世界の豊かさを

結果として読者に伝えている。本稿をなすきっかけとなった書物である。

(3) 幸田国広（2021）『国語教育は文学をどう扱ってきたのか』大修館書店では，文学教育に関する戦後の議論の通史を読むことができる。

(4) 浮田真弓（2022）「文学教育カリキュラムに関する検討―オーストラリアン・カリキュラム中「文学」を手がかりとした考察―」『岡山大学大学院教育学研究科研究集録』第 179, pp.37-43

(5) 東京大学文学部広報委員会・編　阿部公彦　沼野充義　納富信留　大西克也　安藤宏著（2020）『ことばの危機　大学入試改革・教育政策を問う』集英社新書　pp.48-49

(6) すでに小学校では外国文学作品の教材化が見られる。

(7) 前者の代表的な研究に秋草俊一郎（2020）『「世界文学」はつくられる 1827-2020』東京大学出版会，後者の試みに秋草俊一郎　戸塚学他編（2019）『世界文学アンソロジー』三省堂がある。

第７節　PBL による教育的関係の超克

1. はじめに

本節では PBL（プロジェクト基盤学修　Project Based Learning）が学校とそこにおける教育を根本的な枠組みである教育的関係（pädagogischer Bezug）へと組み替える可能性を検討する。我が国におけるコミュニケーション教授学研究の第一人者である阿部は先行研究を総括し，ドイツの教育学者である H. ノールによって提起された教育的関係を以下のように明示している[1]。

（１）文化遺産を媒介する教育者と，それを受け取って自らの生形式を自己展開させる被教育者の「落差」のある関係
（２）一対一の「人格的関係」
①教育者の責任感，愛，真心が被教育者の信頼によって受けとめられる「感情的な関係」
②教育者が被教育者と身体的に応答しあう「タクト的な関係」

以下では最初に代表的な大学院実践の事例を挙げながら PBL の輪郭を描き出す。次に，このような教育改革を促進する教育政策のトレンドを概観する。この二つの作業を通して明らかになる PBL の潜在力を，21 世紀になってもなお健在な教育的関係を見直すものとして描き出したい。

2. 大学院教育改革のトレンドとしてのプロジェクト型講義

ここでは，本学 PBL に類した大学院教育実践のいくつかを上げ，その共通点を明示していく。院生集団を小さなグループに分け，そこでのグループワークと成果の相互交流が教育課程に存在し，それらの一部の社会還元を想定していることを条件に，京都大学と大阪大学の試みを以下では概観したい。

2.1 京都大学デザインスクール

今から８年ほど前のことである。大学をはじめ学校への ICT 機材導入で関係のあった県内企業からモデル施設見学研修の誘いを受けた。本学部講

義棟改装に伴うICT機器導入ワーキングを取りまとめていたこともあり，企業内のフューチャークラスルーム，京都市立洛央小学校図書館および京都大学デザインスクールの拠点を見学した。

ホームページによれば「文部科学省の推進する『博士課程教育リーディングプログラム』において，平成24年度に採択された『京都大学デザイン学大学院連携プログラム』を母体」とし,「異なる分野の専門家との協働」すなわち「情報学や工学の基礎研究を結集し，複雑化する問題を解決」の人材育成を目指して設立された(2)。図7-17のように，コースワークと学位研究から構成されるカリキュラムでは，PBLである「問題発見型／解決型学習」が共通実習科目として位置づけられている(3)。

ここでは,「異なる専門領域の学生がチームを組み，地域コミュニティ，医療現場，産業社会などで生じている具体的な問題や課題に対して，多彩な視点から解決策を導き出す手法を探求」する活動が展開される。例えば「病院のデザイン」としてプロジェクト参加者の病院体験を起点とし，医療機関のフィールドワークを通じてデザインの提案がなされる(4)。

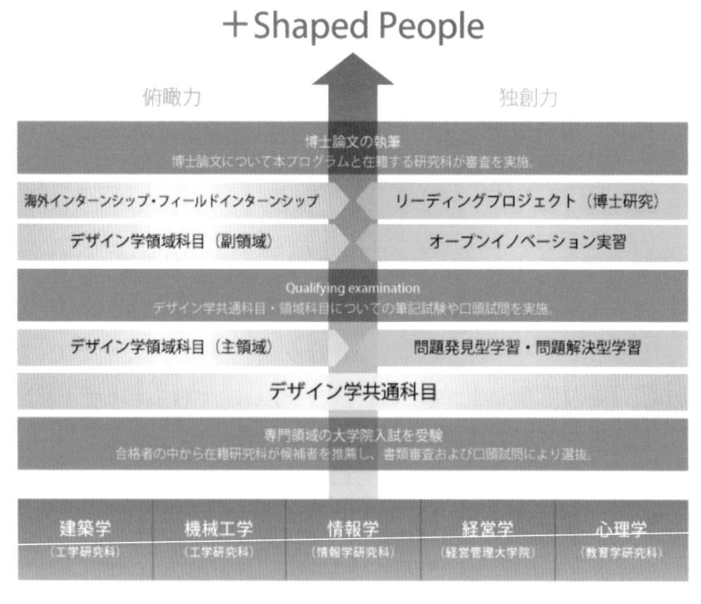

図7-17　京都大学デザインスクールカリキュラムモデル

「新事業・研究開発などのイノベーションに向けた挑戦(5)」をする企業・団体が集う京都リサーチパーク内にあるデザインスクールを後にして向かった京都市立洛央小学校図書館，別称「ブックワールド」は，当時，このデザインスクールの目指すプロジェクトの具体として紹介された。

2.2 京都市立洛央小学校「ブックワールド」プロジェクト

洛央小学校は京都市中心部の人口減少にともない「7学区にあった5つの小学校」が統合され1992年に開校された。その後，地域の自治連合会に参加していた森江里子校長と京都の町づくりをアドバイスしていた門内輝行京都大学教授が出会い，2013年6月より図書館改修のプロジェクトが開始される。門内は工学研究科で建築学を専門とし，前出のデザインスクールの設立・運営にも携わっていた(6)。

児童数増に伴う教室確保のため開学当初校舎3階にあった図書館を「特別教室やランチルームに囲まれ」た玄関付近のスペースに移設したのが2003年。一部を人工芝運動場とする校舎2階の真下にうつった図書館は常に薄暗く，教師も子どもも「みんながいつもいきかっていてとても落ち着かない場所」だった(7)。新たな図書館「ブックワールド」の全般は『シリーズ・変わる学校図書館③　最先端の図書館づくりとは？』（ミネルヴァ書房，2018年）を参照されたい。プロジェクトの特徴的な部分を述べる限りにおいて必要な詳細を以下に整理する。

プロジェクトの第一の特徴は課題の困難さである。自習や調査のために必要な静粛性の確保は校舎内の配置から実現不可能に近い。地域の公共図書館デザインにみられるような開放性もまた期待できない。「なんとかしたい」という教師と子どもの願いが実現されるまでの時間の長さが課題の困難さを表している。

次にあげる特徴は多様な参加者である。このプロジェクトには門内と指導学生が参加した。9月以降計3回6年生児童を交えて行われるワークショップの前には教職員によるプレ企画も開かれる。子どもたちの「夢やアイディア」の話合いからはじまり，日曜参観時の地域交流からの聞取りを経て，研究室で作成された3つのモデルから最終案を絞り込むワーキングでは，院生・学生の作成した 1/10 スケールのものをはじめ「言葉やスケッチ，模型 CG[8]」などが駆使された。

最後に指摘したいのが，図書館イメージの再構築である。完成後ブックワールドは様々なメディアに取り上げられる。「寝そべって 読めるよ」全国紙の見出しがコンセプトを物語る[9]。多くの場合，校舎の隅にある学校図書館は,大学スタッフによって整理された子どもたちの願いを集めた「自然･原っぱ」「くらし･リビング」「未来･宇宙」のコンセプトを掛け合わせ,「ふわふわのクッション」のような「なわばり」を各所に配置しデザインされた。デザイン建築の完成後も「新しいつかいかたを発見したり，新たな問題を見つけたりして」発展させる本プロジェクトは，小学生も参加する京町家プロジェクトへと続く[10]。

2.3 大阪大学 CO デザインセンターにおける演劇教育

現在の CO デザインセンターは「社会の多様な担い手と協働することで,「知の協奏（Orchestration）と共創（Co-creation）」を実現し,『世界屈指の研究型総合大学』」を目指す大阪大学において「部局横断型の教育研究での先進的な取り組みを再編・集約」する機関として 2016 年に開設された。英語名「Center for the study of co*design」の＊には,「Communication（対話），Collaboration（協働），Compilation（編集），Co-creation（共創），Concerto（協奏）」等が意味されており，これらのコンセプトがカリキュラムや教育方法開発の視点となっている[11]。

以下では，2006 ～ 2014 年まで専任教授としてセンターに在籍した劇作家・演出家である平田オリザの演劇教育，とりわけ，当時「コース（高度副プログラムと呼ばれている）の最後」に「学生と一学期間をかけてつくる」演劇の授業を PBL 実践として位置づけてみたい[12]。

まず，この講義では PBL の特徴である受講者の「グループ」が存在する。このプロジェクトでは，全研究科から集まる学生を 5 ～ 8 名のグループに分け，「最初の二回の授業以外は，最後の創作発表まで」グループ活動が展開される。「個別の専門研究，修士論文，就職活動と忙しい大学院生たちが，自分たちで時間をやりくりし，プロジェクトを進めていく」のである。平田は「異なる領域の人間が，限られた時間の中で優先順位を決めながら，ゴール（演劇…引用者注）に向かって進んでいく」ことに教育的意義を見出す。

次に，このプロジェクトでは不利や不足もまた新しいアイディアとして再生される。誤解を避け，筆者の主張を明確にするために，少々長いが，その様子を引用したい。

> これまでの数年間で一番面白かったのは，理系のポスドクばかりがアルバイトで集まるファミレスという設定で，厨房の中で高分子化合物だの非対称理論だの理系の専門的な話が延々と続けられるというものだった。お皿は素数でしか出せないとか，それぞれの店員にこだわりがあって，それ故にこの店はとても暇になっている。さらに，この店の店長が，かつて将来を嘱望された天才物理学者だったのだが，教授と喧嘩して大学を辞めてしまったという設定も秀逸だった。理系の男子ばかりが一つのグループに集まってしまったハンディを，うまく創作に生かした。
> 平田オリザ『わかりあえないことから　コミュニケーション能力とは何か』講談社新書，2012年，135頁より抜粋

当然，このような演劇は学生だけによって創作されるわけではない。それぞれのグループでは「テーマや場所の設定，登場人物の吟味，プロットの制作など」をメンバーで考えるが，「一つのこと（たとえば登場人物と配役）を決めるごとに私（平田…引用者注）と面談をし，許可が下りると次のステップに進める[13]」ような授業担当教員＝平田の指導も介在する。当然，このプロジェクトの前には「演劇やダンス，あるいはデザインなどを実践経験することで「対話」の前提となる身体センス」を身につける活動がカリキュラム上位置づけられている。

最後にPB Lの特徴として指摘したいのが，新たな知の創出である。このことを詳述するまえにまず，認知症の義母を介護している主婦への癌告知を題材として演劇に参加した院生の感想を紹介したい。

「看護学科で癌告知のロールプレイはやったことがあるが，その告知された患者さんがそれをどう家族に伝えているかは考えたこともなかった。

そのことを，異なる研究科の学生たちと半年間にわたって考えられたのは貴重な体験だった。[14]」

夫が話を聞いてくれないという当初の「ステレオタイプ」な設定は平田の指導とグループの活動によって，義母を介護する妻に謝ってばかりの夫，結婚と海外（ドバイ）移住で幸せの渦中にある娘を登場させることで「ドラマの構造」を持つようになる。医療現場でのコミュニケーションが「医師の説明責任や患者さんとの合意形成」の問題を支流とするなかで，乳がんであることを「言いだしかねて」あるいは「言いあぐねている」主婦の存在にこそ演劇は光を当てられることを強調する[15]。

3. 大学院教育における PBL 普及の背景

3.1 博士課程教育リーディングプログラム

大学院教育における PBL 普及の一翼を担った文部科学省「博士課程教育リーディングプログラム」についてまずここでは概説する。既述の通り，京都の大学院教育実践は本事業の支援を受けたものであり，平田によれば 2011 年に「リーディングプログラムのオールラウンド型に採択」されているからである。

文科省の説明によれば「『博士課程教育リーディングプログラム』は，優秀な学生を俯瞰力と独創力を備え広く産学官にわたりグローバルに活躍するリーダーへと導くため，国内外の第一級の教員・学生を結集し，産・学・官の参画を得つつ，専門分野の枠を超えて博士課程前期・後期一貫した世界に通用する質の保証された学位プログラムを構築・展開する大学院教育の抜本的改革を支援し，最高学府に相応しい大学院の形成を推進する事業」である[16]。

ここでは博士課程を設置する大学のうち，「育成すべき人物像を明確に設定し，専門分野の枠を超え博士課程前期・後期一貫した質の保証された学位プログラム」が支援の対象となった。大阪大学が採択された，「国内外の政財官学界で活躍しグローバル社会を牽引するトップリーダーを養成するため，大学の叡智を結集した，人文・社会科学，生命科学，理学・工学の専門分野を統合した学位プログラム」である「オールラウンド型」のほか，「複合領域型」「オンリーワン型」の3類型に，平成23年度には公立私立合わせて63大学101件の応募があり，計13大学の21のプログラムが採択された[17]。

ネットでは，2012年度配布予算合計は116億。一大学あたり数億〜数十億円の予算が配分されたようである[18]。既述のような大学院教育の取り組みを行ってきた「大阪大学では，このプログラム（リーディングプログラム…引用者注）採択を機に，その選抜試験を使って，せっかくならば日本初ではなく，世界最先端の大学入試がシミュレートできないか[19]」ということが検討されたという。このプログラムに選抜された学生は「専門以外の多彩なカリキュラムの講座を受講でき，長期休暇中の海外留学も無償で提供され」，あわせて「手厚い奨励金も用意」されたためだ，と推測される。

3.2 大阪大学の大学院入試にみる21世紀のリーダー像

既に2000年代初頭から理系大学院生の演劇教育に取り組んできた大阪大学では，平田を中心に演劇創作（グループワーク）と最終面接（個別試験）によってプログラム受講生の選抜を行った。既にいくつかの大学入試改革も手掛けた平田[20]は，リーダーシップやフォロワーシップだけではなく，「どのような局面」においても働く論理的かつ批判的な思考を測定する場の創出をねらった。同時に，2泊3日の試験期間中，一日10時間以上の作業が課せられても傾聴や「他者にやさしく接することができるか[21]」といった人間性にも注意を向けようとした。

このような試験を開発する直接的な理由としては，発展途上国でのフィールドワークがカリキュラムに位置付けられているとされている。あわせて，主体性や協同性といったリーダーとしての能力が発揮される「局面」が極めて多様であるという認識にも，この試験は基づいている。大学教員同僚に読書を進めた漫画『宇宙兄弟[22]』に描かれる宇宙飛行士選抜の試験では，能力の多様性と同時に，クルー全員の生命を脅かす危機等におけるそれら諸能力の「実現可能性」の測定が描かれていると平田は分析する。

リーディング大学院「事業の背景」では，急速な少子高齢化や東日本大震災の未曽有の災害などの国家的な危機を克服すると同時に，「持続可能で活力ある新たな社会システムを創造し，国際社会の信頼と存在感を保ち続けるためには，俯瞰的視点から物事の本質を捉え，危機や課題の克服を先導し，人類社会の持続的発展・成長にリーダーシップを発揮する高度な人材を養成することが不可欠である[23]」というリーダー像とその背景が語られている。大阪大学の入試改革では，上に引用したようなことが発揮される局面からリーダー性やそれを形づくる諸能力が問い直されたと言えよう。

3.3 教育振興基本計画において共有される社会発展の見直し

教育振興基本計画は平成 18 年に改正された教育基本法第 17 条に，政府によるその策定と国会報告，国民への報告が定められている。文部科学省から中央教育審議会に諮問がなされ，答申を受け閣議決定が行われる，我が国における「教育に関する総合計画」である。第一期計画期間は平成 20 ～ 24 年，第二期は同 25 ～ 29 年であり，第三期期間最終年の令和 4 年 2 月に次期計画作成のため中央教育審議会への大臣諮問が行われた[24]。幼稚園から大学までの各学校段階，地域や家庭での教育と幅広い行動計画ではあるが，計画の策定が進むにつれ立案のための調査資料も多く公開されるようになり，社会発展と教育改革の方向性を関連付け捉えるための貴重な資料でもある。

これら計画のうち東日本大震災（平成 23 年 3 月）以降に作成された第二期計画では，そのポンチ絵[25]でも明らかなように「我が国を取り巻く危機的状況」が立案の背景となっている。東日本大震災を契機として一機に顕在化・加速化していると分析されている「少子・高齢化」「グローバル化の進展」「雇用関係の変容」「地域社会，家族の変容」「格差の再生産・固定化」「地球規模の課題への対応」等の現代的課題は，第三期では「2030 年」以降の変化を見通して「取り組むべき課題」として引き継がれている[26]。

バブル経済崩壊後，「キャリア教育の推進」をテーマとして大学，高等学校および義務段階の学校教育に向けられてきた人材育成要求は，バブル経済後の低成長期には，「人間力」（内閣府，H15），「就職基礎力」（厚生労働省，H16），「社会人基礎力」（経済産業省，H18）および「学士力」（中教審答申，H20）の育成・形成として先鋭化してきた[27]。出自の差や形成時期・期間の違いから若干のズレはあるにせよ，これらの能力では組織内集団内のコミュニケーション能力と基礎的な知識を活用した問題解決能力の育成が求められる。

前項で紹介した大学院における教育実践は，当初，教員個人の専門領域や組織内の問題意識に基づく限定的な取組であった。これら先進的な試みは，低成長経済と不透明な社会発展の展望に基づく教育計画に後押しされ，多くの大学院教育の現場へと広がりつつある。この潮流の中，「豊かな学識と高度な課題解決能力を備えた人材」育成を目指し平成30年に改組された岡山大学大学院教育学研究科教育科学専攻では，PBLを中心としたカリキュラムが開発された。ここでは「教育が関わる事象を広く，柔らかく捉えて『教育の力』」を探求するために「専門性や属性の異なる多様な学生や大学教員が，ダイナミックに意見を交わし，協働し，プロジェクトを通じて教育科学」が追及されようとしている[28]。

4.「PBLによる教育的関係の超克」という問題設定をめぐって

4.1 常識を丁寧に乗り越える「知の創造」

プロジェクト型学習では利害関係者（ステークホルダー）の「常識」を超克しようとする能力が求められる。ただし，それらが，解決を偶然に任せる破天荒なパフォーマンスへと矮小化されないためには，まず超克の対象となる知識や考え方も立場性を伴った一つの解であると捉え，それを学習者が「自覚的」に乗り越える姿勢が求められる。

阿部は，学習者の自己形成を促し社会参加の基盤となる文化遺産としての知識と技能の教育（Bildung）の今日的限界を次のように指摘する。「学力と人格形成をめぐるこのBildung議論は，最近それだけでは完結しなくなった。生きる力（Lebenfäigkeit）としての生存能力・生育可能性がどんどん危うくなり，過去の文化を内面化させるだけの教養（Bildung…引用者注）議論を見直すために，そもそも人間に必要な行為能力（Handlungsfäigkeit）を問う議論が入り込む。[29]」

70年代以降のドイツにおける「行為問題」をめぐる議論を総括しながら，阿部は，疎外された労働を克服し，ステークホルダーへと共同体実践を開放するための行為能力の希求がプロジェクト学習をドイツ各地へと普及させる起点であったと指摘する。そして，ここでは，教科の枠組みや知識体系の真理性を批判的に検証し，教科知識の吟味・再編が重視されてきたとも述べている[30]。

大学院教育へのプロジェクト型学習導入という挑戦は学校を「啓蒙」の場として捉える立場だけではなく，22 世紀までの世界を生きる力を遠望する可能性を持つ。本研究科のねらいに即していえば，このことは，既存の制度化された教育と学校の成果に向きあい，「社会的包摂と教育，コミュニティと教育，学校での新しい教育の模索，生涯教育，グローバルな教育格差と教育支援，全ての人のための創造性教育[31]」などの観点から問い直し，「教育が関わる事象を広く，柔らかく捉えて『教育の力』」を探求することに他ならない。

4.2 コミュニケーション実践から伝統的な教師像を乗り越える

他方，先にあげたコミュニケーション教授学では「落差」にもとづく教師と子どもの「人格的関係」を，授業を含めた社会実践における主体―主体関係へと転換することが叫ばれる。すなわち教育者の責任感，愛，真心が被教育者の信頼によって受け止められる「感情的な関係」と教育者が被教育者と身体的に応答しあう「タクト的な関係」からなる「人格的関係」はディスクルス（討議）を介した相互作用として捉えなおされるべきである，と。

プロジェクト型の学習を例にとれば，教師は「まちがいをおそれず発言しよう」と働きかけることから，「全参加者が自由に参加するために活動を振り返ってみよう」という誘いへの転換である。教師の「すばやい判断と決定」の対象とするような不都合な事態は，「『事実に基づき，理由をいいあいながら』これまでの『全員』の行為規範を吟味」し，それらを乗り越える契機となる[32]。活動への意図や立場の違いはあるにせよ，教師も生徒もプロジェクトを推進する主体なのであり，彼らが参加する活動をプロジェクト＝投影しあうなかでこそ，対話が生成されるのである。

阿部が指摘するように，このディスクルスでは「Koordinator」として教師がふるまうことが重要になる[33]。「学校教育だけでなく，あらゆる場所，あらゆる時」にまで拡張し，「人と人の相互作用には，必ず何かの「教育」が存在する」ととらえる教育科学専攻からは多様な領域へと修了生が羽ばたいていく。「教える人」と「学ぶ人」の新たな関係把握は，まさに教育学研究の成果を広範な社会実践のフィールドに持ちこみ，同時に，他の社会実践における成果から学校教育を再生させるきっかけにもなるのである。

4.3 機関養成と継続教育の壁を超える

最後に，教師教育過程における養成と継続教育との関係について付言したい。

異なる学修・労働を通じて同一目標である専門職養成に携わる大学と学校との関係は相互主体的なものにはなりにくい。この根源には学校教育課程の基準である学習指導要領や生徒指導の手引きである生徒指導提要の捉え方の際が存在する。

例えばO県の「教員等育成指針」では新採用時に求められる教員の資質能力には「学習指導要領を理解したうえで，児童生徒の学習状況や個の特性等の実態を意識した授業づくり」が目標として掲げられる。学部ないし大学院在学中は「状況」や「特性」を理解することに限界があるから，養成機関では学習指導要領等の「理解」が中心的な教育―学修課題となる。

このような関係とは逆に，これまで本論で試みてきたように，社会的背景や時代の要請から学習指導要領等における要求を深堀し，来るべき将来の教育ビジョンをもった学生・院生の育成を養成機関が行ったとしよう。制度としての教育を維持しながら，新たな組織の担い手を養成する学校では，新参者が持ち込む新たな提案と蓄積された教育実践遺産とのすり合わせに労力を割かれることになろう。

上の二つの関係は機関特性を軽視した上で，機関相互の関係を主客として捉えるものである。異なる二つの組織の「ちがい」を超え同一の目標にむかって協同的に取り組むには，上の「指針」作成時に行われたような「対話」を，よりきめ細やかに繰り返していく必要がある。

この対話を大きな舞台装置の上でのプロジェクトとして捉えると，本論の結論として次のような改善が必要である。

まず第一に対話を開くことである。行為能力の育成を目指すドイツの教育改革では，かつて「研究者，教師，父母の協力」のもとで，各教科を＜自然科学＞＜政治経済＞＜歴史的習慣＞＜身体的・言語的習慣＞といった行為領域別に統合するカリキュラムが構想された[34]。

学校と教育をめぐる様々な問題が社会問題化する現代において，利害関係者がそれぞれの立場から教員養成をめぐって対話することは重要である。とりわけ社会参加資格を持ちながらも「被教育者」の立場にある院生・学部生の現実からの意見は，法体系に拘束された教員養成を見直す原動力になるであろう。

次に，乗り越える対象を共有することである。コミュニケーション教授学では，教師と生徒のディスクルスを通して「教科書」が乗越える対象となった。この図式を教員養成にあてはめると二つの機関が乗越えるべき対象は，現行学習指導要領が「主体的で対話的で深い」学びを主張する根拠であるところの教育実践遺産である。結果として学習主体を育んできた過去の教育実践もまた時代や社会の制約下における成果である。現在では，そんな騒々しくて，なんでも一緒に行動しなければならない教室と授業こそが，不登校児童・生徒の視点から乗越えられるべき対象とされなければならない。

【注】

⑴　阿部好策「ドイツ教育学のパラダイム転換—授業とコミュニケーションの理論を追って」日本教育方法学会『教育方法学研究』第 20 巻，1994 年，35 頁

⑵　京都大学デザインスクール HP（http://www.design.kyoto-u.ac.jp/about/our-design）2022 年 8 月 29 日閲覧

⑶　同上より抜粋

⑷　同上を参照。他のテーマとしては「人間の関係性に変化を与える”おもちゃつくり”のデザイン」など領域は多岐にわたる，なおプロジェクトの概要と成果は開始年度から 2018 年度までダウンロード可能である

⑸　京都リサーチパーク HP（https://www.krp.co.jp/）2022 年 8 月 28 日閲覧。

⑹　門内輝行監修・著『シリーズ・変わる学校図書館３　最先端の図書館づくりとは？』ミネルヴァ書房，2018 年，4 頁参照

⑺　同上，5 頁

⑻　同上，14-15 頁

⑼　同上, 29 頁参照。朝日新聞 2014 年 4 月 21 日夕刊（関西版一面）の重引。

⑽　同上 24-25 頁参照

⑾　大阪大学 CO デザインセンター HP（http://cscd.osaka-u.ac.jp/）2022 年 8 月 28 日閲覧

⑿　平田オリザ『わかりあえないことから　コミュケーション能力とは何か』講談社新書，2012 年，134 頁参照

⒀　同上

⒁　同上，136 頁

⒂　同上，参照

⒃　文部科学省・博士課程教育リーディングプログラム HP（https://www.mext.go.jp/a_menu/koutou/kaikaku/hakushikatei/1306945.htm）2022 年 8 月 29 日閲覧

⒄　「平成 23 年博士課程リーディングプログラム公募要領」（chrome-extension://efaidnbmnnnibpcajpcglclefindmkaj/https://www.mext.go.jp/a_menu/koutou/kaikaku/hakushikatei/__icsFiles/afieldfile/2011/06/15/1307350_01_1.pdf）および「平成 23 年博士課程教育リーディングプログラム申請・採択状況一覧」（chrome-extension://efaidnbmnnnibpcajpcglclefindmkaj/https://www.mext.go.jp/a_menu/koutou/kaikaku/hakushikatei/__icsFiles/afieldfile/2011/11/29/1313575_01.pdf）参照。2022 年 8 月 29 日閲覧

⒅　https://judgit.net/projects/2736 参照，2022 年 8 月 29 日閲覧

⒆　平田オリザ『２２世紀を見る君たちへ　これからを生きるための「練習問題」』講談社現代新書，44 頁

⒇　他にも客員教授兼学長特別補佐を務める四国学院大学の入試改革にも平田は携わっている。

㉑　平田前掲著，55 頁

(22) 小山宙哉作のコミック漫画。2007年より週刊誌『モーニング』にて連載開始。2022年7月現在で41巻，2800万部が発行されている。

(23) 文科省前掲「公募要領」

(24) 文部科学省・教育振興基本計画 HP（https://www.mext.go.jp/a_menu/keikaku/）参照，2022年8月29日閲覧

(25) 第二期教育振興基本計画　第一部総論概要（chrome-extension://efaidnbmnnnibpcajpcglclefindmkaj/https://www.mext.go.jp/a_menu/keikaku/detail/__icsFiles/afieldfile/2013/06/20/1336379_01_1.pdf）参照，閲覧日2022年8月29日

(26) 第三期教育振興基本計画（概要）第一部（hrome-extension://efaidnbmnnnibpcajpcglclefindmkaj/https://www.mext.go.jp/content/1406127_001.pdf）参照，閲覧日2022年8月29日

(27) 文部科学省・国立教育政策研究所生徒指導研究センター『キャリア発達にかかわる諸能力の育成に関する調査研究報告書』2011年, 32頁, 表3-1「これまで提唱された主要な能力論の概要」より抜粋

(28) 岡山大学大学院教育学研究科教育科学専攻 HP（https://edu.okayama-u.ac.jp/~kyoukagaku/wordpress/），2022年8月30日閲覧

(29) 阿部好策「ドイツ教授学と学校改革運動」日本教育方法学会編著『教育方法３１　子ども参加の学校と授業改革』図書文化，2002年，40頁

(30) 参照，同上42-44頁

(31) 前掲，教育科学専攻 HP 参照

(32) 阿部，前掲「ドイツ教育学のパラダイム転換」，36頁

(33) 同上，38頁

(34) 阿部前掲著，49頁

第８章　大学と地域の新しい協働をアートが結ぶとき

第１節　はじめに

岡山大学学術研究院教育学域に『国吉康雄記念・美術教育研究と地域創生寄付講座』という名の講座がある。書かれた通りを読めば，「国吉康雄」という人物を記念した，「美術教育」と「地域創生」に関する研究を行う講座が，どこからかの寄付によって設置されている，ということになる。だが，本章を読む機会を得た皆さんには，そこで分析を止めず，一歩踏み込んでもらいたい。つまり，「国吉康雄とは何者だ？」と問いを立て，「美術教育と地域創生というものは並び立つのか？」であるとか,「寄付講座ってなんだ？」,「どうしてそんなものが成立したのか？」と，考えを巡らせていただきたいのだ。

なぜ，そんなことを求めるのか。それは，この講座の設置を仕掛けた側の「期待」と，受け入れた側の「想定」を超えた活動が，この講座によって行われているからだ。ということで，この説明のために本章をお預かりしたわけだが，そのためにまず，「国吉康雄記念」というところから触れ，次に「寄付」による講座の設置であることの意味を考えよう。そして最後に，講座が取り組んできた「美術教育」と「地域創生」について実例を示し,ひとまずのまとめとしたい。「ひとまず」とするのは,講座の活動は今,更に拡張しながら，深化を続けているからである。

第2節　前提としての国吉康雄という文化芸術資源

まず，『国吉康雄記念・美術教育研究と地域創生寄付講座』の設置と活動の前提となる，「なぜ，国吉康雄という誰かを記念しなければならないのか」という点について述べる。

国吉康雄は1889（明治22）年，大日本帝国憲法が発布され，岡山市政が開始された年に，後楽園の門前町として栄えた出石町で誕生した。近代を象徴するエッフェル塔からエジソンがパリを見下ろし，その下の万博会場でドビュッシーがガムランと出会ったこの年，映画監督で「喜劇王」の称号を得るチャールズ・チャップリンや，『存在と時間』の著者として知られる哲学者のマルティン・ハイデッガー，現代宇宙論の基礎を築いたエドウィン・ハッブルらが産声を上げ，第二次世界大戦中にユダヤ系，スラブ系，ロマ，性的少数者，障害者などに対する組織的な大虐殺を引き起こすナチスドイツの指導者，アドルフ・ヒトラーが生まれた。これらのことは，国吉という人物がどんな時代を生きたのかと想像する手助けとなるであろうが，国吉は彼らに比べ，知られていない。むしろ，ある学問領域の研究者やコアなファン層を除いては，ほぼ無名，と言ってもよい。しかし，だからこそ，この講座は設置されたのだ。

その国吉は，幼少の頃から絵を描くことに長けていたという(1)。そんな話が伝わるぐらいであるから，彼は将来，画家となる。だが，日本で成功したわけではない。国が掲げた「殖産興業」の担い手を育成する県立工業高校の染織科に入学しているが，国吉の父親は人力車の車夫で，決して裕福ではない。士族階級や商人の子らが通う当時の先端校であった工業高校の入学者としては異色である。今風にいえば，「親ガチャ」を，その画才で跳ね返したということか。国吉はここで友禅のデザインを学ぶが，日露戦争（1904-1905）が終結した翌年，疲弊した国力を立て直すため，国が外貨獲得を奨励するなか高校を中退。16歳で労働移民として単身渡米する。この渡米の背景には，近く17歳となる一人息子の徴兵検査を回避したい国吉家の狙いもあったというが，アジア系移民の受入を制限するアメリカへの渡航も，学生と身分を偽り，「移民会社」を利用しての脱法行為であった。結果，国吉は英語を学ぶために通ったサンフランシスコの夜間高校で，その画才を認められ，サクセスストーリーを歩むことにはなるのだが，移民を巡る事情としては現代の欧米国境で起こっていることと変わらぬものがそこにある。

本格的に画家を志した国吉は，ヨーロッパの最新美術動向を学ぶため，西海岸の日系コミュニティーを離れてニューヨークに移住。これもどこかで聞いた話だが，一杯の丼飯を友人と分け合うような生活のなかで苦学したが，ニューヨーク近代美術館（MoMA）が選ぶ全米を代表する 19 人の画家の一人に選出されるなど[2]，アジア系の移民芸術家としては，彫刻家で作庭家のイサム・ノグチ（1904-1988）と比肩する高い評価を得ることになる。しかし，日米の開戦時にはアメリカに残ることを選んだため，敵国人として監視の対象となり行動も制限される。だが，その画家としての評価が揺らぐことはなかった。1953 年，ニューヨークで胃がんのため没するが，アジア系移民に対する差別的法律制度[3]のため，終生望んだアメリカの市民権は得られなかった。

国吉に関して特筆すべきは，アメリカの「才能ある者・努力する者」に提供される「教育」と「成功への機会」を与えるシステムが，国吉の才能とアメリカが尊ぶ「自由と人権」への意識を育んだということだ。国吉は，20 世紀という動乱の時代にあって，その節目節目に作風を大胆に変化させている。初期の変化は「売れる」ためであったが，矛盾するアメリカ社会への問いは絵画表現に託されるようになる。アートのオリンピックともいわれるヴェネチアビエンナーレのアメリカ代表に，市民権を持たぬまま選ばれたのも，移民国家アメリカの，国吉の創作と社会活動への応答と評価であろう。国吉はその行動と発言で，アジア系労働移民である出自と自身の画家としての成功を根拠に，アメリカが建国の理念として掲げる，自由と権利を尊重する姿勢を明確にしていた。アーティストの作品制作と労働の権利を守る「全米美術家協会」の初代会長の任を引き受けたのも，その表れであろう。だが，全米のアーティストが，人種，信仰，居住地などで区別されないことを目指す国吉らの活動は，第二次大戦後，反共産主義を掲げて労働運動を規制する政府や白人保守層から強烈なバッシングを受ける。国吉は，「アメリカン・ドリーム」と「アメリカ民主主義の矛盾」，その双方の体現者なのだ。翌年に大統領選挙を控えた2015年，ワシントンDCの国立美術館，スミソニアン・アメリカン・アート・ミュージアムで開催された国吉の回顧展に44万人が来場したことは，保守化と分断が進むアメリカの理想と苦悩の象徴のような出来事といえる。スミソニアンが開設した国吉のホームページには，「画家」だけではなく，「教育者」と「オーガナイザー」という表記がクレジットされ，新たな資料や行方知れずであった作品の発見も続いている。

その国吉康雄作品を，「世界一」の質と量で保管するのが岡山である。油彩画など，所謂「一点もの」の作品だけで65点（2023年1月現在）にもなり，デッサンや版画などは600点に近い。これらを所蔵する団体も，岡山県立美術館，大原美術館，夢二郷土美術館，中国銀行，山陽放送など，岡山を代表する文化施設，企業が名を連ねる。加えて，香川県直島に拠点を置く（公財）福武財団が管理し，岡山県立美術館にその作品の大部分が寄託されている『福武コレクション』は，世界最大規模の作品コレクションであり，これに国吉夫人のサラ・クニヨシ（故人）から寄贈された遺品が36点，国内の国吉研究の第一人者の小澤義雄（故人），律子夫婦が収集したスミソニアン・アーカイブセンターの記録資料の複製や国内外の文献，研究資料が加わる。2019年には，国吉が第二次世界大戦中に使用していた画帳が発見されコレクションに加わっている。

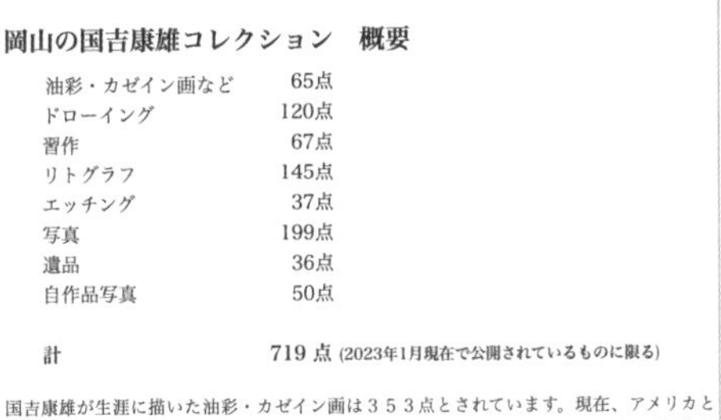

岡山の国吉康雄コレクション　概要

油彩・カゼイン画など	65点
ドローイング	120点
習作	67点
リトグラフ	145点
エッチング	37点
写真	199点
遺品	36点
自作品写真	50点
計	719点 (2023年1月現在で公開されているものに限る)

国吉康雄が生涯に描いた油彩・カゼイン画は３５３点とされています。現在、アメリカと日本の様々な美術館や個人コレクターが国吉作品を所蔵していますが、まとまった国吉作品のコレクションとしては、岡山のコレクションの規模が最も大きいものです。

図8-1　岡山の国吉康雄コレクション

【注】

(1)　岡山市史編集委員会:『岡山市史　美術映画編』,岡山市役所,p.308.(1962)を参照した

⑵ MoMAの企画展「ナインティーン・リビング・アメリカンズ」（1929年）のこと。

⑶ 前年に移民法が改正されアジア系も市民権が認められたが，国吉の申請は間に合っていない。

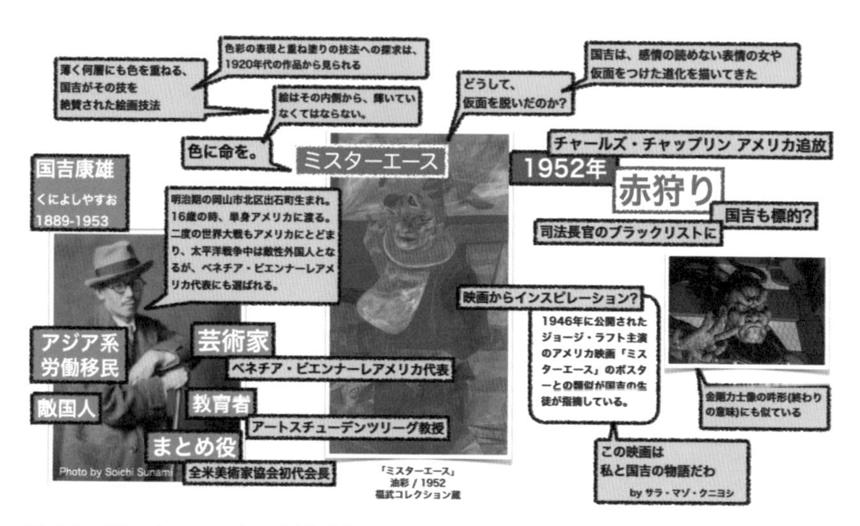

図 8-2 《ミスターエース》の制作背景
20世紀のアメリカで活躍した国吉康雄（1889-1953）作品の制作背景を知ることで，近代アメリカ史にアプローチし，人種・移民問題や教育や人権の価値，多様性を重んじる価値観について学ぶ機会とする。

第3節　岡山大学学術研究院教育学域『国吉康雄記念・美術教育研究と地域創生講座』の設置理由と評価

『国吉康雄記念・美術教育研究と地域創生寄付講座』（以降，国吉講座）は，岡山大学が第2節で示した国吉への再評価を確認し，また，岡山にある国吉康雄作品と資料群を，「国吉の故郷である岡山が，発信・研究・保存に取り組むべき貴重な文化芸術資源である」としたことで設置が決定された。国吉講座は2015年10月から研究室が置かれ，2016年度から様々な研究・教育活動を開始するが，この活動の原資は民間財団からによる寄付金である。この民間財団とは，岡山に拠点を置く文化・教育団体への助成事業を行う（公財）福武教育文化振興財団と，『福武コレクション』を管理し，香川県直島など瀬戸内備讃で展開されるアートによる地域復興運動[1]を主導する（公財）福武財団である。郷土出身の芸術家の研究・顕彰活動を，行政や地域の公立美術館などの文化施設ではなく，独立行政法人である国立大学が，民間からの寄付で担う事例は全国的にも例がなく，岡山大学としても人文系初の寄付講座となる。では，このふたつの寄付元が，その設置を支援した理由を述べる前に，地域の文化芸術資源を巡る現状について触れておく。

地域の施設や団体が，文化・芸術活動を企画し，それを実際に行おうとするとき，多くの場合，行政や公益法人等が行う助成制度を活用している。しかし，組織の維持に必要な人材の育成や安定的な運営のための資金調達など，活動継続の「保証」となるシステムの構築を長期的に計画した場合，こうした助成制度だけでは，その規模や採択件数，使用期間の制限がある点から難しいと言わざるを得ない。だが，公的資金による支援を受ける団体側も，こうしたシステムだけに運営を頼る傾向が強く，結果，地方での文化活動が単発のイベントになりがちとなる要因のひとつといえる。こうした状況を固定化させる理由に，採択する側の多くが，公益性という観点から計画性と継続性を申請者に求めざるを得ない点があり，このことが申請する側の中長期的な新たな活動の立案，計画を難しくする。地域の文化団体による活動の多くはボランティアによる運営に偏り，なかには自転車操業的な組織体質に陥るケースもある。本来であれば，活動の基盤となる地域文化資源の基礎的な取材や研究成果の更新，ネットワークの構築などによる運用の最大・最適化を，必要に応じて行うべきであるが，そうした事業体制を構築することはさらに難しい。地方の公立美術館などの文化施設も，人員，予算，システム上の問題から，その手がすべての地域文化芸術資源に行き届く筈もなく，研究の最新成果が地域の文化活動に反映されることは稀である。実際，岡山での国吉康雄研究と顕彰活動も同様の課題に直面してきた。

国吉研究の場合，スミソニアンでの回顧展により様々な情報が更新されたが，日本での国吉研究は2000年代後半以降，停滞していたことも明らかになった。これを予見させたのが，2013年の瀬戸内国際芸術祭の公式プログラムとして直島のベネッセハウスミュージアムで開催された『国吉康雄 ベネッセアートサイト直島の原点』のために行われた基礎調査と，これに連動し，出石町住民を中心に立ち上げられた『出石国吉康雄勉強会』(2)であった。

『出石国吉康雄勉強会』は国吉の最新知見を知りたいという出石町住人からの要請により，（公財）福武教育文化振興財団の助成事業として，岡山での国吉の顕彰機運を醸成しようと立ち上げられ，現在まで続いている。この勉強会の活動を通して，国吉の評価に関する知見の更新の必要が，『福武コレクション』を管理，活用を進める福武教育文化振興財団と福武財団の関係者で共有されることとなり，この課題を解決するため，安定的な国吉康雄研究と顕彰活動及び，この成果を地域に広く発信することを目的に，国吉講座設置の構想が始まる。

設置にあたって，アジア系アメリカ人アーティストや地域のアートプロジェクトの研究者に加え，わが国の近代美術教育研究者が岡山大学から参加し，国吉の岡山時代に受けた美術教育に関する調査を実施することとなった。この理由は岡山での国吉の評価を，単に「岡山で誕生した」というものから，国吉がわが国の近代美術教育制度の恩恵をどのように受け，それらが「画家・国吉康雄」の創作にどう影響をしたかを明らかにし，岡山での国吉の評価をより確かなものにするためである。この研究の進捗は章末のコラムを参照いただきたい。

国吉講座の設置理由となる研究と活動は，寄付側の両財団にとっても設立趣旨に叶うものであった。管理するコレクションの研究推進と地域資源としての教育活用の可能性の検証を岡山大学が担うことになるからだ。これを受け入れた大学にとっても，地域出身の国際的画家の作品研究拠点として，国際的で多様な人材を受け入れることが可能となった。その象徴といえるのが，寄付講座の設置のための実務作業にあたっていた，アートやクリエイティブ産業での企画開発と資金調達を専業とするクリエイティブ・ディレクターがそのチームと共に，大学からの要請で国吉講座に参加することになったことだ。

国吉講座は，国吉作品を地域の文化芸術資源として位置づけ，その研究と永続的な保管のためには，地域コミュニティの充分な理解が必要と考える。地域に還元される形でコレクションの運用を実践し，その公益コンテンツ化を図るため，研究成果をもとに積極的かつ，多面的な『福武コレクション』の運用を行っている。また，この実施を地域で効率的に担うため，国吉講座と出石町の勉強会参加メンバーで，非営利徹底型の一般社団法人『クニヨシパートナーズ』が設立されている。これらの取り組みと，その公益性は地域で高い評価を受け，2019年に「岡山の地域文化芸術資源としての『国吉康雄研究・顕彰活動』のブランディング」を理由に岡山県が主催する『第20回岡山芸術文化賞』準グランプリを受賞し，同年，岡山市からは，地域市民，文化団体との協働による「岡山の地域資源を広く発信し，岡山市の芸術文化の振興と教育普及に貢献している点」を評価され，『第46回岡山市文化奨励賞』を受賞。企画開発に参加した『絵のお医者さんがやって来た―岩井希久子・熊本地震被災作品・公開修復展―』（御船町恐竜博物館交流ギャラリー）は，2020年，『第61回熊本県芸術文化祭』奨励賞を受賞。公益財団法人メセナ協議会の『THIS IS MECENAT』には，「地域文化芸術資源を運用」を理由に，2019年以降毎年認定されている。これらの評価を得るに至った理由は，前述した国吉作品の持つメッセージ性を生かすための授業と事業モデルの開発と実践を行なってきたことにある。

【注】

⑴　ベネッセアートサイト直島のこと。直島，豊島，犬島で展開されている。代表の福武總一郎は，国吉康雄をコレクションしたことが活動の原点であると公言している。

⑵　福武教育文化振興財団は，岡山の教育と文化活動の振興を目的に設置されており，勉強会の開催など，出石町での国吉康雄顕彰活動が，寄付講座設置の試金石となっている。

第４節　研究・顕彰活動の実践手法としての探究型の美術鑑賞プログラムの開発

国吉講座では，国吉康雄作品の鑑賞体験を「問いの発見」を促し，「探究心を培う」契機とする美術鑑賞プログラムの開発に取り組んでいる。開発では，国吉講座の活動や更新を続ける国吉研究から得られた成果を基盤に，MoMA（ニューヨーク近代美術館）などで実施されてきた鑑賞手法や俳優養成のトレーニングメニュー，ハリウッド映画のシナリオ制作メソッドなどを組み込み，この検証と実践を繰り返している。

例えば，開発中のプログラムの導入部では，近年の教育現場や企業，自治体での研修事業で「アクティヴ・ラーニング」を実施する際の参考事例とされる対話型鑑賞法や，MoMAで教育部長だったフィリップ・ヤノウィンが，MoMAを退職後に開発した『VTS（ヴィジュアル・シンキング・ストラテジー）』などを取り入れながら，プログラムの骨格を成す部分では，演劇人のワークショップで用いられる「エチュード」と呼ばれる「即興性と物語の整合性を意識しながら，演じるキャラクターを他者との会話劇のなかで創作する手法」を参考にしている。国吉作品が持つ「メッセージ性」を他者への「語り」として意識させるためである。また,「情報リテラシーの獲得」も目指し，研究知見に基づく作品，作家情報や，制作の背景，歴史的トピックに加え,関係する法律なども,その都度提供する。これは「語り」が絵空事にならないためである。

プログラムの開発で重要となるのは，あくまでも国吉作品の活用が主であり，これを岡山大学と岡山という地域での運用に適したものにするということである。この検証ではMoMAの研究員の指導を仰ぐ。理由はMoMAが，ニューヨークという多様性溢れる街で，アメリカの近代以降の芸術作品を保管，研究することで，アメリカという国の歩みを，芸術作品を通して残し，次の世代に伝えることを最も重要な目的とし，この責任を果たすために知識の提供を試み，知への探究心を養う美術鑑賞を発展させた教育プログラムの開発をしてきたからである。また，MoMAは，国吉を「アメリカを代表する画家であると発信した美術館」であり，ニューヨークは国吉が生涯を暮らし，アメリカ市民としての意識を育んだ街であり，MoMAの知見を得ることは最も大切な作業のひとつといえる。そしてこの，創造性と批評性を鍛錬することを目的に対話と探究を重ねる鑑賞スタイルを，国吉講座では『国吉型鑑賞プログラム』と呼称している。

実際に国吉講座で提供される『国吉型鑑賞プログラム』は次のようになる。まず，①作品を鑑賞し，② その印象を語り合い，意見の交換を始める。ここでは対話型の鑑賞手法を用いる。国吉講座では，主に高校生，大学生，社会人を対象にプログラムを提供するが，提供先の特性ごとに，国吉作品の選定，時間の配分などはアレンジされ，意見の交換に多くの時間を割く場合もある。この①と②を踏まえて，③の段階として，先に述べた「語り」を促すディスカッションを行い，合わせて，作品研究や取材活動の成果を，プログラム体験者の状況に応じて随時提示する。この「随時」という点において，岡山で多く展開されている「鑑賞中は知識や情報の提供は行わない」プログラムとは異なる。もちろんそうしたプログラムでも，鑑賞後に情報を提供する時間は設けられるが，『国吉型鑑賞プログラム』で提示される情報とは特性が異なる。

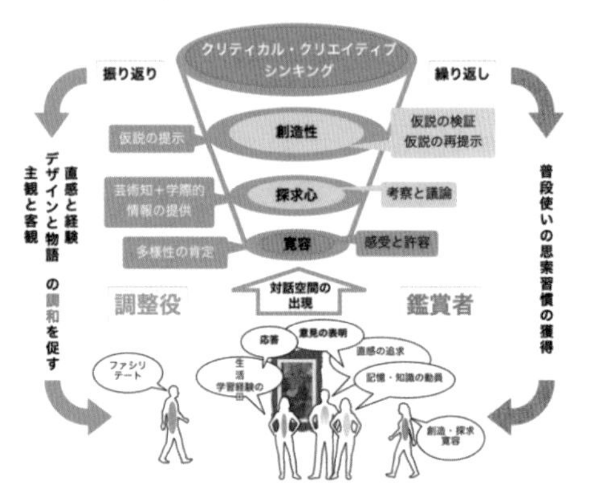

図 8-3　国吉型・鑑賞プログラムによる鑑賞体験の拡張図

国吉の作品制作には，国吉が生きた「近代のアメリカ」という，その複雑な社会的背景や，国吉の「自由や人権を重んじる思想性」が大きく作用している。これに加え，国吉講座の調査で，国吉の岡山期が，近代日本の国策とわが国の近代美術教育の黎明期と重なることや，ただ一度の日本への帰国に前後して，満州事変（1931 年）が国吉と同じ歳の石原莞爾によって首謀され，同郷の犬養毅首相が五・一五事件（1932 年）で凶弾に倒れている。これらのトピックや事件は，鑑賞者に対して提供される情報の種類を美術分野に限定せず，歴史的背景や思想史，文化史的な分野を横断的に紹介することを可能としており，鑑賞者の知的好奇心を拡充させ，思考や論理の幅を広げ，多様な価値観への理解を促す効果をもたらしている。また，『国吉型鑑賞プログラム』の実践には，他者との対話や情報へのアクセスを仲介する能力や国吉そのものに対する知見，近代史への考察などの専門性が要求される。国吉講座では，この人材の養成も学内の講義（教育科目「アートとコミュニケーション」）などで取り組んでいる。

第5節 「国吉型・対話と探究による地域芸術文化資源運用モデル」を地域に

1. 地域の文化芸術資源の再コンテンツ化 ～ 授業での実践

国吉講座が毎年実施する参加型アートイベント『国吉祭』は，その内容を国吉講座が提供する『クリエイティブディレクター養成(以降, CD 養成)』受講生が企画し，運営までを手掛ける。

CD 養成は，岡山大学の各学部，各学年の受講が可能で，コロナ禍となってオンラインとハイブリット方式で開講する 1，2 学期の受講生はそれぞれ 100 名を超え，多様な背景を持つ受講生による議論が盛んに行われ，総合大学である岡山大学の特色が活かされた講義でもある。また，人数を制限し，対面で行われる 3，4 学期の講義では，地域に還元される形での「国吉康雄に関わる作品と資料」の運用を，『国吉祭』の企画開発を通して実践し，地域との取り組み，協働のブランディングを目指す。多様なメッセージ性や多様なアプローチが可能にする国吉作品と資料に対し，この実践のために様々な学術分野を専攻する受講生たちが様々な視点を持ち寄って企画に参加し，運営までを行い，現代人に求められる「ネガティブ・ケイパビリティ＝答えがなく対処困難な課題に耐える能力」の習得を目指すプログラムにもなっている。

CD 養成受講生によって『国吉祭』が運営されるのは，2016 年からである。1922 年に建設された日本銀行岡山支店を再生したルネスホールを会場に，アートワークショップや本学学生の部活動，岡山市立岡山後楽館高校有志学生によるグッズ開発などを紹介したイベントが最初であった。翌年は岡山大学鹿田キャンパスの Junko Fukutake Hall に会場を移し，東京のプロ俳優や音楽家と協働したオリジナル戯曲による創作音楽舞台劇『老いた道化の肖像をめぐるいくつかの懸念』の公演を行い，2019 年には岡山フィルハーモニック管弦楽団との共同企画として『音楽

図 8-4　国吉祭 2016 会場

と辿る 国吉康雄の旅路』を,国吉祭のプログラムとして実施。それぞれで,国吉作品の制作背景と時代性を関連づけた芸術表現と学問領域を横断する学際的な取り組みを行った。また，2018 年以降は，岡山県内の中山間地域や沿岸部で開催する『国吉祭 CARAVAN』を実施している。これは，国吉祭来場者からのリクエストに応える形で始まった。この具体も，章末のコラムを参照頂きたい。

『国吉祭』は，様々な芸術表現とのコラボレーションや，毎年異なる地域での活動を制作に取り入れることで，CD 養成受講生に現れる,「多様性」という総合大学としての岡山大学の特性を活かしてきた。CD 養成では，その年度に集まった受講生が，前年と異なる外部の協働団体や開催施設，地域を念頭に企画を開発する。このため授業では，前述した『国吉型鑑賞プログラム』を用い，国吉作品を含む多様な芸術表現を題材に，他者との対話の大切さを学ぶと同時に，国吉祭開催地での現地取材や過去に協働した関係者への取材機会を積極的に提供する。これにより，新たな協働相手が，CD 養成受講生との対話を通して『国吉祭』を知ろうとすることに対し，CD 養成受講生が「自分たちが何者で，なんのために国吉康雄を用いたイベントを行うのか」を自ら語ることで応えるための訓練としている。この作業を繰り返すことで，実際に様々な情報を交換し，その検証と整理から，企画を練るための様々なスキルを学ぶのである。取材を通して，自身とは異なる，実に多様な他者との対話を繰り返す受講生たちは，課題の解決のために最善の選択として探究の必要性，つまり,「調査すること」の大切さを実感する。そして,自身の感性や専攻,国吉作品と開催地,コラボレーションする団体の特性をマッチングさせながらイベントを考案し，受講生同士や講師陣と議論する。こうした制作環境で，SDGs 課題や STEAM 教育，地域の文化芸術資源をテーマとした工作イベントやワークショップが企画，実施されるため，『国吉祭』のプログラムは毎年異なることになるのだ。だが，こうした多彩なプログラムが実現できるのは教育

図 8-5　国吉祭の様子

学域所属の研究者たちが，その知見を惜しみなく提供する指導協力があったからこそでもある。これを体験したCD養成を受講した学生からは以下のような声が寄せられている。

3回生になり，自身の興味や経験，将来を見つめる中で，先生方に頂いた機会・経験が自分のやりたいことの土台になっていることに気が付きました。～黒田智子（文学部3年生）

「国吉祭」では，大学生活の4年間の中で，初めて0から企画を考えました。受講生でアイデアを出し合い，「自分たちで考えて創り出す」経験をさせてもらいました。実際に考えるのと，やってみるのとでは全然違っていて，来てくれる人に楽しんでもらうために一生懸命になったのを覚えています。～藤原里奈（横浜市教員）

講座では国吉祭の企画運営に加え，豊島訪問，提言書の作成等，様々な経験をさせていただきました。（中略）講座を通じて社会とつながり，様々な人と協同しながら，かつ自分自身で感じ考え行動することは本当に新鮮な体験でした。講座を通して身についた資質が仕事の中で活かされる場面が多々ありました。～平松宏隆（株式会社リクルートホールディングス）

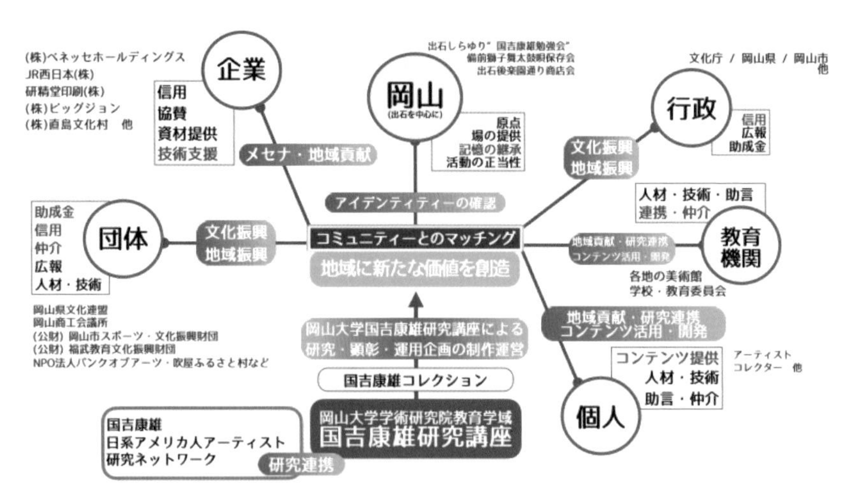

図 8-6　国吉講座では研究活動を基盤とした国吉作品の運用で，地域の多様なステークホルダーとの対話と探究を通した協働を実現。従来にない支援ネットワークを構築する

現在，対話と探究を促すプログラムを組み込んだ講義はCD養成だけではない。2021年度では，オンライン，オンデマンド，対面，ハイブリッドで実施された，地域資源としての現代アートやデニム産業，受講生世代に波及しやすい映画やアニメ，歌などのサブカルチャー，DX化を見据えたデジタルコンテンツの制作演習などの各授業でも触れられ，医歯薬学部202名，院生22名を含む全学部各学年の742名が受講。大学実施の評価では平均点が4.5点以上（最高5点）であった。

2. 地域の文化芸術資源の再コンテンツ化　～　国吉作品以外での応用

国吉講座では，国吉作品の鑑賞時及び，アートプロジェクトの企画開発時に，『国吉型鑑賞プログラム』を運用し，改良してきた。

『国吉型鑑賞プログラム』の深化と拡張は2020年，「アートを介した社会課題の理解のための探究型鑑賞モデルの開発と実践研究」として，独立行政法人日本学術振興会が行っている科学研究費助成事業内の基盤研究Cに，2020年～2022年の３ヵ年の計画で採択されたことを機に，その対象を以下の３つのプロジェクトにも広げて実施されることとなった。

① **「震災記憶と地域文化資源の継承」**を試みるために，平成28年熊本地震で被災し，修復活動を被災地域（熊本県御船町，熊本市）住民が主体となって継続している油彩画作品を対象に実施。

② **「ハンセン病隔離政策と感染症への理解を深める」**ため，国立療養所長島愛生園で，元ハンセン病患者が制作したアートを活用して実施。

③ **「近代化とその影響がアート施設の設置背景」**にある，香川県直島，豊島などのアート作品と周辺施設を対象として実施。

以上のプロジェクトで，それぞれのアート作品と，その制作背景にある社会課題への探究的な思考を促す機会を創出し，アフターコロナを見据えた，新たな教育プログラムの開発を行っている。熊本では，活動団体の組成を行い，成果発表を兼ねた展覧会に企画段階から参加した。

一連の国吉研究・顕彰プログラムで用いた手法を，他の地域芸術文化資源でも応用するにあたって，『国吉型・対話と探究による地域芸術文化資源運用モデル』と呼称している。

3. 地域の文化芸術資源の再コンテンツ化　～　展覧会の運営

国吉講座では，岡山大学での各授業と『国吉祭』，『国吉型鑑賞プログラム』を踏まえ，『国吉型・対話と探究による地域芸術文化資源運用モデル』（以降，国吉型対話探究モデル）の構築へと至る検証の場として，美術展覧会としての国吉康雄展も組成してきた。

図 8-7　少女よ，お前の命のために走れ
1945 年 / 福武コレクション蔵

2016 年の横浜そごう美術館で開催した『国吉康雄 ～ 少女よ，お前の命のために走れ』展では，『国吉型鑑賞プログラム』の「語り」の実践を容易にし，効果を検証するために「物語性」を導入した展覧会を企画した。展覧会のサブタイトルにある作品に描かれた，巨大なカマキリに追われる「素足の少女」を主人公に設定し，来場者に「国吉はなぜ，この少女に，お前の命のために走れと命じたのか」という問いを会場入口で提示した。この仕掛けは，鑑賞者が主体的に作品を観察し，前出の問いを考察することを促すものであった。展覧会に物語性を持ち込んだ目新しさと，最初期から晩年までの代表作を，国吉の生きた時代の出来事を知る年表や人生を語る遺品と共に配置した展示は，多くの来場者には好評であったが，一部の美術館関係者からは強烈な拒否反応も示された。だが，少なくとも国吉作品の紹介では，美術史的な視点だけで語ることの限界を示すと同時に，多様な視点を提示することによる来場者層の拡張とその学習効果に強い可能性も示すこととなった。

以降，国吉講座は，和歌山，栃木，熊本の県立美術館と熊本県宇城市の市立美術館との共同企画による展示に取り組み，国吉と親交のあったそれぞれの地域出身の渡米画家の作品との二人展を，地域の教育機関や，ヤマトロジスティクス株式会社（現ヤマト運輸株式会社グローバル戦略推進部美術品ロジスティクスチーム）と企画する。これを『vs 展』と呼称する。

この『vs 展』が成立した背景には幾つかの要素がある。2017 年 10 月 7 日～ 12 月 24 日の会期で実施された『アメリカへ渡った二人 国吉康雄と石垣栄太郎』展を例に説明する。

国吉にとって石垣栄太郎（1893-1958）は，ニューヨークの絵画学校で出会った生涯の友人だ。この二人の作品を並べることで企画展を成立させようと国吉講座が提案したのが『vs 展』であった。『福武コレクション』単独で企画展を成立させるには作品の点数に問題があった。『福武コレクション』が所蔵する油彩画とカゼイン画は 59 点（当時）。少ない数ではないが，この点数では県立規模の美術館の展示スペースを埋めることが出来なかった。だが，和歌山県立近代美術館には『石垣栄太郎コレクション』があった。二つのコレクションを足せば企画展を実現させるに十分な点数となる。また，どちらのコレクションも「視点を変える」必要があった。

規模の違いはあるが，どの地域にも美術館や博物館がある。そして，それらの館ではその館が属する地域にとって所縁ある作家の作品がコレクションされている。『石垣栄太郎コレクション』もそうで，和歌山県立近代美術館にとって重要なコレクションだが，関わる企画展示はすでにやり尽くされており，これは岡山でも同様であった。そこで，石垣と比較する対象として国吉を持ち込み，新たな視点と価値の再発見を地域に促すことを展覧会開催の目的としたのだ。この効果は例年同時期の動員に比べ，倍の人数を会場に呼び込み，その後，栃木，熊本で同様の展示企画が続くことになるが，『国吉型対話探究モデル』による展示企画を本格的に導入したのは，2019 年に岡山市が運営する岡山シティミュージアム企画展示室で開催した学際的展覧会『Mr. Ace X-O. Modern SETOUCHI ⇄ Y. Kuniyoshi ⇄ NEW YORK』（以下，エース展）からである。

エース展は，国吉康雄生誕 130 周年，岡山大学創立 70 周年記念特別展覧会として 45 の企業・団体の支援で開催され，国吉講座が続ける研究活動と，国吉祭，展覧会企画などの顕彰活動の成果発信を目的として企画された。この組成の際に，国吉講座受講生と地域の社会人有志による企画開発班が結成された。国吉祭同様，『国吉型鑑賞プログラム』による取材活動がなされ，その効果を最大化するための展示空間と，学生と市民が主体的に学ぶ機会を提供する場としての設計が実施された。エース展では国吉作品を中心に，国吉が生きた時代に関わる様々な要素を，同年代の作家による作品と共に複合的に展示したが，この制作期に，国吉作品と研究成果を公益資源として地域活用する『国吉型対話探究モデル』による企画開発が開始され，2021 年に開催する『And Recovering Them そして，それらを回復する』展で，そのベースが構築された。

第６節　『And Recovering Them そして，それらを回復する』展について

1.『And Recovering Them そして，それらを回復する』の企画

『And Recovering Them そして，それらを回復する』展（以降，ART 展）は，国吉講座がアプローチする「既にある芸術作品や表現，進行中のアートプロジェクト」を，「SDGs 課題と地域社会課題の解決」という視点で，岡山大学内に仮設の「コミュニティー・ミュージアム」を設置し，学生を中心とした若者世代と地域住民に紹介するための企画であった。

近年，SDGs 課題の解決を掲げる美術展をよく見かけるようになったが，そのほとんどは，現代作家による新しい作品の制作と設置によるもので，ART 展のように「既にある資源を生かす」ものではなかった。『国吉祭』や『vs 展』の記述で触れたように，地域には何かしらの文化芸術資源が存在する。国吉講座ではこうした作品に，SDGs 視点での価値を見出す作業を学生スタッフと議論した結果，「文化の価値は誰が決めるのか」という「問い」を得る。国吉講座の設置理由で述べた，文化芸術資源を巡る状況を各国の文化予算[1]と共に，この「問い」を学生スタッフと議論し，ART 展で取り扱われるテーマと作家，アートプロジェクトが決定された。

2. 展示で紹介された作品とアートプロジェクト

ここで，ART 展で扱った作品とアートプロジェクトについて触れておく。

テーマ①「ecology」～ 日本画家・千住博の和紙や岩絵具，膠といった日本絵画特有の自然の素材の使用にこだわった作品を紹介。千住が挑んだ高野山金剛峯寺に奉納した障屛画の記録と共に，千年の文化財に新たな作品を加えることの意義や芸術家の創作態度と作品に現れた，「循環する資源」について考察した。関連展示として，ベネッセアートサイト直島「家プロジェクト《石橋》」と，戦後最悪の産業廃棄物不法投棄事件『豊島事件』の実寸写真を展示した。

テーマ②「responsible」～ 隈研吾が設計する岡山大学「共育共創コモンズ」に込められた思想性を探るため，その建築模型を展示。隈は，石の文化

を「攻撃する・される」ことを前提としたものだと指摘し，木の文化を「調和」のそれだとする。木造建築を培うことで私たちの先達が育んできた文化と，現在行われている木材建築の革新について考察した。

テーマ③「community」～ 詳細は次の 3. に記す。参考展示として，ニューヨーク市立大学が都市のホームレス問題に取り組んだ「Un Homeless NYC」展の紹介と交流イベントを行った。

テーマ④「humanity」～ 生涯を国立療養所長島愛生園で暮らした洋画家・清志初男が遺した油彩画作品にある歴史的・社会的背景と，かつてハンセン病患者の強制隔離施設であった長島愛生園が訴える「人間回復」について考えるため，清志作品を展示。芸術の評価はどういった基準で行われるのかについても考察した。関連展示として，岡山大学文明動態学研究所（RIDC）が実施する愛生園の生活史の調査に関する展示コーナーも中央図書館内に設置した。

テーマ⑤「education」～ 大原總一郎は岡山大学に児島虎次郎の油彩画《室内》を寄贈している。近代のパリで，エッフェル塔を望む部屋に和装の女性が机に向かう絵を通して，大原家の業績を思い，また，岡山大学で長く美術教員の指導にあたった福島隆壽が，岡山大学に寄贈した大作を合わせて展示し，このふたつの作品から，芸術と教育について考察する。

テーマ⑥「rights movement」～ 国吉康雄作品（国吉については第 2 節を参照）

3.『熊本地震　田中憲一の画を救う会』の活動

ここで，ART 展の開催趣旨についてより理解して頂くため，熊本県御船町の『熊本地震　田中憲一の画を救う会』の活動について触れておく。

最大震度 7 を観測した『平成 28 年熊本地震』では，震源地に隣接する御船町でも甚大な被害が発生した。2016 年 4 月 16 日 1 時 25 分の本震では，震度 6 弱（御船町御船）を観測し，熊本を代表する洋画家，田中憲一（1926-1994）の自宅アトリエと作品倉庫が倒壊する。その後，雨天が続き，大型油彩画 67 点を含む 150 点の作品は消失の危機に直面した。このとき，自らも被災した地域住民らが田中作品の救出を行うが，どの作品も修復と保管のため適切な管理を必要としていた。しかし，震災直後の混乱と熊本城や阿蘇神社など，国や県が指定した重要文化財の保護が優先された結果，田中作品は公的支援の修復の対象から外される。それでも御船町の人々は，クラウドファンディングや募金活動を実施し，資金を調達。絵画保存の技術者を招き，地域の美術・博物館，大学の有志スタッフや企業らの支援を取り付け，田中作品の保護のための活動を始める。

この田中憲一作品を巡る出来事は，地域の文化芸術資源の維持と価値設定を巡る現実と共に，災害からの地域復興に文化やアートがどういった役割を果たすのかを検証する材料となる。事実,修復された田中作品には「震災の記憶」が刻まれていると被災者のひとりは言った。田中作品のケースでは文化の選別が行われたが，これは災害が頻発するわが国にあって，どの地域でも起こりうることだといえる。ART展に参加した学生スタッフは，事前取材で収録された3時間に及ぶ御船町の活動に関わるメンバーの動画インタビューの視聴の上，現地取材も行い，関係者との対話も行った。こうしたプロセスは『国吉祭』でも実践してきたことだが，他地域の，しかも被災者との交流により，SDGs課題を現代社会のより逼迫した問題として捉え，社会課題と地域文化芸術資源に関わる認識を新たにしたと，参加した学生スタッフがコメントしている。

4. コミュニティミュージアムの設置と展示設計

ART展の目的のひとつに,地域に開かれた「コミュニティミュージアム」を，地域にあって教育・研究・医療福祉を担う総合大学であり，SDGsを推進する岡山大学に設置することがあった。だが，岡山大学には博物館施設がない。そこで津島キャンパス創立五十周年記念館と同附属中央図書館2階に，仮設の展示壁を設置した。また，WEB上でも，展示作家に関する取材映像の上映やオンラインツアーを公開し，加えて，事前に展示情報と『国吉型鑑賞プログラム』の研修を受けた学生が会場に常駐し，鑑賞者が様々な視点で作品にアプローチできる工夫も提供した。

創立五十周年記念館の会場1階エリアでは説明を極力省略し，鑑賞者が作品との対話を楽しみながら，作品の意味や時代背景などを探ることを意識した一方，２階の展示エリアには，それぞれの作家やアートプロジェクトへの考察が掲示された。中央図書館２階の第２会場には，作品と共にART 展の関連書籍コーナーを，学生のブックキュレーションにより設置した。

5. 制作連携の広がりと成果

ART 展は 2021 年 12 月 5 日～ 12 月 26 日の期間で開催されたが，コロナ禍での実施を踏まえ，SNS 上で企画の意義を共有することを積極的に行った。また，県を跨いだ地域や企業，団体などと企画の意義を共有したことで，入場料を無料に設定でき，幅広い層の声を反映することができ，地域の「コミュニティミュージアム」として機能する十分な事業を，産官学と地域の協働により成立させることができた。

後援 : 岡山県 / 岡山市 / 岡山県教育委員会 / 岡山市教育委員会

特別協力 : （一社）アートネットワーク熊本みふね /IWAI ART 保存修復研究所 / 隈研吾建築都市設計事務所 / 産業廃棄物豊島住民会議 / 清水建設（株）/ 千住スタジオ / 長島愛生園歴史館 / （公財）福武財団 / （公財）福武教育文化振興財団 / ヤマト運輸（株）/ ニューヨーク市立大学キングスバロー校

協力 : 研精堂印刷（株）/（株）中国銀行 / （株）内外プロセス / （株）双葉店飾社

岡山大学 : 教育学部 / 工学部 / 同創造工作センター / 創立五十周年記念館 / 附属中央図書館 / 文明動態学研究所

展覧会の入館者数は 1020 人。12 月 24 日と 25 日に公開した 25 分間のオンラインツアーの視聴数は 405 回であった。来場者の 37.3% が 10 代（高校生と大学生）で 17.3% が 20 代となり，その半数が若者世代であった。これまでの岡山でのアートイベントの実施時に収集したデータから，地域由来

図 8-8　ART 展での講義の様子

の文化資源を利用したアートイベントの開催では，その来場者は50代以上の女性が多くを占めるものであったが，男女比でも男性51.4%，女性45.9%となった。会場で行ったアンケート（有効回答数225枚）による展覧会に対する評価（複数回答）では「面白かった」が38.4%。「勉強になった」が34.2%。「感動した」が15.1%。「コミュニティミュージアムをどう思うか？」という問いでは66.2%が「必要だ」と回答。同様のヒアリング結果からも，「学習の場として展覧会場を残してほしい」という声が地域からだけではなく，大学教職員，理事などからもあり，地域と大学に対して課題の提示が行えたと考える。

【注】

⑴　2021年に一般社団法人芸術と創造が制作したデータを使用

第7節　まとめと今後

ここまで国吉講座の活動が『国吉型対話探究モデル』の提唱へと至る過程をみてきたが，ART 展が示した事業の実施や地域協働の広がり，国吉講座への行政や民間からの評価は，大学と寄付元にとって想定外であった。当初，国吉康雄作品の研究と顕彰活動に限られた活動は，岡山県の協力や（公財）福武教育文化振興財団の地域活動と『福武コレクション』を積極活用することで，その活動域を岡山県各地の中山間地や沿岸部，瀬戸内の離島に広げ，国吉作品による展覧会活動と共に他県にまで及ぶこととなった。関与するプロジェクトもメッセージ性の高いアート作品やプロジェクトに限定されてはいるが，その対象を広げている。国吉講座が取材活動を映像に記録してきた成果も認められ，高野山金剛峯寺奉納障屏画の制作記録の分析や，最新の木造建築工法による岡山大学新校舎の建設記録作業も担っている。2022 年度には，医学者教育の現場での実践授業に加え，ART 展への評価を踏まえ，ヤマト運輸（株）との共同企画も進行中で，受講生との協働による国吉作品と歴史教育をマッチングさせたプログラムや，「物語構造」を取り入れたテーブル・ロール・プレイングゲームの教育利用プログラムの開発も，一般財団法人三菱みらい育成財団の助成を受け，進めている。

『国吉型対話探究モデル』とは，国吉講座が総合大学である岡山大学の特性のひとつと考える「学際的で多文化主義的な視点」を活かし，受講生が主体的に，地域，関係者との対話と探究を重ねることで，既にある地域文化芸術資源を，地域や他団体との協働により，「公益コンテンツ」とするための取り組みである。国吉講座では，このモデルの実践運用と検証を続けており，企画や運営システムの開発も続けている。国吉講座の受講生たちは，地域の文化芸術資源の公益資産としてのコンテンツ化を名目に，国吉作品を通して BLM 運動などの人権問題への理解や，ハンセン病回復者の表現作品から，その強制隔離や瀬戸内の島々が抱える社会課題の検証に繋げるプログラムや，熊本地震の震災記憶と被災文化資源の継承を試みる活動に参加している。

現在，ここまでに紹介した取り組みと，そのオンラインでの発信活動により，大学の知財を多様な社会への理解と課題解決手法として用いるプログラムの開発を進めている。（才士）

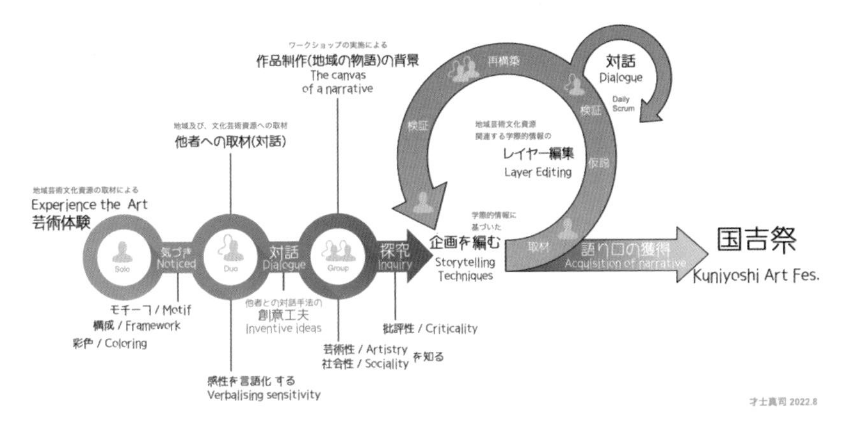

図 8-9　国吉型対話探究モデルを使用した国吉祭の企画開発

コラム　国吉康雄が岡山で見たもの，学んだもの―明治期の美術と美術教育

1940 年，国吉康雄は随筆「東から西へ（East to West）」をアメリカの美術雑誌 Magazine of Art に寄稿した(1)。そこに含まれる少年時代の回想によると，彼は 6 歳か 7 歳の頃，戦闘場面の写実的なパノラマを描いた西洋画を初めて見て，そのリアルさと生々しさに大いに心を揺さぶられ，それまで子供の頃から彼を取り巻いていた美術作品には見られない要素に気づいたという。国吉（Kuniyoshi 1940）の言葉によれば，この絵の鮮やかな記憶は「東洋の伝統と，私が重ねてきた経験と西洋の視点を融合させるという私の目的の象徴」であり続けた（P.73）。国吉が画家として歩み始めたのは渡米後だが，岡山時代にも彼に大きな示唆を与える美術との出会いがあったと言える。

それはどのようなものであったのか。まず国吉が初めて見た西洋画について探ってみよう。国吉と同年に岡山市に生まれた小説家内田百閒の「郷夢散録」（『幼年時代』所収，福武書店，1991 年）が手がかりになる。百間は国吉と同じ岡山高等小学校に学んだ頃，後楽園の鶴鳴館で「元寇油絵展覧会」という催しを全校挙げて見に行った印象を綴っている。美術史家の木下直之氏は，明治 20 年代に戦争を題材とするパノラマ館が流行し多くの洋画家が携わったことを指摘し，百間が見たのは 1896（明治 29）年に九州で制作され各地を巡回した《元寇大油絵》であろうと推測している[2]。作者の矢田一嘯は，明治 10 年代後半に渡米してパノラマの技法を学び，迫真的な描写を得意としていた[3]。国吉が見たのは同作品なのかまだ断定はできず，岡山で開催されたパノラマ興行について今後より詳しく検討する必要がある。いずれにせよ，明治前期の日本に西洋画を定着させようと苦闘した洋画家たちの姿は，アメリカ画壇に東洋的なものを持ち込んだと評された国吉と，反転しつつも重なるのではないだろうか。

いっぽう国吉の随筆からは，彼がそれまで伝統的な美術作品にある程度親しんでいたこともうかがえる。『岡山市史　美術映画編』によると幼少期の国吉は，日本画家井上芦仙（本名 専次郎または専治郎，1872（明治 5）年～ 1941（昭和 16）年）の家に出入りし，その画才を見込まれ，弟子に欲しいとの申し入れを受けたが，国吉の父は経済的な理由からそれを断ったという[4]。井上は現在の岡山県井原市に生まれ，大阪を経て京都画壇の菊池芳文に学び，後に大阪の女学校や故郷の興譲館中学校で図画教師を務めた[5]。国吉 14，15 歳の時期に刊行された『大日本絵画著名大見立』は相撲の番付表に見立てた当代画家一覧であるが，井上芦仙の名は「前頭」にランキングされ，後に京都市立美術工芸学校（現京都市立芸術大学）教授を務めた木島櫻谷と並ぶ高い評価を得ている[6]。

国吉を取り巻く環境に，伝統の継承と革新を模索する京都画壇の影響力が強く及んでいたことは疑いを入れない。1904 年（明治 37）年，岡山高等小学校を卒業した国吉は，開校 3 年目を迎えた岡山県立岡山工業学校の染織科に進学し，1906 年（明治 39 年）に退学するまでの間，福田次彦（大猷）という図画教師に教わったと考えられる。福田は京都市立美術工芸学校を 1900 年（明治 33 年）に卒業した人物で，竹内栖鳳に学んだ日本画家でもあった[7]。栖鳳は写実的表現を取り入れた新しい友禅下絵を京都の染織業界に数多く提供し，弟子たちもそれに続いていた。当時の工業学校は，美術と産業を結びつける実験的役割を期待されていたのかもしれない。

さて，中等教育機関での経験以前に，初等教育段階つまり小学校で国吉が美術に触れる機会はなかったのであろうか。ここで注目したいのが，まだ義務教育ではなかった高等小学校で必修科目とされた図画科である。当時の図画科は，教科書に載っている図を手本として模写する，「臨画」と呼ばれる練習が中心であった。実物を見て描くことや，自分で工夫して図案をつくることが大切だと言われ始めていたが，どの程度実践されていたかは不明である。

実態に迫れる資料が極めて少ないなか，岡山県郷土文化財団に寄託された内田百閒の遺品に小中学校時代の図画作品が含まれていることがわかった。岡山高等小学校在籍中の作品は「毛筆画練習帖」としてまとめられており，ところどころ教師が朱書きで絵を訂正していることから，これらは臨画作品であり，手本となる教科書があることが明らかとなった。百閒だけでなく国吉も高等小学校時代に使用した可能性のある図画教科書は特定できるのだろうか。

そこで岡山市立中央図書館で当時の資料を調査した結果，1895（明治28）年の新聞『中国民報』（現・山陽新聞）に掲載された書店の広告に，小学校教科用図書として「渡邊勉吾先生編 小学毛筆図画帖 全十二冊」の入荷を告げる文章を発見できた。さらに，この教科書の解明に役立ったのが，本コラム筆者を代表とする研究チームが，明治期から昭和戦前期までの図画教科書の内容を総覧し比較することを目的に2015年から構築に取り組み，2021年末より公開を開始した「近代日本図画手工教科書データベース」であ

図 8-10　渡部勉吾『小学毛筆図画帖』第10巻，第4図　葡萄

る[8]。岡山大学と神奈川県立歴史博物館が所蔵する資料を中心に，現在約150タイトル，約1万点の画像データを整備した本データベースで検索すると，1892年から94年に刊行された編著者名「渡部勉吾」による『小学毛筆図画帖』がヒットする。収録された画像を見ていくと，百閒の作品と一致するものがあり，直線曲線や簡単な形から始めて器具や花卉，鳥獣など複雑なものに進むカリキュラムであること，第9巻以降は淡墨を使用した絵画的な表現も含まれていることがわかる。

国吉を含む当時の子供達にとって，筆と墨を自在に使用して字を書き，絵を描くことは，我々が想像するよりずっと身近なことであった。後に国吉が一度だけ岡山に帰省した際，地元の人たちの求めに応じて描いた水墨画を見ても，岡山時代に培われた美術の素養は，国吉の中に抜きがたく存在し続けていたと思われるのである。（赤木）

【注】

⑴ Yasuo Kuniyoshi:"East to West," *Magazine of Art*, American Federation of Arts, Vol.33, no.2（1940）以下の参照内容および引用文は筆者の翻訳による。

⑵ 木下直之：『美術という見世物』，平凡社，pp.184-189.（1993）

⑶ 古田亮：「図版解説 38 元寇大油絵 第四図　第十三図」，『日本美術全集』第16巻，小学館，p.228.（2013）

⑷ 岡山市史編集委員会:『岡山市史　美術映画編』，岡山市役所，p.308.（1962）

⑸ 金子一夫：『近代日本美術教育の研究 明治時代』中央公論美術出版社，p.621.（1992）

⑹ 東京文化財研究所の「明治大正期書画家番付データベース（https://www.tobunken.go.jp/materials/banduke）」より『大日本絵画著名大見立』，京都仙田半助（競撰社），（1902）を参照。井上芦仙を掲載した番付表は3点存在する。

⑺ 金子一夫：『近代日本美術教育の研究　明治時代』中央公論美術出版社，p.621.（1992）

⑻ 「近代日本図画手工教科書データベース（http://dista.ccsv.okayama-u.ac.jp/ja）」の構築，拡充とその活用に関する研究は，科研費

（15H03502,19H01677,22H01007）の助成を受けたものである。

【引用文献】

Kuniyoshi, Yasuo:"East to West," *Magazine of Art*, American Federation of Arts,Vol.33, no.2（1940）

コラム「国吉祭 2019 CARAVAN in 鯉が窪の実施経緯について」

第5節で触れたように,『国吉祭CARAVAN』の開発には都市型の『国吉祭』を開催した際に地域やマスコミ関係者から寄せられた「声」にある。

『国吉祭 2016』は，一般教養科目『クリエイティブディレクター養成講座』（以降，CD 養成）で企画されたが，よくある,「講師が全ての段取りを決めて，残りの作業を学生がスタッフとして活動するもの」の類ではなかった。この取り組みの特殊性は山陽新聞に 6 度掲載され，NHK でも放映された。『国吉祭』は翌年以降も続くのだが，会場で毎回寄せられた声があった。

「岡山市以外でも国吉祭を実施してほしい」というものと，それに「応えたい」受講生やスタッフとして参加した岡山大学の学生の声だ。そこで国吉講座では，芸術やアートによる地域振興や教育活動，文化財の保存に力を入れている地域での『国吉祭』の成立を岡山県備前県民局と同文化振興課に持ちかける。『国吉祭 CARAVAN』の企画開発のスタートだ。県の反応は早く，2018 年には高梁市の『吹屋ふるさと村』と玉野市の複合施設を会場に実施し，好評を博した。そして 2019 年。新見市哲西町の『きらめき広場哲西』と『鯉が窪道の駅』において，12 月 7 日と 8 日の 2 日間での実施が決定する。

哲西町の『鯉が窪湿原』（日本天然記念物指定）と湿原で飼われる「鯉」。そして，神事で使用される神楽面は貴重な地域資源であった。国吉は 1940 年代後半に作品のモチーフとして，道化の「仮面」を頻繁に描いており，1931 年に日本に帰国した際，岡山からアメリカに持ち帰った「鯉のぼり」を作品中に描いている。この国吉の「仮面」と「鯉のぼり」を，哲西町の「神楽面」と「鯉」に関連づけた『国吉祭』の提案を，『きらめき広場哲西』の館長で哲西町元町長，深井正氏が面白がり，開催を快諾。これを受けてCD養成受講生は，企画の開発と運営体制の組成を始める。この年の4月から5月，岡山シティミュージアムで『エース展』が開催されているが，CD受講生は，この会場で国吉康雄作品理解のための特別講義を受けている。企画開発のトレーニングとして，国吉作品を使用した「コラージュ作品」の制作である。受講生は作品を観察し，使用する作品の選定を会場内で自ら行い，制作した作品は閉館後の会場で車座になって発表，批評しあい，講師からのフィードバックを得た。鯉が窪にも定期的に訪問し，地域の伝統祭事である，「頭打ち」（かしらうち）に参加するなどして，地域住民との交流を重ねた。また，受講生たちは並行して，10月に実施した（公財）岡山シンフォニーホールとの共同企画『音楽と辿る 国吉康雄の旅路』の運営にも参加している。このイベントのメインプログラムはプロの演奏者による音楽会の開催であったが，開演前や演奏中の託児所システムとしてワークショップコーナーを企画し，それを機能させ，子どもや親子連れに対し，12月を想定したワークショップを実践した。ここで得た知見が，「国吉祭2019 CARAVAN in 鯉が窪」に生かされた。教育学部美術教育講座に所属する学生は「鯉」をモチーフに工作ワークショップを企画し，工学部の学生はSTEAM教育のアイデアを練り，教育学部の専門研究者に取材を行ってワークショップを成立させ，11の体験型のワークショップと国吉作品（実寸代模写）の展示，国吉講座の取り組みを紹介する講演会の実施を実現させた。

2日間の実施で近隣の小学生などを中心に323名が来場。なかには3世代で来場した家族もあり，開館時間のほぼすべてを会場で過ごす家族もいた。実施したアンケートには，「学生との交流を通して，自分たちの暮らす地域資源を再発見した」という感想も寄せられた。一方，国吉講座受講生の7割が，岡山県外の出身者である。岡山で学ぶ他地域出身の学生が，岡山について実体験を通して学ぶ機会は，将来の任地で「地域の文化や歴史」を生かすきっかけにもなる。

2019年の国吉講座の活動は，哲西町での国吉祭をゴールに設定し，岡山の様々な文化団体，資源の一端を学ぶことができた。受講生からの感想には，「親や教師以外の大人」や「利害関係のない大人と接する機会」を持つことができ有意義であったというものがあったが，この時１年生だった学生数名は，４年生となった現在も国吉講座の活動に関わり，自身の研究の傍ら，自ら立案した企画で民間財団や岡山市，企業から助成を受け，活動している。（伊藤）

図 8-11　鯉が窪の会場の様子

終章　教育科学の次章に向けて
—教育科学専攻の展望と課題—

はじめに

2018年度の大学院改組で新しくスタートした教育学研究科教育科学専攻は，教育を通して国内・国外の諸課題の解決法を探究する実践的な知の構築を目指している。修士課程を設置する以上研究活動の卓越性を担保することは当然だが，専門分野に特化するだけでなく，グローバル化した一方で軋轢と分断という様相を呈している現在の複雑かつ困難な世界状況に対応するため，他大学や地域社会などと連携しながら新たな研究態勢の構築や新しい価値の共創を追究し続けることが，今後は必要となって来ている。

以上の問題意識の下，本章では教育科学専攻の今後に向けた展望と課題について述べてみたい。

第1節　教育科学専攻修士課程プログラムの意義

岡山大学大学院教育学研究科教育科学専攻は，修士課程教育科学プログラムを設置し，PBLと修士論文研究をコースワークとしている。とりわけProject Based Learning（PBL）は，専門領域を異にする学生が少人数のグループを作り，グループ内で設定された共通プロジェクトの下で学修活動を展開することで，修士論文の対象となる自分の専門領域を超えて，自らの知の枠組みを更新し，世界や日本社会の課題を教育的観点から再検討し新たな解決法を見出そうとするものである。入学時，修士課程での専門的な学修を期待した学生たちの多くは，最初はPBLの活動に戸惑うが，それでも各プロジェクトを指導する教員の助言を得ながら活動を展開する中で，専門領域外の学生と協働する意味を理解し，新たな価値の追究に努めるようになる。PBLは中間発表会・最終発表会を行うことで，学生たちが相互的に学修進度や内容を確認・評価し合いながら，グループのプロジェクトを発展・深化させていく。その過程での協働的な学びを通じて，各自の専門領域への視野が省察的に拡大されるなどの相乗効果が期待されている。

PBL の実践プロジェクトには，教育地域創成，国際教育改革，発達支援教育開発，大学教育改革というテーマはあるが，これらだけに固定されているわけではなく，チームを構成する学生たちの専門性をベースとした主体的なテーマ設定が重視されている。また同じテーマを選んだとしても，チームを構成する学生の専門領域との組み合わせにより，活動は共通するもののその成果が学生にもたらす「意味」は一つとして同じものはない。専門性と多様性の掛け合わせから生み出される創発性を経験する場としてPBL プログラムは設計され，そこで学生に育まれた創発力は，専門の研究内容に直接あるいは間接に関与しながら，新しい知見を生み出す発想や創造力の涵養に寄与すると考えている。

ただし共通の活動を通じて個々人の成長を評価するための PBL の評価作りの設計には困難なものがあり，現段階では「PBL 関係授業用分析調査」を中間と年度末に 2 回行い，アクティブラーニングの効果検証アンケートを実施し内部評価を行っている。また改組 2 年目には，外部教員による外部評価を受けており，外部の目を通じて活動を客観視し，さらなる授業内容の改善に努めている。この他運営担当教員と指導担当教員が，定期的に会合を持つことで情報を共有し，問題が生じた場合に改善を図る体制を採っている。

第2節　共創プログラムのグローカル展開
―地域社会から世界へ―

教育科学専攻の PBL の特性を踏まえた上で，以下では岡山大学が位置する岡山県内と中国地方の中での教育研究機関との地域連携や，地域企業との地域共創プログラム，さらには国際的共創プログラムの紹介と今後の展開について述べる。

1. 地域の教育機関との連携プログラム

教育科学専攻は，2021 年 3 月 28 日に岡山県教育委員会の後援を得て，県下の公立・私立の高等学校を対象に，「E-PBL AWARD ZERO」と題した探究活動学習の発表会を行い，参加校の中から取り組みの優れた 3 校を表彰した。参加校の高校生たちが学校内に留まらぬ問題意識を掘り下げ，地域社会と密接に関わることで様々な問題の解決法を探るプロセスを生き生きと発表する姿は，大学院生やその指導教員にも大きな刺激となった。発表会の内容を見る限りでは，実施形態は異なるものの，教育科学専攻の PBL と高校の探究活動は，社会や世界に対する問題意識を共有することが可能であると判断できる。

例えば，島根県立隠岐島前高校での地域共創の取り組みとして，地域の食文化を実践的に学ぶ「食×西ノ島」をテーマした探究学習が行われ，学校が地域を活用して学ぶだけでなく，地域に学校を利用して貰う事業を実施している[1]。同様のことは過去の PBL でも，テーマに地域課題を設定し地域課題の解決策を地域の公民館と協働して探究した実績がある。そしてこのことは，上記「E-PBL AWARD ZERO」参加校でも，地域の人口減と振興策の提案として探究活動に取り組んだ高校が存在していた。共通テーマを有する大学院生が，高校での探究活動に加わることで，更に実践的な活動へとブラッシュアップすることが期待出来る。

このように高校との接点である E-PBL AWARD を利用しながら，例えば大学の集中講義のように長期休暇の期間に双方が共同で問題意識を深化させる共同プログラムを開発・運用することを検討しても良いのではないかと考える。またそれは県下だけではなく県外の高校との間でも可能であろうし，高等専門学校との間でも同様である。

2. 中国地域の大学との連携プログラム

同じ問題意識を共有できるのであれば，中国地域の国公私立の大学・大学院間との連携も可能であろう。教育学部の場合，宇都宮大と群馬大のように既に学部単位での共同学部の運用が始まっている大学もあるが，そのような共同学部枠を利用した共通授業や教養の授業枠を利用することで，他大学所属で共通の関心を持つ学生を引き込むような運用も，今後可能である。大学院の場合単位数が少ないことや専門研究を進める時間の問題があるので，調整は難しいと思うが，立案自体は不可能ではないと考える。勿論，少子化による学生数の減少が進み教員の後任補充が厳しい中で，いたずらに多方向へ拡大策を執ることは計画倒れを招きかねないため，慎重なプログラム設計が必要である。

3. 地域企業との共創プログラム

長年日本の企業は長期雇用制度を前提に，実際に仕事をしながら若手に仕事の技術・知識を教えるOJT（オン・ザ・ジョブ・トレーニング）を，製造業を中心に実施してきた。しかし，近年はDX（デジタルトランスフォーメーション）に代表されるようにデジタル技術の進展に伴い，仕事の中身や方法の変化の速度が上がっており，若手社員を指導する先輩社員の知識・方法が通用しなくなってきている。そこでOJTではなく，新しい技能を身につける「リスキリング」（Reskilling 再教育）の重要性が高まっている(2)。

岡山県下の企業の中には，教育科学専攻のPBLが内包する多様な創発性に関心を示し，社員対象の再教育システムとして導入の可能性を模索する動きがある。例えば社員の自発性の低さを課題とするA社では，PBLを履修する学生と協働し，社内の人間関係を改善することで自発性向上を目的とする改善策の作成を試みている。部署間，年代間，ひいては男女間の懸隔が社内コミュニケーションを疎外している因子として析出され，その改善のために空間デザインを変更し，リフレッシュルームを新たに設置するなど，社内環境改善策として社員同士の交流を促進する案などの検討が進められている。

このように企業側からは，PBLによる交流プログラムの作成や社内施設などの企業内環境整備を通じて，企業価値を高める新たな要素を共創することが期待されている。

4. 世界との共創プログラム

地域共創プログラムからの発展形として，世界との共創プログラムも，今後検討されなければならない。繊維業の盛んな県内の児島地域では，現在複数の高級ジーンズのブランドが立ち上げられているが，一部には日本発のジーンズとして商品を海外へ輸出し注目を浴びている事例がある。コンテンツの国内でのブランド化に成功した上で，地域の産業をさらに世界の産業へと展開している。そればかりでなく，ジーンズは商品の生産時に多量の水を使うことから，環境に配慮した製造過程へ転換するなどSDGsへの取り組みにも余念がない。このような企画・販売だけでなく，生産と環境のバランスを意識した企業活動こそ，地域社会と世界とを共創するビジネスモデルと言えるだろう。

すでに教育学研究科でも，国際創造性・STEAM教育開発センターが中国や英語圏の大学の研究者と国際フォーラムを開催し，各国における創造性教育の実施プログラムを紹介し意見交換を行っている。コロナ禍によるオンラインの普及を逆手に取った活動で，国際学会の開催方法として真新しいものではないが，教育学研究科を中心に国際的な共創プログラムが継続して実施されていることは大変意義深い。

岡山大学には海外に提携大学もあることから，環境問題や格差解消など地球レベルで俯瞰した共創プログラムやプロジェクトを設定することが可能であり，今後が期待される。

【注】

⑴ 「『地域との協働による高等学校教育改革推進事業』の運営指導委員会を実施しました」（島根県立隠岐島前高等学校，2020年9月30日） https://www.dozen.ed.jp/global/4039/ 2022年8月21日確認

⑵ 橋本拓樹，平林大輔「デジタル化スキル向上へ模索」（「朝日新聞」，2022年8月15日）

第3節 取り組むべき新しい研究テーマ

既に述べてきたように教育科学専攻では，教育を通じて現代の諸課題の解決をめざす実践的な研究を行うことを目的としている。本節では，解決

されるべき諸課題の中でも，教育に関わる課題をいくつか示すことで，教育科学専攻での新しい学びの創出に期待したい。

1. 科学教育とジェンダー格差解消

改めていうまでもなく，近代社会において科学が人類の文明の発展に果たしてきた役割は大きい。地球環境の悪化に伴う自然災害や，日本特有の地震活動に対応するためにも，科学は引き続き重要な学問であり続けるだろう。しかし，教育の観点から日本の科学教育を見た場合，日本の学生の科学への意識の低さが課題として浮かび上がる。例えば国際数学・理科教育動向調査（TIMSS2019）を対象とする解析からは，日本の中学生の数学・理科に対する「勉強は楽しい」と答えた児童生徒の割合が国際平均を下回っていることが指摘されている[(3)]。また，女子の数学や科学の得点が高いにも関わらず，女性研究者の割合が低いことなどが指摘されている[(4)]。

国際科学オリンピックは，数学・物理・化学・生物・地学・地理・情報の各科目で大会が行われるが，日本代表には女子の参加が少なく 2013 年度～ 22 年度間の代表メンバー 302 名中，女子は 16 名（5.3％）に過ぎない。〈日本代表に女子が少ない背景には，日本でそもそも理系を選択する女子が少なく，国内予選に挑戦する女子の割合が低いことがあるという。特に少ないのは数学と物理，情報〉[(5)]である。日本科学オリンピック事務局は予選参加者を増やすために，国内予選を実施する科目別実施団体に対し，女子比率の目標を立ててもらうことで後押ししたり，実施団体が女性研究者を講演会へ招待したり，女子校での説明会を開催しているようであるが，男子が金メダルを取る一方で，女子へのこれらの働き掛けは対症療法的というより他はない。日本の場合，科学教育も大事だが，科学教育の改善，特に女性研究者の育成を意識した教育が今後の課題なのである。

女性の科学者数の低さが，そのまま日本女性をめぐる家庭教育や学習環境に問題があることを示していることは見易い。社会の通念を変革することは容易なことではないが，教育を通じて徐々に変化を促すことは可能である。教育科学専攻に期待されるのは，女性研究者を育成するための教育プログラムを作成することよりも，まず女子が男子同様，科学を「普通に」

学べる教育環境を作り出す環境作りの研究ということになる。

2. 教育環境改善マネジメント

現在の教育問題の中でも，ここ数年で顕在化してきた教員のなり手不足の問題は，教育活動に深甚なダメージを生じさせている。残業を強いられる煩瑣な業務内容や職場の慣習，残業を当然とする先輩教員と若手教員の意識格差の問題，児童・生徒の家庭環境の変化など，教育現場の内部・外部の様々な要因が複合して，問題を醸成している。

このような深刻かつ喫緊の問題を可及的速やかに改善をはかるために，教員資格を有し，学校の中で管理職と協働しながら，職場改善を行う教育環境マネジメントを学ぶカリキュラムを作成するプロジェクト，あるいはプログラムを作成する必要がある。問題の渦中にある学校管理職にマネジメントを学ばせるのでなく，新たな職場改善アドバイザーを育成するのである。岡山大学教育学研究科には，教職実践専攻（教職大学院）があり，教育科学専攻と隣接している。そこで学ぶ現職教員やその職場と連携することで，教育ではなく，「教職」というシステムの問題を「外部」目線で客観的に考察・研究し教育現場の改善に導く提案をすることは，教育の将来のためにも今後益々必要となることだろう。

3. 学校教育用 VR プログラム

第 4 節で詳述するが，中国地方における学校教育用 VR コンテンツ作成やその指導者の養成拠点として，教育科学専攻に専門の養成プログラムを設置することを提案したい。コロナ後，優れた教育資源を時空間を超えてオンラインで学ぶことは，今後益々活発になってくるだろう。そのようなニュースタイルの教育の担い手の養成機関（イノベーター）として，教育科学専攻を位置づけたいと考える。

【注】

(3) 教育課程センター「国際数学・理科教育動向調査（TIMSS2019）のポイント」（国立教育政策研究所）https://www.nier.go.jp/timss/index.html　2022 年

8月22日確認
(4) 藤波優，桜井林太郎「理系に進む女性増へ　国が支援強化」（「朝日新聞」2022年5月24日）
(5) 「科学五輪日本代表，女子は5％　科学技術振興機構が直近10年を集計」（「朝日新聞」2022年7月15日）

第4節　期待される新しい技術の導入と教育革新

2020年から現在に至るまで世界を席捲しているコロナ禍であるが，社会への唯一の恩恵はオンラインで授業や仕事をする態勢が半ば強制的に整えられたことである。岡山大学でも既に運用が始まっていたMoodleに加えMicrosoft Teamsを導入し，授業のプラットフォームとして運用するようになった。当初はオンライン授業での運用初日からMoodleがシステムダウンし，出だしから躓くこともあったが，管理者の尽力もあり，現在にいたるまで順調に運用されている。しかし，以下に述べるメタベースの導入については，岡山大学も教育科学専攻も，先進校の後塵を拝しているのが現状である。

本節では，最近学びのプラットフォームのイノベーションとして注目されているメタバースとその活用事例を紹介し，教育科学専攻のみならず学部での速やかな導入を提言したい。

1. メタバースとVR教育

以下では紙幅の都合で数例になるが，海外や国内のメタバースを活用した事例を紹介し，教育科学専攻で運用する可能性を探ってみたい。

東京大学工学部・大学院工学系研究科は，実際に部局を新設するわけではないが，22年度後期からインターネット上の仮想空間「メタバース」で工学系の各種教育プログラム「メタバース工学部」を開始した。対象は，中高生とその保護者，学内外の学生，社会人であり，〈「社会全体で先端テクノロジーが次々に生まれるなか，DX（デジタルトランスフォーメーション）人材が決定的に不足している」との問題意識から，工学や情報に関する学習の機会，工学キャリアに関する情報を多様な人々に提供する場とする方針だ。〉とのことである。〈特に，工学や情報の魅力を女子中高生に伝えたい〉[6]としている。

このように最近見聞きする機会が増えた「メタバース」とは，meta（超越した）と universe（宇宙）を組み合わせた造語であり，インターネット上のバーチャル空間を意味している。利用者はアバターという自分のネット上のキャラクターを作成し，サービスに参加することでバーチャル空間で活動することが可能となる。VR が得意とする分野は，VR による英会話などの語学学習，防災訓練などの危険予知学習，実験・医療実習などで，教育では，体育・家庭科などの体験型学習や理科の実験実習系の学習，教室にいながら校外学習や見学，自然体験学習や職業体験模擬授業が可能である。さらには岡大教育学部で取り組む文理融合の STEAM 学習への活用も期待されている。

スタンフォード大学では，VR HMD（ヘッドマウントディスプレイ）である Oculus　Quest2（オールインワンヘッドセット）と VR 環境を利用した授業「Virtual People」が運営されている。授業は VR それ自体を学ぶもので，エンターテイメント以外で，VR がどのように浸透し，発展してきたかをリモート講義で学習する。他にも VR 環境を構築する演習や人種差別を経験した人物の人生を経験することで，人種的寛容さを学ぶ課外学習のコンテンツも用意されている[7]。

日本国内では上述した東大以外に，2021 年に中央大学国際情報学部斎藤裕紀恵准教授のゼミで，学生が VR を利用した英会話学習カリキュラムを作成し，学生に提供する「学生自走型 VR 学習」を実施した[8]。立命館大学教育・学修センターと SOLIZE 株式会社が「VR 技術を効果的に活用した学習教材の開発」を 2022 年 4 月から衣笠キャンパスで開始している。産業社会学部の野原博人教授とゼミ生が，VR 技術を用いた理科教材のプロトタイプを制作するプロジェクトである[9]。

このように大学における VR の導入は緒に就いたばかりといえるが，高校では角川ドワンゴ学園 N ／ S 高等学校が 2021 年 4 月に選択制で VR 学習を導入し，4,200 名の生徒が受講している。対面でのコミュニケーション能力が身につけづらい，運動不足になりがちなオンライン学習の課題を改善するために導入され，メタバース上で授業やスポーツ，交流イベントを行うなど本格的に運用されている[10]。

メタバースの基幹技術であるVRは大変魅力的な技術で社会からの注目度も高いが，その一方で課題もある。N／S高などでも既に指摘されているのが，VR酔いである。乗り物酔いのように視覚誘発性の酔いは，男性よりも女性に多いことが分かっており，視覚を利用するVRも例外ではない。これはVRヘッドセットが男性の瞳孔間距離を基準に設計されていることが一因とされ，一部の女性にはVR酔いを発症する傾向が高いことが報告されている。またコンピュータを含めVR文化に対する女性の関心が低いこともあり，今後のVRの普及のためには，デザイン段階から女性を参画させていく必要性があるとされている。これ以外に，子ども向けのVR教育コンテンツの不足や，VR利用の年齢制限が13歳までとされていることなど，VR技術者の不足という根本的な問題も含めて教育分野での普及に向けた課題は少なくない。さらにVR学習の特徴から体験重視の活動に終始するのではなく，その体験の意味をしっかり考えるプロセスを用意する必要があることも指摘されている[11]。

個人的には学童期の子どもはVRではなく，人間関係も含めて自然／リアル環境で過ごし，身体感覚をしっかり形成するべきだと考える。VR利用は，N／S高がそうであるように身体的成長が一段落する高校生以降で良いのではないかと考えるが，その運用ルールも含めて，学校教育用VRコンテンツの作成を教育科学専攻の新たな研究対象としてはどうかと考える。

繰り返しになるが，他大学は既に着手していることである。

2. 岡山大学と教育科学専攻とメタバースの現在

岡山大学ではようやく2022年6月2日に「メタバースの概要とビジネス機会」（講師三治信一朗）というオンライン講演会が開催されたが，全学的な取り組みが始まった状態ではない。22年度教育科学専攻ではメタバースのサービスの一つであるoViceを契約し，授業での利用を開始した。

ただしコロナの感染状況が好転したこともあり，授業での利用は一旦中止されていた。しかし第7波が猛威を振るう執筆時点において，対面授業の代替としての利用に留まっているが，VRを主軸とする学校教育コンテンツを整備していくには，良い機会を迎えているといえるだろう。

まとめ

本章では教育科学専攻の今後の展望について，地域から国際社会までを意識したグローカル共創プログラムの必要性，今後期待される新しい研究課題，新しい教育プラットフォームとしてのメタバースの利用について私見を述べてきた。10年後の展望を描く能力は持ち合わせていないが，ここ数年内に修士課程で取り組まれるべきと考える主要なものを提起したつもりである。「失われた30年」という言葉もあるように，1990年代前半のバブル景気崩壊以降の日本の政治や経済をめぐる状況は，大変厳しいものがある。教育分野でも，現在の初等・中等教育における教員のなり手不足や改善されない労働環境の改善は喫緊の課題である。また高等教育においても予算不足による研究活動の停滞，教員・学生の国外流出，国際的な研究力の低下と劣化，後継者である博士課程進学者の減少など様々な問題が顕在化してきている。教育を通じて現代社会の課題の解決を目指す実践知の探究を謳う教育科学専攻にとっては，身近な教育・研究系において研究課題（問題）が山積している現状には，改めて慄然とせざるを得ない。

しかし，「戦国策」に「禍を転じて福と為す」とあるように，直面しているこの困難こそ教育・研究改革の好機でもある。教育科学専攻の学生・教員の自覚と奮起を信じて，本稿を擱筆することとする。

【注】

⑹ 「東大に『メタバース工学部』DX人材育成，中高生や社会人も対象」「朝日新聞」（2022年7月23日）

⑺ 齊藤大将「研究や導入が進む教育領域でのVR」（「CNET　Japan」2022年2月22日）https://japan.cnet.com/article/35183819/　，同「メタバース教育は学習の常識を変えるのか」（「CNET　Japan」2022年6月16日）

https://japan.cnet.com/article/35188974/　2022年8月21日確認

(8)「中央大学の学生がVRを利用した英会話カリキュラムを作成して授業を催行。メタバースにおけるVR言語教育モデルを提唱」(「PRTIMES」2021年12月27日) https://prtimes.jp/main/html/rd/p/000000016.000045796.html　2022年8月21日確認

(9)「VR技術を効果的に活用した学習教材の開発がスタートしました」http://www.ritsumei.ac.jp/news/detail/?id=2557　2022年8月21日確認

(10) 小林香織「VR学習に高い満足度　N高・S高に聞く「メタバース」の効果　課題は「酔い」とポリシーの理解」(「朝日新聞　EduA」2022年3月3日)

(11) (7)に同じ。

あとがき

教育科学専攻が生まれて5年目を迎えました。教育学研究科の大学院として教職大学院とは別に設置された教育科学専攻の門出は，教育学研究科の大学院の存在意義を我々に見つめなおさせる機会となりました。当初感じた不安と希望は，試行錯誤を繰り返しながら発展を続け，新しい世界を開こうとしています。本書は，我々が歩んできた4年間の総括をしながら，これからの希望を記した一里塚です。

本書を書くにあたり，専攻長より示されたスケジュールはかなりタイトでありましたが，前向きな多くの提案を頂戴しただけでなく，ほぼ期日通りに原稿が集まったことは少し驚きでした。また，その内容は多様で，これからの発展的な要素を多く含んでいることは，多くの教員にとって門出時に感じた不安が，希望によって凌駕されたことを意味すると推察することもできます。

私論であることを許していただくと，「大学とは人類が知らない未来を創造する場であり，ただの教育機関ではない」と思います。それは技術革新も，真理発見も，概念の創造もそうです。教育は未来の社会を構成する人を育てる重要な役割を常に担っており，教育学部は教員養成としてその未来を指導する学生を育てながら，それを理解してサポートする人材を生みだす機関でもあります。そのため，真理を追究する学問分野などと異なる点は，社会の変容に対して常に敏感に変化することが求められている点だと言えます。

その社会の変容速度は加速度的に速くなっています。そのため，知識を付けるだけでなく，知識を運用することが求められており，最近の学習指導要領の改訂では，予測困難な社会の変化に主体的に関わり，感性を豊かに働かせながら，未来の創り手を育てる教育が求められています。これは，大学を卒業し教員になった学生も同じで，定年までの任期中にも社会の大きな変化を経験し，それに自ら適応していくことを求められていくと思われます。教育科学専攻は社会の変容の中でどのように教育を行うかを考える教育学的視点と，学問とは何で何を教えていくべきなのかという内容的な視点とを持ち合わせることで，講座の枠を超えて俯瞰的に教育を考える学生を育てていこうとしています。この結果，教育を深く理解し指導的な立場となる教員を生みだすだけでなく，行政，学術，民間に教育を理解した人材を輩出することで，教育を支える人材のすそ野を広げていく，それが本専攻の使命といえます。

このような大学院の変化は，我々教育学部に奉職する教員にとって，学部内の責務を果たしながら自分の研究に没頭すること以上のことを求められつつあり，自由度が減っている側面があります。しかし一方で，専門的分野内だけでは接点がない多様な専門性にふれる機会が増し，教員自身の刺激や成長につながっている側面もあります。道半ばではありますが，本書の中に，そのような環境ならではの兆しが随所で垣間見えています。自らの専門性を活かし，多様な異なる価値観と共生し，新しい価値を生み出すことは奇しくも教育科学専攻が院生に求める PBL そのものであることから，我々自身が PBL を体験し，岡大発の新しい教育観や未来像を生みだしている大きな渦の中にあるのかもしれません。

（松多信尚）

執筆者一覧（五十音順）

青木多寿子　岡山大学学術研究院教育学域教授　第３章第２節

赤木里香子　岡山大学学術研究院教育学域教授　第８章

李　　璟媛　岡山大学学術研究院教育学域教授　第７章第５節

石川　彰彦　岡山大学学術研究院教育学域教授　第６章第４節

伊藤　　駿　岡山大学学術研究院教育学域「国吉康雄記念・美術教育研究と地域創生講座」助教　第８章

稲田　佳彦　岡山大学学術研究院教育学域教授　序章

浮田　真弓　岡山大学学術研究院教育学域教授　第７章第６節

大熊　正哲　岡山大学学術研究院教育学域准教授　第５章第１節

大橋　　功　岡山大学学術研究院教育学域教授　第７章第３節

小川　容子　岡山大学教育学研究科副研究科長（兼教育科学専攻長）学術研究院教育学域教授　編者　第７章第１節

尾島　　卓　岡山大学学術研究院教育学域准教授　第７章第７節

尾上　雅信　岡山大学学術研究院教育学域教授　第１章第１節

加賀　　勝　岡山大学上席副学長　学術研究院教育学域教授　まえがき

笠井　俊信　岡山大学学術研究院教育学域准教授　第２章第２節

梶井　一暁　岡山大学学術研究院教育学域教授　第１章第２節

加藤内藏進　岡山大学名誉教授（同 特命教授（教育））　第６章第５節

木村　　功　岡山大学学術研究院教育学域教授　終章

清田　哲男　岡山大学学術研究院教育学域教授　編者　第３章第１節，
第４章第１節，第６章第３節

桑原　敏典　岡山大学学術研究院教育学域教授　第６章第２節

才士　真司　岡山大学学術研究院教育学域「国吉康雄記念・美術教育研究と地域創生講座」准教授　第８章

酒向　治子　岡山大学学術研究院教育学域教授　第４章第３節

篠原　陽子　岡山大学学術研究院教育学域教授　第７章第４節

丹治　敬之　岡山大学学術研究院教育学域准教授　第５章第２節

野毛　宏文　岡山大学学術研究院教育学域講師　第２章第１節

早川　倫子　岡山大学学術研究院教育学域准教授　第４章第２節

原　　祐一　岡山大学学術研究院教育学域准教授　第５章第３節

原田　太郎　岡山大学学術研究院教育学域准教授　第３章第３節

平田　仁胤　岡山大学学術研究院教育学域准教授　第１章第３節

又吉　里美　岡山大学学術研究院教育学域准教授　第６章第１節

松多　信尚　岡山大学学術研究院教育学域教授　編者　第３章第３節，
あとがき

山﨑　麻友　佐用町立上津中学校教諭（岡山大学大学院教育学研究科教育科学専攻令和２年度卒業）　第３章第２節

山本　和史　岡山大学学術研究院教育学域教授　第７章第２節

教育科学を考える

2023年3 月30日　初版第1刷発行

編著者　小川 容子・松多 信尚・清田 哲男
発行者　槇野 博史
発行所　岡山大学出版会
〒700-8530　岡山県岡山市北区津島中3-1-1
TEL 086-251-7306　FAX 086-251-7314
https://www.lib.okayama-u.ac.jp/up/
印刷・製本　富士印刷株式会社

　ISBN 978-4-904228-77-7